탈식민의 역학

제도로서의 한국 근대문학과 탈식민성 II

Literary Field of Modern Korean and the Postcolonial

민족문학사연구소 기초학문연구단
연구책임자 하정일
공동연구원 구자황 김명인 김양선 김연숙
전임연구원 김옥란 서은주 심진경 이봉범 이승희
　　　　　　　이혜령 임병권 정호순 차혜영 허윤회

탈식민의 역학

1판 1쇄 인쇄 2006년 6월 20일
1판 1쇄 발행 2006년 6월 30일

지은이 / 민족문학사연구소 기초학문연구단
펴낸이 / 박성모
펴낸곳 / 소명출판
출판고문 / 김호영
등록 / 제13-522호
주소 / 137-878 서울시 서초구 서초동 1621-18 (란빌딩 1층)
대표전화 / (02) 585-7840
팩시밀리 / (02) 585-7848
somyong@korea.com / www.somyong.com

ⓒ 2006, 민족문학사연구소 기초학문연구단

값 23,000원

ISBN 89-5626-215-2 93810
※ 이 책은 2003년도 한국학술진흥재단의 지원에 의하여 제작됨(KRF-2003-073-AL1002).

탈식민의 역학

제도로서의 한국 근대문학과 탈식민성 II

Literary Field of Modern Korean and the Postcolonial

민족문학사연구소 기초학문연구단

소명출판

새로운 세기를 맞이하면서 변화된 시대의 화두를 확인하게 되었다. 그
것은 아마도 지구화와 정보화 두 가지로 요약될 수 있을 것이다. 카오스
이론에서는 베이징의 나비가 보여준 서툰 날갯짓이 몇 달 후에는 뉴욕
에 폭풍우를 내리게 할 수도 있다고 말한다. 이른바 '나비효과'라는 것이
다. 허구적인 것처럼 들리는 그러한 이야기들이 심심찮게 현실로 나타나
곤 한다. 에너지의 수급을 둘러싼 나라들 사이의 경쟁은 이제 국제적인
초미의 관심사가 되었으며, 이에 따라 각국의 경제는 각각의 지표를 재
조정해야만 한다. 이를 한층 가속화시키고 있는 것은 통신과 교통의 급
속한 발달이다. 특히 컴퓨터와 인공위성을 통하여 이제 지구는 제어가
가능한 하나의 행성이 된 듯하다.

하지만 자연의 역습도 만만치 않아서 커다란 자연의 재해 앞에서 우
리는 망연해지곤 한다. 이것은 지구화와 정보화의 감추어진 다른 모습이
기도 하다. 지구적인 차원에서 행해지고 있는 변화는 근본적인 처방의

부재라는 측면에서 새삼 현실을 되돌아보게 한다. 특히 이러한 변화의
원인이 과거 100여 년의 생활 변화와 밀접한 관련이 있다는 것도 무시할
수 없는 점이다. 정보화는 새로운 차별을 드러내고, 정보의 독점을 통한
지식의 서열화는 새로운 지구의 패자가 누구인가를 암시한다.

　식민주의와 그 이후의 변화에 대한 관심이 최근에 문학뿐만 아니라
인문학 전반에서 관심의 대상이 되고 있다. 그 이유는 첫째로 과거의 경
험에 대한 성찰과 그 필요성에서 찾을 수 있으며, 둘째로는 현재의 논의
수준이 새로운 차원에 접어들었다는 것을 의미한다. 그리고 셋째로는 새
로운 인식의 패러다임을 수립해야 한다는 과제를 인정한 결과라고 보여
진다. 그런데 이러한 관심의 저변에는 지구적 차원의 변화와 그 추이에
서 우리도 자유로울 수 없다는 문제의식이 놓여져 있다. 꿈처럼 생각되
던 일들이 현실화되고 있다. 이제 곧 기차를 타고 한반도의 북쪽을 거쳐,
시베리아를 횡단하여 유럽으로 가고 오는 날이 실현될 것이다. 그리고
우리는 진정한 국경의 의미에 대하여 생각하게 될 것이다. 분명 우리는
변화된 시대 속에서 삶을 영위하고 있다. 때때로 우리는 습관 속에서 그
변화를 실감하지 못하고 있을 뿐이다. 그리고 이제는 그 차이에 대하여
논의할 시기인 것이다.

　그런 의미에서 이 책의 1부에서는 식민지 상황하에서의 민족적 현실
과 한국 근대문학 형성의 관련성에 초점을 맞추고 있다. 다시 말하자면
기존의 연구와는 달리 그 식민성 / 탈식민성의 계기들을 정당하게 평가하
고자 하는 것이다.

　하정일의 「탈식민의 역학」은 기존의 지배적인 탈식민주의인 해체론적
탈식민론을 비판하면서 '복수의 근대'라는 관점하에 식민지시대의 한국
근대문학이 연구되어야 함을 역설하고 있다. 다시 말해 자기 완결적이면
서 비자족적이라는 모순성, 즉 식민주의의 양가성은 탈식민적 저항을 자
기내부로부터 끊임없이 산출하기 때문에 식민주의의 내면화 계기뿐만 아
니라 탈식민적 계기를 동시에 갖는다. 이러한 관점에서 그는 이태준·최

서해·김정한 등이 보여준 맥락적 징후들을 수행적 독법으로 읽어낸다.

임병권의 「'조선(문)학' 개념의 형성과 변모」는 본격적으로 국학(조선학)이 정립되는 시기를 1910년대부터라고 보고, 문명에서 문화로 국학의 이념이 이행하도록 발판을 마련한 안확으로부터 논의를 시작하여 1920년대 이후 김억·주요한·최남선의 조선문학론이 '시조'라는 실체를 얻게 되는 과정을 설명하고 있다. 그러나 점차로 조선적인 것을 초역사적인 실체로 규정하려는 경향이 강해짐을 우리는 발견하게 된다. 이 글에서는 이러한 시조부흥의 취지가 '국민문학'이라는 한 집단의 우월함을 드러내기 위한 지표를 설정하기 위한 투쟁으로 변질되었음을 비판적으로 검토하고 있다.

차혜영의 「문학 개념의 논리와 식민지 근대부르주아의 정치학」은 근대초기 지식인들이 소설을 어떻게 개념화했는지, 그 과정에 내포된 내적 논리는 무엇인지를 검토하고 있다. 그리하여 근대 초기의 소설 개념은 '이념형'과 '형식 논리'로 정의되고 있음을 밝히고, 그것은 존재하고 있던 텍스트의 차원을 괄호로 묶고 문학―소설을 정의하는, 즉 상상된 대상으로서의 문학(소설) 영역을 설정하는 태도임을 논증한다.

민족과 문학의 개념을 탈영토화하는 이들의 논의는 새로운 문학의 범주적 논리를 가능케 하는 것처럼 보인다. 차별의 계기를 통한 연대성의 확인이 바로 그것이라고 할 수 있는데 이러한 시론적 논의들을 통하여 이 책에서는 한국 근대문학의 개념적 형성과 이것의 실천이라고 볼 수 있는 서구적 문학모델의 이입과 구체화, 번역의 문제를 살펴보고 있다. 그리고 근대문학의 전개 과정에서 나타난 여성문학의 젠더적 양상을 점검하고 있다.

2부에서는 문학 개념의 형성과정, 즉 문학 개념이 제도화되는 과정에 대하여 집중적으로 논의를 펼치고 있다.

구자황의 「근대 독본류의 성격과 위상 (1)」은 독본류가 표준적 지식을 보급하는 제도이자 매체라는 점, 그리고 1920년 전후로 독본류의 길항과 분화가 전개되었다는 점을 주목하여 그 중심에 있었던 최남선의 『시문독본』을 검토한다. 필자는 이 독본을 근대적 지식 체계를 보다 쉽게 습득하기 위한 '문체모형'과, 민족적 수양을 핵심으로 하며 독립과 자주를 매개하는 고리로서의 '민족모형'을 만들어냈다고 보고 있다. 시문(체)의 강조는 '문체의 발견'에 그치지 않고, 신지식층, 나아가 작가층의 발견으로 나아갔으며, 결국 이들을 근대적 주체로 파악하는 민족의 발견, 문학의 발견으로 이어진다는 점에서 그 의의가 있음을 제시한다.

김명인의 「한국 근대문학 개념의 형성 과정」은 근대적 문학과 문학 개념이 내재적 논리에 의해 단절적·불연속적으로 형성되었지만, 1910년 경부터 시작하여 1920년대 중반 민중예술론 제기를 필두로 한 그 과정은 '정(情)' → '생명' → '인생' → '현실' 등으로 그 개념의 핵심 자질을 발전시키면서 전개되어 나간 과정이었음을 제시한다. 덧붙여 그 변화 속에는 낭만주의에서 리얼리즘으로 이행하는 방향성이 존재하고, 이는 곧이어 민중예술론과 프롤레타리아문학론을 만나면서 본격적으로 이뤄지기 시작하는 주체적인 근대문학 개념 형성 과정의 기초가 되었다고 본다.

이봉범의 「1920년대 부르주아문학의 제도적 정착과 『조선문단』」은 폐쇄성을 본질로 하는 동인지 문학과 구별될 뿐만 아니라 특정사상과 특정이념을 지향하는 카프와도 구별되는 『조선문단』을 '부르주아문학의 느슨한 연합체'로서 파악하고, 기존의 다양한 모색들이 이 매체를 중심으로 수렴되면서 동시에 근대문학이 제도화되는 양상을 핵심적으로 보여주고 있음에 주목한다. 그리고 그 제도화 방식으로써 대중성과 전문성이라는 두 전략이 작동하고 있었음을 논증하고 있다.

정호순의 「1920년대 연극론의 구조와 이념」은 1920년대 연극 담론이 '계몽주의적 연극론'이었음을 요약하고 이 담론의 이중성을 추적한다. 이 이중성은 서구 근대극 수립이 곧 조선을 문명화하기 위한 연극운동임을 주장한 이 담론들이, 사실은 서구적 문명에 대한 선망이었고 이는 비문명국인 조선과 조선연극을 타자화하는 결과였다는 것과 관련된다.

그리하여 이 시기 연극론은, '근대극'으로써 새로운 전통을 만들어 식민적 '타자'의 위치를 벗어나려고 했던 기획이었으나, 동시에 그것은 서구의 근대 기획의 포섭이기도 했던 것이다.

3부에서는 언어 내셔널리즘과 외국문학 수용의 내셔널리티가 중심된 논의의 대상이다.

이혜령의 「한자 인식과 근대어의 내셔널리티」는 동아시아 삼국에서 똑같이 나타난 표음문자 우월주의에 입각한 한자인식이 근대 추구의 표현이면서도 동시에 '근대국어' 형성과정에서 촉발된 한문의 불안한 위상과 관련된 역사적 전환이었음을 고려하면서 한국에서 진행된 근대어 형성과정을 살핀다. 이 과정에서 민족 고유의 문자가 단군 이전에도 존재했으며 한글이 한자보다 우수하다는 주장의 논리는 표음문자 우월주의였으며, 이는 서구적 보편성의 시선을 만족시키는 것이었다고 본다. 더 나아가 한자 비판 논리가 언어=민족성이라는 심성론으로 귀결된 언어관에 의해 한층 강화되었다고 주장한다. 그러나 중국의 내셔널리티와 결부된 히스테릭한 한자 비판은 당시 위계적인 언어 상황을 은폐하는 효과를 낳았다고 비판한다.

서은주의 「1930년대 외국문학 수용의 좌표」는 해외문학파 등장과 프로문학 약화, 그리고 세계 전쟁의 거대한 규정력에 지배당할 수밖에 없는 외부적 상황하에, 1920년대 말부터 외국문학의 수용이 '세계문학'으로 재구성하는 방식으로 전환되고 있음을 주목한다. 외국문학 연구자들의 동시성 전유의 욕망은 각국의 '민족문학'과 그것을 아우르는 '세계문학'으로 이동했으며, 각각의 '민족문학'은 '세계문학'이라는 구도 속에서 배제와 위계화가 이루어졌던 것이다. 이들은 문화 번역자의 위치에서 언어와 불가분의 관계에 있는 내셔널리티의 문제에 누구보다 민감했으면서도, 동시에 '세계문학'의 '보편성'을 지향하는 욕망은 파시즘의 위력 앞에 환상이 되었음을 지적한다.

이승희의 「조선문학의 내셔널리티와 아일랜드」는 조선과 유사하다고 간주되었던 아일랜드가 조선문학의 내셔널리티와 어떤 관계에 놓여 있었는가를 검토한다. 1920년대 초반 아일랜드 문학에 대한 관심이 식민지 문학의 정체성과 그 전망, 그리고 탈식민적 계기로써 참조되기도 했지만, 지배적인 현상은 아니었다고 본다. 오히려 '조선문학'의 최종심급을 언어로 삼을 수 있었던 언어 상황, 그리고 식민지 아일랜드의 정치적 형세와 문예부흥운동이라는 문화적 민족주의의 성과를 수용하려는 욕망이 착종된 가운데, 아일랜드 문학의 내셔널리티에 대한 의식은 사실 조선어의 위기 속에서 조선문학의 '건설'을 주장해야 했던 역설적인 상황으로부터 비롯된 것이었음을 논증한다.

허윤회의 「정지용과 번역」은 서구시의 번역과 수용의 길항관계가 근대시가 지배적인 형태로 자리잡아 가는 과정에서 불일치의 여러 소리를 내고 있었음에도 이 과정을 통해 근대시의 면모와 내용이 확충되고 그 보편성에 대한 점진적인 이해가 증가하고 있음을 주요 문인들을 중심으로 살피고 있다. 김억과 양주동의 활동과 양자의 논쟁, 그리고 이하윤의 『실향의 화원』과 임학수의 『현대영시선』 등의 번역시집, 마지막으로 정지용의 번역시 활동과 창작과의 그 연관성 등을 차례로 살피면서 한국 근대시 형성 과정에서 번역의 의미를 주목한다.

마지막으로 4부에서는 여성 작가의 탄생과 행로, 그리고 친일문학과의 상관성을 다루고 있다.

김옥란의 「여성 작가와 장르의 젠더화」는 식민지 시기 여성 작가와 관련하여 매우 대조적인 두 현상을 보여준 희곡과 수필이라는 장르의 젠더화 양상에 주목한다. 희곡은 다른 장르보다도 여성 작가에게 배타적인 영역으로 여성 작가의 활동 자체가 차단되어 있었으나, 반대로 수필은 가장 여성적인 장르로 적극 권장되었다. 아이러니컬한 것은 일제 말기 총동원 체제에 들어서서 희곡이나 수필은 다른 어느 문학 장르보다 대중성을 쉽게 확보할 수 있다는 장르적 특성에 의해 모두 친일 담론에 적극적으로 동원되었다는 점이다. 또한 이 장르들이 명백히 전통적이고 가부장적인 여성의 범주를 벗어나는 것도 아니었고, 오히려 여성의 글쓰기를 더욱 철저히 여성적인 영역에 가두는 경향을 보였음을 제시한다.

김연숙의 「사회주의사상의 수용과 여성 작가의 정체성」은 사회주의가 여성 작가의 탄생과 그 정체성에 끼친 영향을 검토한다. 이에 따라 근우회를 주목하면서 이 단체와 여성 작가들의 관련성을 환기시킨다. 한편 박화성·송계월·최정희·강경애·김자혜 등이 릴레이식으로 쓴 최초의 '여류' 기획 소설이었던 「젊은 어머니」 분석을 통해 여성 작가의 집단적 발화, 사회주의 운동조직으로부터 생성된 여성 작가의 문제의식, 사회주의사상을 내면화하는 과정에서 겪었던 여성 작가의 갈등을 검토한다.

김양선의 「일제 말기 여성 작가들의 친일 담론 연구」는 일제 말기 여성 작가들의 친일 담론의 양상을 실증적으로 규명하고 텍스트 분석을 통해 친일문학(넓게는 담론)의 내적 논리를 밝히고 있다. 이 가운데 1930년대 문학 장과 저널리즘에서 가장 빈번히 호명된 여성 작가들—모윤숙·최정희·장덕조—에 주목한다. 이들의 친일소설은 기존에 여성의 역할을 전시 체제에 맞게 재규정해 재현하고 있어서, 남성 작가들의 친일소설들이 다양한 스펙트럼을 통해 친일의 내적 논리를 공고히 했던 것에 비교한다면 일원화되어 있음을 제시한다.

심진경의 「식민 / 탈식민의 상상력과 연애소설의 성정치」는 1930년대 후반부터 발표된 소설들 가운데 내선결혼의 문제를 다룬 이광수와 한설야의 소설을 중심으로 식민 / 탈식민의 상상력이 나타나는 여러 층위들을 검토하고 있다. 그 과정에서 이광수의 소설과 한설야의 소설이 보여주는 상반된 양상을 추적하고, 그 결과로써 이광수의 소설이 연애소설이기를 포기한 바로 그 순간 친일의 길로 들어서고, 거꾸로 한설야의 소설이 현실적 남성의 자리를 포기하고 연애소설이 되는 순간 탈식민의 가능성을 회복할 수 있었음을 논증한다.

이상의 제 논의를 통하여 기존의 한국 근대문학의 연구 성과를 진지하게 성찰할 것과 향후의 연구 모델을 새롭게 수립하는 데 도움이 되었으면 하는 것이 솔직한 바램이다. 우리는 지난 번 연구 성과를 묶어내면서 "탈식민주의적 시각에서 제도로서의 한국 근대문학을 분석하는 작업은 식민과 탈식민의 길항관계를 입체적으로 조망하고 나아가 탈식민화의 과정으로 한국 근대문학의 역사를 재구성하는 작업이다"라고 천명한 바 있다. 새로운 연구총서를 추가하면서 한층 정비된 모습을 보여줄 수 있게 된 것을 기쁘게 생각한다.

민족문학사학회의 기초학문연구단은 2003년도 9월부터 '제도로서의 한국 근대문학과 탈식민성'이라는 연구주제하에 기초학문육성지원사업의 대형 과제를 수행하고 있다. 작년에 이어 이번 올해에도 '식민지시대 문학 장의 역학—민족·번역·젠더'라는 주제하에 심포지엄(2005.4.23)과 워크숍(2005.5.14)을 개최한 바 있다. 이 책은 이러한 연구 수행의 결과물이라고 할 수 있다. 끝으로 이 책을 만들어준 소명출판 박성모 사장과 편집부의 정성에 대하여 감사를 드린다.

2006년 5월 31일
민족문학사연구소 기초학문연구단

차례

탈식민의 역학

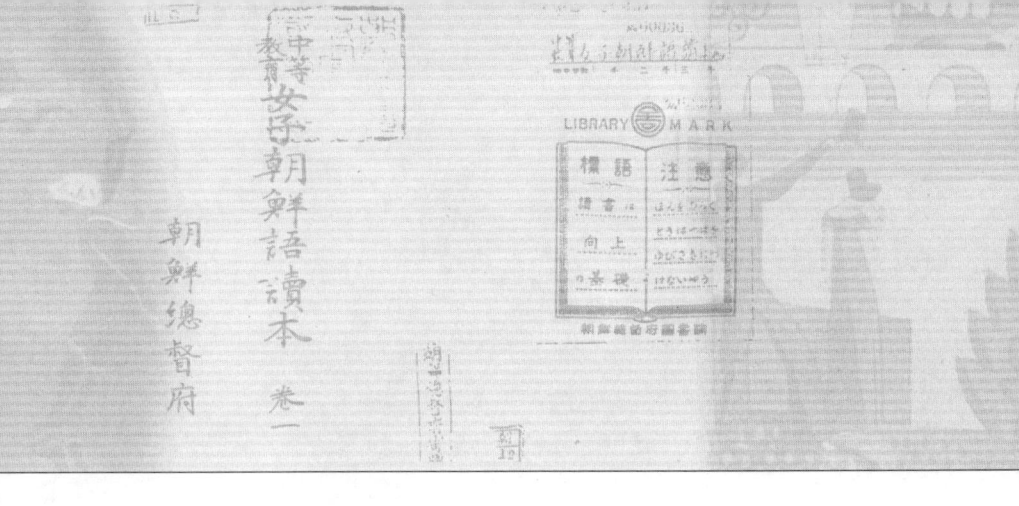

1부

탈식민의 역학*

하정일

1. 복수의 근대와 한국 근대문학의 특수성

탈식민론1)은 민족문학론이 침체 상태에 빠져든 1990년대에 본격적으로 국내에 유포되었다. 이러한 현상은 아마도 탈식민론이 민족문학론을 보완하거나 대신할 새로운 이론적 돌파구가 될 수 있을지도 모른다는

※ 이 논문은 새로운 탈식민론의 가능성을 점검하기 위해 필자가 지금까지 검토해 온 이론적·방법론적 명제들을 정리한 글이다. 따라서 이 글은 탈식민 문제와 관련된 필자의 기왕의 연구들에서 주제와 직결되는 부분들을 뽑아 거기에 수정·보완을 추가하는 방식으로 씌어졌다. 선별되고 발췌된 내용들의 출전은 각주에 밝혀두었다. 보다 자세한 내용은 각주에 밝힌 논문들을 참조해주기 바란다.
1) 이 글에서 탈식민론은 'postcolonialism'의 번역어이다. 그러나 대부분의 경우, 가령 탈식민 주체, 탈식민 저항, 탈식민적 가능성이라고 할 때의 '탈식민'은 'decolonial'을 가리키는 용어이다. 'post'와 'de'를 어떤 번역어로 구별하는 것이 적절한가 하는 문제는 앞으로 해결해야 할 숙제이다.

기대와 밀접히 연관되어 있었던 것으로 보인다. 탈식민론은 주로 영문학자들에 의해 국내에 소개되었는데, 그것은 탈식민론이 영미권에서 나온 이론이기 때문이었을 것이다. 탈식민론의 삼총사로 불리는 사이드, 스피박, 바바라든가 애쉬크로프트, 티핀, 무어-길버트, 패리, 아마드 등 탈식민론과 관련된 주요 이론가들의 면면을 보면 그 점을 쉽게 알 수 있다. 그리하여 이제는 한국 근대문학에 탈식민론을 적용한 연구들도 쏟아져 나오고 탈식민을 주제로 한 세미나나 심포지엄도 곳곳에서 열릴 정도로 꽤 저변이 넓어졌다.

하지만 근래 유행처럼 퍼지고 있는 탈식민론적 연구가 내놓는 성과들은 그다지 만족스럽지 못하다고 말하지 않을 수 없다. 탈식민론이 전통적인 반제국주의론 혹은 민족주의 담론에 내재한 억압적 성격을 짚어내거나 저항의 양가성(ambivalence)을 날카롭게 파헤친 점은 인정할 필요가 있다. 특히 그 과정에서 민족/인종 문제의 복합성을 규명하고 저항과 억압의 이분법을 해체하려 한 것은 이 담론이 이룬 중요한 이론적 성취임에 분명하다. 하지만 중심과 주변, 저항과 억압의 이분법을 극복하겠다는 진지한 문제의식에도 불구하고 탈식민론은 역사적 현실로 존재하는 중심과 주변의 대립상을 흐릿하게 만들어 저항의 주체와 거점을 증발시킨 것이 사실이다. 가령 하위집단(subaltern)이 재현될 수도 스스로를 재현할 수도 없다면 저항의 주체를 어떻게 설정할 수 있을 것이며, 혼종이 곧 저항이라면 집합적이고 의식적인 실천이 무슨 의미가 있겠는가. 그런 점에서 탈식민론은 반제국주의 '담론'뿐 아니라 반제국주의를 지향했던 모든 역사적 '실천'들까지도 결과적으로 부정하곤 한다.

더욱 심각한 문제는 탈식민론의 시각에서 한국 근대문학을 바라볼 경우 자칫 한국 근대문학 전체가 식민주의의 반복이나 재생산으로 매도될 가능성이 크다는 점이다. 탈식민론의 주류적 입장에 따르면, 식민주의의 그물망에서 자유로울 수 있는 영역 또는 주체란 존재할 수 없기 때문이다. 그러므로 식민주의에 대한 어떠한 '저항'도 식민주의의 헤게모니를 벗어나기 어렵다. 바바가 탈식민 저항의 최대치를 혼종적 저항에서 찾은 것도 그런 연유에서이다. 혼종적 저항만이 식민주의에 동일화되지 않으면서 차이를 보존할 수 있는 유일한 방안이기 때문이다. 그러나 혼종은 식민주의에 균열을 만들어낸다는 점에서는 저항적이지만, 그 저항이 식민주의의 '극복'과는 무관하다는 점에서 원천적인 한계를 내장한 저항이다. 더구나 바바가 말하는 혼종은 대개 '무의식적' 혼종이어서 그것이 지속적이고 의식적인 실천으로 이어지기를 기대하기 힘들다. 요컨대 저항의 주체를 형성하는 데 기여할 수 없는 것이다. 바바의 관점에서 보자면, '주체' 자체가 식민주의의 산물이므로 더더욱 그러하다. 엄격히 말해 혼종적 저항은 식민주의의 양가성이 낳은 효과, 곧 '구조의 효과'이다.[2] 혼종적 저항이 '구조의 효과'라면 식민주의의 극복은 불가능한 일이 된다. 식민주의가 혼종을 낳고 혼종이 식민주의를 유지시키는 '구조적' 악순환을 끊을 수 없기 때문이다. 이 악순환을 끊으려면 무의식적 혼종이 식민주의의 해체를 지향하는 '의식적' 혼종 — 이를 전유(專有)라 부를 수 있을 것이다 — 으로 전환되어야 하는데, 이러한 전환은 '주체'의 형성 없이는 불가능한 일이다. 혼종이 식민주의에 대한 저항이자 식민주의의 승인이 되는 까닭이 여기에 있다.

물론 혼종이 저항적 효과를 뚜렷하게 발휘하는 순간들이 있다. 우리의 경우 일제 말기가 거기에 해당할 터이다. 반면에 그 이전에는 혼종이 순응적 효과를 주로 발휘했다. 이는 맥락의 차이에 따른 결과인데, 그렇게 보면 식민주의의 양가성이 혼종을 산출하지만, 혼종의 실천적 효과는 맥락에 따라 저항이 될 수도 있고 순응이 될 수도 있다. 그런데 바바에게는 이러한 역사적 분별이 부족하다. 그것은 바바가 식민주의의 양가성을 텍스트주의적으로 이해하고 있기 때문이다. 그로 인해 혼종은 언제나 저항과 순응의 절충으로 시종하며, 식민주의를 구성하는 하나의 내적 기제

---

2) 호미 바바, 나병철 역, 『문화의 위치』, 소명출판, 2002, 223면.

로 고정되고, 최종적으로 식민주의의 헤게모니에 흡수된다. 혼종이 이러한 곤경에서 벗어나려면 양가성의 비례 관계, 다시 말해 저항과 순응 혹은 모방과 차이의 비례 관계를 섬세하게 따지는 작업이 필수적이다. 그럴 때 가령 이태준과 이광수의 차이, 임화와 최재서의 차이를 분별할 수 있다. 일제 말기 이들의 글은 혼종적이다. 하지만 그렇다고 해서 이들이 동질적이지는 않다. 이태준과 임화의 글은 저항적 효과를 발휘하는 데 반해 이광수와 최재서의 글은 분명하게 순응적 효과를 산출하고 있다. 이러한 실천적 효과의 차이는 양가성의 비례 관계가 다르기 때문이니, 맥락에 주목해 저항과 순응의 비례 관계를 따지는 일이 긴요한 것은 그래서이다. 이는 저항과 순응의 경계를 해체하는 방식으로는 본질주의적 이분법의 올바른 극복이 불가능하다는 것을 뜻한다. 오히려 본질주의의 올바른 극복은 경계의 유동성과 다층성을 통찰하는 데서 시작된다. 요컨대 맥락에 따라 유동하는 다층적 경계'들'을 규명할 때 저항과 순응의 본질주의적 이분법을 극복하면서 혼종의 실천적 효과를 평가하는 작업이 가능해지는 것이다.

이처럼 최근 한국 근대문학 연구가 무비판적으로 받아들이고 있는 탈식민론은 식민주의의 극복이라는 관점에서 볼 때 심각한 한계들을 보여준다. 탈식민론은 본디 근대성과 식민주의의 내적 연관을 규명하고자 하는 문제의식에서 비롯되었다. 기왕의 반제국주의론이나 민족주의 담론이 이 문제와 관련해 많은 이론적 오류를 범했기 때문이다. 민족주의 담론은 반(反)식민을 주창했지만 근대주의에 매몰됨으로써 내면적으로 식민주의를 재생산하는 모순을 보여주었고, 마르크스주의에 근거한 반제국주의론은 자본주의만 극복하면 민족 문제 — 즉 식민주의 — 는 자동적으로 해결될 거라는 관념적 국제주의에 빠져 있었다. 말하자면 근대성과 식민주의의 본질적 연관을 읽어내지 못한 셈이다. 탈식민론은 이러한 양자의 오류를 동시적으로 넘어서고자 한 시도라 할 수 있다. 그런 점에서 그것은 제3세계의 근대성 연구가 자연스럽게 나아갈 수 있는 코스 가운데 하나이다.

문제는 탈식민론에 해체론의 문제점이 고스란히 내장되어 있다는 사실이다. 무엇보다 근대를 하나의 본질로 환원시키는 '단수의 근대'에 철저히 묶여 있다는 점에 주목해야 한다. 탈식민론은 서구 근대를 근대의 유일한 전범으로 생각하는 경향이 강하다. 이 점에서 탈식민론은 놀랍게도 근대주의와 동일한 근대관을 보여준다. 그런데 더욱 놀라운 것은 탈식민론의 이러한 근대관이 해체론을 포함한 탈근대론의 근대관을 수용한 것이라는 사실이다. 근대주의-탈근대론-탈식민론이 근대를 서구 근대로 단수화(單數化)시키고 있다는 점은 흥미롭기 그지없는 일이다. 그 결과 삼자(三者) 모두 비(非)서구 또는 제3세계의 근대를 서구 근대의 반복 내지 모방으로 여긴다.

'단수의 근대'라는 관점에 설 때 탈식민론이 빠질 수 있는 가장 심각한 함정은 근대와 식민주의를 동일시하는 것이다. 해체론적 탈식민론[3]은 모든 근대적인 것들을 식민주의와 동일시한다. 이성·주체·남성·민족·계급 등 모든 근대적 기호들은 식민주의로 환원된다. 근대가 서구 근대 하나뿐이라면 근대는 곧 식민주의일 수밖에 없다. 세계사적 근대란 서구 근대의 제국주의적 확장이 되기 때문이다. 서구 근대의 헤게모니적 지배가 이처럼 강력하고 자기 완결적이라면, 그것에 대한 저항은 현실적으로나 이론적으로나 기대하기 어렵다. 바바가 한갓 혼종적 저항에 그토록 매달린 것도 그런 연유에서일 터이다. 이로 말미암아 탈(post)식민론이 탈(de)식민의 가능성을 부인하는 어처구니없는 역설이 발생하곤 하는 것

---

3) 지금까지 논의한 탈식민론을 이제부터는 해체론적 탈식민론으로 부르기로 하겠다. 주류 탈식민론이 해체론의 강력한 자장 속에서 형성된 이론이기 때문이다. 이 글의 가장 중요한 목적은 해체론적 탈식민론을 대신한 새로운 탈식민론, 즉 제3세계의 역사와 현실을 바탕으로 식민주의의 해체를 통해 자본주의 근대를 극복하고자 하는 이론적 기획의 가능성을 탐색하는 것이다. 필자가 보기에, 파농, 알라비, 아민, 월러스틴, 패리, 아마드, 챠터지, 라자러스, 그리고 임화와 백낙청 등의 작업이 여기에 해당한다. 이들의 이론은 해체론적 탈식민론과 구별해 '유물론적 탈식민론'으로 명명할 수 있을 것이다.

이다. 패리가 해체론적 탈식민론을 제국주의적 세계 질서를 묵인하는 이론이라고 혹독하게 비판한 것도 그래서이다.[4]

식민주의가 근대의 산물인 것은 사실이다. 하지만 그렇다고 해서 근대와 식민주의가 동일한 것은 아니다. 서구의 근대도 모조리 식민주의로 환원되는 것은 아니지만, 무엇보다 제3세계 근대야말로 근대를 서구 근대의 확장으로 보는 '단수의 근대'가 얼마나 그릇된 추정인지를 입증해 준다. 근대의 역사는 '순수한' 자본주의화의 과정이 아니었다. 이성'만'이 지배한 시대도 아니었고, 유럽중심주의가 공고했던 역사도 아니었다. 그렇게 보기에는 너무도 많은 예외들, 균열들, 변형들이 곳곳에 새겨져 있으며, 그 결과 실제의 근대는 부르주아·유럽·백인·남성들이 기대했던 것과는 다른 모습—상반된 것은 아니지만—으로 전개되었다. 이렇게 된 것은 근본적으로 타자'들'(즉 부르주아의 타자, 유럽의 타자, 백인의 타자, 남성의 타자, 식민지의 타자)의 저항이 지속적으로 존재했기 때문이다. 이 타자들은 근대와 출발을 함께 했고 근대 속에서 자랐고 지금도 근대를 살고 있다는 점에서 근대의 자식들, 근대의 또 다른 주체들이다.

그런 점에서 근대란 다양한 근대들이 벌인 경쟁의 장이었다고 보아야 한다. 물론 근대의 헤게모니는 분명 부르주아·유럽·백인·남성이 쥐고 있었지만, 그들이 원하던 코스로 근대가 진행되지 않은 것은 거기에 맞선 또 다른 근대들, 곧 민중·유색인·여성·제3세계의 근대가 엄존해 왔기 때문이다. 근대는 이들이 벌인 각축의 총체로 이해되어야 한다. 그럴 때 끊임없이 갱신을 거듭해온 근대의 역동성을 설명할 수 있다. 근대를 하나의 본질로 환원시키는 '단수의 근대'로는 근대의 이러한 자기 갱신의 역동성을 해명할 도리가 없다. 단수의 근대의 입장에서 가능한 설명은 '그래도 본질은 똑같다'지만, 이래서는 본질 / 이론과 현상 / 역사의 거리를 메울 길이 없다. 그런 점에서 그것은 '구체적 상황에 대한 구체적

---

4) B. Parry, "Problems in Current Theories of Colonial Discourse", *The Postcolonial Studies : Reader*, New York, 1999 참조.

분석'이 결여된, 현실 설명력을 잃은 또 다른 본질주의일 뿐이다.

근대의 복수성과 관련해 가장 중요한 것이 근대가 계급적으로, 성적으로, 민족(인종)적으로 분할되어 있다는 사실이다. 그래서 부르주아에게 근대가 자본의 지배라면 프롤레타리아에게 근대는 노동 해방이고, 남성에게 근대가 가부장제라면 여성에게 근대는 여성 해방이며, 제국에게 근대가 식민 지배라면 피식민 민족에게 근대란 민족 해방이다. 이처럼 근대의 내적 분할은 근대에 대한 상이한 기획들을 낳았고, 상이한 기획들의 경쟁과 각축의 결과 근대는 헤게모니 세력의 기대와는 다른 코스로 나아가게 된 것이다. 이처럼 역사적 근대는 다양한 근대 기획들의 복잡한 얽힘이 빚은 '관계들의 총체'라 할 수 있다.[5] 단수의 근대는 이들 중 하나의 코드만을 특권화한 논리이다.

사실 단수의 근대는 서구 중심적 보편주의와 내밀하게 연결되어 있다. 서구 중심적 보편주의란 서구의 근대를 근대의 보편적 전범으로 절대화한 이데올로기이다. 따지고 보면 자본주의·이성중심주의·주체중심주의·생산력주의·종족주의(ethnocentricism) 등은 서구 근대의 산물들이다. 제3세계가 이러한 서구 근대의 헤게모니로부터 자유롭지 못한 것은 분명하다. 하지만 그렇다고 해서 제3세계의 근대가 서구 근대의 복사판은 결코 아니다. 제3세계의 근대와 서구 근대의 관계는 모방과 함께 차이를, 반복과 함께 단절을, 순응과 함께 저항을 동시에 보여준다. 가령 민족주의가 전형적인 사례일 터이다. 제3세계의 민족주의는 분명 서구 민족주의의 모방이자 반복이다. 그래서 거기에는 종족주의라든가 인종주의 또는 국가주의 같은 요소들이 들어 있다. 하지만 그와 동시에 제3세계 민족주의에는 서구 민족주의에서는 볼 수 없는 저항적이고 민중적인 지향이 내재해 있다. 이 저항성과 민중연대성은 제3세계 민족주의가 제국주의와 맞서 싸우는 과정에서 형성된 것으로, 독립 후에도 제3세계 민족주의가 민

---

5) '복수의 근대'에 대한 좀더 자세한 설명으로는 하정일, 「복수의 근대와 민족문학」, 『민족문학사연구』 17호, 2000 참조.

주주의 변혁의 한 축으로 활동할 수 있게 해준 중요한 내적 동인이었다. 말하자면 제3세계 민족주의가 독립 후 지배 이데올로기와 반체제 이데올로기로 분립된 것은 단순히 권력투쟁의 결과가 아니라 제3세계 민족주의 자체의 양면성 — 서구 민족주의의 반복과 단절이라는 — 이 낳은 소산인 것이다.6)

이렇게 보면, 한국 근대문학이 식민주의에 포섭된 문학이라는 항간의 편견은 근대를 하나의 본질로 환원시키는 '단수의 근대'의 관점에서 근대성과 식민주의를 동일시한 결과라 할 수 있다. 이러한 편견을 교정하기 위해서는 무엇보다 근대의 복수성을 인정하는 것이 급선무이다. 다시 말해 부르주아·유럽·백인·남성의 근대와는 다른, 민중·제3세계·유색인·여성의 근대'들'이 존재해 왔고, 이러한 다양한 근대'들'의 경쟁 속에서 근대의 총체상이 구성되었다는 인식이 긴요한 것이다. 이때 비로소 제3세계 근대의 특수성이 눈에 들어오게 된다. 여기서 특수란 보편의 반대말이 아니다. 오히려 보편을 특수들의 '관계의 총체'로 이해하는 발상의 전환이 시급하다. 그렇게 보면, 특수성을 해명하는 것이야말로 보편에 다다르는 불가결한 과정이 된다. 특히 제3세계의 근대는 단수의 근대와 서구 중심주의를 비판적으로 바라볼 수 있게 해주는 인식론적 근거이자 탈식민의 가능성을 입증해주는 역사적 증거이다. 제3세계의 근대야말로 식민주의에 대한 간단없는 저항을 통해 서구 근대의 일색화(一色化)를 견제

---

6) 제3세계 민족주의의 특수성에 대한 흥미로운 설명으로는 N. 라자러스, 「초국가주의와 이른바 민족국가의 사멸」(김보민 역, 『실천문학』, 2000년 봄) 참조. 물론 제3세계 민족주의 또한 민족주의 일반이 갖는 한계를 공유하고 있는 것은 사실이다. 제3세계 민족주의가 독립 후 급속히 지배 이데올로기화하는 과정이라든가 반체제 이데올로기인 민중적 민족주의조차 종족주의를 좀처럼 벗어나지 못하는 모습에서 그 점을 어렵지 않게 확인할 수 있다. 따라서 서구 민족주의와 제3세계 민족주의의 같음과 다름을 입체적으로 이해하는 안목이 긴요하다. 차터지는 이와 관련하여 제3세계 민족주의를 서구 민족주의에 "지배되면서도 다른" 담론이라고 규정한다. 이는 '사상의 역사성' 때문에 발생하는 현상이라는 것이 차터지의 설명이다. P. Chatterjee, *Nationalist Thought and the Colonial World*, University of Minnesota Press, 1995, p.42.

하고 근대의 새로운 길을 모색하지 않을 수 없도록 강제한 유력한 거점이었기 때문이다. 그런 만큼 제3세계 근대의 특수성을 복수의 근대의 관점에서 재조명하는 작업이 보다 적극적으로 이루어져야 한다. 그럴 때 서구 근대와 '비슷하면서도 다른' 문학이자 탈식민의 계기를 풍부하게 내장한 문학으로 한국 근대문학을 조망할 수 있게 될 것이다.

2. 식민주의의 양가성

한국 근대문학이 서구의 근대문학과 '비슷하면서도 다른' 문학이자 탈식민의 계기를 내장한 문학일 수 있는 것은 일차적으로 식민주의의 양가성에서 비롯된다. 우리의 경우, 식민주의의 양가성에 주목하기 시작한 것은 최근의 일이다. 지금까지 식민주의를 바라보는 우리 학계의 시각은 크게 억압적 담론과 헤게모니 담론의 두 경향으로 나누어져 있었다.

억압적 담론 이론은 식민주의를 피식민 민족을 수탈하기 위한 강제적이고 억압적인 담론으로 설명하는 입장이다. 식민주의를 이렇게 이해할 경우 그에 대한 대응은 순응과 저항 이외에는 존재할 수 없게 된다. 옳고 그름이 너무도 분명하기 때문이다. 식민주의를 억압적 담론으로 규정한다는 것은 그것을 제국의 이해 관계를 위해 식민 체제의 모순을 은폐하고 식민지의 착취 구조를 정당화하는 '허위의식'으로 이해한다는 의미이니, 이처럼 옳고 그름이 명징한 상황에서 중간지대란 순응의 또 다른 표현에 불과할 뿐이다. 저항적 민족주의에 입각한 연구들이 주로 이러한 입장을 보여 왔다. 그 결과 순응과 저항 사이의 다양한 지점들이 갖는 복합적 의미라든가 순응과 저항 각각의 내부에 숨어 있는 미묘한 모순들이 소거된 채 한국 근대문학이 이분법적으로 단순화되었던 것이다. 임종국이 잘 보여주듯, 이러한 입장은 대개 식민주의와 거울 관계를 이루기 쉽다는 치명적 한계를 안고 있다. '민족'을 특권화함으로써 다른 가치들이 배제된다는 점에서 그러하다. 그럴 때 제국의 민족과 피식민국의 민족은 '우리' 민족이냐 아니냐를 제외하고는 아무런 내용적 차이를 갖지 못하게 된다. 그러므로 힘만 생기면 저항은 순식간에 억압으로 전환될 수 있는 것이다. 임종국이 일제 말기의 '국민문학론'과 관련하여 "비록 그들이 섬긴 조국이 일본국이었지만, 문학에 국가관념을 도입했다는 사실만은 이론 자체로 볼 때 주목해야 할 점"[7]이라고 평한 데서 그러한 징후를 발견하기란 어렵지 않다. 억압적 담론 이론에서 탈식민의 바람직한 방향을 기대하기 어려운 것은 그래서이다.

헤게모니 담론 이론은 식민주의를 억압과 더불어 동의를 지배의 주요 기제로 삼는 이데올로기로 이해하는 입장이다. 이 입장의 장점은 식민주의가 지배구조화하고 피식민 주체에게 내면화되는 과정을 설명할 수 있다는 점이다. 식민주의가 억압적 담론이거나 허위의식에 불과하다면 식민주의에 대한 자발적 동의라든가 그것의 내면화 — 즉 내부 식민주의의 형성 — 를 설명하기 어렵다. 식민주의는 억압하고 강제할 뿐 아니라 피식민 주체를 설득하고 포섭하기도 한다. 가령 식민주의가 전가의 보도처럼 내세우는 문명화나 근대화 담론에는, 이글턴이 날카롭게 지적했듯이, "역사 발전의 특정한 단계와 특정한 역사적 순간에 적합한"[8] 명분이 담겨 있다. 말하자면 특정 맥락에서의 피식민 대중들의 욕구와 소망을 반영하고 있는 것이다. 헤게모니론은 이 점을 파헤치는 데 어떤 이론보다 적합하다. 하지만 헤게모니 담론 이론의 난점은 저항의 다양한 가능성을 포착하기 어렵다는 데 있다. 식민주의가 헤게모니 담론이라면, 저항마저도 어느 순간 식민주의에 포섭될 수밖에 없기 때문이다. 식민주의가 헤게모니 담론이라는 말은 식민주의가 수미일관하고 견고한 자기 완결적

---

7) 임종국, 『친일문학론』, 평화출판사, 1988, 468면.
8) T. 이글턴, 여홍상 역, 『이데올로기 개론』, 한신문화사, 1994, 160면.

담론이라는 의미이다. 따라서 대항 헤게모니 이외의 저항은 존재하기 어려워진다. 더구나 대항 헤게모니, 곧 반(反)동일화마저 식민주의와 거울 관계라면, 사실상 저항의 가능성은 소멸되는 셈이다. 헤게모니론에 입각한 연구가 대개 내부 식민주의의 확인으로 귀착되는 것은 그 때문이다. 하지만 이런 식의 접근으로는 식민주의의 견고한 자기 완결성에도 불구하고 탈식민 저항이 끊이지 않는 이유를 해명할 수 없다. 그래서 저항을 설명하려면 시효가 지난 허위의식론으로 다시 돌아가야 하는 이론적 딜레마에 빠지곤 하는 것이다. 헤게모니 이론이 지배의 기제를 설명하는 데는 효과적이지만, 그 지배가 왜 영속적이지 못한가를 밝히는 데는 무력한 것은 그러한 이론적 한계 때문이라 할 수 있다.

따라서 식민주의를 억압적 담론이나 헤게모니 담론으로 보는 한 탈식민 저항의 다양한 계기와 가능성들을 규명하기가 힘들어진다. 억압적 담론 이론은 순응과 저항 사이의 중간지대를 인정하지 않기 때문에, 헤게모니 담론 이론은 저항의 가능성을 최소화시키기 때문에 그러하다. 그런 점에서 식민주의를 양가적 담론으로 이해하는 새로운 시각이 요구된다. 식민주의의 양가성은 식민주의가 타자 없이는 존립할 수 없는 비자족적인 이데올로기라는 사실로부터 비롯된다. 식민주의가 양가적 담론이라는 말은 식민주의가 자기 완결적인 동시에 비자족적인, 그러므로 견고하면서도 나약한 담론이라는 의미이다. 지배는 강제와 억압만으로는 불가능하며, 그와 함께 동의와 포섭을 필요로 한다. 그런데 동의와 포섭은 타자의 존재를 전제하기 때문에 식민주의 내부에는 언제나 저항의 계기와 주체가 내재하게 된다.

플란차스에 의하면, 지배 이데올로기는 지배계급의 이해 관계만을 반영하지 않는다. 그래서는 헤게모니적 지배, 곧 동의에 기초한 지배가 불가능하기 때문이다. 오히려 지배 이데올로기는 항상 지배계급과 피지배계급의 '역관계'를 반영한다. 부르주아 이데올로기에 사회주의적이거나 비자본주의적인 요소들이 받아들여지는 것은 그런 이유에서이다.[9] 플란차스의 관점에서 보자면, 식민주의는 더 이상 견고한 자기 완결적 담론이 아니다. 반대로 식민주의는 숱한 균열과 긴장으로 가득찬 동요하는 담론이다. 그것은 식민주의가 본질적으로 피식민 주체에 의존해서만 유지될 수 있는 비자족적인 담론 / 체제이기 때문이다. "아일랜드가 영국 지주제도의 보루"라는 마르크스의 발언은 바로 그 점을 지적한 통찰이다. 요컨대 마르크스는 영국의 지주제도가 아일랜드라는 피식민지에 결정적으로 의존하고 있음에 주목한 것이다. 그 연장선에서 마르크스는 아일랜드의 민족 해방이 영국 지주제도의 몰락에 중요한 기여를 할 것이라고 보았다. 또한 마르크스는 아일랜드에서 이주한 노동자들을 이용해 영국과 아일랜드의 노동자계급을 분할 통치하고 있기 때문에, 아일랜드의 민족 해방이 프롤레타리아의 통일을 가능케 해 영국 부르주아계급에게 결정적 타격을 입힐 수 있다고 예측하기도 했다.[10] 요컨대 영국의 지주제도와 자본주의가 아일랜드라는 식민지에 의존하고 있는 비자족적 체제이기 때문에 아일랜드의 민족 해방이 한 민족의 독립에 그치지 않고 영국의 지배 체제를 무너뜨리는 기폭제가 된다는 것이다. 마르크스의 분석은 식민주의의 비자족적 나약함을 꿰뚫은 탁견이거니와 바로 이러한 비자족성으로 말미암아 식민주의는 견고함과 나약함의 항상적인 긴장 속에서 동요하면서 끊임없이 모순과 균열을 산출한다. 이들 모순과 균열이 바로 저항의 거점 혹은 탈식민의 계기가 됨은 물론이다.

앞에서 언급했다시피, 바바의 양가성 개념은 저항을 양가성이 낳은 '구조의 효과'로 상정함으로써 피식민 주체의 능동성을 제대로 보지 못하는 치명적 결함을 갖고 있다. 이는 주체를 구조의 효과로 보는 탈구조주의와 해체론의 영향 때문으로 보인다. 그에 비해 마르크스의 구상은 양가성에 대한 새로운 이해를 가능하게 해준다. 다시 말해 아일랜드의 사례를 통해 '허위의식'론에 기대지 않고도 양가성 속에서 탈식민 주체

---

9) N. 플란차스, 홍순권 외역, 『정치권력과 사회계급』, 풀빛, 1986, 243~244면.
10) K. 마르크스, 편집부 편역, 『마르크스-레닌주의 민족이론』, 나라사랑, 1989, 107~108면.

의 형성이 가능함을 입증한 것이다.[11] 양가성 자체가 바로 피식민 주체에의 의존성이 산출한 효과이기 때문이다.

식민주의의 양가성에 대한 새로운 이해는 한국 근대문학의 탈식민적 가능성과 관련하여 많은 것을 시사해준다. 흔히 오족협화의 이데올로기에 부응한 글로 알려져 있는 이태준의 「만주기행」에서도 식민주의의 양가성이 확인된다. 양가성이라는 맥락에서 「만주기행」을 읽으면, 이 글이 식민주의에 굴복한 것이 아니라 반대로 식민주의를 내부로부터 비판하고 있다는 사실을 발견할 수 있다. 가령 "이 동넨 다 자작농입니까?"라는 이태준의 질문에 조선인 농민은 "자작농은 별로 없습니다. 모다 만인(滿人)의 땅을 차입해 가지고 하니까 결국 소작인 셈이죠"라고 대답한다. 이로 인해 "인전 뱃속은 아무걸루든지 채웁니다"는 앞의 말은 순식간에 뒤집어진다. 이 한마디로 오족협화 역시 서열 관계에 불과하다는 진실이 드러나면서, 오족협화 이데올로기의 정당성이 내부로부터 무너지는 것이다. 지주 / 소작이라는 불평등한 권력 관계가 존재하는 한 오족의 진정한 협화란 불가능하기 때문이다. 오족협화의 허구성은 채표(彩票)나 타먹으면 고향산천에 다시 갈까 "그렇지 못하면 밤낮 이 꼴이다가 호인들 밭머리에 묻히고 말죠!"라는 푸념에서 절정에 달한다. 조선인 이주민들에게 만주는 왕도낙토이기는커녕 '호인'들의 땅이다. 그들이 채표가 되어 귀향하기만을 바라는 것은 만주에서의 삶이란 피식민 민족에게 "언제 어떤 정리를 당할지 추측할 수 없"는 불안하기 짝이 없는 것이기 때문이다. 피식민이라는 조선인의 역사적 조건은 만주에서조차 여전한 셈이다.

오족협화라는 식민주의 이데올로기는 스스로를 부정하지 않는 한, 곧 식민주의를 포기하지 않는 한 이러한 분열로부터 결코 벗어날 수 없다. 식민주의를 붙잡고 있는 한 지배 / 피지배의 권력 관계를 제거할 수 없고, 권력 관계가 존재하는 한 '협화'란 현실화될 수 없기 때문이다. 그렇다고

---

11) 식민주의의 양가성과 탈식민 주체의 형성 가능성에 대한 좀더 자세한 설명으로는 하정일, 「한국 근대문학 연구와 탈식민」, 『민족문학사연구』 23호, 2003, 23~34면 참조.

오족협화를 위해 식민주의를 포기할 수도 없다. 오족협화 이데올로기 자체가 일제의 헤게모니적 지배를 위해 창안된 것이기 때문이다. 그래서 오족협화 이데올로기는 지배와 협화 사이에서 끊임없이 동요할 수밖에 없는 것이다. 조선인 이주민의 푸념은 바로 그 양가성 가운데 지배/피지배 관계를 지적함으로써 오족협화의 나약한 측면을 은밀하게 공격하고 있다. 「만주기행」은 이처럼 얼핏 오족협화 이데올로기에 포섭된 듯하지만, 실제로는 오족협화의 나약한 측면을 내부로부터 비판하는 탈식민 저항의 계기를 내장하고 있는 글이다. 이러한 내부로부터의 비판은 식민주의의 양가성과 피식민이라는 조선인 이주민의 주체 위치가 만들어낸 의미 효과라 할 수 있다.[12]

이처럼 식민주의의 양가성은 자기 완결적이면서 비자족적이라는 모순 때문에 탈식민적 저항의 계기를 자기 내부로부터 끊임없이 산출한다. 식민주의가 완결적이기만 한 담론이라면 식민주의는 동일성과 반복만을 재생산해야 할 것이다. 하지만 식민주의는 타자 없이는 한 순간도 존립할 수 없는 비자족적 담론/체제이기 때문에 동일성과 함께 차이를, 반복과 함께 단절을, 순응과 함께 저항을 창출하며, 「농군」이 잘 보여주듯 그러한 진자운동의 과정에서 탈식민 주체가 서서히 형성되어 간다.[13]

식민주의에 대한 기존의 연구들은 식민주의의 내부에서 탈식민의 다양한 계기들을 찾아내고 저항 주체의 형성 가능성을 설명하는 데 무력했다. 이러한 무능력은 민족주의 담론이든 해체론적 탈식민론이든 마찬가지라 할 수 있다. 민족주의에 기초한 억압적 담론·이론은 식민주의의 외부에서만 저항의 거점을 찾아왔으며, 해체론에 근거한 헤게모니 담론 이론은 식민주의에 대한 저항과 탈식민 주체 형성의 가능성 자체를 인

---

12) 이에 대한 좀더 자세한 설명으로는 하정일, 「친일의 기준을 어떻게 잡을 것인가」, 『이태준 문학의 재인식』(문학과사상연구회 편), 소명출판, 179~184면 참조.
13) 이에 대한 자세한 설명으로는 하정일, 「1930년대 후반 이태준 문학과 내부 식민주의 성찰」, 위의 책 참조.

정하지 않는 경향이 강했다. 이는 공히 한국 근대문학의 탈식민적 가능성에 대한 폄하로 귀결되었다. 식민주의의 양가성에 대한 새로운 이해는 기존 연구의 이러한 본질적 한계를 극복하는 데 돌파구가 될 수 있을 것이다.

3. 수행적 독법과 전략적 본질주의

한국 근대학문의 식민성은 어제오늘의 일이 아니다. 외국 이론에 맞춰 한국의 역사와 현실을 설명하는 것은 이제 하나의 학문적 관습이 되었다. 이 말은 외국 이론을 무시하자는 뜻이 아니다. 학문의 교류는 당연한 일이다. 더구나 전지구적으로 움직이는 현재의 추세 속에서 교류를 부정하고서는 살아남기 어렵다. 문제는 외국의 이론을 보편으로 생각하면서 받아들이는 태도이다. 이른바 서구 중심주의적 수용이 문제인 것이다. 외국의 이론 역시 특수의 하나임을 인식하면서 상대화하는 자세가 부족하다는 데 이론 수입의 결정적 한계가 존재한다. 해체론적 탈식민론의 수용도 마찬가지다. 해체론적 탈식민론은 서구의 현실을 바탕으로 고안된 이론이다. 특히 해체론적 탈식민론에는 이주 지식인의 현실이 깊이 각인되어 있다. 서구와 본국 어디에도 정착하지 못하고 부유하는, 그리하여 어떠한 안정된 정체성도 지닐 수 없는 이주 지식인들의 삶이 해체론적 탈식민론의 무의식임을 아마드는 날카롭게 지적한 바 있다.[14] 그러므로 그것을 한국사회에 적용하려면 현실과 맥락의 차이가 빚어내는 비(非)조응성을 한시도 잊어서는 안 될 터이다. 하지만 한국 근대문학에 대

---

14) A. Ahmad, "The Politics of Literary Postcoloniality", *Contemporary Postcolonial Theory : A Reader*, New York, 1996, pp.283~289.

한 근대의 탈식민론적 연구들을 보면 현실과 맥락의 차이에 대한 투철한 자의식을 찾아보기 힘들다. 그로 말미암아 한국 근대문학에서 내부 식민주의의 증거를 찾아내는 경주를 하는 듯한 행태마저 나타나고 있으니, 이는 근본적으로 한국 근대의 특수성에 대한 역사적 인식이 부족한 때문이라고 할 수 있다.

해체론적 탈식민론이 한국 근대문학의 특수성을 읽어내기 어려운 중요한 이유 중의 하나는 해체론 특유의 텍스트주의이다. 텍스트주의는 구체적 현실까지도 텍스트로 환원시킨다. 그에 따라 문학 작품이 자기 완결적인 세계로 자립화되면서 작품과 구체적 현실 사이의 회로가 차단되어 버린다. 작품의 의미는 작품 내부의 기호들이 맺고 있는 관계에 의해 구성되므로 구체적 현실은 참조 대상이 되지 않는다. 엄밀히 말하면, 현실 또한 '기호들의 체계'라는 의미에서의 텍스트이므로 궁극적 지시 대상으로서의 현실은 텍스트주의의 이론 체계 내에서는 사실상 부재(不在)하는 셈이다.[15] 따라서 작품의 현실 연관이란 것도 상호텍스트성으로 치환되며, 그 결과 현실은 상호텍스트성을 구성하는 여러 텍스트들 가운데 하나로 축소되고 만다. 이러한 텍스트주의적 독법은 작품과 현실이 만나면서 만들어내는 풍부한 의미 생성의 과정을 읽지 못하게 가로막는다. 가령 똑같은 '민족'이라는 말도 어떤 현실적 맥락에서 발화되느냐에 따라 그 의미가 천차만별로 달라지는 법이다. 맥락의 차이에 따라 '민족'이 식민주의적 폭력도 되고 탈식민적 저항도 되며, 종족주의도 되고 민족자결주의도 된다. 반면에 텍스트주의적 독법은 '민족'을 말하면 발화의 주체가 누구건, 어떠한 상황에서 나왔건 상관없이 곧바로 민족주의라는 딱지를 붙여버리곤 한다. 그럴 수밖에 없는 것이 발화 / 수신의 주체와 그들을 둘러싼 맥락을 소거한 채 텍스트 내부의 기호들이 맺고 있는 관계만 따지면 '민족'의 의미란 언제나 동일하기 때문이다. 당연히 한국 근대

---

15) F. 제임슨, 윤지관 역, 『언어의 감옥』, 까치, 1985, 28~29면.

문학이 숱하게 말해온 '민족' 또한 민족주의라는 하나의 의미로 단순화될 수밖에 없다.

이를 극복하기 위해서는 무엇보다 수행적(performative) 독법의 실천이 긴요하다. 수행적 독법이란 '언어의 의미는 수행적으로 생성된다'는 관점에 기초한 작품 읽기의 방법이라 할 수 있다. 언어의 의미는 고정된 것이 아니다. 바흐찐은 "말 그 자체에 의미가 속해 있다고 말할 이유가 없다"면서 "의미는 음성복합을 매체로 해서 산출된, 화자와 청자간의 상호작용의 효과"라고 단언한 바 있다. 바흐찐에 따르면, "의미는 본질적으로 아무것도 의미하지 않는다. 의미는 단지 잠재성 — 구체적인 주제 속에서 의미를 가질 수 있는 가능성 — 을 지닐 뿐이다." 잠재성이 현실화되는 과정, 즉 말이 의미를 갖게 되는 과정은 "그 말이 실현되는 구체적 상황과 분리될 수 없"다. 따라서 발화의 의미를 "이해한다는 것은 스스로를 그것(타자의 발화-인용자)에로 방향지우고, 그에 상응하는 맥락 속에서 발화의 적절한 위치를 발견하는 것"이다. 그런 점에서 "모든 진정한 이해는 본질적으로 대화적이다."[16]

바흐찐이 의미의 생성과 이해의 과정을 이렇게 설명하는 가장 근본적인 이유는 언어를 "사회적 상호작용의 산물"로 생각했기 때문이다. 여기서 사회적 상호작용이란 "담론이 행해지는 상황에 의해서 규정되는 인접한 상호작용"이자 "화자의 공동체에 작용하고 있는 조건들의 총체성에 의해서 규정되는 보다 일반적인 종류의 사회적" 상호작용을 뜻한다.[17] 언어의 수행성이란 바로 이러한 사회적·화행적(話行的) 상호작용을 가리키는 개념이다. 이러한 맥락에서 수행적 독법은 텍스트주의와는 반대로 담론조차도 하나의 사회적 실천으로 읽는다. 다시 말해 발화의 주체는 누구인가, 주체 / 객체 혹은 화자 / 청자의 역관계는 어떠한가, 발화를 둘러싼 역사적 조건과 정세는 어떠한가, 담론의 서사와 상황은 무엇을 가리키

---

16) M. 바흐찐, 송기한 역, 『마르크스주의와 언어철학』, 한겨레, 1988, 140~142면.
17) M. 바흐찐, 송기한 역, 위의 책, 129면.

고 있는가, 담론의 정세 효과는 무엇인가, 등등 담론 내외부의 화행적·사회적 맥락들을 면밀히 따져 담론의 수행적 의미와 실천적 효과를 규명함으로써 작품의 역사성과 현실성을 복원하는 것이 수행적 읽기의 요체라 할 수 있다. 수행적 독법은 텍스트주의에 기인한 본질주의적 단순화를 넘어 작품의 풍부한 의미 연관을 읽어내는 데 요긴하다.[18] 문학 작품의 사회적 상호작용을 추적하면서 맥락 속에서 새로운 의미들이 수행적으로 생성되는 과정을 판독할 수 있기 때문이다.

특히 민족 담론을 다룰 때 수행적 독법의 중요성은 더욱 커진다. 텍스트주의에 의존하는 한 제3세계 민족 담론의 역사성, 즉 맥락의 차이로 말미암아 제3세계의 민족 담론이 담론상의 유사성에도 불구하고 서구 민족주의와 다른 실천적 효과를 창출하는 메카니즘을 발견하기 힘들다. 민족 담론은 서구로부터 이입된 것이어서 담론 자체만의 내적 구조는 서구의 그것과 유사할 수밖에 없다. 텍스트주의는 여기에만 주목하며, 민족 담론에 대한 본질주의적 비판은 대개 이로부터 비롯된다. 하지만 수행적 독법의 관점에서 보면, 담론의 의미란 고정된 것이 아니라 수행적으로 생성되는 것이다. 식민주의와 비대칭적 역관계를 이루고 있는 제3세계의 민족 담론은 더더군다나 그러하다.

가령 최서해의 「기아와 살육」을 보면 수행적 독법이 왜 긴요한지를 어렵지 않게 이해할 수 있다. 이 소설의 결말부는 '경찰서 습격'으로 끝난다. 가족을 죽이고 주위 사람들을 닥치는 대로 해친 후에 주인공은 경찰서를 습격한다. 텍스트주의적 독법으로는 경찰서 습격을 이해하기 힘들다. 이 작품의 주요 내용은 돈이 없어서 아픈 아내에게 약 한 첩 먹이지 못하는 극한적 궁핍상이다. 돈 없다고 치료와 조제를 거부하는 한의사와 약사의 행태는 계급적 차별 행위이다. 이 한의사와 약사는 조선인임에 틀림없어 보인다. 주인공의 분노가 폭발하는 것은 어머니가 며느리

---

18) 텍스트주의적 본질주의에 대한 좀더 자세한 비판으로는 하정일, 「탈민족 담론과 새로운 본질주의」, 『민족문학사연구』 25호, 2004, 403~408면 참조.

에게 죽이라도 한 그릇 먹이려고 '되놈' 동네에 월자(月子)를 팔러갔다가 개에게 물린 처참한 모습을 보면서이다.

텍스트주의적으로만 보자면, 중국인 경찰서의 습격은 지극히 비합리적인 행위이다. 중국인에게 착취를 당하거나 차별을 받은 적이 없기 때문이다. 중국인 동네에서 개에게 물린 것은 그야말로 우발적인 사건일 뿐이며, 정작 주인공을 차별한 것은 동족인 조선인 한의사와 약사이다. 따라서 텍스트의 내적 서사 구조에만 주목하면 한의사나 약사와 싸우는 것이 정상적이다. 그런 점에서 작품의 결말부는 서사의 내적 논리상 개연성이 없는, 민족주의적 감정의 비합리적 폭발에 불과하다. 더구나 조선인들은 중국인을 '되놈'이라고 부르는 인종 차별적 발언마저 서슴지 않고 있다. 요컨대 이 작품은 종족주의적 민족주의에 빠져 문명 대 야만의 이분법을 재생산하고 있는 셈이다. 그렇다면 「기아와 살육」은 식민주의에 포섭된 작품인가. 그렇지 않은 것이 주인공의 행위를 '수행적으로', 곧 '사회적 상호작용'에 초점을 맞춰 읽으면, 작품의 논리와 의미가 달라지기 때문이다. 중국인과 재만 조선인 사이에 맺어져 있는 지배 / 피지배, 착취 / 피착취 관계라는 맥락 속에서 작품을 읽으면, 주인공의 경찰서 습격은 민족적 저항이라는 의미를 갖게 된다. 주인공이 최종적으로 경찰서 습격을 택한 것은 재만 조선인들이 겪는 끔찍한 가난의 배후에는 중국인과의 비(非)대칭적 역관계가 웅크리고 있다는 직관 때문이었던 것이다. 물론 이러한 저항 방식은 지극히 개인적이고 즉자적인 수준이라는 점에서 한계가 분명하지만, 주인공이 처한 고립무원의 상황을 감안하면 그것은 개인 차원에서 선택할 수 있는 최대한도의 민족적 저항이라 할 수 있다.[19]

다만 이때 유념해야 할 것이 '전략적 본질주의'이다. 수행적 독법은 텍스트주의적 본질주의를 피하는 데는 효과적이다. 텍스트주의적 독법으로는 읽어내기 어려운, 맥락과 교섭하면서 작품이 산출하는 풍부한 수행

---

19) 수행적 독법으로 최서해 문학의 탈식민적 가능성을 자세하게 분석한 글로는 하정일, 「민족과 계급의 변증법」, 『한국 근대문학연구』 11집, 태학사, 2005 참조.

적 의미 연관을 포착할 수 있기 때문이다. 하지만 언어의 수행성만을 일방적으로 강조할 경우 자칫 전략을 본질로 오인하는, 곧 민족이라는 전략적 가치를 본질적 가치로 특권화하는 전략주의에 빠질 위험성이 크다. 그런 점에서 전략적 본질주의라는 입장을 견지하는 일이 중요하다. 다시 말해 민족이라는 전략적 가치의 의의를 수행적으로 읽어내는 동시에 그 것을 근대 극복이라는 본질적 가치의 관점에서 재평가하는 작업이 병행되어야 한다. 「기아와 살육」의 한계 역시 이런 차원에서 규명되어야 한다. 이 작품이 즉자적이고 개인적인 수준의 민족적 저항에서 그친 것은 근대 극복이라는 본질적 인식이 결여되어 있기 때문이다. 그로 인해 비대칭적 민족 관계를 자본주의 근대 또는 제국주의적 동북아 질서라는 보다 큰 사회적 맥락 속에서 서사화하지 못한 것이다. 최서해가 1927년 이후 급속히 소시민적 쇄말주의로 경사하면서 프롤레타리아문학운동에서 탈락한 것도 그래서거니와 그런 점에서 수행적 독법이 언제나 전략적 본질주의에 바탕해야 한다는 것을 잊어서는 안 될 터이다.[20]

텍스트주의와 수행적 독법을 비교하면서 분명해진 사실은 텍스트주의적 독법으로는 한국 근대문학의 특수성과 탈식민적 가능성을 제대로 해명하기 어렵다는 점이다. 이것은 순수 이론적 차원의 문제인 동시에 구체적 현실의 문제이다. 텍스트주의로는 한국 근대가 처했던 역사적 맥락의 특수성을 분별하기 힘들다는 점에서 그러하다. 해체론적 탈식민론의 기계적 수용이 위험한 까닭이 여기에 있다. 그런 점에서 학문적 식민성의 극복은 민족주의적 슬로건이 아니라 한국 근대의 특수성을 올바로 규명하기 위한 최소한의 전제 조건이 된다. 임화는 외국 문물을 받아들이는 가장 올바른 태도를 '자주와 개방의 겸비'라고 갈파한 바 있다. 탈식민론을 수용하는 데 있어서는 더 말할 나위도 없다.

---

20) 필자는 전략적 본질주의의 관점에서 황석영 문학을 집중적으로 분석한 바 있다. 전략적 본질주의에 대한 자세한 설명은 다음의 글을 참조할 것. 하정일, 「분단의 형이상학을 넘어서」, 『실천문학』, 2001년 여름.

4. 탈식민 저항의 세 유형과 계보학

한국 근대문학의 탈식민적 가능성을 입증하고 그것을 21세기 한국문학의 향후 방향을 설정하는 작업에 연결시키기 위해서는 무엇보다 탈식민 저항의 계보를 재구성하는 일이 선결 과제가 된다. 계보를 통해 흐름이 드러나고, 흐름을 보면 앞으로의 방향을 가늠할 수 있기 때문이다. 탈식민 저항의 계보를 검토하는 과정에서 필자는 탈식민 저항이 크게 세 유형으로 나누어짐을 확인할 수 있었다. 세 유형은 통시적으로도 공시적으로도 나타나며, 유파적 경향으로서 뿐 아니라 한 작가 내부에서도 나타난다. 또한 각 유형들은 자기 내부에 여러 계열들을 포함하고 있고, 각 유형과 계열의 실천적 효과들은 맥락에 따라 달라지기도 한다. 따라서 세 유형이 있다고 했지만, 그 유형들을 단순화시켜서는 곤란하다. 오히려 각 유형과 계열들이 시대의 성격과 현실적 조건에 따라 다채롭게 변이하는 유동성을 입체적으로 조망하는 것이 바람직하다. 다만 여기서는 세 유형의 특징을 선명하게 드러내 보여줄 필요가 있기 때문에 단순화의 위험을 무릅쓰고 도식적이고 압축적인 설명 방식을 취하도록 하겠다.

탈식민 저항의 첫 번째 유형은 대안적 저항이다. 대안적 저항은 식민주의를 전면적으로 거부하면서 대안적 이념이나 세계상을 제시하는 유형의 저항이다. 탈식민 주체의 '이념적' 위치는 식민주의 외부에 존재하며, 식민주의의 헤게모니에 맞서 대항 헤게모니를 추구한다. 그런 점에서 대안적 저항은 반(反)동일화형 저항이라 할 수 있다. 한국 근대문학에서 대안적 저항을 대표하는 문학으로는 민족주의와 마르크스주의가 있다. 반(反)동일화가 항상 식민주의와 거울 관계를 이루는 것은 아니다. 민족주의는 저항적 민족주의조차 식민주의와 대쌍(對雙) 관계를 형성하고 있기 때문에 내면적으로 식민주의를 재생산하는 경향을 자주 보여준다(맥락에 따라 그렇지 않은 경우도 적지 않다. 신채호가 대표적인 사례이다). 그러나 마르크스주의는 식민주의와 대쌍(對雙) 관계가 아니기 때문에 '이념적으로는' 식민주의에 포섭될 가능성이 적다(물론 마르크스주의가 민족주의에 침윤된 경우에는 사정이 다르다. 신경향파문학이 여기에 해당한다). 식민주의의 '극복'을 목표로 한다는 점에서 대안적 저항은 가장 급진적인 탈식민 저항의 유형이다. 그런 점에서 대안적 저항만이 식민주의를 대체할 새로운 체제 / 담론을 창출할 수 있다. 한국문학이 대안적 저항의 이념과 방법을 여전히 고민해야 하는 까닭이 여기에 있다. 대안적 저항은 대체로 1930년대 전반기, 그러니까 중일전쟁 이전까지 많이 나타나는 유형이라 할 수 있다.

두 번째 유형은 내적 저항이다. 내적 저항의 '이념적' 주체는 식민주의의 경계, 즉 내부와 외부의 경계에 위치한다. 따라서 내적 저항은 대항 헤게모니를 추구하기 어렵다. 그 대신 내적 저항은 일반적으로 자기 성찰을 통해 자신의 정체성을 확인하거나 식민주의의 비자족적이고 나약한 측면을 공격하는 방식으로 식민주의에 맞선다. 두 계열 모두 식민주의를 전면 거부하기보다는 식민주의와 탈식민 주체 사이에 일정한 경계선을 그음으로써 차이를 보존하는 특징을 보여준다. 그런 점에서 내적 저항은 비(非)동일화형 저항이라 할 수 있다. 내적 저항이 대안적 저항에 비해 저항이 간접화되고 내면화된 것은 사실이지만, 이 말이 내적 저항이 식민주의와 타협했다거나 순응했다는 의미는 결코 아니다. 양자의 차이는 '수준'의 차이가 아니라 '방식'의 차이이다. 대안적 저항이 전면 거부의 방식을 취하는 데 비해 내적 저항이 택한 방식은 내부로부터의 격파, 곧 '내파(內波)'이다. 내파는 양가성의 모순 관계를 극대화시킴으로써 식민주의를 임계점으로 몰아간다. 내적 저항은 대항 헤게모니를 형성하는 것이 힘든 상황에서 주로 나타난다. 이러한 상황은 현실의 객관적 조건일 수도 있고 작가의 주관적 정세 인식일 수도 있는데, 대부분의 경우 두 가지가 서로 결합되어 있다. 내적 저항은 시기적으로는 중일전쟁을 전후한 1930년대 후반부터 중심적 추세를 이룬다.

세 번째 유형은 혼종적 저항이다. 혼종적 저항의 '이념적' 주체는 식민주의의 내부에 위치한다. 당연히 혼종적 저항에서는 대안적 저항이나 내적 저항에 비해 식민주의와의 경계선이 뚜렷하지 않다. 대신 혼종적 저항의 주체는 양가성 사이를 부유한다. 그런 만큼 순응과 저항, 협력과 일탈의 경계선 역시 흐릿하다. 사실 혼종적 저항은 순응과 저항의 경계 선을 끊임없이 넘나든다. 엄밀히 말해 혼종 자체는 저항이 아니다. 혼종 이란 순응과 저항이 뒤범벅된 상태를 가리키기 때문이다. 하지만 그렇다 고 해서 혼종이 저항도 순응도 아닌 '회색지대'는 아니다. 회색지대라는 개념은 경계가 없거나 불분명함을 전제한다. 그러나 앞에서 언급했듯이 경계는 언제나 있다. 다만 그것이 유동적이고 다층적일 뿐이다. 혼종의 저항성 여부는 대개 맥락에 의해 결정된다. 다시 말해 어떠한 맥락에서 발화가 행해졌느냐에 따라 혼종은 저항적 효과를 발휘하기도 하고 순응 적 효과를 발휘하기도 한다. 가령 정치적 무관심을 똑같이 표방한 담론 이 1930년대에는 주로 순응적 효과를 빚어냈다면, 1940년대로 넘어오면 저항적 효과를 산출한다. 이는 맥락의 차이가 만들어낸 수행적 효과라 할 수 있다. 혼종의 저항적 효과는 식민주의의 자기 완결성에 흠집을 냄 으로써 양가성을 구조화시키는 것이다. 양가성이 피식민 주체에 기인한 구조적 현상일 때에만 탈식민 주체의 형성이 항상적으로 가능하다. 혼종 적 저항은 특히 태평양전쟁을 전후한 1940년대 전반기에 집중적으로 발 견된다.

세 유형의 탈식민 저항은 통시적으로 변화 양상을 보여준다. 중일전쟁 이전까지는 대안적 저항이 지속적으로 추진되는데, 그 헤게모니는 1920 년대 초반을 전후해 민족주의에서 마르크스주의로 바뀐다. 중일전쟁 이 후 태평양전쟁까지는 내적 저항이 주된 유형을 이루다가 태평양전쟁을 전후한 시기부터는 혼종적 저항이 지배적 추세가 된다. 물론 이러한 구 분은 '이념형(idealtype)적'인 것이다. 모든 시기에 걸쳐 세 유형의 저항은 혼재되어 있다. 다만 주요 경향이 그렇다는 말이다. 따라서 공시적으로 보면, 세 유형의 저항은 어느 시기에나 다양한 스펙트럼을 형성하고 있다. 탈식민 저항의 유형 연구가 중요한 것은 그래서이다. 이를 통해 한국 근대문학의 탈식민 저항이 대단히 다채롭고도 풍부하게 이루어졌음을 확인할 수 있기 때문이다. 해체론적 탈식민론의 비관주의가 그릇된 것임이 이로써 분명해진다.

세 유형의 탈식민 저항은 유파적 경향으로도 나타난다. 가령 프롤레타리아문학은 대안적 저항 → 내적 저항 → 혼종적 저항으로의 변화 과정을 공통되게 보여준다. 개인별로 빠르고 늦음이 있긴 하지만, 전체적으로 보면 비슷한 행보가 나타난다. 작가 개인에게서 세 유형의 저항이 모두 발견되는 경우도 있다. 가령 김정한이 전형적인 사례이다. 김정한의 문학은 중일전쟁과 태평양전쟁을 전후해 탈식민 저항의 유형이 변화되는 모습을 보여준다. 첫 번째는 대안적 저항의 시기로, 「사하촌」에서 「항진기」까지가 여기에 해당된다. 이 무렵의 김정한 문학은 체제에 대한 적극적이고 직접적인 저항을 통해 대안적 이념을 제시한다. 두 번째는 중일전쟁부터 1940년까지로, 이 시기의 김정한 문학은 총동원 체제와 맞닥뜨리면서 저항이 간접화되고 내면화되는 내적 저항의 모습을 보여준다. 대체로 「기로」에서 「낙일홍」까지가 이 범주에 묶인다. 세 번째는 총동원 체제가 태평양전쟁을 전후하여 강제화·제도화되면서 이른바 '신체제'가 들어서는 1940년 이후의 시기이다. 이때의 김정한 문학은 순응과 저항 혹은 협력과 일탈의 경계선을 넘나드는 혼종성을 띤다. 김정한 문학의 혼종성은 당시의 맥락 속에서 저항적 의미 효과를 낳는데, 그것은 총동원 체제 아래에서 탈정치성과 조선적 특수성의 옹호가 갖는 정치적 함의와 관련이 깊다. 「월광한」이나 「인가지」 같은 작품들에서 그러한 특징을 발견할 수 있다.[21]

한국 근대문학은 이러한 세 유형의 저항을 근간으로 식민주의에 맞서왔다. 때로는 직설적이고 정공법적으로, 때로는 간접적이고 우회적으로,

---

21) 이에 대한 자세한 설명으로는 하정일, 「일제 말기 김정한 문학과 탈식민 저항의 세 가지 유형」, 『작가와사회』, 2005년 겨울 참조

때로는 암시적이고 환유적으로, 다양한 방식의 저항을 한국 근대문학은 풍부하게 보여준다. 이를 통해 한국 근대문학의 탈식민적 가능성을 확인할 수 있으며, 새로운 탈식민론이 나와야 하는 이유도 이로써 분명해진다. 이 가능성을 보존하고 극대화하는 데 한국문학의 미래가 걸려 있음을 재인식하는 것도 긴요하다. 탈식민적 가능성을 극대화하는 것이 한국문학이 자본주의 근대, 나아가 근대세계 체제의 극복에 기여하는 유력한 길이기 때문이다. 이는 동시에 한국문학이 피식민의 역사적 경험을 공통분모로 하는 제3세계 문학의 일원으로서 세계문학에 참여하는 길이기도 하다. 세계문학이 서구문학과 동의어가 아니라는 사실은 이제 상식이 되었다. 하지만 아직도 한국문학은 서구문학과 서구이론의 자장에서 자유롭지 못한 형편이다. (신)식민주의가 지배 구조화되어 있는 탓이다. 한국문학의 탈식민적 가능성을 극대화하는 것은 서구 중심주의의 짙은 그늘을 걷어내기 위해서도 꼭 필요한 일이다. 신채호—염상섭—최서해—이기영—한설야—이태준—김정한으로 이어지는 탈식민 저항의 계보를 탈식민 저항의 유형 연구와 접목시켜 재조명하는 작업이 시급한 것은 바로 이러한 연유에서이다.

'조선(문)학' 개념의 형성과 변모

임병권

1. 조선학운동의 연원

'조선학'이란 명칭은 역사적 조건을 이미 단어 속에 함축적으로 갖고 있는 용어인데, 이를 먼저 규정하는 것이 논의를 전개하는데 필요한 작업일 것이다. 역사적 의미를 규정한다는 것은 그리 쉬운 일이 아니다. 그것은 그 단어의 연원 혹은 기원을 따지는 일인데, 그러한 일 자체가 무모한 일일 수도 있기 때문이다. 기원을 따지는 것이 과연 논의에 얼마나 도움을 주는지는 사실 미지수이기 때문이다. 그러나 그 기원을 따지는 것이 논의의 전개에 도움이 된다면 굳이 피할 일도 아니라고 본다. 조선학이란 명칭의 경우 비교적 그 연원을 따지는 것이 명확한 편이고, 그 연원을 규정하는 것이 논의에 도움이 되기 때문에 논의의 출발점으로 삼아도 무방하리라고 본다. 조선학이란 용어는 일제강점기에 국학이나 한국학 관련 연구를 지칭하는 용어로 사용하는 것이 통례라고 볼 수 있다. 실상 '조선학'이라는 운동과 용어가 구체적으로 드러난 것은 1922년 최남선에 의해서였다.[1] 최남선은 조선학이란 용어를 『조선역사통속강화』(『동명』 3호부터 20회에 걸쳐 연재함)에서 처음 사용했다. 최남선의 모든 학문적 노력은 크게 보면 조선 고유의 것을 밝히려는 데 집중되었다고 볼 수 있다. 조선학 연구는 조선에 고유한 것, 조선문화의 특색, 조선의 전통을 천명하여 학문적으로 체계화하는 것으로 정의될 수 있다. 최남선은 조선인에 손에 의한 조선학의 수립을 제창하면서 민족적 자아를 지키는 정신, 민족적 자아를 발휘하는 사상, 민족적 자아를 규명하는 학문을 세울 것을 주장했다.[2] 최남선의 조선학에 대한 기존의 연구는 그 동안 주로 1930년대에 집중되었는데, 사실 최남선 개인으로 보자면 그 기원은 1920년대라고 보는 것이 타당하다. 조선학 연구 자체가 1930년대에 집중된 것은 조선학 연구가 1930년대 『여유당전서』의 간행으로 시작된 정약용을 비롯한 조선 후기 실학에 대한 연구를 조선학, 나아가서 민족운동으로 전개된 문화운동으로 평가하면서 조선학운동으로 지칭한 것에서 그 연원을 확인할 수 있다.[3] 이 시기 연구는 주로 민족운동의 하나로서의 '문화운동'의 개량성 규명에 집중되는 경향이 있었다. 1920년대 조선학 연구의 핵심에는 최남선이 있는 것이다. 그러나 조선학운동의 한 정점을 이룬 최남선의 조선학운동에는 큰 오류가 있다는 점 역시 간과할 수는 없다. 최남선은 문화적 민족주의자로서 그가 염두에 둔 근대주의와 준비론을 보면 친일 논리가 이미 태생적으로 잉태되고 발아되었다는 점

---

1) 조선학 연구와 유사한 의미로 사용되는 용어로 국학과 한국학이란 용어가 있다. 그러나 그 용례가 조금씩 다른 것으로 보인다. 국학은 우리의 입장 중심으로 사용되는 용어이고, 이 국학이란 용어를 좀더 객관화시켜 사용하면 한국학이 된다. 조선학은 국권을 상실했던 일제 시기에 사용된 용어이다. 따라서 조선학은 일제 시기의 국학 또는 한국학을 지칭하는 것으로 보는 것이 타당하다.
2) 최남선, 「朝鮮歷史通俗講話」, 『六堂崔南善全集』 2(고려대 아세아문제연구소), 현암사, 1973, 416면. 이하의 논의에서는 『전집』으로 표기.
3) 이영화, 『최남선의 역사학』, 경인문화사, 2003 참조.

을 알 수 있다. 즉 최남선은 문화적 민족주의에서 친일로 귀결되어 간 사상의 흐름을 우리에게 보여주었다. 최남선이 문제가 되는 것은 실상 1910년대와 1920년을 거쳐 1930년대 일종의 한 완성태를 보여주었던 조선학운동이 사실은 이미 그 탄생부터 모순을 내재하고 있었다는 점이다.

이런 1930년대 조선학운동의 배경에는, 앞서 언급한 대로, 주지하다시 피 한말의 국학운동부터 시작해서 1920년대의 조선(문)학 연구가 그 밑바 탕이 되었다. 한말의 국학운동은 주로 신문관(1908)을 거쳐 1910년대 조선 광문회(1910)를 통해서 이루어졌다. 한말과 1910년대에는 고전간행이 집중 적으로 많이 발간되었고, 이를 바탕으로 1920년대 이른바 한국학 연구가 본격적으로 가동되었다.4) 좀더 구체적으로 살펴보면, 1921년 결성된 조 선어연구회는 한글 연구를 진행하고, 이능화는 1920년대 중반 이후 『조 선여속고』·『조선무속고』·『조선해어화사』 등을 출간했다. 역사 방면에 서는 1923년을 전후하여 황의돈의 『신편조선역사』, 장도빈의 『조선사요 령』, 안확의 『조선문명사』(1923), 권덕규의 『조선유기』 등이 출간되었다. 안확의 『조선문학사』는 1922년에 간행되었다. 이런 점에서 볼 때 1920년 대는 한말과 1910년대와 1930년대를 연결해주는 중요한 시기라고 볼 수 있다.5) 1920년대의 또 다른 중요한 특징은 조선문학에 대한 본격적인 논 의가 집중적으로 이루어졌다는 점이다. 물론 조선문학 연구는 조선학 연 구의 한 분야로 상정될 수 있지만, 한말과 1910년대와 다른 점은 조선문 학에 대한 체계적인 연구가 본격적으로 이루어졌다는 점이다. 문제는 사

---

4) 1921년 계명구락부가 간행한 『계명』은 원래 언문과 예의와 의식주 등의 개선을 목 적으로 하는 잡지였으나, 18호에서 20호까지에 걸쳐서 조선학 관련 중요한 문헌을 학 계에 제공한 학술잡지였고, 조선사정조사연구회(1925년에 창립됨) 역시 과학적 조선 연구가 목적인 학술단체였다.

5) 김태준은 1930년대 조선(문)학 연구의 대표자라고 할 수 있다. 『조선소설사』(1933)와 『조선한문학사』(1931)가 김태준의 대표적인 저술인데, 『조선소설사』가 비록 늦게 출간 되었지만, 실상은 『동아일보』에 1930년 10월 31일부터 다음 해 2월 14일까지 연재되었 다. 이 글에서 김태준에 관한 논의는 고려하지 않았다.

정이 이러한데도, 1920년대 조선학 연구에 대한 연구가 활발하게 논의되지 않았다는 점이다. 이 시기에 대한 연구는 주로 민족운동의 일환으로서, '문화운동'으로서의 조선학 연구에 대한 논의가 이루어졌다는 점이다. 1920년대가 중요한 또 다른 이유는 1920년대는 신문과 잡지가 성행한 시기였고, 신문과 잡지의 활황이 조선학 관련 논의를 펼칠 수 있는 지면을 제공한 시기였다는 점이다. 신문과 잡지의 활황과 조선학의 발전과 무관하다고 볼 수 없는 것이다. 이 문제는 이 글의 논의와 직접적인 관련성이 적기 때문에 상세한 논의는 다른 글에서 그 논의가 펼쳐지기를 기대할 수밖에 없다.

이 글은 한말과 1910년대 국학운동의 과정과 함께 1920년대 김억·주요한·최남선 등의 조선문학론을 중심으로 살펴보면서 그 문화적 배경과 문학론의 역사적 맥락을 조선학과의 관련성을 염두에 두고 살펴보고자 한다. 이런 논의의 과정은 1930년 조선학운동을 살펴보는 하나의 통로가 될 것이다.

2. 근대 국학의 성립

조선에서 본격적인 의미의 국학(조선학)이 정립되는 시기는 1910년대에 접어든 이후의 일이었다. 물론 그 이전부터 국학과 관련된 움직임이 없었던 것은 아니지만 그 학문적 이념을 분명히 하면서 실체를 드러낸 시기는 1910년대부터였다고 보는 것이 타당할 것이다. 이처럼 국학에 대한 관심이 가능할 수 있었던 것은 사상사적인 흐름과 깊은 관련이 있다. 19세기 후반 문명개화론자들은 구미나 일본을 전범으로 삼아 문명화를 추구해야 한다고 주장했다. 문명개화론이 시대의 주류 사상으로 확산되었다. 『독립신문』이 그런 사상의 흐름을 보여주는 대표적인 사례였다.6) 『독립신문』은 주필이 바뀔 때마다 그 논조가 조금씩 차이를 보이긴 했지만, 문명개화와 자주독립을 핵심어로 해서 조선의 현실을 비판하고 문명국을 향한 강한 열정을 보여주었다.

문명개화론은 문명을 받아들이고 인민을 계몽할 것을 그 근본으로 하는 논의이다. 이 문명론의 또 다른 핵심은 타자의 구성이다. 구미와 일본을 전범으로 삼은 문명론은 외적으로는 청국을 타자로 삼을 수밖에 없었고, 내적으로는 계몽의 대상인 자국민을 타자로 만들었다. 실제로『독립신문』을 살펴보면, 동포·인민·신민·국민 등의 용어가 주로 사용되고, 이 용어들은 타국·외국·제국·세계 등의 용어와 짝을 이루면서 상호 규정적 의미를 지닌다.7) 한 마디로, 비문명의 조선은 문명을 모방하거나 학습해야만 했다. 문명의 개념이란 것이 비록 동양의 고전에서도 사용된 바 있지만, 1900년대에 들어서면 이미 서양의 문명(civilization)에 대응하는 번역어로서 사용되고 있었다. 그런데 대한 인민들이 문명화의 달성을 성취하지 못하는 것은 외국학문의 습득 여부에만 있는 것은 아니고, 대한 인민의 '용맹'이 필요한데, 이 용맹정신은 자기 역사를 통해서 확인된다는 주장이 문명개화론의 옆에서 슬며시 나온 것이다.8) 문명이란 미명하에 부정되어 온 자국 역사에 대한 가치를 일정 부분 인정하고 있는 것이다. 계몽의 구조가 전도되는 현상이 발생한 것이다. 이 점은 매우 흥미로운 점이다. 바로 이 지점에서 소위 '국학'이 탄생할 수 있는 가능성이 배태되는 것이다. 이 정신적인 측면은 변하지 않은 것이었고, 따라서 문명의 힘으로도 변화시킬 수가 없는 것이었다. 국학정신의 모태는 바로 이런 변하지 않는 정신이었고, 이것을 표현해주는 용어로 등장한

---

6) 정선태, 「『독립신문』의 조선·조선인론—근대계몽기 '민족' 담론의 형성과 관련하여」, 『근대계몽기 지식 개념의 수용과 그 변용』, 소명출판, 2004, 167~191면 참조.

7) 정선태, 위의 글, 170면.

8) 류준필, 「'문명'·'문화'관념의 형성과 '국문학'의 발생—'국문학'이라는 이데올로기 서설」, 『민족문학사연구』 18호, 2001, 6~40면 참조.

것이 '혼(魂)'이란 용어였다. 이 혼이란 용어는 양계초의 자국혼(自國魂)이란 용어나 일본의 대화혼(大和魂)처럼 조선혼이란 개념이 성립하는 계기가 되었다.9) "개국 이래 고유흔 조선혼 l 사천 년 전수흐든 동토(凍土) 진정신(眞情神)을 발휘케" 하겠다는 최남선의 다짐도 있었고, 맹목적인 추종을 경계하며 문명개화의 부정적 측면까지 고려하고 우려하는 모습을 보여주면서 "한인의 자국정신"은 결코 소실되지 않았다고 한다.10) 또한 1910년대에 들어오면서, 일본 유학생 중심으로 약육강식이나 우승열패와 같은 문명 개념에 대한 비판이 일었다. 이런 문화사상적 흐름 속에서 안확은 국학에 대한 논지를 마련한다.

사실, 1910년대에는 국학연구자는 소수에 불과했고, 이 시기를 장악한 인물은 안확이었다. 안확은 언어・미술・문학 등 광범위한 영역에 대한 관심을 보여주었고, 이런 안확의 다양한 관심을 통해 국학의 내적 분화가 이루어지는 점도 파악할 수 있다. 안확은 문명에서 문화로 국학의 이념이 이행하는 것의 발판을 마련해주었고, 1920년대 국학 논의의 가능성을 열어준 인물이었다. 문화로 국학의 이념이 이행했다는 것은 국학이 살고 죽는 생사의 차원이나 이익의 차원에서 벗어나 문명 우위의 논의를 비판하고 가치의 영역으로 들어가게 해주었다는 것을 의미한다.

안확은 「조선어의 가치」에서 조선어 연구의 가능성을 제시하는데, 이처럼 조선어의 학문적 연구를 강조하는 이유는 조선어의 독자성을 확보하는 작업과는 직접적인 관련성이 있다기보다는 조선어가 야만의 언어로 취급되는 것을 막고자 하는 데 있었다. 조선어도 문명의 언어라는 점을 입증하고자 했기 때문이다.11) 즉 서구의 언어학의 방법을 동원해서 조선어의 특징을 제시하고자 했던 것이다. 이는 조선어에 대한 인식은 상당히 중요한데, 중요한 이유는 문학에 대한 안확의 사고의 틀의 기초

---

9) 류준필, 위의 글, 29면.
10) 최석하, 「朝鮮魂」, 『태극학보』 5호, 1906.12, 19~21면.
11) 안확, 「조선어의 가치」, 『학지광』 3호, 1915.2, 36~38면.

가 되기 때문이다. 안확은 『조선문법』(1917)을 통해 이런 논의를 좀더 체계적으로 확인해간다. 문학의 경우 안확은 문학의 의의를 인간이 "생존을 요한 잉여에서 기심을 자위케 하며 오락케 하는 바 미를 탐하는 사상활동"이라고 설명하고, 따라서 "생존력이 족하고 경쟁력이 여한 후에는 필 문학이 발생"한다고 주장한다. 문학은 삶의 물질적 조건을 벗어날 때 가능한 것으로 파악된 것이다. 안확은 문학을 인민의 외형을 지배하는 정치와 대비하면서 "인민의 內情을 지배하는 자"로 규정한다. 그리고 "국민의 문명을 고함에는 정치의 변천보다는 문학의 消長을 察함이 大하"다고 주장한다.12) 『자각론』은 안확의 사상 체계의 발전 과정에서 중요한 역할을 한다. 즉, 민족운동에 대한 의식을 확장하고, 민족운동의 분열과 변질을 통탄했고, 그 점을 극복하기 위해서 안확은 두 권의 책을 저술한다. 안확은 『조선문학사』(1922)와 『조선문명사』(1923)를 통해서 결국 조선정신의 역사를 확인했다고 볼 수 있다. 『조선문학사』 서문(「자각론」의 서문에 해당하는 글)에서 안확은 이 책이 3 · 1운동을 통해 고양되었던 민족적 주체의 확립이라는 당시의 객관적 요청을 자기화하는 점을 보여준다. 이는 3 · 1운동 직후의 문화운동의 분열과 타락의 양상을 준열하게 비판하는 당시의 사상적 한 흐름과 관련이 있다.

안확의 국학에서 엿보이는 인간의 본령은 정(情)이 아니라 이성이다. 인간의 제일 가치는 말하자면 이성인데, 정은 이성에 대한 장애로 작용한다고 본다. 안확은 의를 더 강조한다. 조선문학 연구에서도 정보다는 의에 더 많은 관심을 갖고 접근한다. 문학을 "미감상을 문자로 표현한 것" 혹은 "미적 감정에 기한 언어 또는 문자에 의하야 사람의 감정을 표현한 것"이라 정의하면서도 이상을 진흥시키는 것과 근본적으로 관련을 시키는 모순이 안확의 논지에서 엿보인다. 즉, 문학 연구를 의를 중심으로 정을 아우르는 시각을 취하는 것으로 보인다. 국문학은 민족의 기질

---

12) 안확, 『자각론』, 회동서관, 1920, 5면. 류준필, 앞의 논문에서 재인용.

은 물론이고, 한 걸음 더 나아가 사상과 도덕의 실체를 탐구하는 것을 그 본령으로 삼아야 한다.[13] 안확은 다음과 같이 말한다. "대개 미개인들은 후세인보다 감정이 격렬하다"는 주장을 한다. 이런 점은 아마도 일본 문학사 기술의 영향을 받은 것과 관련이 있는 것으로 보인다. 이는 문학이 전체 문명의 하위 항목으로 지(智)와의 상호 관계 속에서 파악되는 것을 말한다.

안확의 국학 연구는 결국 변하지 않는 민족성을 탐구하는 것과 깊은 관련을 맺는다고 볼 수 있다.

3. 문화주의와 조선(문)학운동

1910년대 안확에 의해서 본격적으로 제기되었던 조선학 연구가 1920년대 활발하게 진행될 수 있었던 배경에는 당시 3·1운동을 전후해서 고조된 민족의식과 당시 유행되었던 문화주의와 깊은 관련이 있다. 문화주의는 민족자각을 위한 표상으로서의 조선적 가치를 고양시키는 일종의 사회적 메커니즘으로 작용했고, 조선적인 것을 학술적으로 접근하려는 사회적 관심을 불러일으켰다. 문명과 구분이 되는 문화 개념이 논의되었고, 이 문화 개념은 조선적인 것의 탐구에 이론적 근거를 제공하는 역할을 했다. 문화론은 지식인들로 하여금 특히 역사와 문학 연구에 관심을 갖게 했다. 문화라는 관념은 문명이란 관념이 추구했던 보편성보다는 고유성이나 독자성에 관심을 돌릴 수 있는 계기를 마련해 주었다. 물론 이러한 문화 개념은 1910년대에 이미 어느 정도 논의가 이루어진다. 이광

---

13) 안확, 「조선의 문학」, 『학지광』 6호, 1915.7.

수의 경우도 문명과 문화의 구분이 필요하다는 점을 역설한다. 이광수는 문화란 것의 영원성을 강조하면서, 동양문화가 서구문명과 다른 존재로서 서구문명의 문제점에 대한 대안이란 점을 주장한다.[14] 문화의 독자성을 인정하면서 동시에 문명의 문제점을 극복할 수 있는 대안이라는 점을 강조하는 것이다. 문화는 정치 분야나 경제 분야와는 다르다는 점을 명확히 하고 문화 개념이 문명 개념과는 대립적인 개념이 될 수 있다는 점을 제시한 것이다. 1910년대의 이런 논의가 뒷받침되어 1920년대의 논의가 활성화된 것이다. 1920년대 이런 점에 대한 논의를 심도 있게 끌고 간 인물이 앞서 언급한 안확이다. 안확은 문학이 삶의 물질적 토대를 벗어나서 형성될 수 있는 것이라는 점을 확인시켜 준 인물이다.

한편 문화론은 민족주의와 깊은 연관을 맺는데, 민족주의와의 관련성은 이른바 조선문학의 존재에 대해 고심할 것을 당대 지식인들에게 요구하는 계기를 마련해준다. 정치적인 문제가 문화의 문제와 관련을 맺게되고 이 점이 문학 개념의 형성에도 깊은 영향을 미치는 것이다. 1920년대 초 문화운동의 주요 구호는 신문화건설, 실력 양성, 정신 개조, 민족개조 등이었는데, 이는 1910년대의 사회진화론과 문명개화론에서 출발한 실력양성론 혹은 구관습개혁론 등을 계승하면서 동시에 개조론이나 문화주의를 흡수하여 논리를 발전시키는 것이라고 볼 수 있다. 이런 개조론과 문화주의는 조선학 연구와 깊은 연관을 맺는데, 최남선이 이런 경향을 보여주는 인물이다. 단군 연구를 중심으로 한 조선 역사 연구라든지, 국토 답사 연구가 그 결과이다. 최남선은 국토 답사 연구에 관한 여러 기행문을 발표하는데, 이는 단순히 기행문을 발표하는 행위라기보다는 답사한 지역의 풍속과 역사를 서술하는 행위라고 보는 것이 타당하다. 또한 최남선은 시조부흥운동을 주도하기도 했다. 이처럼 문화주의와 민족주의운동은 결국 문학론으로 그 함의를 연장하는 결과를 가져왔다.

---

14) 이광수, 「우리의 이상」, 『학지광』 14호, 1917.11, 1~9면.

또한 이 시기에는 이른바 신지식인층이 새롭게 형성이 되었다. 이 신지식인층의 형성은 앞서 언급한 사회적 변화를 가능케 하는 주요한 사회적 토대 중의 하나가 되었다. 1910년대까지 지식인은 주로 전통 유학을 학문적 토대로 삼았지만, 1920년대에는 전통 유학에서 시선을 다른 곳으로 돌린 신지식인층이 등장하고 일군을 형성해갔다. 이 신지식층이 3·1운동과 유입된 문화주의로 고양된 민족의식을 보급하고, 또한 이를 바탕으로 조선학에 지대한 관심을 보이기 시작했다.15)

1920년대에 들어오면 조선학 연구의 한 특징은 조선학의 연구 범위가 역사나 정치로부터 조선문학에 관한 논의로 확대되어 간다는 점이다. 조선(문)학 연구의 여러 양상을 김억·주요한·최남선 등을 중심으로 해서 살펴보는 것이 이 글의 궁극적인 목적이다. 이들은 조선문학론에 대해 심도있는 논의를 보여준 1920년대 대표적인 인물들이다. 특히 최남선의 경우에는 그 활동이 1930년대까지 연장이 되는데, 그런 이유로 최남선의 행로는 조선문학론이 갖는 이중적 의미를 잘 드러낸다.

최남선은 조선적인 것의 가치를 극대화시켰는데, 이광수는 이를 '조선주의'(이광수, 「육당최남선론」, 『조선문단』, 1925년 3월)로 명명했다. 최남선 자신은 조선주의라는 표현을 쓴 일은 없었지만, 그가 사용했던 '조선심'·'조선아'·'조선정신'·'조선의식'·'조선생명' 등을 포괄하는 개념이 조선주의로 볼 수 있다. 조선주의는 조선을 중심으로 하는 모든 것이었다. 문학적인 측면에서 조선주의를 논하자면, 결국은 시조 부흥의 문제로 돌아갈 수밖에 없다. 그런데 시조 부흥의 문제는 1920년대의 콘텍스트적인 맥락에서 이른바 김억이나 주요한이 제시한 '조선시'의 문제와 깊은 관련을 맺기 때문에 김억이나 주요한의 문제를 고려할 수밖에 없다.

---

15) 박찬승, 『한국근대정치사상사연구』, 역사비평사, 1992, 168~304면 참조.

4. 조선문학론의 전개

1919년『태서문예신보』에서 안서 김억은「시형의 음률과 호흡」이라는 글을 발표하는데, 내용을 보면 자유시와 내재율에 대한 최초의 정의를 담고 있다. 대체로 이 글이 자유시에 관한 이론적 글이라는 것이 지금까지의 일반적인 정설이다. 물론 자유시에 관한 글임에는 틀림없지만, 또 다른 측면에서 보면 이 글이 안서 김억이 이후에 전개해 나갈 민요시론이나 조선시 개념의 이론적 원천이자 출발점에 해당된다는 점을 고려해 보아야 한다고 생각한다. 널리 알려진 대로 김억은 초기에 상징주의시와 시론을 소개하고 데카당적 취향에 경도되어 있다가 1920년대 중반 이후에는 민요시론을 주창하고 조선시 개념을 내세우는 등 문화적 민족주의자로 전향된 것으로 평가받는다. 실상 김억은 신문학 초창기에 상징주의 시론의 수용자와 창작자로서 많은 주목을 받아왔다.[16] 김억은 상징주의 이론의 도입을 통해 근대적인 시에 관한 전문적인 논의의 장을 마련했고, 나아가 번역시를 통해 우리 민족에게 들어맞는 시형과 운율에 대해 고민했다.「시형의 음률과 호흡」에서 이를 살펴보면 김억의 고민이 잘 들어난다.

> 모든 예술은 정신, 또는 심령의 산물이요 (…중략…) 아마 예술이라는 그것은 작자 그사람 자신의 육체의 조화의 표현이라고 하여도 올흘줄 알아요 그러기 때문에 얼골과눈과코가사람마다 다른 것과 갓치 육체의 조화도 달름으로 말미아서 개인의 예술성도 다 다를 줄 압니다. (…중략…) 또한 서양과 동양과의 문학이 서로 달은것도 이점에셔겟지요 (…중략…) 민족과 민족의 사이에 셔로 다른 예술을 가지게된것도 민족의 공통적 조화―내부와 외부생활로 말미아

---

16) 김억은 1916년부터 상징주의 이론을 소개했고, 상징주의시들을 모은『오뇌의 무도』(광익서관, 1921)와『잃어진 진주』(평문관, 1924)를 번역하고 소개한다. 또한 1923년, 자신의 창작시집인『해파리의 노래』를 발간한다.

셔 되는 조화가 서로 달으기때문이라 할슈잇지요 (…중략…) 시라는 것은 찰나의 생명을 찰나에 늣기게 하는예술이라하겟습니다. 하기 때문에 그 찰나에 늣기는 충동이셔로사람마다 달를줄은 짐작합니다만은광의로의 한민족의공통적되는충동은 갓틀것이여요.17)

이상의 인용문을 참조해서 예술에 대한 김억의 인식을 살펴보면 크게 세 가지 특징이 있다고 볼 수 있다. 첫째는 정신, 심령(心靈)의 산물을 예술로 본다는 점, 둘째는 그 정신, 심령의 최종적인 구현은 육체의 조화를 통해서 표현된다는 점, 따라서 예술성은 육체의 조화를 나타내는 징표이고 척도라는 것, 셋째는 민족과 인종에 따라서 육체적 특성, 조화가 다르게 나타나듯이, 각 민족에게는 민족의 공통된 정서와 충동을 담은 고유예술이 존재한다는 점이다.18) 이 지점에서 안서 김억이 근대시의 방향을 상징시에서 찾다가 눈을 돌려 민요시로 선회하여 격조시론이라는 정형시의 형태에 주목한 이유를 이해할 수 있다.

이 세 가지 관점의 내용은 결국 안서 김억이 개인의 충동이나 정서를 초월하는 어떤 민족적인 것을 예술의 궁극적 목표로 삼고 있다는 점을 시사해준다. 결국 예술이란 영역에서 개성의 문제는 좁게는 한 개인의 육체적 조화의 산물이며 그 표현은 예술의 형식을 통해서만 구현된다는 것이고, 넓게는, 개성이란 것이 내외적 생활 환경의 공통점에 의해 구성되는 민족정서로 통합이 가능하다는 것이다.

김억은 상징주의시 이론의 소개를 통해서 음악성과 음률 문제에 대해 고민하고, 마침내 1920년대 후반부터 민요시에 관심을 보이고 1930년대에는 일종의 정형시론인 격조시론을 주장한다. 김억은 비록 관심을 상징시에서 민요시 쪽으로 방향을 돌렸지만, 사실 그 근본적 고민에 있어서는 크게 다르지 않다. 왜냐하면 김억의 시각에서 보자면 상징시의 수용

_____

17) 김억, 「시형의 음률과 호흡」, 『태서문예신보』, 1919 참조.
18) 김춘식, 「조선시, 전통, 시조」, 『시조문학』, 2003년 가을 참조.

이 일종의 창조적 수용이고, 그러한 창조적 수용이 민요시 혹은 조선시 개념의 형성에 도움을 주었기 때문이다.[19] 김억이 초기 자유시론에서 후퇴해서 민요시로 역행했다는 비난은 전통율격을 가진 시를 자유시의 결함있는 대타적 존재로 선규정하기 때문에 갖게 되는 일종의 선험적 비난이다. 김억의 경우 상징주의시를 수용하면서 겪었던 고민이나 민요시나 격조시를 주장하면서 겪었던 고민의 성격이 크게 다르지 않다는 것이다.

예술의 원리를 형식의 문제와 민족적인 공통체험에서 확보하려는 김억의 이런 사유는 김억이 이후 민요시론과 정형화된 율격의 문제에 관심을 돌리게 하는 주요 원인이 되게 한다. 이처럼 그의 초창기 시론은 상징주의를 비롯한 서구의 자유시론을 소개하고 연구함으로써 개인주의에 기초하는 '자유시론'을 표방하고 있는 듯하지만, 실질적인 면에서는 언제나 시의 정형화와 공통적 율격, 즉 민족시의 가능성에 대한 탐구를 염두에 두고 있는 것이다. 이 점은 그의 자유시론의 핵심으로 알려진 호흡률에 대한 생각에서 좀더 구체적으로 나타난다.

김억은 「시형의 음률과 호흡」에서 시인들 개인의 음률은 불가침의 영역이라고 말할 때 새로운 민족 공통의 운율이 생기기 전까지이라는 단서를 붙여 의미를 한정한다. 결국 상징주의시 이론을 소개하고 연구하면서 주장했던 주관적 호흡과 내면적 율격을 존중하는 시론도 새로운 시풍을 ― 여기서는 민요시가 이에 해당됨 ― 확립하기까지 한정적으로만 존중될 필요가 있다는 것이다. 이런 내용을 종합해보면 이제까지 알려진 것과는 달리, 안서 김억은 상징주의시론을 소개하고 있었던 시작 활동 초기부터 이미 민족시와 공통율격의 구현을 염두에 두고 시작 활동을 했던 것으로 보인다.

김억이 상징주의시론의 수용이 프랑스 상징주의에 대한 표피적 이해

---

19) 김진희, 「근대 문학의 장과 김억의 상징주의 수용」, 『한국문학이론과 비평』, 2004.3, 339~346면.

를 바탕으로 이루어졌다는 일방적인 비난은 동의하기가 쉽지 않다. 창조
적인 수용을 통해 새로운 근대시의 내용과 형식에 대해 고민하는 것을
가능케 했고 실질적으로 이런 고민은 민요시와 같은 민족시에 대한 새
로운 근대시 형식의 가능태를 도출할 수 있도록 해주었다. 실험적인 시
창작의 측면에서 자유시의 가치를 보자면, 자유시의 창작을 공통된 율격
과 시형의 발견을 위한 과정으로 보고 있다는 것이다. 따라서 김억의 초
기 자유시는 어떤 면에서는 모두 율격과 시형의 개발을 위한 실험적 노
력의 산물이다.[20] 이런 맥락에서 논의를 좀더 확장한다면, 그의 번역시
역시 일종의 실험의 성격을 띠는 것이 아닐까?

그렇다면 김억이 구상한 근대시의 형식, 즉 공통된 율격과 시형이 무
엇이었을까? 1925년 4월부터 1925년 10월까지 6회에 걸쳐서 그가 『조선
문단』에 연재한 「작시법」에서 논의하고 있는 '조선시' 개념은 형식적 완
성태로서의 민족시의 율격과 형식에 관한 고민을 분명하게 드러내고 있
다. 조선의 과거 전통 속에 "조선 사람의 손으로 되어 조선 사람의 사상
과 감정을 조선식으로 발표한 시가"가 없다는 곤혹스러움의 토로나 시
조에서 "자기의 고유한 사상과 감정을 담은" 조선 시형을 간신히 발견할
수 있지만, 그 또한 고려 이후 조선조에 이르러서는 중국적인 영향에 의
해 진정한 조선시의 풍모를 잃고 있다는 평가는 그의 '조선시' 구상이
궁극적으로는 근대시와 민족시와 조선시와 국민문학이라는 네 가지 좌
표가 전혀 다른 것이 아니라는 논리를 보여주고 있다는 점이다.

김억이 「작시법」에서 강조하는 시형과 율격은 '시조'가 아니라 '민요'
와 관련된 것이지만 역설적으로 김억이 '조선시' 구상에서 강조한 '조선
의 사상과 감정, 조선어, 조선의 고유한 형식'이라는 조건은 이후 '시조'
가 '조선시'의 대표적 장르로 부상하는 중요한 이론적 발판을 제공하고
있다. 그가 민요시론에 앞서 제시한 '조선시'의 개념은 '민요'뿐만 아니

---

20) 김진희, 위의 논문, 348~351면.

라 시조에 대한 재인식을 촉발하는 중요한 계기로 작용했다.

김억은 이광수와 함께 1920년대 초기 문단에서 문화적 민족주의나 문화적 교양주의라는 이념을 바탕으로 개인주의적 예술론의 데카당파와 대립적인 노선을 설정하고 민족의 이념을 문학적 원칙으로 제시한 인물이다. 김억을 문화적 교양주의라는 이념을 분명하게 제시하는 국민문학론자로 문학사에서 자리매김할 때, 그 논리적 근거를 상징주의를 소개했던 근대적 예술주의자에서 조선주의로 돌아오는 과정에서 발견할 수 있다. 실제로 '국민'의 개념과 '교양인'의 개념을 아무런 차이 없이 인식하고 있는 김억에게 '문화'란 곧 '국민문화', 즉 '전통의 근대적 복원'이라는 '미학적 원칙'을 충실히 구현해 낸 결정체라고 할 수 있다.[21] 이런 이론적 신념은 두 개의 이념을 표면에 내세울 수밖에 없는데, 그것은 민족 혹은 국민이라는 가상의 공동체와 교양의 수준을 가늠하는 척도로서의 미학적 원칙이다. 이 점에서 김억은 문화와 교양을 담지한 이념형의 실체로서 조선어와 조선심의 아름다움을 보여주는 형식, 즉 조선시와 국민문학을 공통적으로 앞세운 인물이다. 이런 공동체적 문화주의의 구현체인 '조선시의 구상' 과정에서 한시·민요·시조가 재발견되었고, 그 중에서 민요시론과 시조부흥론은 1920년대 후반에 가장 중점적인 논의의 대상이 된다. 김억이 기대었던 문화적 교양주의는 일본에서 수입된 것으로 김억의 논리가 비록 의식의 차원에서는 '민족'을 지향하고 있을지 모르지만, 식민지 현실에 대한 구체적 자각과 저항의 의미가 탈색된 미적 교양주의로, 즉 민요를 향유하는 민중을 계몽의 대상으로 보는, 그래서 결과적으로 일본의 식민화를 돕는 그런 가능성이 그 개념 속에 내재되어 있었던 것이다.

주요한은 1919년 『창조』 창간호에서 일본 시단에서 유행하고 있는 낭만주의와 상징주의를 소개한다. 이 소개는 그 동안의 문학사에서 주요한

---

21) 김춘식, 앞의 논문 참조.

을 규정할 때, 그가 낭만주의와 상징주의의 영향을 받았음을 간접적으로 나마 증명해주는 중요한 자료라고 볼 수 있다. 주지하다시피, 그의 대표 작이라고 여겨지는 「불놀이」와 같은 초기시에서 많이 보이는 이미지 중심의 시어는 그러한 낭만주의와 상징주의의 영향이라고 여겨져 왔다. 주요한은 「불놀이」나 「눈」 등과 같은 국어로 쓰인 시들보다 일어로 쓴 시를 먼저 발표했다. 일어로 쓴 시는 당시 일본에 유학하고 있었던 주요한의 외국시와의 수수 관계를 알려주는 지표가 될 수 있는데, 이들 일어시는 서구의 낭만주의나 상징주의의 영향을 잘 보여주고 있다.[22] 주요한은 12세인 1912년 재일 유학생의 선교사 자격으로 일본에 가는 아버지를 따라 일본에 가서 약 7년 6개월을 보내는데, 이 시기는 주요한의 문학 활동의 초창기를 형성한다. 물론 그러한 점을 무시할 수는 없지만, 초기 이후 주요한이 추구했던 시적 지향점은 지속적으로 '낭만주의'와 '상징주의'로부터 벗어나고자 하는 노력의 과정으로 이해될 수 있다. 『창조』 7호에 나오는 다음과 같은 그의 발언을 주목할 필요가 있다. "安價인 로만틔시즘에서 버셔나기前에 眞正으로 生命에 逼하는 文藝가 生하리라고 저는 믿지 안습니다." 이 말의 의미는 낭만주의의 한계를 극복하는 것이야말로 진정한 예술(문예)에 이르는 것이라고 해석될 수 있다. 낭만주의에 대한 비판이 진정한 예술에 이르는 토대가 된다고 주요한은 보았던 것이다. 그 결과 주요한의 시는 후기로 갈수록 민족적 정체성에 대한 인식이 점차 강화되는 양상을 보여주었다.[23] 물론 일어로 된 초기시에서도 민족적 정체성에 대한 인식이 소극적으로 나타나긴 하지만, 민족적 정체성에 대한 인식이 좀더 분명하게 형성되는 것은 역시 후기로 오면서 이루어진다고 볼 수 있다.

주요한이 시대 상황에 대한 자각과 '민족'이라는 명제를 느끼고 있는 점은 낭만주의를 '안가(安價)'의 문학으로 규정하는 점에서도 분명하게

---

22) 심원섭, 「주요한의 동경 시대」, 『한·일문학의 관계론적 연구』, 국학자료원, 1998 참조.
23) 심원섭, 위의 글, 347~355면.

알 수 있다. 상해임시정부에 가서 이광수와 함께 『독립신문』을 발행하면서, 주요한은 개인주의에 바탕을 둔 낭만주의의 속성을 현실도피적 경향으로 규정할 수밖에 없는 상황에 이르게 된 것이다. 널리 알려진 대로, 시의 정서와 정조의 개인성, 즉 서구의 근대시의 특성을 유학생활을 통해 자각하고 있던 주요한이지만, 민족이라는 현실의 거부할 수 없는 지상 과제는 주요한을 계몽적인 의지와 공동체성에 대한 자각을 이끌고, 이러한 자각을 바탕으로 새로운 시 개념의 형성에 대해 깊은 고민을 하도록 이끌어 나간다.

주요한은 새로운 시의 대한 고민을 통해 민중시라는 개념을 들고 나온다. 이 민중시라는 것이 이른바 국민적 문학이 될 수밖에 없다는 절실한 인식을 자신의 시작 원리의 정수로 채택하는 것이다.

> 둘재로 자백할 것은 이삼년래로 나의 시를 민중에게로 더 각가히 하기 위하야 의식덕으로 로력한 것이외다. 나는 우에도 말한 바와 가치 「개렴」으로 된 「민중시」에 호감을 가지지 안엇스나 시가가 본질적으로 민중에 각가울 수 잇는 것이라 생각하며, 그러케 되려면 반드시 거긔 담긴 사상과 정셔와 밀이 민중의 마음과 가치 울리는 것이라야 될 줄 압니다.24)

이 글은 주요한이 상해에서 공부를 하면서 쓴 글인데, 주요한의 민중시운동이나 민요시운동에 대한 단초를 짐작할 수 있게 해준다. 그러나 앞서 언급한 대로 민요시나 민중시에 대한 사고의 실마리는 이미 동경시대에 마련된 것이었고, 상해에서는 좀더 완성된 형태로 나아가는 과정이었다. 민중의 개념을 앞세운 것은 주요한이 지향하는 문학이 결국 '국민 혹은 민족(nation)'을 앞에 내세우는 것이라는 점에서, 단순한 민족정서의 발현이 아니라 계몽적·교양적·미적 주체의 생산을 지향한다고 볼 수 있다.25) 그의 시는 '사회'라는 제도의 재생산 시스템에 기여할 수 있

---

24) 주요한, 「책끗헤」, 『아름다운 새벽』, 조선문단사, 1924, 169면.

는 문학주의를 표방한다. 그러나 민족국가(nation state)와 그 국가를 유지 존속케 하는 제도적 장치의 존재가 불가능한 식민지 조선에서 '국민문학'의 이념은 결국 소박한 민중문학이나 민속문학의 수준을 넘어서기 어렵다고 볼 수 있다. 근본적으로 정치성이 배제된 국민문학의 개념이란 존재론적으로 성립하기 어려운 개념이었다.26) 이 점에서 주요한의 민중시 혹은 민요시 개념 역시 추상화된 계몽 의지의 선언적 표현으로 전락할 가능성이 농후한 것이 되고 만다.

식민지 현실 속에서 주요한의 이러한 시적 추구는 이런 점에서 사실상 일정한 한계를 본질적으로 내재하고 있었던 것이다. 조선에서 『개벽』을 중심으로 전개된 문화주의가 "인격의 완성과 문화가치를 실현하기 위한" 인격주의나 교양주의의 성격을 띠고 있었던 것처럼 당대의 문화주의가 지니고 있었던 일반적 성격에서 그의 시적 경향도 크게 벗어나 있지 않았던 것이다. 1920년대 일본은 본격적으로 문화주의를 통한 식민지배에 혈안이 된다. 이러한 문화주의는 주요한에게 심대한 영향을 미치고, 이러한 영향은 인격과 교양을 목표로 하는 이른바 교양주의라는 형식으로 주요한의 민중시 혹은 국민문학 개념 형성과 관련을 맺는다. 일본의 문화주의는 1920년대 구와키 겐요쿠(桑木嚴翼)의 인격주의와 소오다 기이치로(左右田喜一郎)의 문화가치철학과 아베 지로오(阿倍次郎)의 교양주의 등으로 대표되는 사상적 흐름과 상호 관련이 있다.27) 개인의 인격 완성과 정신문화의 가치창조에 중점을 둔다는 점에서, 표면적으로 문화주의는 개인주의를 근본으로 삼고 있는 것처럼 보이지만, 문화와 문명의 개념이 '국민국가' 형성의 이데올로기를 생산하는 장치였던 것처럼, 일

---

25) 김춘식, 앞의 글 참조.
26) 김춘식, 위의 글 참조.
27) 김진송, 『서울에 딴스홀을 許하라―현대성의 형성』, 현실문화연구, 2003, 35~38면 참조. 문화주의는 19세기 말 부르주아 이데올로기가 사회주의의 비판을 받자 새롭게 등장한 신칸트학파의 철학으로 1910년대 일본에 들어와 1910년대 말과 1920년대 초에 일본에서 유행했던 사조였다.

본의 문화주의는 결과적으로 '국민'의 양성과 '국민(민족)국가'의 내부적 결속을 강화하는 데 이바지하는 한다.[28] 식민지 조선의 경우도 일본을 위한 이런 내부적 결속을 강요받는다. 이 점에서 '국민국가' 안에서 이루어지는 문화주의운동은 계몽주의의 변형이며, 국가의 통제 이데올로기로서 교육과 교양, 계몽, 인격 완성 등의 문제를 중요시한다. 왜냐하면 문화란 자아의 자유로운 향상 발전을 의미하기 때문이다. 주요한의 국민문학의 구상은 이러한 문화주의·교양주의로부터 그 단서를 발견할 수 있는 것이다. 이런 점에서 주요한의 조선문학으로서의 민중시 혹은 국민문학 개념은 근본적인 한계를 지닌다고 볼 수 있다.[29]

주요한의 민중시 혹은 '국민문학' 개념은 의식의 차원에서는 '민중'과 '민족'을 지향하고 있을지 모르지만, 실상은, 식민지 현실에 대한 구체적 자각과 저항의 의미가 탈색된 미적 교양주의로, 즉 일본의 식민화를 비록 의도하지는 않았을지 몰라도 결과적으로 돕는 그런 가능성이 그 개념 속에 내재되어 있었던 것이다. 여기서 민중은 주체적 존재로서의 개념적 존재라기보다는 계몽해야 할 대상으로서의 존재인 것이다. 실제로 문화주의란 맥락에서 보자면 개인의 신체적, 정신적 계발은 국가의 문화를 고양하는 적절한 방식으로 인정받았고, 조선의 모던 프로젝트에서 좀 더 정치한 이론적 틀을 제공하는 역할을 했다. 결국 문화주의란 일종의 계몽주의의 변형이었던 것이다. 기미년 이후, 일본의 문화정치 선전과 밀접하게 관련을 맺는 이런 형태의 저항적 색채와 정치적 색채가 탈색된 문화주의는 민중을 문화 교육의 대상으로 설정하는 계몽적 민중문학으로 나타난다. 주요한의 민중시 개념은 이 점에서 전형적인 식민지 지식계급의 한계를 보여주는 계몽주의적 개념이다.

공동체적 감성과 '국민'의 개념을 염두에 둔 주요한의 시적 기획은,

---

28) 김춘식, 앞의 글 참조.
29) 베네딕트 앤더슨, 윤형숙 역, 『상상의 공동체』, 나남출판, 2003 참조. 결국 주요한이 창조해낸 민중이란 개념은 현실적인 개념이라기보다는 상상적 개념에 불과했던 것이다.

기본적으로 민중의 수준을 교양 있는 주체로 끌어올리는 데 목표를 둔다. 그래서 그는 실제로 『창조』가 나아갈 방향에 대해서도 "계몽적 색채"를 유지할 것을—"우리 쇠잔한 예술의 부흥을 위하려는 계몽적 색채는 어디깻지던지 유지하여야할줄압니다"—주장한다.[30] 그러나 이러한 그의 민중 지향성은 민중의 현실적 상황에 대한 각성과 발견을 전제로 한 것이 아니라, 민중과 소통하는 데에 주로 집중하는 계몽주의적이고 교양주의적인 성격을 지닌다. 문화를 '자아의 표현'이라는 절대명제로부터 미적, 정신적 수준이라는 가치의 개념으로 변질시킴으로써 '민중'은 식민지적인 박탈과 궁핍을 보여주는 상징적인 대상이 아니라 문화적으로 고양되고 계발되어야 할 계몽의 대상으로 규정된다.

앞서 언급한 김억의 조선시(민족시) 개념과 주요한의 민요시 개념에는 상당한 공통적 한계를 일정 부분 지니고 있다는 점이 지적될 수 있다. 비록 이른바 조선문학(특히, 시의 경우)의 개념을 발견하려고 추구했지만, 결국은 일본의 식민지 이론에 자신도 모르게 일정 부분 봉사하고 만 것이다. 이 두 사람의 민족지향에는 이런 근본적 한계가 존재한다. 식민지 현실 속에서 민족·민중이라는 말은 지식인에게 거부할 수 없는 절대적이고 신앙적인 개념이었을 것이다. 그렇기 때문에 당연히 민중·민족이라는 개념에 대해 고민할 수밖에 없었고, 고민의 결과 시론과 창작으로 그 고민을 표출했다. 그러나 그 고민의 계몽적 성격 때문에 일정한 한계를 지녔다.

김억과 주요한이 공동체로서 발견하고자 했던 '민족'과 '민중'이란 개념은 문학사에서 새롭게 발견된 개념이다. 이 두 사람은 과거의 문화적 잔재에 대한 비판을 할 때 그 대상으로 중국의 영향을 들고 나와 당시 개조주의가 유행하면서 부정적인 대상으로 취급되기도 했던 조선적인 것에 대한 부정적 태도로부터 비켜나간다. 즉 달리 말하자면, 근대적인 것을

---

30) 김춘식, 앞의 글 참조

추구하면서도 조선적인 것에 가치를 부여하려 했던 것이다. 이들이 발견한 조선문학은 일종의 재구성된 조선문학인데, 이렇게 재구성된 '조선'이라는 단어에는 이미 내적으로 '새로운'이라는 의미의 '신흥'이나 '신(新)'의 개념이 함축되어 있다.[31] 그런데 이 '신'이라는 개념은 또 다른 의미로 작용한다. 이 개념은 문화적 고유성에 긍정적인 가치를 부여해서 주로 일본을 통해서 수입된 서구적인 근대성에 저항할 수 있는 토대를 마련한 것이다. 말하자면 미학적 근대성의 개념으로 사회적 근대성에 문제를 제기한 것이다. 달리 말하면 이른바 조선적이란 것은 서구적인 것과 견줄 수 있는 '문화적 고유성'을 함축적으로 내재적으로 갖고 있는 개념인 것이다. 토착적인 것과 근대적인 것이라는 양면성을 하나로 합친 개념이 곧 '국민문학'이고 문화적 목표로서의 '조선심', '조선어'인 것이다.

최남선은 시조에 지대한 관심을 갖고 시조를 부흥하려는 노력을 경주한다. 그런데 시조 부흥이라는 것이 단순히 시조를 널리 알리자는 것에만 목적이 있었던 것은 아니다. 시조라는 전통을 복원한다는 것은 최남선에게는 조선적인 것의 영속적 가치를 확보하기 위한 노력이었다. 최남선은 대표적인 문화주의자로 손꼽히는 인물인데, 최남선 역시 문화주의라는 역사적 콘텍스트로부터 자유로울 수는 없었다.

최남선이 역사 연구가로 크게 활동하고 있었던 시기는 문화주의 사조가 팽배하던 시기였다. 인격의 평등을 실현하려는 문화주의는 각 인격의 기초 단위인 개인을 중요시하기 때문에 개인주의를 주장한다. 이 점은 사회주의자들이 문화주의를 윤리적 개인주의에 지나지 않는다고 비판하는 점을 보더라도 잘 알 수 있다.[32] 개인적 자각을 중요시한 문화주의의 경우 민족 문제는 민족자각론의 형태로 나타났다. 민족 구성원 개개인의 근대적 자아를 깨우치는 것이 근대적 민족의 자각과 동일한 것이었다. 이런 자각을 위해서는 조선적인 것의 가치를 발굴하고 고양시켜야만 했다. 지

---

31) 김진송, 앞의 책, 26~27면 참조
32) 유진희, 「노동운동의 사회주의적 고찰」, 『공제』 2, 1920.10.

나친 서구지향적 개조는 과도한 유교 숭앙으로 인해 초래한 조선왕조의 폐해를 그대로 반복할 가능성이 있음을 경고하는 모습도 보인다.[33] 최남선이 보기에 조선적인 것에 접근하려면 우선 역사를 알아야 했고, 문학에서는 시조를 다시 부흥시켜야만 했다. 『개벽』은 대표적인 문화주의를 대변하는 잡지였는데, 『개벽』을 통해 단군신화를 비롯한 역사적 인물에 대한 소개가 지속적으로 이루어졌다. 단군은 조선적인 것의 순수한 원형으로 이해되었다. 이것은 외래적인 것으로부터 조선적인 것을 고수할 때만이 가능한 자기 인식의 방편이었다.[34] 최남선의 이른바 조선주의는 포괄적인 개념이다. 다음 인용문에는 그런 점이 잘 나타나 있다.

> 조선은 필경 조선일 이상에는 조선을 조선으로 어떻게 하는 밖에 다른 무슨 일이 있을 것이냐, 딸려 지내도 조선, 혼자 서도 조선, 빨개도 조선, 하얘도 조선, 조선이 떼어놓지 못할 것은 조선이요, 조선인의 할 일은 궂으나 깨끗하나 조선 그것이면, 조선인에게 아무 것보다 끔찍할 것이 조선밖에 또 무엇이랴.[35]

문화주의에서 제시하는 민족자각론은 국가주의적 민족이라기보다는 개인주의에 바탕을 둔 민족 개념을 설정하고 있다는 점에서 상당히 근대적이다. 이런 문화주의자들은 전통 유학과 거리를 둔 신지식층이었고, 이런 신지식층을 대표하는 인물이 최남선이었다. 최남선은 역사에서 회복하려고 노력하였던 조선적인 것의 가치를 문학에서는 시조에서 찾으려 노력했다고 볼 수 있다.

1926년 5월에 발표된 「조선국민문학으로서의 시조」와 6월에 발표된 「시조 태반으로서의 조선 민성과 민속」은 최남선이 조선심·조선혼·국민문학 등의 개념을 시조와 구체적으로 연결시킨 후속작업이라고 할 수 있다. 최남선에 의해서 씌어진 이 두 편의 글은 결국 1925년에 발표된 「불

---

33) 최종환, 「모든 것을 조선화하라」, 『개벽』 6, 1920.11, 35면.
34) 이영화, 「단군론」, 앞의 책, 117~159면 참조.
35) 최남선, 「자기 망각증」, 『전집』 2, 217면.

함문화론」과 같은 고대사 연구와 맥을 같이 하는 것이다.

최남선이 발견한 시조는 바로 민족성과 민속을 토대로 하는 '조선문학'의 개념에 가장 적절히 부합되는 구체적이고 역사적인 실제로서의 자신의 존재를 입증하는 문학 장르였던 것이다. 최남선은 시조를 조선인이 자기성찰운동으로서 국민문학의 자리를 차지할 수 있는 문학 장르라고 보았다. 결국 시조는 조선과 고려의 시간대를 넘어서 고대사와 접목된 민성과 민속, 즉 조선적 풍토의 차원에서 새롭게 발견되었고 이 점에서 시조는 "詩의 本體가 朝鮮國土, 朝鮮人, 朝鮮心, 朝鮮語, 朝鮮音律을 通하야" 표현된 "必然的 一樣式"으로 정의된다.36) 달리 말하면 시조는 시의 본체를 조선적인 고유성 혹은 특수성을 통하여 드러낸 진정한 '조선시' 혹은 '국민문학'으로서의 가능성을 지닌 대상으로 인식된 것이다.

> 시조는 조선의 손으로 인류의 운율계에 제출된 一 詩形이다. 조선의 풍토와 조선인의 성정이 음조를 빌어 그 渦動의 일 형상을 구현한 것이다. 음파의 위에 던진 조선아의 그림자이다. 어떻게 자기 그대로를 가락있는 말로 그려낼까 하여 조선인이 오랜 동안 여러 가지로 애를 쓰고서 이때까지 도달한 막다른 골목이다. 조선심의 放射性, 조선어의 섬유조직이 가장 壓搾된 상태에서 표현된 '공든 탑'이다.37)

최남선의 시조론 혹은 국민문학론은 단순히 전통에 대한 복고적인 성향을 지닌 것이 아니라 오히려 근대성을 그 내부로 흡입하여 체로 걸러낸 '조선적 근대문학'을 의미한다. 이 지점에서 김억과 주요한이 제기한 '조선시'의 개념이 최남선에 이르러 비로소 '시조'라는 실체를 통해서 하나의 구체적 역사적 대상으로 정착된 것이라고 볼 수 있다.

최남선이 "朝鮮的으로는 한걸음도 내어노치 못하얏슴"을 설파했을 때, 조선문단에서 '새로움'이란 부분에서 누락된 것은 역설적이게도 본

---

36) 김춘식, 앞의 글 참조.
37) 최남선, 「조선국민문학으로서의 시조」, 『전집』 9, 386면.

체로서의 '조선적'이라는 것이다. 이 점에서 '조선적'이란 수식어는 단순한 의미가 아니라 조선국토, 조선인, 조선어, 조선심, 조선의 음률 등을 두루 포함하는 '민족적인 정수'를 의미하는 복합적이고 포괄적인 개념인 것이다.

이 점에서 이때의 '조선'이란 단어는 다른 모든 제 가치를 초월하는 '절대적 지위'를 획득한 것으로서 하나의 '이념'으로 굳어질 수밖에 없게 된다. 이념형으로서의 '조선', '조선적인 것'이라는 단어가 그렇듯이 '조선시', '조선심', '조선어', '조선의 국토와 풍속'은 이미 그 자체가 미적인 가치를 획득한 목표지향적 대상으로서 끊임없이 새롭게 발견되고 의미가 부여될 수밖에 없게 된다. 신성한 국토와 혈통을 중심으로 새롭게 발명된 근대적 '민족'과 '국가'를 그대로 답습하는 이러한 문화적 창안은 결과적으로 '전통'에 대한 새로운 창조를 궁극적인 의무로 자각하는 계기를 낳는다. 그런데 최남선의 민족자각론의 한계는 문화를 민족보다 우위에 두는 과정에서 발생한다. 이런 점이 최남선의 조선학이나 조선문학론에 내재된 근본적인 위험이었다. 최남선은 "민족은 작고 문화는 크다. 역사는 짧고 문화는 길다"라고 했는데, 이 말은 문화를 우위에 두는 최남선의 인식을 분명하게 보여주고 있다.[38]

시조의 복권은 전통에 대한 문화적 창안과 '조선적인 것'의 영속적인 가치를 인정받기 위해 서구적 근대와의 투쟁 과정에서 나타난 문화현상이다. 그러나 문제는 조선적인 것, 조선심, 조선어를 초역사적인 실체로 규정하려는 경향이 강해짐으로써 이러한 '시조 부흥의 취지'가 '국민문학'이라는 한 집단의 우월함을 드러내기 위한 지표를 설정하기 위한 투쟁으로 변질된다는 점이다. 문화의 우위론을 염두에 두면, 최남선의 '조선학'이 제국주의국가의 식민지학의 일종으로 성립된 지역학과 맥락을 같이 하고 있다는 점을 알 수 있다. 이는 일본 근대 역사학자들의 '지나

---

38) 최남선, 「조선문화의 본질」, 『전집』 9, 382면.

학' 또는 '동양학'에서 유추된 개념이기도 하다. 실제로 최남선은 조선학을 궁극적으로는 일본 학자들의 동양학에 대한 대항을 목적으로 삼았다. 최남선이 1930년 중반의 조선학운동에 참여하지 않았던 것은 이와 관련이 있다. 이는 최남선이 조선학자가 아닌 동양학자로서 자신의 연구를 진행했기 때문이다. 이는 1930년대 최남선이 친일의 길로 걸어 들어가는 경로 역할을 한 셈이 되었다. 최남선의 조선학 연구에는 이처럼 일본의 동양학 연구로 포섭될 수밖에 없는 내재적 모순이 이미 존재하고 있었던 것이다.[39] 최남선은 1920년대에는 조선문화의 우월성을 주장했지만, 1930년대에는 한일 문화동원론을 주장했고, 후반으로 가서는 일본문화의 우월성을 주장했다. 결국 조선주의가 일본주의로 변모하고만 것이었다. 중요한 점은 비록 1920년대에 최남선이 조선문화의 우월성을 주장했지만, 그 주장 내부에는 이미 일본의 식민주의 시각이 내재되어 있었던 것이고, 조선문학론 역시 그런 점에서 자유로울 수가 없었다.

5. 맺음말

조선문학에 대한 자각은 처음부터 조선문학 자체에 대한 자각으로부터 시작한 것은 아니었다. 조선문학에 대한 자각은 조선학에 대한 관심이 증폭되면서 그 결과 그 증폭이 조선문학에 대한 논쟁으로까지 이어졌다고 볼 수 있다. 조선학은 기본적으로 조선에 고유한 것, 조선문화의 특색, 조선을 전통을 학문적으로 체계화하는 것을 말하는데, 이런 학문적 추구가 이른바 조선적 문학이란 것이 무엇인가에 대한 논의로 이어졌다.

---

39) 스테판 다나카, 박영재·함동주 역, 『일본 동양학의 구조』, 문학과지성사, 2004, 15~54면 참조.

조선학 연구가 본격적인 의미에서 정립되는 시기는 1910년대에 접어든 이후의 일이었다. 물론 그 이전부터 조선학(국학)과 관련된 움직임이 없었던 것은 아니지만 그 학문적 이념을 분명히 하면서 실체를 드러낸 시기는 1910년대부터였다고 보는 것이 타당할 것이다. 그것은 사상사적인 흐름과 깊은 관련이 있는데, 19세기 후반 문명개화론자들은 구미나 일본을 전범으로 삼아 문명화를 추구해야 한다고 주장했고, 이런 현상이 가능했던 것은 문명개화론이라는 시대의 주류 사상이 밑바탕이 되었기 때문이다.

한말과 1910년대에는 국학운동이 주로 신문관과 조선광문회를 통해서 이루어졌고, 그 결과는 고전 간행이라는 현상으로 나타났다. 이런 고전 간행은 1920년대 새로운 흐름을 이끌어냈는데, 그것은 1920년대 조선문학에 대한 본격적인 논의가 집중적으로 이루어졌다는 점을 말한다. 물론 조선문학 연구는 조선학 연구의 한 분야로 상정될 수 있지만, 한말과 1910년대와 다른 점은 조선문학에 대한 체계적인 연구가 본격적으로 이루어졌다는 점이다. 1920년대에는 또한 사상적 배경으로서 문화론이 작용을 한다. 이 문화론이 조선문학의 개념을 형성하는 데 일조를 한다.

안확은 물론 1920년대에도 많은 활동을 하지만, 1910년대에 본격적으로 국학의 길을 열어주어 1920년대와 1930년대의 조선(문)학의 토대를 마련했다. 1920년대에는 조선문학의 본격적인 논의가 펼쳐지는데, 이 논의에 참여한 인물은 많이 있지만, 중심적인 인물은 김억·주요한·최남선 등을 들 수가 있다. 이들은 각기 여러 분야에서 조선문학의 개념을 주장한다. 1920년대 이들이 마련한 조선문학의 개념은 1930년대에 펼쳐진 전통 논의와 조선문학의 개념 형성에 깊은 영향을 미친다. 비록 대상을 계몽적 존재로 여기는 근본적인 존재론적 한계는 있었지만, 김억과 주요한은 토착적인 것과 근대적인 것이라는 양면성을 하나로 합친 개념으로서 '국민문학'이라는 개념을 착안했고, 이것이 조선문학의 근본적 토대가 된다는 점을 명시하려고 노력했다.

문학 개념의 논리와 식민지 근대부르주아의 정치학

차혜영

1. 문제제기

한국 근대 초기 문학사를 논함에 있어 1910년대 후반에 일본 유학을 거치면서 새로이 등장한 신지식층의 존재는 재삼 강조될 필요가 없다. 이들이 유학을 통해 서구문명의 세례를 받으면서 자아 각성, 개성의 신장 등을 모토로 문학에 대한 새로운 담론을 제기했음은 주지의 사실이기 때문이다. 이 글에서는 이들에 의해 제기된 '문학' 개념과 '소설' 개념이 어떤 형성의 논리를 보여주는가를 추적하고자 한다. 즉 근대 초기의 문학 개념으로부터 소설 개념의 형성에 이르는 시기의 담론을, '개념의 이입사'가 아니라, '개념 형성에 내포된 논리'를 '정치적 역관계'로 접근하고, 이를 '한국 근대부르주아'의 자기 정당화를 둘러싼 사회적 담론적 투쟁으로 해석하고자 하는 것이다.

이전까지의 문학관 및 담론 장에 변화와 재편을 주도한 신지식층에 의해 문학을 자율적인 체계로 보는 시각과 인간의 본질을 감각, 감정에 정초하는 사고가 연동되면서 '개체로서의 인간 주체'와 '자율적인 제도로서의 문학' 개념이 성립되었다고 할 수 있다. 이러한 과정은 대표적으로 황종연[1]과 권보드래[2]에 의해 일본과 한국에서의 실증적 자료에 대한 상세한 탐색과 비교를 통해 "문학이라는 역어의 정착" 및 "리터래쳐적 개념을 정당화하는 지식 체계, 그러한 지식 체계를 뒷받침하는 제도의 수립"과 관련되면서, 19세기 말과 20세기 초에 일본과 한국에서 일어난 광범위한 세계 체제적 근대의 통언어적 실천의 한 과정으로 해석되고 의미부여 되었다.[3] 앞선 시기의 유교적인 재도지기(載道之器)적 문학관과 애국계몽기의 효용적 문학관과 대비되는 '근대적' 문학 개념의 탄생을 비교와 실증에 의해 재구하고, 이의 기반이 되는 근대적 개체로서의 주체정립과 자율적 문학관, 그리고 이 두 가지(주체와 제도)의 매개지점에 인간을 심리적, 감정적, 내면적 존재로 설정하는 인간관의 비약적 전환이 놓여 있음을 간취하는 이러한 연구 성과는 한국의 근대적 문학의 '기원'과 그 기원이 세계사적 근대의 과정과 함께 하고 있는 지점을 드러내는 탁월한 논의라고 할 수 있다.

문제는 실증과 비교에 의해 세계사적 근대로 해석된 그 '기원'의 '이후'와 '내부'라고 할 수 있다. '번역' 혹은 세계사적 근대라는 다분히 외적인 동일화에 의해 도입된 감정적 개체로서의 인간과 자율적 문학을 정초하는 제도로서의 근대문학이라는 새로운 담론적 기획이, 내적으로 어떤 논리로 작동하는지를 살펴볼 필요가 있는 것이다. 이런 차원은 '제도'와 '번역'이라는 문제틀에서는 부차화된 요소들이다. 이는 기원으로서의 제도의 도입과 그것이 놓인 세계사적 보편의 차원이라는 한축 이외

---

1) 황종연, 「문학이라는 역어」, 『한국문학과 계몽담론』, 새미, 1999.
2) 권보드래, 『한국 근대소설의 기원』, 소명출판, 2000.
3) 황종연, 앞의 글.

에, 식민지 근대 내부인 한국에서 주류로 자리잡아간 내적 논리와 사회적 상황이라는 또 다른 한 축을 문제삼고자 하는 것이다. 결국 근대가 '제도'의 측면으로 부각되면서 가려진 '식민지'적 차원, '정치'적 차원이 작동하는 방식에 대한 문제이다.

여기에는 두 가지 접근법이 가능할 것이다. 식민지 근대라는 사회적 조건과 그것을 실현하는 담당 주체로서의 1910년대 일본 유학생 출신의 신지식층의 정치적 사회적 조건을 살피는 실증적 방식과, 그들이 보편화한 문학 개념의 논리의 구조를 밝히는 방식이 그것이다. 본고에서 후자의 방식을 택하고자 한다.

2. 내재성으로의 전환

이들 1910년대 유학생 출신 신지식층이 전면화한 새로운 담론적 기획의 핵심은 감정을 기초로 한 인간을 보는 관점과 문학을 보는 관점의 동시적 변경과 결합이라고 할 수 있다. 즉 '정육론(情育論)'으로 대표되는 심리적 삼분법에 기초해 있는 인간관은, 인간정신을 지(知)・정(情)・의(意) 세 가지가 별개이자 등가인 영역으로 설정하는 것이고, 이는 이전 시기의 지(知)・덕(德)・체(體)라는 교육적 관점을 대체한 것이다.

즉 인간의 정신에 대한 지・정・의의 '삼분법'이, 인간이 가진 감정 영역의 '독립적 가치'를 강조하는 것으로 확장되고, 나아가 "인간은 실로 정적 동물"라는 것과 같이 인간의 가장 인간적 '본질'로 선택적으로 강조되는 것이다. 따라서 이 삼분법은 세 영역의 평등함, 각 영역의 고유함을 전제로 하지만, 사실은 그 중 한 영역을 선택, 전면화하는 방식으로 작동하는 것이다. 그리고 이 선택적 전면화는 인간이 만들어내는 제반 사회적 영역 중에서 문학예술 영역의 가치화와 상보적으로 작동한다. "문학은 도덕과 종교의 繩墨과 질서에 복종치 안이함이 그 원리"라는 말과 같이 문학·정치·도덕·종교·과학 등의 제반 영역들 속에서 고유한 자기 가치를 갖는 독립된 전문 영역으로 설정된다. 이렇게 고유의 자율적인 영역으로 설정되면서 이 문학예술 영역의 가치는 다른 가치보다 우월한 것으로 선택된다.[4] 그리고 최종적으로 선택되고 전면화된 한 가치, 한 영역은 그것이 여럿 중의 한 요소라는 전제를 벗어 던지고, 보편적이고 형이상학적인 가치로 전환된다. 감정 영역을 "인간 생명활동의 본질"로 사고하는 것,[5] 더 나아가 이런 감정적 개체성을 '개성'이라는 이름으로 호명함으로써 인간가치로 전면화하는 1920년대의 동인지 문학의 담론이 그것이다. 그리고 문학예술 영역을 "우주대법과 인심최후의 요구",[6] 혹은 "우주의 진리를 闡發하는"[7] 것이라는 보편적이고 형이상학적인 가치로 언급하는 것이나, 나아가서 문학을 "참문학", "참예술"이라는 지상에 부재하는 초월적 가치로 호명하는 1920년대 동인지 문학의 주조가 이에 해당된다.[8]

이렇게 볼 때 인간정신 중에서 감정적 부분과, 인간 활동 중에서 문학예술이 전면화되고 가치화되는 것은 동일한 논리를 보인다고 할 수 있다. '평등한 전문 분과 영역의 상정 → 부분의 독립과 자율화 → 부분 영역이외의 외부적 관계의 소거 → 부분 영역 내부를 지배하는 가치의 보편화와 체계화'라고 할 수 있을 것이다. 이렇게 함으로써 문학은 외부로부터 상대적으로 '자율적인 개념의 시스템'으로 형성되어 내부의 부분들의 질서와 위계, 자체의 이데올로기 등을 구비한 자체완결성을 갖게 된

---

4) "정치는 인민의 외형을 지배하는 자오 문학은 인민의 내정을 지배하는 자이라 고로 일국민의 문명을 고(考)함에는 정치의 변천보다도 문학의 소장(消長)을 찰(察)함이 가득하나니라."(안확, 「조선의 문학」, 『학지광』 6호, 1915.7)
5) 최두선, 앞의 글.
6) 안확, 앞의 글.
7) 이광수, 「문학의 가치」, 『대한흥학보』 11호, 1910.3, 17면.
8) 차혜영, 『한국 근대 문학제도와 소설양식의 형성』, 역락, 2004 참조.

다. 이처럼 '감정'을 근거로 인간 주체의 자율성과 문학 영역의 자율성이 상보적으로 정립되는 것에는, 전체의 부분화, 부분간의 등가화, 부분 내부의 자율성 부여, 자율성 내부의 자체 이데올로기의 보편화가 작동한다. 부문화(전문화)·등가화를 동력으로 하는 근대의 논리라는 점에서 제도적 차원, 혹은 일종의 방법적 보편성의 측면을 갖는다. 그런데 이런 방법적 보편성으로서의 근대 또는 제도적 차원에는, 사실은 인간을 심리적 인간으로 보는, '인간관에 대한 시선의 변경'이 전제되어 있다.

지·정·의라는 심리적 인간은 이전 시기의 지·덕·체라는 교육적 관점을 대체한 것이다. 그런데 이 인간관의 대체는 단순히 개념의 대체가 아닌, 교육을 통해 인간이 외부의 다른 인간과, 다른 사회적 영역과 관계 맺는 차원을 원리적으로 삭제하는 '내재성으로의 전환'이라고 할 수 있다. 「문학이란 하오」에서 제기된 자율적 문학관은 유교적인 재도지기(載道之器)의 문학관을 거부하는 것이기도 하지만, 다른 한편으로는 개화기의 풍속 교화의 차원의 소설, 사회적 기사거리와 소설과의 공존의 형식으로 서사가 갖는 사회적 지시 관계, 혹은 토론, 문답, 서사적 논설을 통해 문학이 정치적 공론장과 현실적이고 직접적으로 관계맺었던 지평의 삭제를 포함하고 있다. '정육론'과 제도적 자율성으로서의 근대문학이 '감정'과 '미'를 내부의 본질로 호명하는 것은 외부, 전체, 관계의 삭제를 원리적으로 요구하면서 제기된 과제인 것이다.[9] 따라서 '정육론'과 자율적 문학관이 동시적으로 갖는 내재성으로의 전환은, 부분이 속한 전체의 차원, 내부가 관계 맺고 있는 외부의 차원을 원리적으로, 방법적으로 지움으로써, 문학이 관계 맺었던 정치의 차원과, 심리적 인간으로 대체되기 이전

---

9) 이것이 18세기 서구에서 일어난 것이자 19세기 말, 20세기 초 일본과 한국에서 일어난 근대의 제도적 성립 과정이지만, 이 내재성으로의 전환이라는 틀은 식민지 근대에서 구체적인 차원을 갖는다. 감정과 미가 근대가 강요하는 외부의 '시장'과의 관계를 원리적으로 결별하고자 하는 것인지, 근대가 강요하는 외부의 '제국의 폭력'과의 관계를 원리적으로 삭제하고자 하는 것인지, 구체성의 차원에서는 다른 것이기 때문이다. 이 다름은 번역과 통언어적 차원으로 강요되고 합리화되는 제도가 '가리고' 있는 부분이다.

의 교육이 수반했던 정치적 차원을 함께 지우고 있다. 이 '정치의 지움'이라는 근대적 자율성의 원리는 근대적 제도가 수반하는 제국과 식민지라는 차원, 식민지가 맺는 제국과의 관계를 삭제하는 또 다른 정치적 차원이 강제되는 시기의 '정치적 결과'라고 할 수 있는 것이다.

여기서 이런 인간관과 문학관의 담당 주체가 1910년대 일본 유학생 출신 신지식층이라는 것을 주목할 필요가 있다. 1910년대 문학은 한일합방을 전후로 신문지법(1907)·출판법(1909)으로 인해 출판 환경이 변모하고, 기존의 애국계몽주의를 표방하던 다수 신문들이 폐간되면서 『매일신보』로 통합되고, 『청춘』·『학지광』을 제외한 잡지들이 폐간되고,10) 기존의 광범위한 계몽적 사학(私學)이 폐쇄되는 등 언론·출판·교육 등의 문화적 장의 차원에서 격심한 변화로부터 시작된다고 할 수 있다. 그리고 이들의 성장은 '유학'이라는 집단적 공통 경험으로부터 시작된다는 점을 주목할 필요가 있다. 식민지 후발 근대국가에서 유학을 통해 형성된 신지식층이 이후의 제도적, 지식적 헤게모니를 점유하면서 문화권력으로 성장하는 것은 어쩌면 식민지 국가의 공통된 특징일 것이다. 이 경우 이들이 유학을 통해 수용하는 지식은 식민 본국의 직접적 지배이익에 봉사하는 것이라기보다는 근대, 서구적인 것, 혹은 문명적인 것이라는 일종의 '보편지식'이라고 할 수 있다. 그런데 우리 근대에 있어서 이 보편지식을 선점한 신지식층들에게 주어진 지식 장은, 개화기의 신문으로 대변되는 대중과의 소통이나 계몽이 불가능하게 된, 이들이 선점한 보편지식을 대중화할 수 있는 통로가 부재하는 장이라고 할 수 있다. 3·1운동 이후 이들 신지식층의 대거 유입과 함께 소규모의 동인지 형태로 문화담론이 활성화된 것도 이 때문이라고 할 수 있을 것이다.

따라서 1910년대는 한편으로는 신문과 잡지의 폐간 등 새로운 출판

---

10) 김근수, 「무단정치시대의 잡지개관」, 『한국잡지개관 및 호별목차집』, 한국학연구소, 1973, 111~124면. 1910년대 출판 유통 환경에 대해서는 한기형, 「1910년대 신소설에 미친 출판 유통환경의 영향」, 『한국학보』, 1996년 가을.

환경에 기반한 통속적 신소설과 활자본 구소설이 소비되는 장과, 다른 한편으로는 당시 일본에서 유학하여 신지식과 문화를 흡수하고 돌아온 신지식층에 의해 전개되는 새로운 담론 및 문화적 장으로 대별되어 있다고 할 수 있다. 이들이 주도적으로 참여하고 있는 '유학생회 기관지' 또는 '회보', 그리고 소규모 동인지 등의 지식유통 형태는, '계몽'의 내용과 형식을 유지하면서도, 근본적으로는 보편지식이라는 근대 이념의 형태로, 식민 본국의 전문적인 사상적·문화적 이입의 결과물을 선택적으로 공론화하는 장이라고 할 수 있을 것이다. 번역과 소개, 통언어적 실천으로 이루어진 신지식층의 새로운 문학 담론은 이러한 매체 환경, 교육 환경 위에서 이루어졌다는 점에서, 일차적으로는 합방과 무단정치가 만들어낸 정치적 결과라고 할 수 있다. 즉 이 정치적 지배의 물질적 형태가 제공한 문화적 장, 문화적 수혜물 안에서, 유학생 청년들 자신만의 문화 공간, 전문적 지식과 감수성을 만들어갔다고 할 수 있다. 식민지적 억압이 문화를 억압했다기보다는, 문화의 방향과 조건을 구획했고, 그 조건과 자장 안에서 식민지 근대부르주아가 주체화되었다고 할 수 있는 것이다. 따라서 1910년대 후반, 1920년대 초반 신지식층의 전문성과 자율성, 개성의 자각을 내세우는 새로운 정서적 문화적 담론은, 그 내용의 서구적 근대성 혹은 세계사적 보편성 한편으로, 그것이 제국-식민지에서 지배의 관철태가 강제하고 승인한 것이라고 할 수 있는 것이다.

근대적 문학론은 통언어적 실천으로 대변되는 세계 체제 내에서의 근대문학론이지만, 식민지의 억압이 현실적으로 관철되는 장 안에서, 그 지배와 억압의 현실태가 제공하는 문화적 조건에 의해 구조지어진 것이다. 내부적으로는 주체집단의 변화와 정체성 획득의 논리, 식민지 지배 국가의 억압과 그 억압이 만들어낸 문화제도와 지식 장의 변모 위에서, 외부적으로는 유학과 통언어적 실천을 통해, 정치적으로는 억압과 지배의 관철과 그것의 내면화를 통해, 문화적으로는 비대중적, 전문가적 서클적 지식 담론과 대중적 문화 소비의 분리라는 장이 얽혀 있는 상태에서 내세워진 이데올로기라고 할 수 있는 것이다.

그 이데올로기는 이러한 외적·정치적 차원을 원천적으로 소거하는 '내재성으로의 전환'을 특징으로 하는 것이다. 문학이 풍속 교화와 애국 계몽을 대체해서 제도적 자율성을 갖는 독립적 분야로, 인간을 지·덕·체라는 교육의 관점에서 내적 감정을 중심으로 한 심리적 인간으로 전환하는 데에는 앞서 본 바와 같이 부문화, 등가화, 전체와 관계의 소거 등 내재성으로의 전환이 게재해 있다고 할 수 있다. 이처럼 인간과 문학에서 전체와 외부와 관계를 소거하는 '자율성과 주체화'의 논리는, 식민지에서 제국을, 문화에서 정치를 소거하는 논리와 구조적으로 동일한 일종의 '보편지식'으로서의 '근대화'의 논리라고 할 수 있다. 따라서 역사적으로 이들 신지식층은 국가의 개념이 성립되는 것과 동시에 국가의 역사적, 현실적 희망의 부재를 존재의 조건으로 출발한, 그리고 정치적 '무능과 실패'를 '세계사적 보편성'과 '근대화라는 역사적 필연성'으로 전도시켜 문학사의 기원이 된 이들이라고 할 수 있다. 이들이 '정치적 무능'을 '근대화'의 기원으로 전도시켜 내면서, 이 '전도'를 세계사적(공간적) 필연과 역사적(시간적) 발전으로 전면화하면서 당당할 수 있었던 것은, 분화·전문화·자율성이라는 '보편지식'의 힘을 승인하고 내면화했기 때문일 것이다.

그런데 실상 이 '보편'지식은, 어떤(서구의) 지식이 '지배'적 힘임을 승인하는 명명이다. 즉 그 지식이 공간적으로는 전세계적으로, 시간적으로는 미래로 지속되고 확장되리라고 예측하고 승인하는 것이라고 할 수 있다. 결국 피식민 주체가 자기 내부로 시선을 돌리는 내재성으로의 전환과, 식민 제국의 지식이 외부적으로—시간적으로도 공간적으로도—무한히 확장되리라고 예측, 승인하는 판단이 동시적으로 작동하는 것이다. 또한 외부로 확장되는 지식의 룰과 식민지 내부를 지배하는 지식의 룰을 동일하게 적용하기 시작하는 것이다. 이 동일한 룰을 적용한다는 것은 피식민 주체가 더 이상 저항의 주체가 아님을 의미한다. 이 동일한 룰의 적용을 통해서 식민지는 제도로서의 근대를 시작하고, 식민지 부르주아는 이 룰의 전유를 통해서 외부적으로는 무한히 확장되는 힘에 굴복하면서 동시에 내부적으로는 이 룰의 독점적 전유를 통해 지배의 주체로 탄생하는 것이다.

실제로 이들의 문학관과 인간관은 현재 '근대적'이라 하는 언명에서도 보듯, 문학 전문가로서의 미적 주체, 자율적 문학이라는 문학 이념, 문학적 정전과 양식의 산출 등에서 우리 문학사의 '기원'에 자리잡고 있는 것이다. 따라서 현상적으로 보면, 한국 근대문학의 기원으로서의 이들 1910년대 유학생 출신 신지식층은 정치적 무능력과 문화적 박탈로 시작된 자신들의 기원을, '근대화'라는 역사적 필연성과 세계사적 보편성으로 질서화하고 입법화하는데 성공한 세대라고 할 수 있을 것이다.

그러나 이들이 식민지 근대에서 '주류'가 되었다는 것은, 소위 보편지식 그 자체의 내용에 의해서만 이루어진 것은 아닐 것이다. 여기에는 '보편지식'이 구체적인 식민지의 '개별 사실'들을 장악하는 고유의 논리와 동학이 내재해 있다고 할 수 있을 것이다. 서구적·근대적 지식이 일종의 보편지식의 힘으로 식민지의 개별성과 구체성을 장악하고 변경, 배치하는 것은 식민지 부르주아가 내부에서 주체가 되는 과정과 함께 하는 과정이다.

다음 장에서는 이들 1910년대 신지식층이 전유한 문학 개념에 있어서의 보편지식이 내부에서 어떤 자기 작동 논리를 보이는가를 살펴보고자 한다. 즉 보편지식을 내면화했다는 사실에 대한 윤리적 가치평가가 아니라, 보편지식의 내면화의 논리와 결과를 추적하고자 하는 것이다. 이를 문학 개념의 이입의 실증적 양태가 아니라, 문학 개념을 둘러싼 담론의 정치성을 해석하는 방식으로 접근하고자 한다. 여기서는 문학 개념의 보편지식의 형태로 '개론'을 설정하고, 이 문학개론이 어떻게 정당화되는가, 즉 문학의 상이 정립되는 과정에서의 개념 투쟁을 추적함으로써 이를 밝히고자 한다.

3. 문학 개념의 논리와 식민지 부르주아의 자기 정당화 전략

1) '문학이란 무엇인가'—보편지식으로서의 문학개론

스스로를 기원으로 만든 식민지 부르주아 주체에게 요구되는 것은 구체적이고 특수한, 상황에 의해 강제되고, 정치적으로 강제된 상대적인 문학관을 보편적인 것, 무시간적인 것으로 변환하는 논리일 것이다. 문학론에서 보편적이고 무시간적인 것은 '개론'이다. 우리 근대의 문학개론이 이광수에 의해서, 소설에 관한 개론이 김동인에 의해서 주도되었고, 이것이 향후 지속되는 보편적 문학개론의 원형으로 자리한다는 것은 우연이 아닌 것이다.

이광수는 「문학의 가치」로부터 「문학이란 하오」, 그리고 「문학강화」에 이르기까지 식민지시대 문학개론을 가장 지속적이고 정력적으로 집필했다. 그 시기는 김동인의 '소설개론' 작업과 거의 비슷한 시기인 1910~20년대 기간이었고, 유학생 기관지로부터 『조선문단』과 신문에 이르는 매체에서도 김동인의 소설론 작업과 거의 유사하다고 할 수 있다. 그들이 작가로서의 차별성에도 불구하고 문학개론과 소설개론을 집필한 시기, 매체, 공유한 문학관이 비슷하다는 점은 주목할 필요가 있다.

이광수의 「문학이란 하오」는 "1. 신구의 의의 상이, 2. 문학의 정의, 3. 문학과 감정, 4. 문학의 재료, 5. 문학과 도덕, 6. 문학의 실효, 7. 문학과 민족성, 8. 문학의 종류, 9. 문학과 문, 10. 문학과 문학자"[11]로 이루어져 있다. 문학이란 무엇인가 하는 본질을 정의하고, 문학이 맺고 있는 제반 영역과의 관계와 자체의 하위 종류 등을 중심으로 구성되어 있다. 또한 「문학강화」는 "1. 문학개론과 문학사, 2. 문학은 웨잇나, 3. 문학은 무엇

---

11) 이광수, 「문학이란 하오」, 『매일신보』, 1916.11.10~23(『이광수 전집』 1, 삼중당, 1962).

인가(1), 4. 문학은 무엇인가(2) : 동기와 작자의 인격, 5. 문학은 무엇인가(3) : 작품, 감상, 비평, 가치"로 이루어져 있다. 이와 같은 기본 골격은 해방 후의 백철 · 김기림의 문학개론에서 보듯, 강조점과 폭의 차이에도 불구하고 비슷한 항목과 성격을 갖는다.[12] 그것은 결국 문학을 "서양어 리터래처의 역어"이자 "예술적 형식을 통해 인류의 생활, 사상 및 감정 활동을 상상적으로 표현하는 문헌으로서 인간의 감정을 움직이는 것"으로 정의하고, 그 정의에 걸맞는 내적 본질로 "예술의 근본 요건으로서의 미" 혹은 "우리에게 선천적으로 있는 심미적 감정이라는 특수한 가치감정"을 설정하고, 그러한 독립된 문학 영역의 하위 분류 체계로서의 장르들을 통해 통일성을 갖고, 자체의 역사를 갖는 자기 완결적인 체계를 설정하는 것이라고 할 수 있다.

이는 문학과 문학 아닌 것을 수단이나 위계의 관계가 아닌 평등한 전문 분과 영역으로 상정하고, 이 중에서 문학 부분의 독립과 자율화를 설정하고, 자율적인 부분 영역 내부를 지배하는 가치의 보편화와 체계화의 논리를 보여준다고 할 수 있다. 앞서 '정육론'과 「문학이란 하오」를 통해 본 전문화 · 부분화 · 등가화 · 자율화와 같은 논리를 체현하고 있는 것이다. 이렇게 함으로써 문학은 외부로부터 자율적인 개념의 시스템으로 형성되어 내부의 부분들의 질서와 위계, 자체의 이데올로기 등을 구비한 자체 완결성을 갖게 된다.

---

12) 이광수, 「문학강화」(『조선문단』 연재, 창간호~5호, 1924.10~1925.2). 해방 후 백철의 『문학개론』은 "1. 문학의 기원과 발달, 2. 일반론 1) 문학의 본질—문학이란 무엇인가, 문학의 특질, 2) 문학의 영향, 3. 내용과 형식 1) 내용에 대하야—자연과 문학, 문학과 인간, 문학과 사상, 시대성과 사회성, 2) 문학의 형식—형식이란 무엇인가, 문장론, 문체론, 문장의 종류, 4. 세론, 1) 시론—시의 정의, 정형시, 자유시, 서정시, 서사시, 2) 소설론—소설의 기원, 장편소설, 단편소설"로 구성되어 있고(백철, 『문학개론』, 백양당, 1946), 김기림의 『문학개론』은 "1. 어떻게 시작할까? 2. 문학의 심리학, 3. 문학의 사회학, 4. 문학의 장르—시, 소설, 희곡, 5. 비평문학, 6. 세계문학의 분포(상), 7. 세계문학의 분포(하), 8. 문학과 예술, 9. 현대문학의 과제, 10. 우선 무엇을 읽을까—세계문학의 기초서목"으로 구성되어 있다(김기림, 『문학개론』, 신문화연구소, 1946).

이광수와 함께 근대 초기 소설에 관한 이론적 논의에 있어 김동인을 빼놓을 수 없다. 김동인은 동인지 『창조』를 간행하고 이광수 및 전대의 문학과 대타화해서 자율적인 문학관을 수립하고 이후의 각종의 문단사를 통해 이를 정당화해갔다는 점에서, 1910년대 이후 일본 유학생 출신 신지식층의 문학 이념을 대변한다고 할 수 있다. 이 신지식층의 문학 이념 중에서 그는 특히 소설에 대한 자의식과 창작, 당대 소설에 대한 역사적 고찰 등을 아우르면서 근대소설에 대한 개념과 자의식을 표명했다고 할 수 있다.13) 그가 쓴 최초의 소설론은 1919년에 발표된 「소설에 대한 조선 사람의 사상을」이라는 글이다.

현금 조선 사람 중에 대개는 아직 가정 소설을 됴화하오, 흥미중심 소설을 됴화하오, 참예술 작품, 참 문학적 소설은 읽으려하지도 아니하오 그들은 소설 가운데서 소설의 생명, 소설의 예술적 가치, 소설의 내용의 미, 소설의 조화된 정도 작자의 사상, 작자의 정신, 작가의 요구, 작가의 독창, 작중 인물의 각 개성의 발휘에 대한 묘사, 심리와 동작과 언어에 대한 묘사, 작중 인물의 사회에 대한 분투와 활동들을 구하지 아니하고 흥미를 구하오 기적에 근사한 사건의 출현을 구하오, 내용의 漸漸迷宮을, 죽은 줄 알았던 인물의 재생을, 내용의 외부적 미를, 선악 인물의 경쟁을, 선자필흥 악자필망을, 위기일발의 찰나를 구하오 인생사회에는 잇지 못할 로망스를 구하오14)

이 글에서 좋은 소설의 기준으로 제시된 것은 '소설의 생명', '예술적 가치', '독창성', '내용의 미와 조화된 정도', '인물의 개성과 사회적 분투'

---

13) 그의 소설론은 대략 세 시기로 나눌 수 있다. 첫째 소설이란 무엇인가를 정의하고, 무엇이 좋은 소설인가 하는 판단의 기준을 제시하는 「소설에 대한 조선 사람의 사상을」(1919)의 단계, 두 번째 그러한 소설의 정의와 기준을 독자들에게 일종의 창작 방법이자 소설 평가의 기준으로 제시하고, 당대 창작되는 소설을 대상으로 평가를 내리는 실제비평과 창작방법론으로서의 「소설작법」(1925), 그리고 세 번째 단계로 「조선근대소설고」(1929)로서 앞서의 기준을 근거로 당대까지 근대소설의 역사성을 설정하고 그 기원으로 개화기 소설을 호명하면서 개화기부터 자기 시대까지의 소설을 계보화하는 것이다.
14) 김동인, 「소설에 대한 조선 사람의 사상을」, 『학지광』 17호, 1919.1.

'심리 동작 언어 묘사' 등이라고 할 수 있다. 이런 기준들이 구비된 것이 '참예술 작품'이자 '참문학적 소설'이라고 명명되지만, 인물의 개성이나 심리 및 동작 묘사 등을 제외하면, 대부분 그 지시 내용이 불분명한 추상적이고 보편적인 것이라고 할 수 있다. 때문에 여기서 제시된 소설의 기준은 구체적 지시 내용에 의해서가 아니라, 대타적인 '부정항의 구체성'을 통해서 추측되는 것이다. 그 부정항은 기적적 사건이나 권선징악과 같은 로망스적인 것이라는 것이다. 당시 대중적으로 소비되는 소설이 신소설이나 구소설이라는 점을 상기하면, 결국 그가 제시하는 근대소설은 '지금까지 대중들이 읽고, 소설이라고 알아온 것이 아니라는 것만이 분명한' 지시 내용이라고 할 수 있다.

이처럼 존재하는 소설들(개별 사실들)에 대한 부정에 의해 유지되는 소설 개념은 좋은 소설의 '기준', 좋은 소설을 쓰는 '방법', 좋은 소설의 '당위적 상'에 대한 선언이라고 할 수 있다. 이처럼 구체적인 소설에 관한 논의가 아니라 소설 자체에 대한 메타 담론으로서의 기준 제시이기 때문에, '소설가'는 소설을 쓰는 작가가 아닌, '예술가'이고 '신'이고 '사회개량과 신인합일을 수행할 자'로 등치하는 선언으로 귀결된다.[15] 신, 신인합일을 수행할 자란, 열등한 개별 사실들 너머의 보편적이고 초월적인 기준의 다른 이름이고, 그것은 식민지 근대의 개별 사실들이 아닌, 근대라는 상상의 기준이라고 할 수 있을 것이다.

이와 같은 소설 개념은 김동인 개인의 것이라기보다는 김동인을 포함한 유학생 출신 신지식인층이 공유한 것이라 할 수 있다. 이와 같은 소설에 대한 구체적 기준과 형식적 원리는 같은 시기 현철의 「소설개요」[16]를 통해 추측할 수 있다. 현철은 「소설개요」의 서문에서 "동경 예술좌 연극학교에서 수업한 필기를 근저"로 함을 밝히고 "소설개요로부터 소설 연구법까지의 교과서 역할을 하기를 바란다"고 언급하고 있다. 이로

---

15) 김동인, 위의 글.
16) 현철, 「소설개요」, 『개벽』 창간호, 1920.6.

미루어보면 이 내용이 일종의 교과서로서 소설의 원론적 기준으로 유학생 문인들이 공유했다고 볼 수 있을 것이다.

이 글의 내용은 총 30개의 소항목으로 구성되었는데,[17] 대략 소설의 5대 성분으로 마련(플롯), 인물, 시공간적 배경, 문체, 작가의 인생관을 들고, 이에 대한 상세한 설명으로 이루어져 있다. 특히 '마련' 혹은 '조직'이라는 단어로 명명된 플롯에 대해 많은 지면을 할애하고, 인간의 성격묘사의 중요성과 그 방법을 '해부적 방법'과 '희곡적 방법', 즉 들려주기의 외부 서술과 보여주기의 묘사 방식으로 대별하고 "근대의 소설가는 대부분 희곡적 방법을 채용하는 경향이 있다"고 언급함으로써, 묘사를 강조하고 있다. 또한 소설에서 다루는 사건에 대해서는 "인생의 진상", "사건의 참됨"을 강조하면서 "인생의 진상을 설명하는 사건이라 한다고 무슨 큰 변괴나 나서 눈을 놀래고 귀를 울리는 불가사의의 진기한 사건이 아니오 엇더한 것이던지 일상 안목에 평범한 사건으로 잠시 보기에는 아무러치 안이한 사건이라도 인생에게 참된 의미가 잇고 가치가 잇는 사건이면 모다 인생의 진상을 설명하는 사건이라고 할 수 있는 것이라. …… 우리 마음속에 과연 세상과 인간이라고 하는 것이 이러하구나 하고 깨닫게 할만

---

17) 그 항목은 다음과 같다. 1. 소설은 엇더케 지을가, 2. 소설과 희곡의 상이한 점, 3. 소설의 오대 성분—제1성분 : 마련(조직), 제2성분 : 인간(성격, 행동), 제3성분 : 장소와 시간적 배경, 제4성분 : 문장 즉 문체, 제5성분 : 작자의 우주관, 사회관, 4. 소설중의 사건은 인생의 진상을 설명치 안이치 못할 것이다. 5. 소설의 사건은 참됨을 전할 것이다. 6. 소설조직의 이종(二種), 7. 마련의 확실불확실, 8. 양자의 우열, 9. 단순한 마련과 복잡한 마련, 10. 마련을 쓰는 방법이 4종이 있다(직접 화설법, 자서적 담화법, 서간체 담화법, 가탁적 담화법). 11. 4종 방법의 우열, 12. 인간과 성격의 묘사, 13. 성격묘사의 이분법(二方法)—해부적 방법과 희곡적 방법(이상 『개벽』 1호, 1920년 6월), 14. 성격의 묘사는 소설의 주제, 15. 소설에는 성격과 마련 두가지 중 엇던 것이 주격이 될가, 16. 성격과 마련의 두가지 관계, 17. 제3성분되는 배경, 18. 현대소설의 배경장치의 특색, 19. 배경묘사의 주의, 20. 배경과 화화의 기구, 21. 문장은 엇더한 것인가, 22. 사건 서술은 여하히 할가, 23. 소설의 대화효용, 24. 대화는 엇더케 쓰면 조흘가, 25. 대화는 인물에 부합 아니되면 못쓴다. 26. 소설과 인생관, 27. 소설가는 일종의 도덕가나 철학가라고도 할 수 있다. 28. 소설가가 도의적 사상을 표현하는 방법, 29. 도의는 무엇이 표준인가, 30. 소설은 시적 진리를 포함치 안을 수 업다(이상 현철, 「소설개요」, 『개벽』 2호, 1920.7).

한 진실한 사건"이라고 설명하고 있다. 결국 이를 통해 로망스적인 흥미와 구별되는 일상적 리얼리티의 감각을 강조하고 그것이 "경험자가 경험한 것이라야 비로소 그 참스러움을 전할 수가 있는 것"이라고 함으로써 리얼리티의 원천이 구체적 경험의 차원에 있음을 언급한다. 이와 함께 배경과 문체, 대화의 방법 등 세세한 부분까지 언급함으로써 소설에 대한 개론적 항목 전체를 망라하고 있다.

이와 같이 소설에 대한 개론적 담론은 소설의 본질을 지극히 공시적이고 형식적인 관점에서 정초하는 것이라고 할 수 있다. 소설의 소설적 본질을 보편타당한 형식 원리(인물, 사건, 플롯-마련)에서 정초하는 것이고, 이 보편적 형식 원리를 충족시키는 것이 좋은 소설이 되는 것이다. 결국 이들 신지식층에 의해 성립된 문학 혹은 소설은, 이광수에 의해 제시된 문학개론을 통해서 통일성과 자체 내 분류 항목을 갖는 자기 완결적 체계로, 현철에 의해서 내부를 지배하는 형식 논리로, 그리고 김동인에 의해서 문학 혹은 소설 자체를 정당화하는 형이상학적 가치부여를 통해서 보편지식의 형태로 정립되었다고 할 수 있다.

2) '문학은 그런 것이 아니다'—대립과 배제의 원리

이상에서 본 바와 같이 자기 완결적 체계, 형식 논리, 가치화의 방식으로 정립된 개론은, 일종의 방법적 준칙이기 때문에 지시적인 내용을 담고 있지 않다. 지시적 내용을 갖는 다른 문학·소설 등의 글쓰기에 적용되는 기준이나 척도가 되는 것이다. 이런 척도와 기준, 방법으로서의 개론적 담론을 보편지식이라고 본다면, 이것이 적용될 소설 텍스트는 개별 사실이라고 할 수 있을 것이다. 이하에서는 보편지식이 개별 사실로서의 텍스트에 적용되고, 설득되고, 강제되는 논리를 살펴보고자 한다.

보편지식으로서의 문학개론의 틀 안에서라면, 김동인이 선언한 참문학적 작품, 참예술적 소설이라는 이상태는 현철이 제시한 공시적인 형식 원리의 충족을 통해서 구체화되고, 이는 이광수의 개론 안에서 위상을 부여받는다.

그런데 이광수는 소설을 정의하면서, "조선에서 '재담'이나 '이야기'를 소설이라 하고 이를 善히 하는 자를 소설가라 칭하는 자가 有하나 이는 무식한 소치다. 소설은 이렇게 簡易한, 輕한, 無價値한 것이 아니라"[18] 하였다. 김동인은 "현금 조선 사람 중에 대개는 아직 가정 소설을 됴화 하오, 흥미중심 소설을 좋아하오 …… 흥미를 구하오 기적에 근사한 사 건의 출현을 구하오, 내용의 漸漸迷宮을, 죽은 줄 알았던 인물의 재생을, 내용의 외부적 미를, 선악 인물의 경쟁을, 선자필흥 악자필망을, 위기일 발의 찰나를 구하오 인생사회에는 잇지 못할 로망스를 구하오"[19]라고 언급한다.

이처럼 소설에 대한 '정의', 즉 '참된 소설'은 간이(簡易)한, 무가치한, 무 식한이라는 부정적 가치어와, '가정소설', '흥미 중심', '기적적 사건', '선 자필흥 악자필망'이라는 부정적 지시 대상을 통해서만 상상될 뿐이다. 참 된 소설의 상은 존재하는 가시적인 개별태들을 부정하는 방식으로 제시 되는 것이다. 보편지식으로서의 문학개론·소설개론이 현실적으로 작동 할 때는 '그런 것이 아니다'라는 부정항을 통해, 존재하는 개별 사실들을 무화·배제하고, 그 긍정지시태는 '참문학'으로 언급되듯 상상적으로만 지시된다고 할 수 있다. '문학'이란, 혹은 '소설'이란, 문학개론과 소설개 론에서 각각의 부분 요소로 함유한 것들(동기·작품·종류·사상·시점·문체 ·플롯·성격……)의 산술적 합도, 혹은 개별 텍스트들의 공통적 합도 아니 다. '그것 이상'의 '그것이 아닌' 어떤 상상된 전체이다. 그것은 부분 요소 들을 질서화하고 배치하지만, 스스로는 구체화되지 않는, 어떤 전체성인 것이다. '소설이란 그런 것이 아니다'라는 부정항을 통해 상상되고, 그러

---

18) 이광수, 「문학이란 하오」, 『매일신보』, 1916.11.10~23(『이광수 전집』 1, 삼중당, 1962).
19) 김동인, 앞의 글.

면서도 구체적으로 지시되 않은 채 어떤 '참문학적', '참예술적'으로 상상되는 것이다.

이렇게 상상된 개론이라는 보편적 지식과 그것이 지시하는 개별태는 부정적 지시의 관계로 서로를 존립시켜 준다. 서로를 부정하지만, 부정의 방식으로 서로에 의존해서만 각각이 정립되는 것이다. 이렇게 본다면, 보편지식으로서의 소설이론, 문학개론은 한편으로는 조선의 소설들을 배제하고 부정하지만, 다른 한편으로는 조선의 소설을 악자필망, 선자필흥의 로망스, 전근대적 이야기라고 규정하고 창안하는 것이고, 역으로 참문학이라는 보편은 조선의 이야기의 존재를 통해 비로소 상상되는 것이기도 하다. 그렇다면 이 둘, 소설과 비소설, 근대문학과 전근대적 로망스는 사실상 서로 동시적으로 창안되고, 서로 지시적으로 정체성이 부여되는 것이다. '보편지식'으로서의 개론과 '개별태'로서의 전(비)근대적 문학=조선적 소설은 동시적으로 탄생하고, 서로의 형상을 부여하고, 서로에 의존해서 탄생하고 존립하는 것이다.

그런데 이런 보편지식으로서의 '문학개론' 혹은 '소설개론'이 상상된 것이며, 순수고 진정한 것 등의 비지시적이고 초월적인 이데올로기로 정당화되고, 그러면서도 지극히 형식적이고 자기 완결적인 체계라는 것은, '근대' 혹은 '서구'와 '참된 문학'('참된 소설')의 구조적 상동성을 생각하게 해준다. 사카이 나오키는 '서구'라는 개념이 지시적 실체와 내용을 갖는 지역적 개념이 아니라 아시아, 비서구, 우리와 다름이라는 감각에 의해 탄생된 상상의 구성물이라고 갈파한다. 그리고 아시아 역시 지역의 개념이 아니라, 아프리카 등으로 대체될 수 있는, 서구와 다름에 의해 비로소 지시되는 개념이라고 말하면서, 서구를 "전지구적 규모의 사회적 가상"이라고 지칭한다.[20] 그는 이 서구라는 세계사적으로 편재하는 근대의 지위를 일종의 보편지식으로서의 이론, 인문과학의 개념과 연결시킨다. 서

---

20) 사카이 나오키, 「서구의 탈구와 인문과학의 지위」, 『흔적』 1, 문화과학사, 2001.

로에 부정적으로 의지하면서 축조되는, 서구와 비서구, 이론적 인문과학과 원자료와의 관계를 그는 대형상화(對形象化, cofiguration)의 개념으로 논한다. 그런데 이 대형상화(對形象化, cofiguration) 개념은 상상적 구성물이라는 차원을 넘어서 '대립'의 방식으로 확대 해석할 필요가 있다고 본다. 즉 '對'는 마주보는 상상적 둘의 대쌍 관계를 의미하지만, 그 대쌍 관계의 둘이 부정에 의해 서로를 지시하고 구상한다는 점에서, 부정하고 배제하는 '대립', '투쟁'의 흔적을 간직한다고 볼 수 있는 것이다. 이는 참된 문학이라는 보편지식이 서구와 조선이라는 대쌍 관계를 통해 구성될 때와, 조선문학 자체를 규율하고 형성하는 내적 원리로 작용할 때의 차이와 관계된다.

3) '문학은 이런 것이다'-규율의 원리

이런 근대문학개론의 지역적 시대적 유사성은, 문학개론의 질서화 논리가, 근대 시장의 교환 논리라는 텅 빈, 가치 중립적인 룰(rule)과 상동적이라는 것을 암시한다. 번역, 통언어성을 통해 제국과 식민지라는 정치적이고 폭력적인 관계는, 이 '룰', '텅 빈, 가치 중립적인 형식 논리'라는 제도의 방식으로 '세계화'(잡식)와 '내면화'(거식)가 동시적으로 이루어지는 것일 것이다.[21] 문학개론이 본질적으로 갖는 형식 논리는, 앞서 본 것처

---

21) 마르트 로베로는 유럽에서 소설이 거둔 성공, 즉 단시간에 근대의 대표적 장르가 된 과정을 '벼락부자의 영토정복'에 비유한다. "무한한 확장을 유일한 법칙으로 삼는 정복자의 자유를 가진 소설은, 옛날의 문학적 계급적 제도를 결정적으로 없애버리고, 모든 표현 형식들을 제 것으로 삼고 있으며, 모든 문학적 기법들을 그 사용 자체의 정당성을 마련하지도 않은 채 그의 이익을 위해 활용하고 있다."(마르트 로베로, 김치수·이윤옥 역, 『기원의 소설, 소설의 기원』, 문학과지성사, 1999, 11~12면) 이와 같은 '정복자의 잡식성'이라는 비유는 유럽에서 소설과 부르주아의 흥성하던 시기와의 일치를 염두에 둔 언급이지만, 이는 유럽적 소설 개념이 유럽 이외의 지역으로 세계화된 시기의 논리에도 해당된다고 할 수 있을 것이다. 이처럼 유럽적 소설이 세계화되는 논리가

럼 존재하는 개별 사실에 대한 부정을 한 축으로 하면서, 다른 한편으로는 그 형식을 기준으로 존재하는 사실 내용들에 대한 선별, 복속, 질서화의 방식으로 작동한다고 볼 수 있다.

예컨대 "소설이라 함은 인생의 一方面을 正하게, 精하게 묘사하여 독자의 안전에 작자의 상상내에 在한 세계를 여실하게, 역력하게 開展하여 독자로 하여금 其世界內에 在하여 實見하는 듯한 감을 起케하는 자를 謂함"이라는 언급은 소설과 사실성의 관계에 대한 원론적 정의로서, 가치 중립적 룰의 표명이라고 할 수 있다. 그런데 이 '사실'은 두 차원으로 선별적으로 해석되고 취사선택된다. 즉 "소설이라 하는 것은 매양 憑空 捉影으로 인정에 맞도록 편즙하야 풍속을 교정하고 사회를 경영하는 것이 제일 목적인 중, 그와 방불한 사실이 있고 보면 애독하시는 열위, 부인, 신사의 진진한 재미가 일층 더 생길 것이요 그 사람이 회개하고 그 사실을 경계하는 좋은 영향도 없지 아니할지라"22)라는 '사실의 사회적 효용성'은 "모종 특정한 도덕을 고취하기 위하여, 또는 권선징악의 효과를 위하여 문학을 작하지 말고, 일체의 道德規制準繩을 불용하고"23)라는 진술을 통해 사실과 도덕적, 정치적 메시지를 분리시키는 것으로 규율된다. 또한 토론체 소설이나 신소설의 '대화'가 생생한 사실의 반영이자 동시에 정치적 주제를 함의하는 외적 관계이기도 했던 것은, 소설 내 인물의 사실적 재현에 봉사하는 것으로 그 의미와 가치가 재조정됨으로서 문학으로, 소설로 등록된다. 규준을 제시하고, 존재하는 사실들을 그 규준하에 가치평가하고 위치를 (재)배치하는 이런 과정은 앞서 본 부정이나 배제와는 다른 선별, 질서화, 복속을 포함하는 '규율'의 방식이라고 할 수 있을 것이다.

'정복자의 잡식성'이라면, 그것을 받아들이면서 세계의 근대의 일원이 되는 식민지 근대의 문학 및 소설 개념 형성의 논리는 일종의 '거식증'에 비유할 수 있을 것이다.
22) 이해조, 「『화의 혈』 서문」, 『한국신소설전집』 2, 을유문화사, 1968, 349면.
23) 이광수, 「문학이란 하오」, 『매일신보』, 1916.11.10~23(『이광수 전집』 1, 삼중당, 1962).

김동인의 소설론의 두 번째 단계에 해당되는 「소설작법」(1925)은 이런 공유된 기준, 보편적 형식 원리로서의 소설의 상이 전제된 상태에서, 당대 진행되고 있는 소설 작품들을 그 보편적 형식 원리로 규율하고 있는 것이다.

이 글에서 김동인은 "구상"이라는 제목하에 "인물, 배경, 사건, 이 세 가지로서 소설이 성립하는 것"이라고 전제하고 이들 각각을 상론하고 당대 창작된 소설을 예로 들어 분석 비평하는 방식을 취한다. '사건'은 "사건, 즉 이야기의 가음(플롯트)", "통일된 이야기의 構實", "構案"이라고 언급되듯, 사건의 연쇄로 이어지는 인과 관계의 플롯에 해당된다. 그 예로 로맹 롤랑의 『장·크리스토프』와 함께, 춘원의 『무정』을 "마지막 페이지까지 읽지 않을 수 없는 것은 그 플롯트 때문"이라고 상찬한다. 이처럼 플롯이 승한 소설을 그는 사건소설이라 명명하고 그 단점으로 인물 성격의 결여를 든다. 반면 상섭의 「해바라기」와 도향의 「별을 안거든 우지나 말걸」 등은 "미완성의 構案" 때문에 실패했다고 평한다. 반면, "훌륭한 플롯트를 가진 『빈상설』, 『재봉춘』, 『영원의 미소』, 『화의 혈』 등이 대단히 짧은 생명밖에 가지지 못한 것으로 보아 소설에서 플롯이 전부가 아니다"고 언급한다. 그는 "예전의 재미있든 이야기들이 지금은 돌아보는 사람이 없게 된 것은, 거기는 플롯트는 있었으나 인물에 성격이 없었음"이라고 분석하면서 현대소설에서 인물 성격의 중요성을 강조한다. '문체' 항목에서는 일원묘사, 다원묘사, 객관적 묘사로 분류된 서술 시점에 대해 분석하고 이를 자신의 「마음이 여튼 자여」, 빙허의 「지새는 안개」, 상섭의 「해바라기」, 도향의 「계집하인」을 예로 들어 장단점을 논한다.

흥미로운 것은 앞서의 소설론에서 "악인필망의 로망스를 구하오"라는 혹평으로 전면 부정되던 과거의 것이 여기서는 '사건소설'이라는 명명을 얻는다는 점이다. 명명을 얻는다는 것은 보편적 지(知)의 체계 안에 위상이 부여된다는 것을 의미한다. '문체'라는 이름으로 시점을 논하는 부분에서도 서술시점이라는 형식 원리하에 개별태들에 각각의 위치를 배정하고 있다.

이 글은 이광수의 「문학강화」, 김억의 「작시법」 등과 함께 『조선문단』의 기획하에 쓰여진 개론서이자 창작지침이다. 앞서 언급한 현철의 「소설개요」의 내용에 해당되는 소설의 형식 원리, 구성 요소는 거의 동일하지만, 이 글은 기준의 제시에 머물지 않고 그 보편적 기준을 당대 소설에 적용하고 있다. 이 적용의 과정에서 『무정』과 로맹 롤랑의 『장·크리스토프』가 같이 논의되고 김동인 자신이나 염상섭 등이 투르게네프·체홉 등과 함께 논의되고 비교된다. 이처럼 세계 유수의 작가들과 자신들이 어깨를 나란히 할 수 있는 것은 어떻게 해서 가능한가? 그것은 바로 보편적 형식 원리 때문이다. 이 보편적 형식 원리란 말 그대로 누구의 것도 아닌 중립적인 것이자, 모든 개별 실제들의 상위에 있는 무형의 기준이기에 그 밑에 이광수와 김동인 염상섭이나, 체홉이나 투르게네프 등이 등가로 비교 가능하게 되는 것이다. 보편 원리를 설정(승인)하고, 스스로는 그 보편의 체계 내에서의 하위 항목이 됨으로써, 세상의 모든 개별 사실들과 등가의 위치를 갖게 된 것이다.

이처럼 개별태로서의 자기와 보편지식으로서의 개론의 관계는 앞서 '배제'·'대립'과는 차별성을 갖는다. 보편지식이 개별 사실에 대해 배제의 방식으로 작용할 때나 규율의 방식으로 작용할 때 공통적인 것은 형식 원리의 선험성이다. 그러나 배제의 경우, 원리와 개별 사실들은 대립의 흔적, 억압의 흔적을 강하게 남긴다. 예컨대 '참문학'은 비지시적인 채, 참되지 못한 조선의 개별 사실태들만이 '악인필망', '도덕적 교훈' 등으로 지시되고 있는 것이다. 식민지의 개별 사실들은 '부정'의 방식으로 담론에서 존재의 위상을 갖게 된다. 그러나 규율의 경우, 엄밀히 말해 언급되는 개별 사실들은 규율에 적응한 것만이 언급됨으로써 보편 원리의 체계 안에 배치된 개별 사실만이 존재한다. 그 원리에 적응하지 못한 개별 사실은 '부재'로 쳐진다. 배제의 경우 '부정', '그런 것이 아니다'라는 형태로 자기 목소리의 흔적을 보이는 식민지의 날것의 개별 사실은, 이 규율의 방식 속에서는 아예 부재하는 것이다. 배제에서 보이는 흔적·부정을 통한 지시는 식민과 제국이 '대형상화'의 방식으로 보여주는 대립과 투쟁의 흔적이다. 이때 식민지의 개별 사실은 패배와 대립의 주체, 즉 '대(對)'로 제국과 '마주하는' 식민지의 '주체'의 흔적을 간직하고 있는 것이다.

그러나 규율의 경우, 대립의 흔적을 지우고, 현상적으로는 식민과 제국은 동등한 개별태로서 등가로 공존한다. 투르게네프와 로맹 롤랑과 춘원과 도향이 동등한 자격으로 참여하는 것이다. 그렇다면 식민과 제국이 하나의 개별 사실로서 동등가치를 갖고 참여하도록 하는 것은 무엇인가? 여기서 김동인의 이 글 「소설작법」의 서론이, 서구 서사물의 역사를 이집트의 파피루스에서 그리스의 서사시, 그리고 중세시대의 기사이야기와 악한 소설, 최근 서구의 투르게네프, 모파상, 졸라, 톨스토이, 도데, 에드가 알란 포 등까지 개략적으로 요약하는 상당히 긴 분량으로 시작된다는 것은 의미심장하다. 그는 스스로 '필요 없는 것'이라는 자의식을 드러내지만,[24] 구조적으로 이 글은, 서구의 시원의 서사에서 당대까지의 역사적 일관성과, 당대 자신들의 소설을 포함한 러시아·프랑스 소설들 전체가 세계사적으로 포진하고 있다. 소설로 그려진 좌표가 서구의 역사의 정당성의 계보와 근대의 세계사적 편재성을 보여주는 것이다. 따라서 톨스토이·모파상·체홉과 당대 식민지 조선의 소설을 등가로 참여하게 하는 것은 그것들을 개별태로 호출하는 '보편의 원리'이고, 이는 '서구소설의 역사와 세계사적으로 편재하는 근대'의 힘인 것이다. 김동인의 서론에서 제시된 '서구소설사'는 '암묵적 지시체'로서 로맹 롤랑, 투르게네

---

24) "나는 이상 파천황으로 간단히 소설사를 썼다. 상세히 기억 안하여도 괜찮은 것으로서 자백하자면 필자도 참고서 업스면 모를 일이지만 이제 쓸 소설강화에는 소설발전에 대한 개념뿐은 잇어야겟기에 독자의게 그 개념을 주려고 잡기 실흔 붓을 들고 어려운 글을 썻다", 김동인, 「소설작법」(1925), 『김동인 평론집』(김치홍 편, 삼영사, 1984, 37면).

프, 이광수, 김동인 등의 소설들을 규제하고 호출하고, 위치를 배정해주는 선험적 원리이다.[25] 이때 식민지의 개별 사실은 현상적으로 제국과 등가 관계를 이루지만, '대(對)-제국'적 식민지의 '주체'는 이미 패배해서 부재화되어, 암묵적 지시체의 원리하에 하위 항목으로 강등되어 있다. 이 '정치적 패배'가 '제도적 자율성'으로 합리화된 것이다. 따라서 규율은 보편지식으로서의 형식 원리가 개별 사실의 내부와 세부를 섬세하게 지배하는 형태, 즉 지배의 자발적 내면화라고 할 수 있을 것이다. 대립의 흔적을 삭제하고, 스스로가 보편 원리를 증명하는 개별 사실이 됨으로써, 원리의 세계사적 편재를 보장해주고, 그 대가로 스스로는 세계사적 보편의 일원이라는 자기상을 획득하는 것이다.

4) 자기 생산—이런 것의 계보와 역사

김동인의 세 번째 단계의 소설론은 「조선근대소설고」(1929)이다. 앞서의 두 단계가 보편적 형식 원리를 기준으로 설정하고, 자기 스스로의 정체성을 그 보편하의 개별 사실들 중의 하나로 설정했다면, 이 세 번째 단계에서는 획득된 자기 정체성을 기점으로 '스스로의 역사'를 구성하는 것이라고 할 수 있다.

이 글의 가장 큰 특징은, 초기의 글에서 비판의 대상이었던 (당대로서는) 과거의 소설을 복원·호출하고 그것을 자기 시대의 기원으로 설정한다는 것이다. 김동인은 잘 알려져 있다시피 『창조』의 창간 선언문이나 여

---

25) '암묵적 지시체'는 식민지의 지식 형성에 유럽사가 작동하는 원리를 설명하는 개념이다. "'암묵적 지시체'로서의 유럽의 위치는 다양한 방식으로 작동한다. 먼저 '비대칭적 무지'—비서구인들은 훌륭한 역사를 쓰기 위하여 반드시 위대한 서구 역사가들을 읽어야만 한다. 반면 서구의 학자들이 비서구의 저작들을 읽는 것은 요구되지 않는다." 갼 쁘라까쉬, 「포스트 식민비판으로서의 서발턴 연구」, 『흔적』 1호, 문화과학사, 2001, 47면.

러 글을 통해 과거의 신소설이나 춘원의 소설 등을 '구구한 통속소설'로 치부하며 비판했고, 그런 과거부정을 자기 문학의 동력과 입각점으로 삼아온 이다. 이런 김동인이 「귀의 성」을 고평하는 것은 낯설다. 이 글 「조선근대소설고」에서 「귀의성」이 고평되는 것은 두 가지 이유에서이다. 하나는 인물을 대하는 태도의 객관성, 캐릭터와 대화의 조화 등과 같은 기준에서이다. 그는 "조선근대소설의 원조의 榮冠은 이인직의 「귀의성」에 도라갈 박게는 업다"고 단언하면서 시작하는데 이렇게 단언하는 가장 큰 이유를 "인물설정 및 인물을 대하는 현대적 태도"에서 찾는다. "당시 만흔 작가들이 모두 작중주인공을 재자가인으로 하고 …… 악인필망을 도모할 때에, 이 작가만은 「귀의 성」으로서 학대밧는 가련한 여성의 일대를 …… 끝까지 냉혹한 태도"를 보여주었기 때문이라는 것이다.26) 이외에 "짧은 대화의 한마디로서 성격을 이만치 나타내일 사람이 잇슬가" 하는 대화의 묘사가 인물의 성격과 조화되고, "현실적 사람의 일면", "자연배경의 활용"을 통해 드러나는 "조선사회"의 특징을 고평한다. 부정되었던 과거가 재배치되고 자기 당대의 기원으로 등록되도록 해주는 것은 '소설의 본질로서의 형식적 원칙'들인 것이다. 원칙의 승인과 당대 소설의 평가와 배치가 동시적으로 이루어진 것이다. 또 하나의 이유는 「귀의 성」이 '조선적'이라는 점 때문이다. 그렇다면 「귀의 성」이 고평되는 두 가지 이유, 즉 인물을 대하는 태도의 객관성, 캐릭터와 대화의 조화 등 보편적(근대적·서구적) 형식 원리를 충족시킨다는 점과 조선적 특징을 갖는다는 점은 완전히 다른 차원이다. 그 전혀 다른 두 차원의 연결을 통해 이 소설은 "조선근대소설의 원조의 榮冠"으로서, 작가 이인직은 "조선근대소설 작가의 祖"로서의 지위를 갖는 것이다. 자기를 보편하의 개별태 중 하나로 인식하는 것과 '조선적인 것'의 기원이라고 하는 특수태로서의 가치부여라는 두 차원을 연결하는 것은 무엇일까? 여기서 「귀의 성」에서 '조

---

26) 김동인, 「조선근대소설고」, 『매일신보』, 1929.7.28~8.16.

선적인 것'을 읽어내는 김동인의 언술을 살펴볼 필요가 있다.

> 그러나 여하턴 「귀의 성」뿐으로도 이 작가를 조선근대소설작가의 祖라고 서
> 슴지 안코 명언헐 수가 잇다. 더구나 자랑하고시푼 것은 서양의 아모런 주의에
> 도 영향을 밧지 안엇다는 점이다. 「귀의 성」에 나타난 사조는 조선 사조다. 감정
> 은 조선사람만 가질 수잇는 감정이다. 「귀의 성」에 그려진 사회는 당시의 조선
> 사회다. 거기 나타난 몃가지의 성격은 조선사람 특유의 성격이다. 누가 이 「귀의
> 성」을 가르쳐서 외국의 영향을 바덧다 할가27)

　·

여기서 조선적인 것을 지칭하는 것은 '주의'·'감정'·'사회'·'성격'
이라는 범주이다. 이 범주들은 사실상, 김동인 첫 번째 소설론이나 이광
수의 「문학이란 하오」, 특히 현철의 「소설개요」에서 제시된 형식 원리들
이다. 결국 「귀의 성」, 「빈상설」, 「화의 혈」 등의 과거의 소설을 '구구한
조선소설'인가 아니면 '조선적인 것의 원조'로 보는가는 그 내용이 아닌
'범주'의 적용을 통해 좌우된다고 할 수 있다. 「귀의 성」에 "조선근대소
설의 원조의 榮冠"으로서, 혹은 "조선근대소설작가의 祖"로서의 지위를
부여하는 것은 여전히 서구, 근대라는 암묵적 지시체가 보장하는 보편적
형식 원리, 가치 중립적 범주인 것이다. 김동인의 앞 단계의 소설론과 이
광수의 「문학이란 하오」에서 "악인필망의 로망스"라는 이유로 개별 사
실을 부정하는 원리나, "사건소설"이라는 명명하에 보편적 체계의 일원
으로 위치 부여해주는 원리, 그리고 여기서 개별태 자체가 '조선적인 것'
으로서 기원과 역사를 갖는 자족적 완결체로 정당화시켜 주는 것은 사
건·플롯·성격·사회 등의 지극히 중립적인, 텅 빈 '범주'인 것이다. 조
선이라는 개별태를 부정했던 보편적 범주가 조선을 정당화시켜 주는 것
이다.

앞서 「소설작법」(1925)에서 「빈상설」, 「화의 혈」 등 같은 시기의 소설을

---

27) 김동인, 위의 글, 66면.

'사건소설'로 명명하는 경우를 살펴보았었다. 이는 보편의 원리하에 등 가인 여러 개별 사실들 중의 하나로 위치부여 하는 방식이라고 할 수 있 다. 이 경우, 이 조선의 과거의 소설들은 보편이 지정해준 위치와 이름을 부여받고, 보편하의 개별 사실들 중의 하나의 자격을 갖는 것이었다. 자 체의 본질과 정당성, 즉 보편적 원리와 역사는 앞서의 경우처럼, 후광으 로 전제되어 있는 '서구소설의 역사'가 소유하는 것이었다. 그런데 이 글 「조선근대소설고」(1929)에서는 「귀의 성」에 "조선근대소설의 원조의 榮 冠"으로서, 혹은 "조선근대소설작가의 祖"로서의 지위가 부여되어 있다. 그리고 김동인은 이 개화기소설을 분석한 이후 일종의 근대소설의 정신 사를 구성한다. "권선징악에서 조선사회문제 제시로—다시 일전하여 조 선사회 교화로—이러한 도정을 밟은 조선소설은 마침내 인생문제 제시 라는 소설의 본무대에 올라섯다"라는 언급에서처럼, 기원의 설정과 기원 으로부터 자기 세대까지의 계보 설정이 이루어지는 것이다. 그리고 소설 의 정신사적·시대적 역할을 통한 자기 정당화는 "조선문학의 윤곽이라 하는 것은 마츰내 형성되엇다. 영문학, 불문학, 노문학 그 엇더한 者에든 지 전통을 물려밧지 안흔 조선문학의 윤곽"으로서 이인직·춘원·창조 동인들·최서해·춘해(방인근)·도향까지의 계보를 설정하고, 이를 결론적 으로 "조선소설의 윤곽도 형성되었다. 기초공사도 끗낫다. 그러나 아직 건설이라는 大工이 남어잇다"라고 언급함으로써 담당 주체인 자신들의 역사적 임무를 정당화한다. 이는 조선소설사의 기원과 계보의 확정을 통 한 자기 영역, 자기 정체성의 경계를 확정하는 것이고, 그 경계 안에서 주체의 역사적 임무를 정당화하는 것으로서, 식민지 근대부르주아 주체 가 자기와 자기 역사를 특수주의의 한 형태인 민족주의를 생산하는 방 식이라고 할 수 있다.

이 변모 혹은 단계들 사이에 있는 것, 즉 보편지식과 개별태가 관계맺 는 겉보기의 역설적 모습은, 보편지식이 개별태에 대한 지배의 섬세화, 개별태가 보편지식을 전유하는 자발적 내면화 과정이라고 할 수 있을 것이다. 최종적 상태에의 조선소설사, 조선소설의 담당 주체, 조선소설의 기원과 경계 등에는 보편지식은 거의 흔적을 남기지 않은 채, 제도·원리·범주로 '내재화'되어 있다. 최초의 배제의 상태에서 대립과 부정의 방식으로 지시되던 식민지의 개별태는 삭제되거나 조정되고, 식민지의 개별태에 의해서만 상상되던 '참된 문학'은 원리, 범주로서 개별 사실을 배치하고 지배하는 힘으로 내재화된다. 보편지식으로서의 개론(서구, 근대)이 개별태로서의 조선소설(식민지 근대)과 관계 맺는 배제와 부정, 규율을 통한 선별과 복속, 그리고 자기 역사의 생산이라는 세 가지 과정 혹은 단계는, 식민지 근대부르주아가 보편지식의 전유를 통해 식민지 특수주의를 생산하는 과정을 보여준다고 할 수 있다. 소설 개념의 형성은 근대 부르주아의 자기 정당화 전략과 상동적 구조를 보이는 것이다.

여기서 근대의 보편지식은 민족, 혹은 조선이라는 특수주의와 대립하는 것이 아니라 그것을 형성시키는 동력이라고 할 수 있는 것이다. 식민지 부르주아는 보편지식을 전유함으로써만 식민지에서 주인이 되고, 그럼으로써 자기를 민족, 조선적인 것의 대표로, 특수주의로 정당화시켜내는 것이다.[28] 보편주의와 특수주의는 선택적인 것이 아니라 상보적으로 공모하고, 최종적으로 공모의 흔적을 지움으로써 완성된다. 따라서 식민지 부르주아가 선택한 내재성으로의 전환은 두 가지 과정을 내포한다고 볼 수 있다. 하나는 시선을 식민지 내부로 돌림으로써, 내부와 외부, 식민지와 제국이 대결하는 국면을 소거하는 것이다. 다른 하나는 제국, 즉 외부의 보편지식을 식민지인 내부를 구성하는 원리로 받아들이는 것, 내면화하는 것이다. 이 둘은, 잠식하는 세계화에 굴복한 죄(외부에서의 정치적 패배)를, 자기 내부에서 타자를 생산해 거식하는 폭력으로 전환(내부에서의

---

28) 사카이 나오키, 「서구의 탈구와 인문과학의 지위」, 『흔적』 1, 문화과학사, 2001. "아시아에서 민족의 민족적, 문명적, 인종적 정체성은 서구의 암묵적, 편재적 현전을 필요로 한다. 서구가 역-준거점으로 느껴지는 한에서만 기타 세계에서의 민족성이 주민들에게 지각가능해질 수 있는 것이다."(143면)

정치적 승리)하는 하나의 과정이다.

베네딕트 앤더슨은 민족이 근대적 구성물임을 지적하면서 신문과 소설이 민족을 상상하는 데 결정적으로 기여했다고 언급한다.29) 이를 확장하면, '어떤' 소설은 '어떤' 민족을 형성(상상)하는 고유한 내용과 논리를 갖는다고 할 수 있을 것이다. 즉 제국과 식민지가, 식민지 내부에서의 각기의 소설들이 다른 논리와 내용을 보여준다고 할 수 있을 것이다. 예컨대 개화기소설이나 논설적 서사의 형태가 토론과 소통의 방식으로 있어야 할 '민족의 미래시간'을 구상하고, 감화 수단의 차원에서 시가, 종교 등과 같은 급의 비교 맥락하에 민족을 개량할 것으로 상상한다고 할 수 있다.30) 반면 이들 1910년대 후반 신지식층의 소설 개념, 대표적으로 김동인이 적자로 선택하고 근대소설의 주류가 된 소설은, 과거(조선)의 묘사를 통한 형상적(상상적) 방법을 통해서 '우리는 누구인가에 대한 정체성의 이미지'를 생산한다고 할 수 있다. '우리는 누구인가'에 대한 민족의 형상이 '과거시간'과 결합하는 상상력이, 소설의 형식 원리로서 메시지(당위)를 부정하고, 플롯과 캐릭터의 현실성, '독자의 안전에 현현케 하는 묘사' 등의 방식을 전면화하는 '객관성', '보편성'으로 정당화되는 것이다. 그리고 이 보편성은 말할 것도 없이 김동인이 두 번째 소설론의 서두에 쓴 것처럼, "암묵적 지시체"로 존재하는 서구소설사, 즉 제국의 보편성인 것이다. 식민지에서 민족이 상상되는 방식은 소설 개념 형성에 내재된 보편주의와 특수주의 간의 공모, 보편지식의 독점적 전유, 내면화, 이를 통한 자기의 역사화와 정당화와 상동적이라고 할 수 있는 것이다.

---

29) 베네딕트 앤더슨, 윤형숙 역, 『민족주의의 기원과 전파』, 나남, 1991.
30) 김동식, 「한국의 근대적 문학개념 형성과정 연구」, 서울대 박사논문, 1999.

4. 식민지 근대문학 개념의 정치학

　이상으로 1910년대 일본 유학생 출신 신지식층에 의해 정립된 '정육론'과 자율적 문학관, 이것이 정제되고 적용된 1920년대의 문학개론과 소설개론, 소설사 인식의 단초까지를 살펴보았다. 이 중 특히 이광수·김동인·현철의 글을 중심으로 근대 초기 소설 개념이 형성되는 맥락을 살펴보았다. 논쟁이나 실제비평, 해외문예사조의 소개 등 다양한 비평, 소설론이 존재하는 가운데, 문학(소설)개론에 가까운 것, 즉 소설을 정의하고, 좋은 소설의 기준을 제시하고 그것을 적용 평가하고, 좋은 소설의 전범을 만들어내는 글을 선택했다.

　김동인은 이런 소설 담론 형성에서 독보적인 존재라고 할 수 있다. 물론 작업의 위상이 작업 내용의 타당성을 보증하지 않는 것은 당연하다. 김동인이 제시한 일원묘사 등의 시점이론이나 인물·배경·사건 등 소설의 형식적 이해의 타당성, 그리고 그 형식적 관점으로 분석한 당대소설에 대한 평가 내용의 타당성 등에서 그의 논의는 맹점을 지니고 있다. 그러나 중요한 것은 김동인 소설론의 내용의 정합성이나 타당성이 아닐 것이다. 그의 소설론 작업의 방향은 일관된 형식 원리를 설정하고 그것에 준해 당대소설을 배치하고, 자기 시대를 중심으로 스스로의 역사를 구성함으로써 자기의 기원과 자기의 경계를 설정하고 그것을 '현실', '조선사회'로 명명하는 모습을 보인다는 것이다. 이는 일차적으로는 김동인 개인의 작업이지만, 그 내용으로 보면, 1910년대 일본 유학생 출신 신지식층에 의해 형성된 부르주아 문인들의 시각이기도 하다.

　이런 소설 개념에서 긍정의 형태로, 즉 '이런 것'으로 거명된 것은 일차적으로는 형식 원리에 충실한 것으로 선별된 소설이지만 이것이 동시에 '우리의 모습', 우리의 정체성의 감각 생산에 기여하는 것이기도 하다. 여기에는 현재의 자기를 시간적으로 역사화하는 상상력이 근대소설의 역사를 구성하는 상상력과 상보적임을 보여준다. 이는 현재의 자기를 중심으로 과거로부터 현재를 필연화하는 역사적 시간감각이면서, 우리의 경계를 구성하는 공간적 경계의 감각이고, 이것이 한국소설의 정신사의 변천을 확인하는 소설사의 감각과 함께 하고 있는 것이다.

이처럼 근대 초기 부르주아 문인들에 의해 정립된 소설사와 민족사에서의 '자기 인식'은 보편지식의 승인하에 자기의 지배, 선별, 역사화의 방식을 취하는 것이다. 그리고 이와 같은 소설 인식은 이들의 기원에 있는 '내재성으로의 전환'에서 예고된 것이라고 할 수 있다. 내재성이 불러들인 제도적 자율성은, 시야의 강제적 전환과 가치의 전도를 통해, '정치'와 '제국'이라는 '외부'를 소거하고 식민지 내부에서 제국의 폭력을 모방함으로써 주체가 된 부르주아의 합리화와 정당화 이데올로기라고 할 수 있는 것이다. 결국 내재성으로의 전환은, 우리 근대가 최초로 보편적 논리를 통해 자기를 정초한 기원이지만, 이 전환이 지불한, 혹은 이 전환에 강제되어 있는 정치적 무능과 윤리적 죄의식의 흔적을 전도의 형태로 드리우고 있는 것이다.

근대 독본류의 성격과 위상(1)

『時文讀本』을 중심으로

구자황

1. 다시, 왜 독본인가?

식민지 시기 독본(讀本)류가 주목되는 이유는 그것이 근대의 공론장(公論場)에서 갖는 역할 때문이다. 즉 독본은 근대적 · 표준적 지식을 보급하고 또 그것을 배타적으로 정립하는 텍스트(text)였다. 따라서 독본은 하나의 제도(system)이자 미디어(media)였던 것이다. 그럼에도 불구하고 독본류는 이제껏 본격적인 조명을 받지 못했다. 교육 관련 분야에서는 교과서 밖의 비공식 텍스트로 취급되기 일쑤였고, 문학 관련 분야에서는 작품 밖의 주변부 텍스트로 취급되었다.

필자는 기왕의 논의에서 '깊고 오랜 고독' 속에 빠져 있던 독본류를 주목하였다. 먼저 독본류가 지니는 근대적 텍스트로서의 의미와 위상을 재고하는 한편 독본을 통해 구현되는 근대지(智)의 충돌 양상을 개괄하였다.[1] 특히 근대적 지식의 보급에 있어 궁극적 목표와 경로가 독본별로 차이가 있음을 확인하였는데, 일제는 조선의 학제를 전면적으로 개편함과 동시에 균질적 의식을 가진 근대 주체, 즉 '충실하고 선량한 신민'을 양성할 근대적 텍스트로 독본을 활용하였다. 반면 교과서 밖의 교과서로 기획된 민간의 독본류는 비록 혼종적 의미가 강하긴 하지만 독립과 국민을 함축하는 텍스트로 기능했다는 점을 밝혔다.

근대 독본류의 형성과 본격적 분화는 1920년대 들어 광범위하게 현상되었다.[2] 이러한 현상은 식민지 시기 교육정책과 밀접한 관련이 있는데, 근대 초기 교육정책은 대략 다음과 같이 정리될 수 있다.

> 맹아기 : 법제화 이전(1880~1894)
> 제1기 : 학부(學部)의 설립과 근대적 민간교육제도의 확산(1895~1905)
> 제2기 : 통감부(統監府) 주도의 교육제도 정비(1905~1910)
> 제3기 : 총독부(總督府) 주도의 교육제도 실시
>   1차 교육령기 : 무단정치기(1910~1921)
>   2차 교육령기 : 문화정치기(1922~1937)
>   3차 교육령기 : 전시준비기(1938~1940)
>   4차 교육령기 : 전시체제기(1941~1945)

2차 교육령기로 접어든 1920년대 전반은 문화정치의 외양을 갖추면서도 식민지 규율권력이 전면화되던 시기였다. 즉 총독부가 주도하는 교육정책 및 교과서의 독점적 지위가 강화되는 한편 이에 맞서 근대미디어 및 출판운동으로 활로를 찾으려는 식민지 주체들의 움직임이 폭넓게 공존했다. 따라서 당시 독본류로 대표되는 근대적 텍스트 역시 길항과 분화의 면모를 보이는데, 그 중심에 문제적으로 놓여 있는 것이 바로 『시

---

1) 구자황, 「독본을 통해 본 근대적 텍스트의 형성과 변화」, 『한국 근대문학의 형성과 문학 장의 재발견』, 소명출판, 2004 참조.
2) 천정환, 『근대의 책읽기』, 푸른역사, 2003, 152~156면.

문독본』[3]이다.

『시문독본』이 문제적인 이유는 이 책이 1918년 처음 간행되어, 1920년대 내내 꾸준히 그리고 가장 많이 팔렸기 때문만은 아니다.[4] 또 그만큼 빈번하게 확인할 수 있는 광고 때문만도 아니다.[5] 기실 『시문독본』은 넓은 의미의 근대지 보급, 즉 '지식의 독본화'에 뿌리를 두고 있다는 점에서 근대 독본류의 일반적 의미를 갖는다. 그러나 『시문독본』은 안으로 독본의 육체를 살찌우면서도, 밖으로는 독본의 욕망을 드러냄으로써 '지식의 독본화'를 뛰어 넘고 있다.

이 글은 『시문독본』의 나아간 지점과 새로운 면모, 즉 '월경성(越境性)'을 고찰하는 데 그 목적이 있다. 그러기 위해 『시문독본』을 가능하게 했던 기반과 배후, 그리고 실질적 독자층을 고찰하고자 한다. 또 목차 및 구성을 살펴보고, 수록된 예문을 분석하는 과정을 통해 『시문독본』을 관통하는 의미를 살펴보고자 한다. 이로부터 『시문독본』과 전후(前後)에 놓인 다른 독본류와의 관계는 물론 궁극적으로는 『시문독본』의 성격과 문학사적 위상을 가늠하고자 하는데, 이는 이후 독본이 강화(講話)류로 변모되는 과정을 이해하는 데 중요한 단서가 될 것이다.

---

3) 이 책의 초판은 1918년 신문관에서 발행되었다. 그러나 이 글이 저본으로 삼은 것은 초판을 정정(訂正)하고, 1권과 2권을 합편(合編)한 1922년 임술(壬戌)판이다. 현재까지 확인된 바로는 가장 많이 보급된 것이 바로 임술판이다. 따라서 저본으로 삼는 것에 특별한 무리는 없을 듯하다. 다만 초판과 임술판의 차이는 좀더 정밀한 확인이 필요할 듯하다.

4) 1923년 11월 17일자 『동아일보』 광고문에 의하면, 『시문독본』은 1923년 11월 현재 7판을 찍었다.

5) 초판 간행 이후 『시문독본』에 대한 지속적인 광고 및 그 내용은 다음을 참조할 것. 최남선 찬, 『시문독본』 광고, 『청춘』 14호, 1918.6; 『시문독본』 광고, 『동아일보』, 1923.11. 17; 『신문학전집』 광고, 『삼천리』, 1932.3~4; 『문장백과대사전』 광고, 『삼천리』, 1936.12.

2. 배후(背後)로서의 '신문관—조선광문회 그룹'

일제는 제1차 교육령(1911)을 통해 한글의 국어로서의 지위를 박탈하였다. 조선어는 한문과 통합되었고, 시수도 현저히 줄어든 반면 일어의 비중은 높아졌다. 조선의 사립학교 수를 감축하고, 서당을 폐쇄하기 시작한 것도 이때부터의 일이다. 이러한 상황에서 식민지 근대 주체들이 넓은 의미의 근대적 지식에 대한 열망을 해소하는 길은 그리 많지 않았다. 아직은 일제에 대한 저항감이 팽배해 있던 시점이라 보통학교 취학을 거부하는 사례가 적지 않았고, 구한말처럼 국비 유학생이 있던 것도 아니었으며, 소위 문화정치를 빙자해서 나올 신문이라도 볼라치면 한참은 기다려야 할 시기였다.6)

이러한 상황을 고려해 볼 때, 이 시기 최남선이 수행한 일련의 잡지·출판 사업은 여러모로 주목받기에 충분하다. 무엇보다도 근대문명과 지식의 경로를 다변화하고 선택과 집중을 통해 근대지 일반을 보다 체계화하였기 때문이다. 특히 잡지·출판 사업이 근대적 매체로서 성격을 갖추기 위해서는 '정시성'과 '지속성'을 유지해야 하는데, 최남선은 잦은 외압과 재정적 난관에도 불구하고 이를 견고히 함으로써 하나의 제도적 기반을 확보할 수 있었다. 그리하여 근대적 매체의 등장과 그 제도 안에서 문학을 포함한 각종 근대 담론이 형성·분화되기 시작하였으며 다양한 텍스트들이 출현할 수 있었던 것이다.

그런데 여기서 간과할 수 없는 것이 이 사업의 배후에 자리 잡고 있는 존재, 즉 '신문관(新文館)'(1908)과 '조선광문회(朝鮮光文會)'(1910, 이하 광문회라 약칭함)다. '신문관—광문회 그룹'은 이 시기 식민지 조선의 근대 인식을

---

6) 1910년대 소위 출판법과 신문지법이 공포·실시된 후, 이 시기 일본어 이외의 언론은 일간 『매일신보』와 월간 『천도교회월보』, 『중외의약신보』 정도였으며, 20여 종의 종교 관련 협회보가 고작이었다.

논하는 '양산박(梁山泊)'7)에 비유된 바 있거니와 이 글이 궁극적으로 관심을 두고 있는『시문독본』이란, 기실 '신문관—광문회 그룹'8)이 끊임없이 추진해온 출판·잡지사업의 연장선상에 있기 때문이다.

『소년』이 폐간된 후, 2차 일본 유학에서 돌아온 최남선은 '조선광문회'라는 보다 광범위한 기반 위에서 잡지·출판 사업을 추진한다. 1910년 10월 29일 최남선이 그 설립을 계획하여 간행물 예약금 모집 허가를 경무총감부에 청원하였으며, 그 해 12월 초에 발족된 것이 조선광문회다. 조선광문회의 사업은 애국계몽운동의 정치적 성격이 일제 총독부에 의해 강압적인 탄압을 받게 되자, 그 문화적인 측면을 부각시켜 추진되었으며, 여기에는 한일합방이라는 장강(長江)과 문화사업이 요청되었던 것으로 보인다.

이 사업에는 막대한 자금과 학문적 역량이 총동원되었다.9) 이 과정에

7) 김윤식,『이광수와 그의 시대』2, 솔, 1999, 471면.

8) 이와 관련하여 한기형은 최남선·이광수 중심의 '청춘 그룹'이 '현상문예' 등을 통해 근대문학을 재편하였다고 본다(한기형,「최남선의 잡지 발간과 초기 근대문학의 재편」,『대동문화연구』45집, 성균관대 대동문화연구원, 2004). 한편 이혜령은 한글운동의 의미를 재고하는 과정에서 '최남선과 주시경 그룹'의 관련성을 언급한 바 있다(이혜령,「한자인식과 근대어의 내셔널리티」,『민족문학사연구』29호, 2005). 이들의 견해는 대체로 타당해 보인다. 그러나 한기형이 설정한 '청춘 그룹'의 문명관은 조선 광문회 및 신문관의 상관성을 거론하지 않은 채 전개된 것이다. 따라서 근대문학의 재편 과정을 보다 명료하게 이해하는 데는 도움을 주지만 당시 실제로 긴밀하게 존재했던 인적·사상적 네트워크, 즉 주시경을 포함한 일군의 그룹을 논의에서 아예 배제함으로써 그들 사이에 존재했던 긴장과 차이를 소거하고 말았다. 이에 비해 이혜령은 보다 넓은 의미의 지식인 그룹을 상정하고는 있지만 한글운동에서 비롯된 갈등을 통해 그들의 차이점만을 부각시켰을 뿐, 그 차이에 대한 해명을 유보하였다. 필자 역시 그 차이에 대한 답을 당장 내놓을만한 형편이 못된다. 다만 당시 지식인의 문명관 혹은 근대 인식을 규명하는 도구로 '배제'와 '차이'를 우선하는 것이 바람직하지 않다는 입장이다. 따라서 그들의 공통기반을 초점화하는 것이 필요하다는 입장에서 의식적으로 사용한 용어가 '신문관—광문회 그룹'이다.

9) 이 사업의 간부는 장지연·유근·이인승·김교헌 등이었고, 첫 사업으로『동국통감』·『열하일기』를 간행하였다. 두 번째 사업으로는 유근·이인승 편집으로 옥편『신자전』을, 세 번째로는 조선광문회 사업의 가장 큰 업적이라 할 수 있는『조선어사전』편찬이 이루어졌다. 좀더 해명을 요하는 부분이 많지만 지금으로는 그 막대한 재정이 어떠한 경로를 통해 충당되었는지 알 수 없으며, 주시경의 비합법 비밀 조직(배달말모

서 '신문관–광문회 그룹'은 긴밀한 인적·사상적 네트워크를 구성했던 것으로 보인다.10) 이광수는 주시경과 함께 국문운동(한글운동)을 창도하였다. 물론 주시경 사후(1914.7.27) 이광수의 입장이 다소 변하긴 하지만 이들은 일부 계급의 독점물이었던 '지식'을 '국민' 전체가 소유하여야 하고, 균질적 의식의 보편적 보급을 위해서는 한글이 전용되어야 함을 함께 역설하였다. 최남선은 주시경의 조수로 일하던 김여제·김두봉 등 여러 인사를 자신의 사랑방인 광문회에 유숙시켜가면서 국어사전을 편찬하는 데 전력하였다.11)

'신문관–광문회 그룹'은 을사조약 이후 한일합방에 이르는 과정 속에서 근대적 지식을 보급·계몽하는 차원으로 국역 및 출판 사업을 전개하였다. 이를 통해 한국 고전의 발굴과 역사의 재인식, 그리고 지식 전달의 표준화 마련에 주력하였으며, 궁극적으로는 민족의 자존과 자긍심을 앙양하고자 하는 데 주된 목적이 있었다고 할 것이다.

주지하다시피 이들 사업의 다른 한 축은 잡지의 간행이었다. '신문관–광문회 그룹'은 거듭되는 압수와 발행 금지 처분에도 불구하고 여러 종, 여러 형태의 잡지를 줄기차게 간행하였다. 사실상 '청년학우회'의 기관지 격이었으나 최초의 월간 잡지였던 『소년』(1908.11.1~1911.5.15, 통권 23호)을 필두로, 각각 어린이 신문과 어린이 잡지를 지향한 『붉은 저고리』(1912.8.15~1913.6.15, 통권 12호)와 『아이들보이』(1913.9.5~1914.8.5, 통권 12호), 『소년』의 후신(後身)이었던 『새별』(1913.9.5~1915.1.15, 통권 16호), 그리고 본격적인 월간 종합지의 면모를 갖추게 되는 『청춘』(1914.10~1918.9.26, 통권 15호)에까지 이른다. 이토록 지난하다싶을 정도로 연속된 잡지 발행은 '신문

듬) 결사 여부 등도 확실치 않은 실정이다.

10) 조선광문회에 대한 좀더 자세한 논의는 오영섭의 「조선광문회연구」(『한국사학사회보』 3집, 2001)를 참조할 것.

11) 최남선은 『청춘』 창간호에 「주시경 선생 역사」라는 글을 통해 주시경의 삶을 소개하고, 2호에서는 4.4조의 한글 시 「주시경 선생의 죽음을 곡함」(『시문독본』 목차로는 4권 17과에 실림)을 지어 그의 죽음을 추모하고 있다.

관—광문회 그룹'이 근대 미디어의 중요성을 간파한 사실과도 직결된다.

『시문독본』은 이처럼 『소년』·『청춘』 등 일련의 잡지 간행사업으로 이룩한 실험 및 대중적 성과를 한 축으로 하고, 국역 및 출판 사업으로 축적한 학문적 역량이 종합되어 나온 것이다. 이러한 사실은 무엇보다도 『시문독본』의 목차와 출전을 일별해 보면 금방 알 수 있다. 『시문독본』은 결코 새롭게 기획한 산물이라고는 보기 어렵다. 기왕의 잡지·출판물 가운데 일정한 포맷으로 재수록한 형태이기 때문이다(본문 뒤 <표1> 참조). 따라서 수록된 글의 필자 또한 전적으로 '신문관—광문회 그룹'의 일원이거나 그들이 국역 혹은 편찬한 책의 원저자들로 구성되어져 있다.

그렇다면 『시문독본』은 단지 재수록의 의미만을 갖는 것일까? 이전 사업을 하나로 묶어낸 또 하나의 사업에 불과한 것일까?

3. 『시문독본』의 독자층과 위상

이러한 질문을 앞에 두고 우리가 주목할 키워드가 바로 '시문(時文)'이다. 『시문독본』의 '시문'은 정확히 말해 이광수가 「현상소설고선여언」(『청춘』 12호)에서 언급한 바로 그것이다. 여기에서 이광수는 '시문체(時文體)'를 제시한 바 있다. 즉 『청춘』 현상문예의 심사를 맡고 있었던 최남선(산문)과 이광수(소설)는 현상문예 응모 시 '한자 약간 석근 시문체(時文體)'로 작성하라는 일종의 문장(문체) 규범을 계속적으로 강조해왔다.[12]

이광수의 시문체는 최남선·현상윤과 더불어 '신문관—광문회 그룹'의 문학관이 정초되어 가는 과정에서 매우 핵심적인 요소로 작용한다.

---

12) 「매호 현상문예 쟁선 응모하시오」, 『청춘』 7호, 1917.5.

뿐만 아니라 '신문관─광문회 그룹' 안에서의 분화라는 의미도 생각해 볼 수 있다. 기실 시문체의 연원은 주시경 주도하에 펼쳐진 국문운동에 영향받는 바 크며, 아래에서 보다시피 주시경의 한글 전용 이론을 현실 적으로 절충한 이론에 가깝다고 할 수 있다.13)

여의 마음대로 할진대 순국문으로만 쓰고 싶으면 또 하면 될 줄을 알되 다만 기 심히 곤란할 줄 아름으로 주장키 불능하며 또 비록 곤란하더라도 차난 만년 대 ○○○○하여야 한다는 사상도 없음이 아니로대 금일의 아한은 신지식을 수 입함이 급급한 때라. 이때에 선키 어렵게 순국문으로만 쓰고 보면 신지식의 수 입에 저해가 되겠음으로 차 의견은 아직 잠가두었다가 타일을 기다려 베풀기로 하고 지금 여가 주장하는바 문체는 역시 국한문 병용이라. (···중략···) 저자 독자 양편으로 이익이 있으니 널리 일히움과 이해하기 쉬운 것과 국문에 연숙하여 국문을 애존하게 되는 것이 독자편의 이익이요, 저작하기 용이함과 사상의 발 표의 자유로움과 복잡한 사상을 자세히 발표할 수 있음이 저작편의 이익14)

하지만 이광수의 시문체는 그가 이것을 순전히 이론으로만 주장한 것 이 아니라는 점에서 중요하다. 거칠게 말하자면 이광수의 시문체는 언문 일치, 즉 구태의연한 문어(글말)가 아닌 구어(입말)의 일상화로 정리될 수 있을 것이다. 따라서 오늘날의 한국어 통사 구조에 흡사하고, 개념어랄 지 의미의 혼동을 초래하는 어휘 부분만을 한자로 대체하는 형태인데, 무엇보다도 중요한 것은 이광수 스스로가 자신의 작품을 통해 이 문체 를 실제로 구현시켰다는 점이다. 또 정도의 차이는 있지만 최남선·현상 윤에게 있어서도 시문체는 동일한 문제의식과 개념으로 공유되었고, 그 들 역시 시문체에 관한 한 득의의 영역을 개척한 것으로 공인받기에 이 른다는 사실이다.

---

13) 이에 대한 상세한 논의는 한진일, 「근대 단편소설의 형성과정 연구─1910년대 단편 소설을 중심으로」(성균관대 박사논문, 2002.12) 2장을 참조할 것.
14) 이광수, 「금일아한용문에 취야야」, 『황성신문』, 1910.7.26.

이광수의 경우, 이 시기 그가 발표한 단편소설과 『소년의 비애』는 이광수 자신의 주장을 뒷받침하는 데 무리가 없다. 『무정』의 경우, 한자어뿐 아니라 일본음의 한글 표기, 일본식 한자음의 한국식 독음, 일본어 단어의 한국어 뜻 표기까지 반영되고 있는데, 이는 당시 광고에서 확인되는 바와 같이 가장 대중적인 시문(時文)과 용어를 사용한 것이라고 볼 수 있다.

> "여자야"
> "요-오메데또오 이이나즈께(약혼한 사람)가 잇나보에 그려 움 나루호도(그러려니) 그러구두 내게는 아모 말도 없단 말이야 에 여보게 하고 손을 후려친다."
> (…중략…)
> "자네 어떻게 아는가"
> 그것 모르겠나 이야시꾸모 신문기자가 그런데 언제 엥게지멘트를 하였는가
> ──『무정』에서

> 기침이 原因으로 만히 죽기는 只今! 參天セキ藥(삼천 감기 약)
> ──당시 광고 중에서

두 예문에서 보듯, 이 같은 혼종적 상황과 문자 체계들이야말로 식민지 시기 한국어의 일상적 상황[15]이었을 것으로 추측되는데, 이로써 이광수의 현실적 절충안, 즉 시문체란 신지식을 담아내는 과도기적 도구라는 명분과 의미를 보다 분명하게 부여받을 수 있었다.[16]

그렇다면 시문체에 관한 성취와 의미를 최남선을 중심으로 살펴보자.

---

15) 김철, 「'한국어'의 근대」, 『'국민'이라는 노예』, 삼인, 2005, 263면.
16) 사실 시문체의 '시문'이란 시쳇말 혹은 위의 일상어투를 말하는 것이다. 최남선이 『시문독본』 예언(例言)에서 '통속을 위주로' 했다는 기술(記述) 또한 이러한 맥락이었을 것으로 이해할 수 있다. 적절한 비유일지는 모르겠으나 오늘날 사이버상의 대화 혹은 문체가 기존의 표준적 문체와 다르다는 점을 상기하면 좋을 듯하다.

①동씨의 문학적 정신과 취미는 오인이 대환영을 이(已)치 않는 바는 가에 재하뇨 실용을 주장하여 일반에게 상식을 보급하고자 하는 주의 하에서 가성적 언문(諺文)을 다용하여 조리가 창달하고 의취(意趣)가 소저(昭著)하여 자성 일가한 특유의 문장체라.[17]

『시문독본』이 처음 세상에 나올 당시 최남선은 이미 당대 문장의 최고로 인정받고 있었다. 위 인용문에서 보는 바와 같이, 최찬식조차 비록 '가성적 언문(諺文)'이라는 꼬리표를 달긴 했으나 최남선의 문체를 '특유의 문장체'로 인정할 정도였다. 그런데 흥미로운 것은 그 다음부터다.

②赤道로부터 北極의 至ᄒ기가 九十度라 굴은 北緯요 赤道로부터 南極의 至ᄒ기가 九十度니 굴은 南緯라.[18]

③언어는 交通ᄒ는 機具라. 그란 고로 교통이 점점 盛大ᄒ 즉 각국 인민의 談話가 점점 夥多ᄒ고 언어가 점점 混淆ᄒ리니. ○要ᄒ건더 年月을 경과ᄒ 즉 어엽(語葉)은 점점 증가ᄒ고 語種은 점점 감소홀 者이나……[19]

④吾等은 玆에 我 朝鮮의 獨立國임과 朝鮮人의 自主民임을 宣言하노라. 此로써 世界萬邦에 告하야 人類平等의 大義를 克明하며, 此로써 子孫萬代에 誥하야 民族自存의 政權을 永有케 하노라.[20]

⑤財物에 三難이 有하니 守하기 難함이 一이요 쏘 用하기 難함이 一이라 欲하는 者 千萬人에 得하는 者ㅣ 一人이요 得하는 者 千萬人에 守하는 者ㅣ 一人이요 守하는 者 千萬人에 用하는 者ㅣ 一人이로다 然이나 此以上에 다시 最大難이 有하니 善用이 是ㅣ라 用하는 者 千萬人에 善用하는 者ㅣ 一人이라 할지니라.[21]

---

17) 「경성의 대표적 인물」, 『반도시론』 2권 10호, 1918.10.
18) 『한성주보』 25호, 1886, 18면.
19) 유길준, 『서유견문』, 1895.3:13~14.
20) 「기미독립선언문」, 1919.3.1.

첫 번째 인용문처럼 근대 초기에는 일본어 문체를 표면적으로만 받아들여, 주로 한자어에 조사나 어미만 한글로 붙인 국한문 혼용(②)이 성행하였다. 문장 표현에는 물론 실제 구어에도 막대한 영향을 끼쳤음은 앞의 이광수 사례에서 확인된 바 있거니와 이러한 문체는 두 번째 인용문인 『서유견문(西遊見聞)』(③) 이래 세 번째 인용한 「기미 독립 선언문(己未獨立宣言文)」(⑤)에까지 이어져 이른바 지식인의 경문체(硬文體), 즉 전형적인 학술문장으로 굳어지는데, 주지하다시피 예문 ④와 ⑤의 작성자는 최남선으로 같고, 보는 바와 같이 대체적 문체의 차이 또한 거의 없다.

이로써 시문체가 갖는 본질적 성격, 즉 이광수가 말한 '현실적 절충'과 최남선의 문체를 특징지은 '가성적 언문(諺文)'의 실체가 어느 정도 드러난다. '신문관—광문회 그룹'이 주창한 시문체란, 생경한 한자나 관용어구 등을 배제한 순수 국어체, 즉 연문체(軟文體)로는 근대적 지식의 보급 및 보편화에 한계가 있다고 보고, 근대 초기 일본어 문체의 틀을 바탕으로 새로운 문명과 문물을 표기하는데 유리한 경문체를 염두에 둔 것이다. 다만 전형적인 학술문장이나 교과서적인 전형보다는 통속(通俗)과 비어(非語)까지도 허용하는 개방성을 보이는데, 이는 일반적 지식의 보급과 전달뿐만 아니라 이러한 내용이 당시 가장 적극적으로 반영될 수 있었던 문학적 담론에서 유용하다는 믿음을 전제로 한 것이었다.

그렇다면 시문체는 누구를 대상으로 했던 것일까? 이는 『시문독본』의 주된 독자층을 묻는 것과 크게 다르지 않은 것인데, 결론부터 말하자면, 『시문독본』의 주된 독자는 일상적인 생활에서 새로운 지식을 접하고자 하는 이, 즉 일반인까지 광범위하게 포함한다. 하지만 그보다는 주로 당시 문학에 뜻을 두려 한 이들, 이른바 문학청년들에게 의미 있게 읽혀졌는데, 이들에게는 내용을 통해 근대적 지식의 수용도 수용이지만 보다 고급의 독자를 향한 열망, 즉 전문적인 문장수련을 위한 최초의 정형화

---

21) 최남선, 『시문독본』, 신문관, 1918(1922).

된 텍스트로 『시문독본』이 기능할 수 있었기 때문이다.

이광수가 『청춘』의 선후감에서 '시문체'의 구현을 흐뭇해하고, 최남선이 복간된 『청춘』에 관심이 증대된 것을 보고 감격해마지 않았던 것은 결코 과장이 아니었다. 다음 소설과 작가들이 이를 여실히 증명해준다.

① 송빈이는 졸업식에 떡도 해오지 못했다. 돼지도 잡아오지 못했다. 두루매기도 입지 못했다. 그러나 졸업식에서 졸업생을 대표하는 첫째는 송빈이었다. 우등상도 송빈이가 받았고, 답사도 송빈이가 나서 하였다. 다른 아이들은 송빈이만 못한 상을 받고도 저희 아버지 어머니께로 뛰여 가 끌러 보이고, 맡기고 즐거워 하였다. 송빈이는 한아름되는 상을 안고 혼자 웃말로 올라 왔다. 해옥이 꺼정 읍에 누나한테 가 있고 없는 때였다. 송빈이는 웃골 오촌댁 사랑 웃방에 와서 문을 닫으니 무슨 꿈 속처럼 조용하였다. 이댁 작은 아버지도 작은 어머니도 아직 학교에서 아니 올라오신 모양이었다. 송빈이는 백노지에 쌓인 상품을 혼자 끌렀다. 옥편이 한 권, **시문독본이 한 권**, 벼룻집이 하나, 그리고 공책과 연필들이었다.

송빈이는 이것들을 다시 쌀줄 모르고 언제까지나 멍하니 앉아 있었다. 어머니께서 잠간 어디 나가시거나 한 것처럼 어머니를 기다리고 있는 자기를 한참 뒤에야 깨달았다.

'왜 나한텐 어머니가 없나!'

송빈이는 졸업날 혼자 울다가 쓰러져 낮잠이 들고 말았다.[22] (강조는 인용자)

② 그러나! 그러나! 그의 얼굴이 보고 싶다. 못 견딜이 만큼 보고 싶다. 소루룩 코 안으로 기어들던 향긋한 실바람은 오히려 후각(嗅覺)어디인지 남아 있었다. 박하를 뿌린 듯한 나의 목은 문득문득 비단결 같은 팔을 느끼었다.

이화(梨花)에 월백(月白)하고 은한(銀漢)이 삼경(三更)인데
일지춘심(一枝春心)이야 자규(子規)야 알랴마는
다정(多情)도 병(病)인 양하야 잠 못 들어 하노라.

---

22) 이태준, 『사상의 월야』, 깊은샘, 1988, 71~72면.

시문독본(時文讀本)에서 읽은 이 시조를 이따금이따금 목을 빼서 청청스럽게 읊조렸다. 또 붓을 들면 이 글을 적기도 하였다. 그리고 춘심이란 두 글자를 뚫을 듯이 들여다보니 정신을 잃었다. 그 두 글자가 굼실굼실 움직여 엄청나게 굵고 크게 되어 시커멓게 눈을 가리기도 하였다. 봄춘 자의 '삐침'과 '파임'이 그의 갸날픈 팔이 되어 나의 허리에 감기기도 하였다.[23] (강조는 인용자)

『시문독본』을 받은 소설 속 주인공 송빈이를 작가의 나이로 환산하면 이태준은 대략 15세 때 실제 『시문독본』을 받았을 가능성이 높다. 현진 건 소설의 주인공이 옆에 두고 읽은 『시문독본』도 이를 발표한 작가의 나이와 비교해볼 때 18세 정도로 추정된다. 따라서 이 대목은 『시문독본』이야말로 『청춘』을 읽고 자랐을, 그리하여 진짜 문인이 되거나 되고자 했던 수많은 문학청년들에게 동시대 최신의 문범(文範)이었음을 방증하는 자료가 될 수 있다. 물론 이러한 자료들 외에도 당대 실제 판매부수 및 광고 등을 종합해 보면 『시문독본』은 애초 의도에 충실한 판매 전략을 수행한 셈이다. 즉 문장수련의 목적, 구체적으로는 문학청년들의 작문 교과서로 자리매김된 것이다.

그러나 문제는 여기에 그치지 않는다. 이러한 문학청년들에게 '신문관 ―광문회 그룹', 특히 최남선·이광수는 이미 상징권력[24]으로 작용하고 있었다. 따라서 그들의 엄선(嚴選)은 어느덧 구별 짓기, 즉 배타적 정전을 수립하는 과정으로 기능할 수 있었던 것이다. 요컨대 '신문관―광문회 그룹'이 상징권력을 행사하여 언어와 문학(예)의 아비투스를 구별 짓는

---

23) 현진건, 「타락자」, 『개벽』, 1922.4.
24) 상징권력은 획득되는 것이 아니라, 특정한 상황에서 나타나는 효과를 일컫는다. 따라서 다양한 차이에 기반을 둔 관계가 차별적 질서로 전환되면서 타자의 인정을 통해 발휘되는 권력이라고도 할 수 있다. 이에 대해 부르디외는 "상징권력은 권력을 행사하고 그것에 복종하는 사람들 사이의 주어진 관계 속에서 그 관계를 통해 정의되는데, 즉 믿음이 생산되고 재생산되는 장의 구조 속에서 정의된다"고 밝히고 있다. Bourdieu, Pierre, *Language and Symbolic Power*, translated by G. Raymond and M. Adamson, Cambridge : Polity, 1991, p.170.

자리에 『시문독본』은 정확히 놓여 있던 것인데, 이러한 상징권력의 형성과 행사, 그리고 구별짓기에 의한 배타적 정전의 수립이라는 점에서 『시문독본』은 이전 독본류보다 한 발 나아간 지점이 있다. 또 이를 시문체의 문장규범으로 정제함으로써 박물학적 근대지, 즉 '지식의 독본화'로부터 작문 교과서라는 새로운 면모를 획득하였던 것이다.

4. 『시문독본』의 체제와 성격

時下 青年의 가장 苦痛을 感하는 者는 文章練習의 蹊徑이 迷塞하얏슴이니 如何히 思想을 表現하며 事物을 記載하여야 可할지 準的과 模範이 一無한지라 堂堂히 高等教育을 修了하고도 日常切用의 簡易文조차 構成하지 못하는 者— 比比함이 엇지 當者의 罪科뿐이랴 (…중략…) 文思를 助長하고 詞藻를 涵養하는 同時에 智識을 增進하고 修養에 補益할 要品이니 實로 青年者流의 當時 披誦할 好書니라.[25] (강조는 인용자)

예나 지금이나 광고란 흔히 과장을 수반하는 법이다. 그러나 인용문에 드러난 『청춘』의 광고는 사뭇 진지하기 이를 데 없다. 광고의 일차적 요지는 '문장연습'에 있어 보인다. 물론 기존의 독본류가 근대적 지식을 받아들이고 이에 필요한 문해력을 강조한 것에 비해, 『시문독본』이 사상의 소통을 넘어 '사상을 표현'하며, '사물을 기재'할 방법, 즉 표현 교육을 독본의 영역으로 포섭한 것은 매우 중요한 점이다. 그러나 이것은 광고의 또 다른 요지를 간과한 것이다. 나아가 『시문독본』의 심층적 요지를 파악하는 데 소홀히 한 것이다.

---

25) 최남선 찬, 『시문독본』 광고, 『청춘』 14호, 1918.6.16.

기실 이 광고의 핵심은 강조된 부분에 있으며, 구체적으로는 요품(要品), 즉 요소의 내용과 그것들의 위계를 파악함으로써 얻어질 수 있는 것이다. 광고는『시문독본』의 가치를 거론하면서 문사(文思)·사조(詞藻)·지식(智識)·수양(修養)을 들고 있는데, 이를 좀더 새겨보면 문사–사조는 글쓰기에 필요한 사고와 수사학적 기술을, 그리고 지식–수양은 부수되는 효과를 가리킨다. 따라서『시문독본』은 쓰기와 읽기를 분리시키지 않았다는 사실을 확인할 수 있다. 즉 읽기와 쓰기(reading and writing)가 아니라, 쓰기를 위한 읽기(reading for writing)라는 점에서 단순히 글쓰기의 테크닉을 늘리는 것보다 이를 가능케 하는 사고의 힘을 강조하고 있었던 셈이다.

『시문독본』의 예언(例言), 즉 일러두기는 자칫 광고와 다를 수 있는 실제를 보다 상세하게 언급하고 있다. 뿐만 아니라 의도와 목적을 선명하게 밝히고 있는 편이어서『시문독본』과 같이 일정한 해제나 해설이 없는 텍스트를 이해하는 거멀못 역할을 해준다. 여기서 주목되는 부분은 다음 세 가지다.

-. 文體는 아무쪼록 變化 있기를 힘썼으나 아직 널리 諸家(여러 대가–인용자)를 採訪(모르는 곳을 물어가며 찾음–인용자)할 거리가 적으므로 單調에 빠진 嫌이 없지 아니 함.
-. 이 책의 文體는 過渡時期의 一方便으로 생각하는 바니, 毋論 完定하자는 뜻이 아니라 아직 동안 우리글에 對하여 얼마만큼 暗示를 주면 이 책의 期望을 達함이라.
-. 이 책의 用語는 通俗을 爲主로 하였으니 學課에 쓰게 되는 境遇에는 師授되는 이가 마땅히 字例句法에 合理한 訂正을 더할 必要가 있을 것.

『시문독본』의 일러두기가 총 5개 가운데 3개의 항목에서 강조하고 있는 것은 '과도기적 문체 상황'에 대한 인식이다. 이른바 '시문(체)'은 아직 단조롭다는 것, 완성된 것이 아니라는 것, 또 상황에 따라 합리적 정정이 필요하다는 것이다. 이렇게 보면, 애초『시문독본』이 지향했던 것 가운데 '사조(詞藻)'는 불완전할 수밖에 없는 것이 되고 만다. 다시 말하면 이러한 불완전성 혹은 과도적 문체 상황 속에서 문사·지식·수양을 위해 그 디딤돌을 마련하고자 기획된 것이 『시문독본』이었던 셈이다.

그렇다면 문사·지식·수양은 과연 무엇을 위한 것인가? 이점이야말로 『시문독본』의 이념을 규정하는 것일 터, 모호한 머리말에 이것이 제시될 리는 만무하다. 아니 애초에 독본의 이념은 그렇게 명시적으로 제시될 수 없는 것인지도 모른다. 오히려 '선택과 배제의 기율'로써만 독본의 이념은 규정지을 수 있는 것인지도 모른다. 때문에 『시문독본』의 구조와 구조 너머의 여백을 분석하지 않을 수 없었다.

〈표1〉은 『시문독본』 제1권의 목차로 나머지 3권의 체제는 이와 큰 차이가 없다. 그런데 단순화의 위험을 무릅쓰고 정리한다고 했을 때, 『시문독본』은 크게 이원적 구조를 가진 독본이라고 부를 수 있다. 일러두기가 밝히고 있듯이 옛것과 새것의 조화가 특징인 『시문독본』에서 새것은 주로 서정·기행·논설·잡문 등 신문물과 근대적 지식 및 새로운 장르로 표상된 것들이 주로 구성되어져 있다. 애초 이 시기 독본과 여타의 읽을거리가 기본적으로 계몽성을 띠고 있다고 볼 때, 『시문독본』의 새것들은 계몽성이 편만한 가운데 근대적 지식과 이를 근거로 생각해 볼 만한 문제가 그 중심에 놓여 있는 형국이다. 반면 옛것은 감계·인물·일화·시조 등이 주를 이루며, 고전을 활용한 강한 계몽성과 그로부터 환기되는 '생각 키우기'가 핵심이다. 즉 수양적 측면이 강화되고 있는 것이다.

이 같은 이원적 구성은 출전과 지향에서도 조금씩 다르다. 당대, 특히 통속 혹은 일상에서 취한 것이 확실한 새것들은 대개 '신문관-광문회 그룹'의 잡지 사업을 통해 산출된 내용들이 많다. 그리고 그 지향에 있어서는 대개 '근대적 지식의 장착'에 맞춰져 있다. 반면 '신문관-광문회 그룹'이 심혈을 기울인 국역·출판사업의 성과는 총 25종 59책으로 나왔던 바, 이를 활용한 내용들이 주로 겨냥하고 있는 것은 민족적 자긍과 역사의 재인식이었는데, 달리 말하자면 '민족적 수양의 장착' 정도로 정리될 수 있다.

따라서 『시문독본』은 애초 그것이 의도했던 하지 않았건 간에 두 개
의 모형을 만들어 내고 있는 셈이다. 그 하나는 근대적 지식 체계를 보
다 쉽게 습득하기 위한 '문체모형'이고, 다른 하나는 민족적 수양을 그
핵심으로 하며, 독립과 자주를 매개하는 고리로서의 '민족모형'[26]이 그
것이다. 그런데 시문(체)의 강조는 '문체의 발견'에 그치지 않고, 신지식
인층, 나아가 작가층의 발견으로 나아갔으며, 결국 이들을 근대적 주체
로 파악하는 민족의 발견, 문학의 발견으로 이어진다는 데 의의가 있다.
지식-수양의 측면에서 문학의 활용성이 발견·증대되어 가고, 그 담지
체로서의 기능이 중시되면서 하나의 독립된 학문으로 성립할 가능성이
모색되어진 것이다. 이로써 '신문관-광문회 그룹'은 독립과 자주를 매
개하는 고리, 즉 문화적 공동체로서의 '국어국문학'을 만들어가기 시작
한 것이다. 이는 <표2>에서 보듯 전대와 후대의 독본과는 사뭇 다른 체
제와 지향을 보인다. 이러한 모형 만들기를 견인한 『시문독본』은 그래서
간과할 수 없는 문학사적 위상과 의미를 갖는다.

---

26) 한기형은 '청춘 그룹'이 국가 부재 상태를 정신적인 차원에서 극복하기 위해 민족국
　가 이념의 모형 만들기와 그 사회적 확산에 주력하였다고 주장했다(한기형, 「근대 초
　기 한국인의 동아시아 인식」, 『대동문화연구원 동양학학술회의』, 2005.1.20, 162면). 그
　러나 한기형의 논의는 이들의 핵심적 기여, 즉 문체모형 만들기와 문학의 발견을 간과
　하거나 적어도 의미를 축소하고 있다.

〈표1〉『시문독본』제1권

제목	요지	문종 및 성격	출전	비고
1. 立志	뜻을 세우라			
2. 공부의 바다	勸學			창가, 신체시
3. 천리춘색1	남대문→황주성	기행문		
4. 천리춘색2	대동강→청천강	기행문		
5. 천리춘색3	제석산→천지	기행문		
6. 상용하는 격언		교훈적		동서양 격언
7. 제비	상식, 정보	설명적	청춘	
8. 시조 2수	勸學	교훈적	가곡선	이이, 이황
9. 廉潔	淸廉	교훈적		열전 미담 모음
10. 구름이 가나―	베드로가센지써 일화	설명적		雲動說
11. 생활	노동, 직업의 의미	교훈적		
12. 사회의 조직	사회의 제 관련성	교훈적, 설명적		
13. 서고청	常人의학문입지전	사실적	국조명신언행록	
14. 귀성	방학 귀향기	수필적		
15. 방패의 반면	편협한 시야비판	우화적, 설유적		
16. 만물초	기이한 금강산 돌	묘사적, 비유적	양봉래, 만물초기	
17. 水浴	수욕의 종류와 효능	설명적		
18. 속담			朝鮮俚諺	
19. 용기	날램=용기	설명, 계몽적	붉은 저고리	
20. 콜롬부스	의지, 剛毅한 정신	설명, 계몽적		
21. 舊習을 혁파―	구습 타파, 의지 강조	계몽적		
22. 斬馬巷	의지와 결단	계몽적		김유신 일화
23. 蚯蚓	지렁이의 기여	설명적		
24. 박연	박연폭포 기행	묘사적, 기행문	이월사, 유박연기	
25. 콜롬부스의 알	선구정신 강조	설명적		에피소드 활용
26. 시간의 엄수	시간엄수 에피소드	설명적		
27. 정몽란		열전식	붉은 저고리	난일작주
28. 이야기 세마디	위트, 재치	골계	이야기주머니	
29. 검도령		열전식	홍만종, 순오지	
30. 일본에서 제―	동생에게	편지	이우상, 송목관집	

〈표2〉 체제 비교(『시문독본』 중심)

국민소학독본 (1897)	문종 및 성격	시문독본 (1권. 1918)	문종 및 성격	문예독본 (상권. 1931)	문종 및 저자
1. 대조선국	논설문, 설명적	1. 立志		1. 작은 용사	동화(방정환)
2. 광지식	논설문, 설명적	2. 공부의 바다		2. 맹모와 지은	사화(이은상)
3. 한양	논설문, 설명적	3. 천리춘색1	기행문	3. 따오기	동요(한정동)
4. 아가	논설문, 설명적	4. 천리춘색2	기행문	4. 새벽	소품문(현상윤)
5. 세종대왕기사	전기문, 서사적	5. 천리춘색3	기행문	5. 궁예의 활	소설(이광수)
6. 상사 및 교역	논설문, 설명적	6. 상용하는 격언	교훈적	6. 봄비	시조(주요한)
7. 식물변화	설명문, 묘사적	7. 제비	설명적	7. 고향에 돌아와서	편지(김억)
8. 서적	논설문, 설명적	8. 시조 2수	교훈적	8. 화단	수필(이태준)
9. 이덕보원	일화, 서사적	9. 廉潔	교훈적	9. 근화사 삼첩	시조(정인보)
10. 시계	설명문, 설명적	10. 구름이 가나—	설명적	10. 의기론	논문(장백산인)
11. 낙타	설명문, 묘사적	11. 생활	교훈적	11. 탁랑에 해혼된	감상문(염상섭)
12. 조약국	설명문, 설명적	12. 사회의 조직	교훈적, 설명적	12. 금강산 발초	시조(이노산)
13. 지식일화	일화, 우화적	13. 서고청	사실적	13. 불국사에서	기행(현진건)
14. 윤돈(1)	설명문, 묘사적	14. 귀성	수필적	14. 그믐달	소품문(나빈)
15. 윤돈(2)	설명문, 묘사적	15. 방패의 반면	우화적, 설유적	15. 가을 뫼	노래(일명)
16. 풍	설명문, 설명적	16. 만물초	묘사적, 비유적	16. 수정 비둘기	스케취(김동인)
17. 근학	논설문, 설득적	17. 水浴	설명적	17. 낙화암 찾는 길에	기행(이병기)
18. 봉방	설명문, 설명적	18. 속담		18. 북청 물장사	신시(김동환)
19. 지나국	논설문, 설명적	19. 용기	설명, 계몽적	19. 윤시의 사	소설(박종화)
20. 철	설명문, 설명적	20. 콜롬부스	설명, 계몽적	20. 우덕송	송(이춘원)
21. 유약(뉴욕)	설명문, 묘사적	21. 舊習을 혁파—	계몽적	21. 백두산 갓든 길에	시조(변영로)
22. 을지문덕	전기문, 서사적	22. 斬馬巷	계몽적	22. 사화 참석	사화(홍명희)
23. 경남	설명문, 묘사적	23. 蚯蚓	설명적	23. 대무대의 붕괴	희곡(김진구)
24. 노농석화	일화, 서사적	24. 박연	묘사적, 기행문	24. 조선의 맥박	신시(양주동)
25. 시간각수	논설문, 서사적	25. 콜롬부스의 알	설명적	25.월남 선생의 일화	일화(민태원)
26. 지나국(2)	논설문, 설명적	26. 시간의 엄수	설명적		
27. 카필드(1)	전기문, 서사적	27. 정몽란	열전식		
28. 카필드(2)	전기문, 서사적	28. 이야기 세마디	골계		
29. 기식(1)	설명문	29. 검도령	열전식		
이하 30~41 생략		30. 일본에서 제—	편지		

한국 근대문학 개념의 형성 과정

'비애의 감각'을 중심으로

김명인

1. 서론

1) 문학이라는 이데올로기

문학이란 무엇인가? 금방, 그것도 한두 마디로 대답하기가 쉽지 않은 질문이다. 따지고 보면 모든 개념 정의가 다 그렇다. 요즘에는 자연과학적 개념들도 그 내구성을 보장받기 힘든 상황이 되었지만 특히 인문학적 개념의 경우엔 절대 진리란 있을 수 없으며 한 개념은 늘 다른 개념들과 연관되어 있기 때문에 더욱 그러하다. 질문하는 쪽의 상황과 대답하는 쪽의 상황에 따라 수많은 변수가 생기는 것이다. 그저 역사적으로만, 상대적으로만 정의가 가능할 뿐이다. 문학이라는 개념에 대한 정의도 물론 같은 처지에 놓여 있다.

그럼에도 불구하고 다시 문학이란 무엇인가? 문학개론류를 참조하면 틀림없이 이러저러한 여러 가지 상대적 정의들이 나열되어 복잡할 것이므로 조금 더 간명하고 단정적일 국어사전을 찾아보기로 한다.

　　문학(文學) (명) ①(넓은 의미로는) 자연과학·정치학·법률학·경제학 등의 학문 이외의 학문을 통틀어 이르는 말[순문학(純文學)·사학(史學)·철학·언어학 따위]. ②(좁은 뜻으로는) 정서와 사상을 상상의 힘을 빌려 문자로 나타내는 예술 및 그 작품[시·소설·희곡·수필·평론 따위].[1]

①항의 정의는 이제 대학에서 학위를 수여할 때 외에는 사용하지 않게 되었으므로 우리가 말하는 '문학'이라는 개념에 해당하는 정의는 ②항, 즉 "정서와 사상을 상상의 힘을 빌려 문자로 나타내는 예술 및 그 작품"이 될 것이며 아마도 여기에 "그러한 예술이나 작품들을 쓰거나 연구하는 활동"이라는 정의만 추가한다면 이 정도의 정의가 현재로서는 문학에 대한 가장 보편화된 정의일 것이다.[2] 이런 정의는 비록 찬찬히 뜯어보면 이차 삼차의 개념 정의의 도움을 받아야 할 정도로 여전히 어수룩하지만 이제 거의 상식이 되었으며 가장 보수적이며 대중적인 말뜻의 집이라고 할 수 있는 '국어사전'에까지 정착되기에 이르렀고 (지금은 그 위의(威儀)가 현저하게 줄어들었지만) 건조한 사전적 정의를 뛰어넘는 어

---

1) 『동아 새국어사전』, 동아출판사, 1990.
2) 『日本國語大辭典』(小學館, 1975)의 '문학' 항목의 ④항은 "예술체계의 한 양식으로 언어를 매개 재료로 한 것, 시가, 소설, 희곡, 수필, 평론 등, 작가가 주로 상상력에 의해서 구축한 허구의 세계를 통해서 작가 자신의 사상, 감정 등을 표현하고, 인간의 감정이나 정서에 호소하는 예술작품. 문예"라고 되어 있으며, OLAD(Oxford Advanced Leader's Dictionary, 제4판, 1989)의 'literature'항에는 ①항의 (a)에 "예술작품으로서 가치가 있는 저작, 특히 픽션, 드라마, 시", (b)에 "그것들을 쓰거나 연구하는 활동"이라고 되어 있다 (이상은 鈴木貞美, 김채수 역, 『일본의 문학개념』, 보고사, 2001, 제1장 참조). 여기서 보면 『日本國語大辭典』의 경우는 『동아 새국어사전』과 거의 유사하고 의 경우는 '예술작품으로서의 가치가 있는'이라는 말의 함의를 '상상력에 의해 사상, 감정을 표현하는'이라고 본다면(이는 19세기 이후 영문학에서 일반화된 것이다), 역시 크게 다르지 않음을 알 수 있다.

떤 아우라로 둘러싸인 것처럼 여겨지고 있다. '문자로 기록된 모든 것'이라거나 '문자 혹은 책에 관한 지식'이라거나 특정한 관직명이라거나 하는 '문학'에 대한 다른 정의들이 거의 경쟁에서 탈락하고 위와 같은 정의가 문학에 대한 가장 적당한 근대적 정의로, 즉 제1의적인 근대적 문학 개념으로 살아남게 된 이유는 무엇일까?

'문학'이 '모든 저작물', 혹은 '문자로 된 것에 대한 지식'을 뜻하다가 '가치 있는 기록물'이라는 의미를 거쳐 '창조적 상상력의 산물'로 자리매김되고 나아가 종교에 필적하는 영향력을 갖는 하나의 이데올로기의 지위에 오르게 된 것은 분명히 일련의 역사적 과정의 산물이다. 그것은 간략하게 정리하자면 18세기에서 20세기 초반에 걸쳐 첫째, 학문·예술의 사회적 소외와 그에 따른 낭만주의 이념의 작용으로 '상상력'이라는 것이 영토화, 혹은 특권화된 것의 결과이며, 둘째, '영문학'의 형성 과정에 대한 이글턴의 잘 알려진 서술에서 보듯 산업사회 이후 종교의 세속화에 따라 '문학'이 종교를 대신하는 '도덕적 이데올로기'로 창안된 결과이고, 셋째, 근대적 국민국가의 형성 과정에서 '문학'이 국민적 통합을 위한 민족어(국어)와 민족서사의 담지체로 새롭게 주목받은 결과라고 할 수 있다.[3]

시·소설·희곡·평론·수필 등 우리가 알고 있는 문학의 제 장르들은 이 시기를 통과하는 동안 때로는 적절하게 변용되고 때로는 주변에서 중심으로 진입하고 때로는 새롭게 창안되면서 시민적, 혹은 국민적 교양의 주요한 원천으로 부상하여 점차 규범화·제도화되기에 이르는데 각국의 대학 및 중등교육과정에서 정식 교과목으로 채택되는 것을 통해 그러한 규범화·제도화는 정점에 이르게 된다.[4] 그것은 지금 우리가 알

---

3) 테리 이글턴, 김명환 외역, 『문학이론입문』, 창작과비평사, 1989, 제1장 '영문학연구의 발흥', 27~71면 참조.
4) 영국에서 '영문학'이 옥스퍼드나 캠브리지대학의 정식 학과목이 된 것은 20세기 초반이었고, 일본에서 일본문학을 뜻하는 '화문학(和文學)'이 동경대학의 정식 교과목으로 등장한 것은 1870년, 즉 메이지유신 직후였다. 물론 영국의 경우 19세기 후반부터 여러 학교에서 영문학이 교과로서 채택되어 있었지만 옥스퍼드, 캠브리지라는 최고학

고 있고 사전에도 나와 있는 바로 그 '문학'이란 것이 궁극적으로는 근대 국민국가 형성을 위한 하나의 이데올로기 기획에 다름 아니라는 사실을 말해준다.

2) 근대적 문학 개념 형성 과정의 한국적 특수성

앞에서 보았듯 영미권에서나 일본에서나 한국에서나 현재 문학에 관한 정의에는 거의 차이가 없다. 개념적 통일이 이루어져 있는 것이다. 하지만 현재의 통일된 정의에 이르기까지 각국에서의 문학 개념의 형성 과정은 전혀 다르다. 영국은 영국대로의 형성 과정이 있고 일본은 일본대로의 형성 과정이 있고 우리는 우리대로의 특수한 형성 과정이 있다. 영국의 경우가 앞에서 잠깐 언급했듯 낭만주의적 문학관과 유사종교적 역할 부여, 그리고 민족문학적 상징화의 순차적이고 계기적인 형성 과정이었다면 일본의 경우는 후발 자본주의국가의 경우답게 서구문학과 일본의 토착문학과의 긴장된 길항을 통한 비교적 급격한 융합적인 형성 과정이었다고 할 수 있다. 하지만 두 나라의 경우 공히 문학은 현실적으로 진행되고 있던 근대적 국민국가 형성 과정에서 정상적인 제도적 구조화 과정을 거쳐 '국민문학'으로 정착되었다. 즉 근대적 문학 개념과 제도의 형성 과정은 동시에 근대적 국민국가의 형성 과정의 한 축으로 기능하였던 것이다.

하지만 한국의 경우 식민지화로 말미암아 근대적 문학과 문학 개념은 내재적 논리에 의해 계기적, 연속적으로 형성되지 못하고 단절적, 불연

부에 진입하는 것은 상대적으로 늦었고, 뒤늦게 근대 국민국가 형성 경쟁에 뛰어든 일본의 경우 일문학의 제도화는 훨씬 급진적이고 본격적이었다고 할 수 있다(테리 이글턴, 김명환 외역, 위의 책; 스즈키 사다미, 김채수 역, 『일본의 문학개념』, 보고사, 2001 참조).

속적으로 형성되었다. 전통적인 전근대문학의 제형태들이 식민지화 과정 중의 장르 각축을 통해서 극적으로 탈락하는 과정에서 한국의 자생적인 근대적 문학 인식, 혹은 적어도 전통성과 이식성의 충돌과 습합을 통과한 문학 인식의 형성은 난망한 것이 되었고 그 대신 서구의 근대문학과 문학 개념이 식민모국인 일본을 통해 한번 굴절된 형태로 이식되어 주류적 문학과 문학 개념으로 정착되어 갔던 것이다.

또한 한국의 경우 가장 큰 차이는 문학 개념과 제도의 형성 과정이 근대적 국민국가의 형성 과정의 한 계기로 현실화되지 못했다는 것, 즉 국민국가의 형성이 불가능한 식민지라는 조건 속에서 문학 개념과 제도는 상상된 국민, 상상된 국가를 상정하고 형성되었을 뿐이다. 단적으로 말해서 '조선어'가 일개 지방어로 전락했으며 '조선문학'이 교육과정에서 제도화되어 '국민문학'으로 추장(抽獎)되지 못했던 상황에서 문학의 개념을 비롯한 문학 인식은 비록 기본적으로는 이식된 것의 내재화라는 형식으로 나타났지만, 그렇다고 이식된 그대로 고착되지도, 아니면 보다 주체적인 어떤 것으로 형성되지도 못한 채 표류하는 독특한 상황—이것을 식민성과 탈식민성의 동시적 공존이라 부를 수도 있을 것이다—에 놓였던 것이다.[5] 그리고 이는 식민지적 조건의 역사적 변화에 따라 분명히 나름의 내적 논리에 의한 특수한 행로를 거쳐왔던 것이다.

3) 근대문학 개념의 기원과 형성을 보는 시각

이런 관점에서 볼 때 한국에서의 근대문학 개념의 기원과 형성 과정을 돌이켜보는 일은 일차적으로는 고착된 상태로 절대화된 '근대적' 문

---

5) 이것은 황종연이 말한 바 "서양 근대 미학의 원용을 비롯한 근대의 번역 전체가 민족 자주 정치와 유리된 식민지 상황"과 방불하다. 황종연, 「문학이라는 역어」, 『한국 문학과 계몽담론』, 새미, 1999, 38면.

학 개념에 대한 '탈근대적 해체작업'과 같은 경로를 거치지만 한 계단만 더 내려가면 그것은 이러한 불구적 조건 속에서 한국의 근대문학이 어떻게 자생적이고 주체적인 방식으로 그 개념화를 이루어 나갔는가를 탐색하는 '근대적 축조작업'이 된다. 비록 지금은 어차피 거의 전세계적 차원에서 문학 개념의 통일이 이루어진 상황이지만 그렇게 되기까지의 일련의 과정 동안 우리는 내내 이식성이라는 '부채'에 시달려 왔고 과연 그러한 '부채'를 딛고 진정한 주체적 창조성에 도달했는가의 여부는 지금껏 하나의 숙제가 되어 오고 있다.

한갓 문학 개념의 문제인가라고 물을 수 있겠지만 무엇이 문학인가 하는 문제는 곧 무엇이 민족문학인가 하는 문제와 직결되는 것이고 무엇이 민족문학인가 하는 문제는 곧 무엇이 우리의 근대성인가 하는 문제와 또한 직결되는 것이라고 할 수 있기 때문이다. 이 문제에 대한 성찰이 아직 충분히 이루어지지 않은 상태에서 문학적 근대성, 혹은 '근대문학'을 해체하려는 시도는 새로운 식민주의에의 투항으로 이어질 수도 있다는 생각이다.[6] 그런 의미에서 우리의 탈근대적 해체작업은 곧 근대적 축조작업이 되어야 한다. 보다 정확히 말하면 해체하는 일은 곧 재축조하는 일인 것이며 이는 곧 우리의 근대성의 정체를 제대로 묻는 작업이 되어야 하는 것이다.

1910년 『대한흥학보』에 발표한 이광수의 「문학의 가치」에서 시작된 한국 근대문학 개념 형성의 역사는 1920년대 중반 민중예술론이 제기되

---

6) 근대성에 대한 이제까지의 탈근대적 해체작업들은 근대적 계몽에 대한 역계몽의 성격을 띠고 있는데 이것이 서구세계와 비서구세계, 식민모국과 식민지, 1세계와 3세계, 북과 남에 무차별적으로 적용될 경우 적지 않은 문제를 낳게 된다. 근대성 자체가 전세계적 규모에서 보면 대단히 불균질적이기 때문이다. 어떤 근대성은 억압적이고 도구적이며 식민주의적이지만 또 다른 근대성은 해방적이고 탈식민주의적일 수 있다. 근대성비판, 혹은 해체가 무차별적으로 적용될 때 그것은 어떤 경우에는 역계몽이 아닌 반계몽의 야만이 될 수도 있으며 이는 억압적이고 식민주의적 근대성에게는 타자들을 무장해제하여 포섭하고 지배해 나가는 데 대단히 유효한 정지작업이 될 가능성이 높다.

고 이를 필두로 프롤레타리아문예론이 본격적으로 정립되기 전까지 거칠게 말하면 정(情) → 생명 → 인생 → 생활 → 현실 등으로 그 개념의 핵심 자질을 발전시키면서 전개되어 나간다. 비록 일본의 경우처럼 문학 개념의 형성 과정이 오랜 시간에 걸쳐 논쟁적인 방식으로 전개되지 못하고[7] 극소수의 '아마추어' 문인들에 의해서 산발적으로 제기되는 방식으로 전개되었다는 한계는 있지만 그 변화 속에는 낭만주의에서 자연주의로 이행하는 방향성이 존재하고 이는 곧이어 민중예술론과 프롤레타리아문학론을 만나면서 본격적이며 논쟁적으로 이루어지기 시작하는 주체적인 근대문학 개념 형성 과정의 기초가 되고 있다.[8]

본고는 1910년에서 1925년경에 이르는 15년여에 이르는 기간 동안 식민지 조선에서의 문학 개념의 형성·변모 과정을 살펴보는 것을 목적으로 한다. 1920년대 중반을 고비로 프롤레타리아문학론이 등장하면서 문학 인식상의 격렬한 전환이 이루어지기 전의 시기라는 점에서 이 시기는 한국에서 근대 부르주아문학 개념의 형성기라고도 불릴 수 있을 것이다.

2. 최초의 시도-'정'으로서의 문학

이광수의 「문학의 가치」는 짧은 글이지만 이광수 자신이 "至今껏 我

---

7) 일본의 경우 근대적 문학 개념이 등장한 것은 거의 메이지 초기부터였으며 그 이후 동경제대에 '국문학과'가 생기는 1904년(명치 37년)에 이르는 30년 이상의 오랜 기간 동안 근대적 문학 개념의 정착을 둘러싸고 대단히 역동적인 논의들이 펼쳐져 왔다(스즈키 사다미, 김채수 역, 앞의 책 참조).

8) 이러한 생각은 황종연이 언급한 바 있는 '한국문학에 있어서의 근대적 기획의 출발과 그 기획이 겪어갈 굴곡과 착종이 이광수 이후 구체적으로 어떤 계보를 이루어 나가는가' 하는 문제의식에 대한 하나의 대답이 될 수도 있을 것이다. 황종연, 「문학이라는 역어」, 『한국문학과 계몽담론』, 새미, 1999, 39면.

韓文壇에 한 번도 此等 言論을 見치 못하였나니, 이는 곧 '文學'이라는 것을 閑却한 緣由로다"라고 밝혔듯이 현재까지 알려진 한국 최초의 '근대문학론'이다. 이 글에서 이광수는 문학이 원래 '일반학문'을 뜻했으나 점차 학문이 복잡하게 되면서 '문학'도 "詩歌・小說 等 情의 分子를 包含한 文章"으로 축소 규정되었으며 영어의 'literature'라는 자와 "略同한 歷史"를 지닌다고 하고 있다. 하지만 그는 이어 "人類가 智가 有하므로 科學이 생기며, 또 必要한 것과 같이 人類가 情이 有할진댄 文學이 생길지며 또 必要한지라"라고 하며 다시 "元來 文學은 다만 靜的 滿足, 즉 遊戲로 생겨났음이며 또 多年間 如此히 알아 왔으나, 漸漸 此가 進步・發展함에 及하여는 理性이 添加하여 吾人의 思想과 理想을 支配하는 主權者가 되며, 人生問題 解決의 擔任者가 될지라"라고 하고 있다.

여기에는 약간의 착종이 존재한다. 문학은 정(情)이라는 자질 때문에 일반학문에서 독립하게 된 것이므로 '정'은 근대문학의 핵심자질이라고 할 수 있다. 그런데 그는 이어서 다시 정(적 만족)이 곧 문학의 통시대적 자질이었는데 근대문학은 거기에 이성이 덧붙여진 것이라고 하여 근대문학의 자질을 '정+이성'으로 재정의하고 있다. 그리고 전근대문학과 근대문학은 정적 만족을 추구한다는 점에서는 동일하되 전자는 유희적이며 후자는 침중, 정밀, 심원하다는 차이를 갖는다고 한다.

故로, 今日 所謂 文學은 昔日 遊戲的 文學과는 全혀 異하나니, 昔日 詩歌・小說은 다만 鎖閑遺悶의 娛樂的 文字에 不過하며, 또 其 作者도 如等한 目的에 不外하였으나(悉皆 그러하다 함은 아니나 其 大部分은) 今日의 詩歌・小說은 決코 不然하여 人生과 宇宙의 眞理를 闡發하며, 人生의 行路를 硏究하며, 人生의 情的 狀態(卽, 心理上) 及 變遷을 攻究하며, 또 其 作者도 가장 沈重한 態度와 精密한 觀察과 深遠한 想像으로 心血을 灌注하나니, 昔日의 文學과 今日의 文學을 混同치 못할지로다.[9]

---

9) 이광수, 「문학의 가치」, 『이광수 전집』 1, 삼중당, 1962, 505면.

그리고 마지막으로는 "一國의 興亡盛衰와 富强貧弱은 全히 其 國民의 理想과 思想 如何에 在하나니, 其 理想과 思想을 支配하는 者—學校教育에 有하다 할지나, 學校에서는 다만 智나 學할지요, 其外는 否得하리라 하노라. 然則 何오 曰 '文學이니라'"라고 함으로써 다시 이상과 사상의 존재 여하가 '국가 발전'의 요체인데 '지'만으로, 즉 학교 교육만으로는 부족하니 문학을 통해 '지' 이상의 것을 얻어야만 '이상과 사상'을 얻을 수 있다고 하고 있다. 여기서 '지' 이상의 것이 바로 '정'임은 물론이다.

'정' 혹은 '정적인 것'은 문학의 통시대적 자질이고, 바로 문학을 다른 학문으로부터 독립시킨 핵심자질이다. 하지만 그 유희적 본질 때문에 이성과 결합해야만 사상과 인생을 지배하는 주권자가 될 수 있다고 한다면 '정'은 근대문학적 자질로서는 자격 미달이라고 할 수 있다. 그런데 다시 '지육(智育)'만이 아닌 문학을 통한 '정육(情育)'이 있어야 이상과 사상을 온전히 얻어 일국의 근대적 부강을 이룰 수 있다고 한다면, 이것은 대단히 자가당착적인 논리가 아닐 수 없다. 왜 이런 착종과 당착이 일어나는가?

그것은 이광수의 근대기획 속에서 낭만주의와 합리주의가 충돌하고 있기 때문일 것이다. 서구에서는 봉건사회가 붕괴되고 근대사회가 흥기하면서 순차적, 혹은 계기적으로 일어났던 낭만주의와 합리주의를 이광수는 자신의 문학론에 동시에 끌어들여 근대국가 건설의 바탕으로 삼고자 했고, 그 때문에 '정'과 '이성'이라는 변별적이고 상호충돌적인 자질이 이런 식으로 동서하게 된 것이다. 이처럼 서구적 근대문학 개념은 한국 최초의 근대문학론인 「문학의 가치」에서부터 단순 이식과는 거리가 먼 방식으로 첫선을 보이고 있는 것이다.

이광수는 그 후 6년 뒤인 1916년 『매일신보』에 11월 10일에서 23일에 걸쳐 14일 동안 장편 논문 「문학이란 하오」를 연재함으로써 다시 이 근대문학 개념의 정립이라는 과제에 본격적으로 도전한다. 이는 '신구의

의의 상이', '문학의 정의', '문학과 감정', '문학의 재료', '문학과 도덕', '문학의 실효', '문학과 민족성', '문학의 종류', '문학과 문', '문학과 문학자', 그리고 마지막으로 '조선문학' 이렇게 11개의 하위 주제를 설정하여 각각에 대한 본격적 논의를 전개하여 조선 근대문학론의 기초적 체계를 마련하고자 한 야심적인 기획이라고 할 수 있다. 이 글에 대해서는 그 중요성에 비추어 고(稿)를 달리하는 본격적인 고찰이 있어야 할 것이고, 여기서는 문학의 개념 정의와 관련된 부분만 고찰하도록 하겠다.

'문학의 정의'에서 이광수는 "文學이란 特定한 形式 下에 人의 思想과 感情을 發表한 者를 謂함"이라고 정의한 뒤 그 명제를 하나하나 해설해 나간다. 우선 '특정한 형식'이라는 것은 먼저 문자로 기록될 것, 다음엔 시·소설·극·평론 등 문학상의 제형식에 부합할 것 등의 두 가지이다. 6년 전의 「문학의 가치」에서 '시가·소설 등의 문장' 운운한 것에 비하면 문학의 근대적 장르에 대한 인식이 일층 명확해 졌음을 알 수 있다. 그 다음 "인의 사상과 감정"은 「문학의 가치」에서의 '이성'과 '정'에 해당하는 것일 텐데 이 글에서는 정작 "文學은 마치 自己의 心中을 讀하는 듯하여 美醜喜哀의 感情을 伴하나니 此 感情이야말로 文學의 特色"이라고 하여 감정, 즉 '정'의 문제에 초점을 집중한다. 그리고 문학은 학이 아니라고 단언한 뒤 다음과 같이 말한다.

文學은 某 事物을 研究함이 아니라 感覺함이니, 故로 文學者라 하면 人에게 某 事物에 關한 知識을 敎하는 者가 아니요, 人으로 하여금 美感과 快感을 發케 할 만한 書籍을 作하는 人이니, 科學이 人의 智를 滿足케 하는 學問이라 하면 文學은 人의 情을 滿足케 하는 書籍이니라.[10]

여기서 다시 "문학은 인의 정을 만족케 하는 서적"이라는 정의가 나오는데 이는 「문학의 가치」에서 말한 '문학은 정적 만족을 위해 생겨났다'

---

10) 이광수, 「文學이란 何오」, 위의 책, 507~508면.

고 하는 정의와 중복됨을 알 수 있다. 그리고 이광수는 다음과 같이 근
세 이후 '정'의 지위의 변화에 관해 피력한다.

古代에도 此等 藝術이 有한 것을 觀하건대, 아주 情을 無視함이 아니었으
나, 此는 純全히 情의 滿足을 爲함이라 하지 아니하고, 此에 知的·道德的·
宗敎的 意義를 添하여, 則 此等의 補助物로, 附屬物로 存在를 享하였거니와
約 五百年 前 文藝復興이라는 人類精神의 大變動이 有한 이래로, 情에게 獨
立된 地位를 與하여 智나 意와 平等한 待遇를 하게 되다.

이러한 진술은 사실은 「문학의 가치」에서 석일의 문학과 금일의 문학
을 대비하는 진술과는 거의 정반대의 진술이라고 할 수 있다. 「문학의
가치」에서의 석일의 문학이 이 진술에서의 근세의 문학과 같고, 금일의
문학이 이 진술에서의 고대의 문학과 같은 꼴이 된 것이다. 「문학의 가
치」에서는 석일의 문학은 단순한 유희적인 정적 만족의 문학이고 금일
의 문학은 인생과 우주의 의미를 천발하는 침중·정밀·심원한 것이라
고 하여 근대문학의 합리주의적, 계몽적 의의를 높이 평가하고자 했지만,
「문학이란 하오」에서는 반대로 근대문학의 의의를 감정의 해방을 통해
인간해방의 구현하고자 한 의의를 강조하느라고 이런 이율배반적 진술
이 나온 것이다. 어쨌든 「문학이란 하오」에서 이광수는 「문학의 가치」에
서의 착종에서 빠져나와 보다 적극적으로 근대문학에서의 '감정'의 의의
를 두드러지게 강조하기에 이른 것이다. 그것은 이광수의 문학 개념 정
립 과정에서 이성중심주의(합리주의)보다는 낭만주의적 경사가 더 가파르
게 작용하고 있음을 말해준다.

'문학의 실효'에서 그는 "文學의 用은 吾人의 情의 滿足"이라 재차
규정하고 정을 매개로 미를 추구함으로써 비로소 인간은 진선미의 균형
발달, 즉 "品性의 完美한 發達을 見"하게 된다고 하여, '정'을 만족시키
는 문학을 '발견'하는 것을 근대 주체로서의 새로운 인간, 즉 근대인을

완성하는 기본적 조건으로 인식한다. 이러한 낭만주의적이고 심미주의적 인간형을 설정한 뒤에 '문학과 민족성'에 이르러 그는 그 토대 위에서 민족문학을 논하고 또한 그 위에서 근대적 민족국가의 건설을 운위할 수 있었던 것이다.

> 此 貴重한 精神的 文明을 傳하는데 最히 有力한 者는, 卽 其 民族의 文學이니, 文學이 無한 民族은 或은 習慣으로, 或은 口碑로 其 若干을 傳함에 不過하므로 아무리 累代를 經하여도 其 內容이 擔當하여지지 아니하여 野蠻未開를 不免하나니라.[11]

3. '생명 / 인생'에서 '생활 / 현실'로—조선적 자연주의의 의미

이광수가 내세운 근대적 문학의 핵심자질로서의 '정'은 문학을 다른 학문에 대하여 구별시켜 주는 일종의 변별적 자질, 즉 문학의 종차(種差)적 본질이라고 할 수 있다. 따라서 그것이 하나의 상식이 되고 나면 그러한 정의는 사실상 무의미한 것과 다름없어지게 된다. 그러한 종차적 본질을 갖는 근대적 문학이라는 것이 식민지 조선사회라는 구체적 현실 속에서 영위되고 유통되기 시작된 이후에는 그 나름의 특수한 문학적 의제가 발생하고 그러한 의제와의 관련 속에서 문학에 대한 정의나 규정은 추상적 보편적 정의를 넘어서는 구체적이고 특수한 정의를 요구하게 된다.

이와 관련하여 1920년대 들어서면서 문학론, 혹은 예술론에 대하여 가장 먼저 제출된 것이 '생명', 혹은 '인생'이라는 관념이었다. 그것은 '정

---

11) 이광수, 위의 책, 512면.

적인 것의 만족'이라는 문학 개념과 마찬가지로 대단히 낭만주의적인 관념들이었거니와 1920년대의 현실에서 그러한 낭만주의적 관념들이 문학과 예술을 지배하게 된 것은 자연스러운 것이었다. 이광수가 가졌던, 낭만적이고 심미적인 근대인들을 주체로 한 새로운 근대국가의 수립이라는 관념적 근대기획은 식민지화의 돌이킬 수 없는 진전과 더불어 계몽주의시대의 마지막 몽상으로 막을 내리게 되었고, 결국 '국가 없는 근대성'인 식민지 근대성을 감당하는 일은 온전히 분산된 개인들의 몫으로 넘어오게 되었다. 근대적 국민국가 형성을 향한 현실적 경로가 폐색된 상황에서 그 개인들에게 집단을 상정한 계몽적 이데올로기가 실감되기에는 아직 더 많은 시간이 필요했으며 그 막대한 시대의 하중은 합리주의적으로 처리될 수 있는 성질의 것이 아니었다. 그럴 때 가장 유력하게 떠오르는 것이 바로 낭만주의였던 것이다. 시대 모순의 하중은 크고 그것을 감당할 집단적 주체가 부재할 때, 개인이 할 수 있는 일은 생명, 혹은 인생을 걸고 세계와 맞서는 일일 것인즉, 정적 분자를 기본 자질로 하는 예술이 그에 가장 적합하다고 할 것이다. 이것은 곧 낭만주의예술의 본질적 정신이기도 하다.

1920년대 초반의 문학론에서는 이러한 생명, 혹은 인생을 중시하는 낭만주의적 예술관이 두드러지게 나타나게 되는데 물론 거기에는 논자에 따라 약간의 편차가 존재하며 이러한 편차는 이러한 초기의 낭만주의적 예술관이 향후 다양한 방향으로 분화하리라는 것을 예측할 수 있게 하기도 한다.

①다못 思想만 求한다 하면 言論도 可하며 萬一 技巧만 要求한다면 內容은 엇더하든지 優秀한 技巧면 그만일 것이다. (…중략…) 그러나 藝術에는 이 兩者의 渾一體가 안이면 안이다. 그 契合하는 一點은 生命이다. 人의 生命이 가장 眞實이 가장 詳如이 또는 가장 氣運잇게 表現된 者라야 우리가 求하는 文藝일다. (…중략…) 古昔부터 偉大한 作家는 다 自己 個性에 依하야 그 生

命의 곳을 잘 培養한 者이다, 그리하고 個性의 泉을 깁히 파고 또 그것을 넓히기에 努力한 者이다, 우리들이 몬저 作品에서 求하는 것은 作家의 個性이 十分 表現된 그것일다, 그리하고 우리 自身의 個性과 作家 그의 個性과 다시 말하면 自己生命과 作家의 生命과의 接觸交錯에 依하야 우리 自我의 生命을 照明하고 集中하고 豊富히 하고 힘세게 하야 自由의 流動을 엇게하는 것이다, 一言而明之면 우리 自身의 生命을 가장 完全하게 길너가는 일이 이 亦是 우리가 藝術에서 求하는 窮極이로다.12)

②世界에 滿足치 못한 '사람'은, 國家를 만드럿고, 여긔도 못 滿足한 '사람'은, 家庭을 만드럿고, 여긔도 滿足치 못하여, 마츰내, 自己 一個人의 世界이고도 萬人함끠 즐길만한 世界—藝術이라는 것을 創造하였다. 이러케, 自己—이 痛切한 要求로 말미암은 '藝術'은, 이것 則 人生의 기름자요 人生의 無二한 聖書요, 人生의게는 없지못할 사랑의 生命이다.13)

③…… 이 朝鮮의 宇宙에 處흐야는 Good for it's own sake(다른 데 利益이 없더라도 저 혼자 조흔 것) 되는 것은 思義훌 수 업는 것이니 이 相對의 宇宙에셔는 적어도 現在의 狀態의 人生에셔는 Good for something(무엇에나 한가지에라도 有益훈 것)이 아니면 Good for nothing(아모데도 所用업는 것)이라 아니훌 수 업습니다. Arts for art's sake라는 藝術上의 格言은 藝術을 他部分의 文化(政治나 敎育이나 宗敎나)의 奴隷狀態에서 獨立식히는 意味에 잇셔셔는 대단히 훌륭훈 格言이지마는 그 範圍를 지나가서 使用흐면 이는 '個人은 自由라'하는 格言을 無制限으로 使用홈과 갓흔 害惡에 빠지는 것이외다. 生에 對흐야 貢獻이 업는 것 더구나 害를 주는 것은 그것이 무엇이든지 다 惡이니 文藝도 萬一 個人의 特히 우리 民族의 生에 害를 주는 者면 맛당이 뚜드려부실 것이외다. Arts for life's sake야말로 우리의 取훌 바라 홉니다.14)

①번 글은 춘성생(노자영)의 「문예에서 무엇을 구하는가」의 일부로서

---

12) 춘성생, 「문예에서 무엇을 구하는가」, 『창조』 6호, 1920.5, 70~71면.
13) 김동인, 「자긔의 창조한 세계(톨스토이와 떠스터에프스키)를 비교하여」, 『창조』 7호, 1920.7, 49~50면.
14) 춘원, 「문사와 수양」, 『창조』 9호, 1921.1, 11면.

'예술(문예)는 인간 생명의 진실한 표현'이라는 낭만주의적 예술관을 가장 전형적으로 표현하고 있다고 할 수 있다. 그리고 그 생명이란 것은 추상적 보편적인 인간생명이 아니라 '개성에 의해 배양된' 것으로서의 생명, 즉, 부르주아적 주체성의 소산이라는 점을 명확히 하고 있다는 점에서 이 낭만주의가 부르주아 개인주의적 낭만주의임을 드러내고 있다.

②번 글은 김동인의 「자기의 창조한 세계(톨스토이와 떠스터예프스키)를 비교하여」의 한 구절로서 이러한 부르주아적인 의미에서의 '인생을 위한 예술'이라는 것이 사실은 세계, 국가, 그리고 가족제도에 대한 불만족, 혹은 그것들로부터의 소외에서 비롯된 일종의 '인공낙원'이라는 사실에 대한 예리한 인식을 보여주고 있으며, 김동인 자신이 그것을 의식하건 의식하지 못하건 이러한 인식은 1920년대 초반 '사회역사적 근대성'을 추구하는 길로부터 추방당하여 '미적 근대성'의 추구를 강제당할 수밖에 없었던 당대 지식인들의 처지를 잘 보여주고 있다고 할 수 있다.[15]

③번 글은 이광수의 「문사와 수양」의 한 구절인데 역시 이광수의 글답게 노자영이나 김동인의 낭만적 개인주의와는 달리 개인의 생과 민족의 생을 동일시하는 강한 공리주의적 지향을 보여주고 있다. 이는 물론 미구에 조선문학의 지배적 경향이 될 자연주의적 공리성과는 구별되는 것이지만 개인의 생과 민족의 생을 동일시하여 그 동시적 해방을 추구하고자 한다는 점에서는 낭만주의와 자연주의를 이어주는 역할을 수행하고 있다고 볼 수 있다.

아닌 게 아니라 이 글들이 발표되었던 1920년대 초반에는 이미 사조로서의 자연주의가 정식으로 소개되고 있었다. 극웅(極熊 : 최승만)의 「문예에

---

15) 이것은 해서 당시 식민지 조선의 지식인들이 보들레르 일파가 그랬던 것과 엄밀하게 같은 의미에서 '미적 근대성'을 추구했다는 뜻은 아니다. 단지 사회역사적 전망의 폐색이 이들로 하여금 자신들을 아직 미숙하나마 '예술적인 것' 속에 자폐시킨 측면이 강했다는 뜻이며, 식민지 혹은 그와 유사한 억압사회에서의 이러한 예술에의 강제된 유폐를 '미적 근대성' 대 '사회역사적 근대성'이라는 틀 속에서 어떻게 해석해야 할 것인가는 좀더 생각해 보아야 할 문제이다.

대한 잡감」(1920)은 아마도 서구의 문예사조를 최초로 소개한 글이 아닌가 생각되는데 '상고주의(고전주의) → 로만티시즘(낭만주의) → 자연주의 → 신낭만주의 → 인상주의 → 상징주의 → 신비주의 → 신이상주의 → 인도주의' 등으로 서구 문예사조의 발전 과정을 소개하면서 자연주의에 대하여 다음과 같이 말하고 있다.

> 自然主義의 가장 큰 特色은 現實的이다. 이 現實의 人生, 이 現實의 生活에 對하야 深切하게 注意를 두는 것이다. 自然主義로 말미암아 藝術은 實人生, 實生活과 密接한 關係를 매저 잇는 것이다. 人生의 意味는 어데 잇는가? 우리의 生活은 무엇을 意味함인가? 하는 것이 自然主義 文藝 가운데서 자조 잇는 것이다. 이 問題에 對하야 解決은 못 주지 마는 讀者로 하여금 생각 안 이 할 수 업게 만든다. 自然主義 文藝는 娛樂한 藝術이 안이오 人生에 對하야 生活에 對하야 깁히 생각하게 하는 藝術이다.
> 自然主義의 傾向은 社會問題에 接觸되어 잇다.16)

여기서는 인생과 더불어 '생활'이라는 말이 등장하는데 이 생활 개념이야말로 추상적 인생을 구체적 현실에 밀착시키는 매개 개념이라고 할 수 있다. 이 생활이라는 것을 통해서 인생은 사회와 연결되는 것이기 때문이다. 이처럼 1920년대 초반 예술에서 '생명'과 '인생'을 구하고자 한 식민지 지식인들은 '생활'과 '현실'로 점차 나아가면서 식민지 현실 속에서 인생이란, 그리고 예술 혹은 문학이란 어떤 의미를 가지는가를 탐색해 나가게 되었던 것이다.

하지만 '생명'과 '인생'이라는 낭만주의적 자질과 '생활'과 '현실'이라는 사실주의적 자질이 계기적으로 강조된 것이 아니라 동시적으로 강조되었다는 데에 1920년대 초반 조선에서의 문학론의 특질이 가로놓여 있다고 할 수 있다. 즉 낭만주의는 자연주의에 의해 극복된 것이 아니라 낭만주의와 자연주의가 동시에 뒤섞인 형태로, 즉 '비동시적인 것의 동

---

16) 극웅, 「문예에 대한 잡감」, 『창조』 4호, 1920.2, 50면.

시성'이라는 양상으로 전개되었다는 것이다. 이 점을 가장 잘 보여주는 것이 바로 염상섭의 평론 「개성과 예술」(1922)이다.

　一旦 覺醒한 以上, 自己의 周圍를 疑心하고, 批評的 態度로 一切를 探求 評價하랴 할뿐 아니라, 自己自身에까지 疑惑의 眼光을 向하게 하는 것은 當然한 事라 하겠다. 그리하야 自覺한 彼等은, 第一에 爲先 모든 權威를 否定하고, 偶像을 打破하며, 超自然的 一切를 물리치고 나서, 現實世界를 現實 그대로 보랴고 努力하얏다. (…중략…) 이러한 心理狀態를, 보통 이름하야, 現實暴露의 悲哀, 또는 幻滅의 悲哀라고 부르거니와, 이와가티 信仰을 일허버리고, 美醜의 價値가 顚倒하야 現實暴露의 悲哀를 感하며, 理想은 幻滅하야, 人心은 歸趨를 일허버리고, 思想은 中軸이 부러져서, 彷徨混沌하며, 暗黑孤獨에 울면서도, 自我覺醒의 눈만은 더욱더욱 크게 뜨게 되엇다. 或은 이러한 現象이, 돌이어 自我覺醒을 促進하는 그 直接原因이 된 것이라고도 할 수 잇다. 여하간 이러한 現象이 思想 方面으로는 理想主義, 浪漫主義시대를 經過하야, 自然科學의 發達과 共히, 自然主義 내지 個人主義思想의 傾向을 誘致한 것은 事實이다.[17]

　이 글은 '현실 폭로'의 자연주의를 말하면서도 사실상의 무게중심은 그 현실 폭로를 수행하는 주체, 즉 각성한 자아의 주체성(개성)과 인식론적 태도에 두고 있다. 이는 말할 것도 없이 부르주아적 개인주의, 혹은 그 낭만주의의 여실한 표백이다. 반면 그 주체의 정서적 주조가 '비애'라는 사실은 또 다른 면에서 문제적이다. 의심과 의혹, 그에 따른 권위부정과 우상 타파는 합리적인 부르주아 개인의 가장 자랑할 만한 덕목이지만, 그것이 열정이나 자신감, 도취 등 적극적이고 낙천적인 감각을 동반하지 않고 '비애'를 동반한다는 것, 거기에는 염상섭의 의식 속에 이미 서구적 의미의 부르주아적 개인과는 전혀 성격이 다른 새로운 개인의 이미지가 자리잡고 있음을 의미한다. 비애 역시 낭만주의적 자질 중의

---

17) 염상섭, 「개성과 예술」, 『개벽』 22호, 1922.4, 2~3면(문예면).

하나이지만 거기엔 낭만주의를 일구어낸 초기 부르주아의 활력은 소거되어 있고 독점자본주의시대 이후의 환멸과 무력감이 짙게 베어 있는 세기말적 페이소스라고 할 수 있다. 그 '비애'가 식민지 근대라는 현실을 수리(受理)해야 하는 자의 비애이며 거기엔 소극적이나마 '자연주의'라는 서구 담론에 대한 일종의 탈식민주의적 탈구가 작용하고 있다고 보아도 좋을 것이다.

서구에서의 자연주의 역시 자본주의적 근대에 대한 환멸과 저항의 한 양식이지만 거기에 이 같은 비애는 존재하지 않았다.

> 모든 이상과 모든 유토피아가 실패하고 난 이제 사람들은 사실에, 그리고 오직 사실만에 집착하고자 한다. 자연주의의 이러한 정치적 근원이 그 반낭만의적이고 도덕적인 경향들을 설명해 준다. 즉 현실로부터 도피하기를 거부하고 사실묘사에 있어서 철저한 정직성을 요구한 점, 객관성과 사회적 단결을 보장하는 길로서 개성의 배제와 무감각성을 추구한 점, 현실을 인식하고 묘사하는 데 그치지 않고 그것을 개조하는 자세로서의 행동주의, 현재만이 유일한 의미있는 대상이라고 고집하는 일종의 현대주의, 그리고 소재선택과 독자층의 선택에 있어서의 대중적인 경향…… 이러한 특징이 모두 자연주의의 정치적 근원과 관련된 것이다.[18]

염상섭이 받아들이고 이해했던 자연주의는 이처럼 서구에서의 그것과는 전혀 다른 자연주의였던 것이다. 물론 그것은 메이지 30년대 일본의 자연주의와 기본적으로는 맥을 같이 하는 것이기는 하다.

> 봉건의식으로부터의 해방, '신'관념으로부터의 탈각, '육'으로서의 자기의 존재를 중심으로 하는 합리적 세계관, 이 세 가지는 표리일체가 되어 자연주의를 지향했다. (…중략…) 고스기 덴가이와 오구리 후요가 소개했던 졸라의 이론이 피상적으로 이해되는 가운데 곧바로 응용되었던 것은 이런 시대사조의 성격에

---

18) A. 하우저, 백낙청·염무웅 공역, 『문학과 예술의 사회사─현대편』, 창작과비평사, 1974, 66면.

서 비롯된다. (…중략…) 그러나 졸라이즘은 일본에서는 결국 한 시대의 유행에 머물고 결실을 맺지 못했다. 이것은 졸라의 경우에는 이미 전대의 낭만파 시인들에 의해 근대적 개인의 자각과 표현이라는 작업이 이룩되었으나, 일본에서는 이를 자연주의를 통해서 확립할 수밖에 없었기 때문이다. 졸라가 표방했던 '과학'보다 좀더 극단적으로 개성을 표출하는 데 적합한 형식이 일본에서는 필요했던 셈이다.[19)]

식민종주국 일본 역시 후발 자본주의사회로서의 숙명을 벗지 못하고 자연주의를 낭만주의와 자연주의의 혼합물로서 받아들여 '개인의 자각'과 '현실 폭로'를 동시에 수행할 수밖에 없었던 것이다. 하지만 일본에도 염상섭에게서와 같은 '비애의 감각'이 그처럼 지배적이었을까? 일본의 자연주의에 일종의 반근대적 지향이 있었다고는 해도 당시의 일본사회는 욱일승천의 기세로 세계적 수준의 근대적 국민국가를 구축해 나가고 있었으며, 거기에 이런 비애의 감각이 머물 자리는 별로 없었다고 보아도 좋을 것이다. 하지만 식민지 근대의 조선에서의 '비애'는 거의 본원적인 것이었으며, 이 비극적 낭만주의의 감각이 당대의 문학 인식 전반을 지배하는 것은 차라리 자연스럽다고 할 것이다.

4. 프롤레타리아문학론과 비애의 감각

1920년대 초반 문학 개념과 관련된 입론들이 그 중심 자질을 '생명' 혹은 '인생'에서 '생활' 혹은 '현실'로 발전시켜 나가는 과정은 한편으로는 전세계적 차원에서 프롤레타리아문학운동, 혹은 넓은 의미에서의 민

---

19) 나카무라 미쓰오(中村光夫), 고재석·김환기 공역, 『일본 메이지문학사』, 동국대 출판부, 2001, 185면.

중문학운동이 약진해 나가는 과정이기도 했다. 사회주의혁명을 성공으로 이끈 소비에트 러시아에서 발원한 이 새로운 계급적 문학운동은 유럽은 물론, 전세계적으로 그 영향력을 넓혀가고 있었다. 3·1운동의 열기가 아직 식지 않은 채, 그 이전의 타협적인 부르주아 민족운동의 한계를 뛰어넘는 본격적인 민중적 민족해방운동이 본격적으로 전개되기 시작했던 조선에서도 이제 '생활'과 '현실'은 계급적 관점에서 재구성된 생활이고 현실이게 되었다. 1922년, 『백조』 동인 김기진은 이렇게 부르짖었다.

> 그렇다, 우리는 살아야 한다. 지금보다 더 잘 살아야 한다. '참말로' 잘 살아야 한다. 우리의 살림 속에서 거짓을 내쫓아야 한다. 거짓은 '도깨비'다, '亡靈'이다. '幽靈'이다. 우리의 生活에서 幽靈을 없애 버려라,
> 그러면 生活을 引導할 사람은 누구냐? 藝術家다, 藝術家의 할 일이다. 藝術家는 모든 意味의 創造者이다. 生活에 대한 先覺者이다. 生活은 藝術이요, 藝術은 生活이어야만 할 것이다. 生活의 藝術化가 되지 않으면 안 될 것이다. 世界的 人類生活의 極限까지 이러한 理想을 實現하여야 할 것이다. 冊床 앞에서 만들어내는 藝術은 우리에게는 無用한 것이다. 世界의 百姓들의 生活과 生活이 一致되고 世界의 저들의 靈魂과 靈魂이 融合되는 때에 일어나는 偉大한 交響樂은 藝術, 그것이어야만 될 것이다.[20]

여기서 주목해야 할 것은 '예술은 생활이다'라는 말이다. 앞에서 극웅의 자연주의를 소개한 글에서도 이 말은 나온다. 이 글에서의 '생활'은 그보다 더욱 구체적인 의미를 갖는다. 그것은 곧 유물변증법적 맥락에서의 '생산 관계 및 사회 제관계의 총체'를 지칭하는 것이다. 검열을 의식하여 유화된 표현이지만 "세계의 백성들의 생활과 생활이 일치되고 영혼과 영혼이 융합되는 때"라는 말은 곧 민중(프롤레타리아)에 의한 생산 및 사회 제관계의 총체적 변혁, 즉 혁명이 일어날 때라는 말에 다름 아닌 것이다. 그것이 바로 '상화(想華=감상)'라는 이름이 붙은 이 정념 넘치는 글

---

20) 김기진, 「떨어지는 조각 조각—붓은 마음을 딿하」, 『백조』 3호, 1923.9, 140면.

한 편이 조선 프롤레타리아문학의 첫 깃발이 되는 이유인 것이다. 이 글에는 보다 더 구체적으로 민중을 위한 문학을 이야기한 부분도 있다.

> ……지금 朝鮮은 '우 나로—드'라고 부르지즐 만큼이나 된 階段 우에 섯느냐? 아— 서잇지 못하다. 六十年 前의 露西亞靑年들이 두 팔을 거더붓치면서 힘잇게 부루짓든, '우나로—드!'는 只今의 朝鮮에는 아즉것 일는 모양이다[21]

하지만 이러한 강렬한 혁명적 민중지향성의 표백에도 불구하고 이 글의 기본적인 페이소스는 여전히 비애에 있다. 염상섭의 「개성과 예술」에서의 그것에 비해서는 분명 한 계단 더 나아간 것이기는 하지만 '현실 폭로의 비애'는 여전히 '비애'였던 것이다. 조선의 프로문학은 이러한 비애의 감각이 부르주아 개인주의의 영역을 넘어 민중적 현실과 만나 사회적 지평을 획득한 곳에서 열리게 된 것이다.

> 지금와서 새삼스럽게 슬퍼하고서 돌아설 것이 못 된다. 現實暴露의 悲哀는 지금 와서만 늣기는 것이 아닐 것이다. 階段을 밟지 안코 結論만을 찾기를 急히 하지 말자. 허리띠 끈을 느쳐 매고서 발을 땅속으로 너허야 하겠다. 땅속으로 거러가야 하겠다.
>
> 그럿타! 땅속을 거러야 한다, 지나간 모든 것의 모든 끄나풀을 끈허버리고서 새빨간 靈魂을 꾀어들고서, 알몸동아리로 이 世上에를 다시 나오자……[22]

이러한 비애감은 김기진에게 유독 심각하게 나타났던 것일 수도 있다. 그는 한편으로는 「클라르테운동의 세계화」(1923.9), 「빠르뷰스 대 로맨 로란 간의 쟁론」(1923.10), 「또 다시 클라르테에 대해서」(1923.11) 등을 통해 세계적 수준에서의 민중예술운동을 소개하고 또 「금일의 문학, 명일의 문학」(1924.2)과 같은 '담백한' 평론을 써 나가면서도 한편으로는 「Promenade

---

21) 김기진, 위의 글, 143~144면.
22) 김기진, 위의 글, 142면.

Sentimental」(1923.7), 「눈물의 순례」(1924.1), 「통곡」(1924.12) 등 감상적 비애감으로 가득한 산문들을 쏟아내다시피 하였던 것이다. 그리고 이러한 비애감, 다시 말하면 쁘띠 부르적 감상주의가 그로 하여금 이후의 프로문예운동 진영의 두 번에 걸친 논쟁, 즉 '내용―형식논쟁'과 '대중화논쟁'에서 연이어 그보다 냉철한 문학전위들에게 농락을 당하게 한 원인(遠因)이 되었을 수가 있다.

그러나 문제는 김기진의 쁘띠적 감상벽이 아니다. 오히려 중요한 것은 바로 그러한 김기진의 충만한 비애감이 비참한 민중과 민족의 생활(현실)로 집중되었던 지점에서 조선의 프로문학과 문예운동이 비로소 시작될 수 있었다는 사실이다. 그러니까 조선의 프로문학과 문예운동이란 것은 처음부터 민중의 투쟁 속에서 시작된 것이 아니라 이런 식민지 지식인들의 비애감이 민중의 형상 속에 투사되는 방식으로 시작된 것이었다. 이후 카프의 전위들이 뒤늦게 이 사실을 간파하고 방향 전환을 하고 볼셰비키화를 선언하고 나자 기본적으로 프롤레타리아의 자기 문화 위에 서 있지 못하고 쁘띠 부르주아적 투사들의 비애의 감각에 의존하고 있던 조선의 프로문예운동은 갑자기 형해화(形骸化)될 수밖에 없었다. 그것은 실제의 1920년대 중반 이후 조선의 프로계급운동의 주·객관적 조건과 성장·발전의 정도가 어떠했던 것인가와 상관없이 당시의 프로문예운동은 그 대중적 기반과 운동의 실 내용상 대단히 취약했던 운동이었으며, 그들의 '프로문학 담론'들 역시 쁘띠 부르주아 문인들의 비극적 낭만주의의 과잉결정물이었다는 데서 오는 자연스러운 결과였다고 할 수 있을 것이다.

김기진보다 앞서서 '현실 폭로의 비애'를 말했던 염상섭은 프로문예운동의 전성기라고 할 수 있었던 1927년에 와서 다시 한번 다음과 같이 '현실 폭로의 비애'에 관해 언급하고 있다.

現實打破의 悲哀, 或은 現實暴露의 悲哀란 말은 반듯이 自然主義者만에 限한 專用語는 아니다. 다만 現實打破의 悲哀, 或은 現實暴露의 悲哀에 발을

멈치겟느냐, 그러치 안흐면 한거름 더 나가겟느냐는 데에서, 自然主義와 自然主義 以後가 區別될 뿐이오, 그 宿題, 그 誤算은 어느 때까지 永續되고 反復되고 잇다. 그러나 現實打破라는 이 宿題는 우리의 生活이 停滯하지 안코 流動한다는 唯一의 標的이오, 또한 가장 必要한 엘레멘트인 다음에야 우리는 그 것을 決코 拒否하랴고는 아니하지만은, 現實打破나 現實暴露의 悲哀라는 誤算을 反復하기에, 우리의 朝鮮과 우리와 밋 우리의 子子孫孫이 全生涯를, 한묵금에 열넉냥금으로 놀라운 浪費를 한다는 것은, 아모리 거기에서 進步의 자최를 차질 수 잇다 할지라도, 기엽슨 不幸이다.[23]

분명히 5년 전 「개성과 예술」에서 현실 폭로의 비애를 말하던 때와는 확실히 달라진 면모가 보이는 글이다. 5년 전의 '현실 폭로'가 주체의 태도의 문제였다면 이 글에서의 '현실 폭로'는 하나의 운동성을 가지는 것이고 '자연주의 이후'를 보장하는 '엘레멘트'가 되고 있다. 이는 분명 프로문예운동과 사회주의적 전망 획득의 영향이라고 할 수 있을 것이다. 또한 이 글은 현대의 문예가 낭만주의에서도 벗어나고, "오락물시하는 천대와 데카당쓰적 경향이나 밋 그와 유사한 사로에서 구원"되었고, "천박한 낙천주의나 허울 조흔 종래의 인도주의의 가면극이나 인형극을 재연하지 안케" 되었다고도 명확히 못 박고 있는 것이다. 하지만 그럼에도 불구하고 '비애'의 감각은 여전하다. 현실 타파 혹은 현실 폭로라는 행위는 거기서 진보의 자취를 찾을 수 있다고 하더라도 "놀라운 낭비"이며 그런 면에서 근원적으로 불행하고 슬픈 일이라는 기본적으로 허무주의적인 관점이 역력한 것이다.

아마도 염상섭의 정직성이 아니면 이런 말은 나올 수 없었을 것이다. 프로문예의 깃발이 기세 좋게 펄럭이던 그 시절에 이런 말을 할 수 있는 사람은 염상섭밖에 없다고 봐도 좋을 것이다. 하지만 어쩌면 이런 생각은 당대의 내로라하는 프로문사들 각각의 내면에 내남없이 완강하게 또

---

23) 염상섭, 「문예와 생활」, 『조선문단』 19호, 1927.2, 3~4면(문예면).

아리를 틀고 있었던 생각이었을지도 모른다. 그리고 그렇지 않다면 1930년대 중반 그들이 전향의 길을 걸으면서 저마다 내뱉은 '비애의 성사'는 이해될 수 없다.

한편, 박영희가 「조선을 지내가는 삐너스」(1924.12)를 쓰고, 김기진이 「피투성이 된 푸로혼의 표백」(1925.2)을 쓰고, 박종화가 「인생생활에 필요적 발생의 계급문학」(1925.2)을 쓰는 등 프롤레타리아문학론이 명백한 대세가 되어 가면서 KAPF 결성의 기운이 무르익어 가고 있던 1925년 2월, 이광수는 마지막 5회째 연재분을 『조선문단』에 게재함으로써 「문학이란 하오」의 뒤를 잇는 자신의 득의의 '문학개론'인 「문학강화」를 완성한다. "문학이란 어떤 종류의 예술적 형식에 의한 인류의 생활(思想·感情 及 活動)의 상상적 표현인 문헌으로서 오인의 감정을 동하는 것이라"라는, 초기의 규정에 비해 훨씬 세련된 개념 규정에 도달한 이 글은 이광수 나름대로 당대 조선문학에 대한 비판, 즉 1920년대 초반의 '데카당'한 경향과 중반 들어서 대두되는 계급주의적 경향 양자에 대한 비판을 통해 '건전한' 부르주아적 문학관을 수립하고 선전하고자 하는 하나의 기획이었다.

> 그러나 文學에 대한 通觀이 업기 때문에 朝鮮의 文壇이 偶然히 잘못 든 엇던 邪路로 굴러 나려가는 듯하다. 마치 世界地理를 배호지 못한 에스키모 人이 世界는 全部 氷雪로 덥힌 것이어니 하는 것과 가티, 또 世界歷史를 배호지 못한 露西亞人이 世界는 自古以來로 階級鬪爭의 血戰의 世界여니 하는 것과 같티, 世界의 文學과 文學의 歷史를 通觀하지 못한 朝鮮 靑年들은 文學이라면 오늘날 朝鮮文壇에 보는 듯한 데카단式 文學뿐이어니 하야, 嘔逆나는 것을 억지로 맛나게 먹으려 하고, 저도 또 嘔逆나는 것을 만들어 억지로 남의게 맛난다는 對答을 强請하려 한다. 이것은 오즉 新生하는 朝鮮文學에 病毒이 될뿐더러, 朝鮮의 民族的 性格의 修練과 改造에 무서운 毒을 加하는 結果가 된다.[24]

---

24) 이광수, 「문학강화(1)」, 『조선문단』 창간호, 1924.10, 55~56면.

진리감(진), 도덕감(선)의 만족을 전제로 하면서 심미감(미)을 만족시키는 것이 문학의 가치임을 결론으로 삼고 있는 이 글은 결국 문학에 종교 수준의 위의를 부여하여 근대 국민국가의 국민통합 및 교육 이데올로기로 삼고자 한 영국의 아놀드-리비스 일파의 전형적인 부르주아문학관을 재확인하고 있다. "세계역사를 배우지 못한 로서아인" 운운하거나 프롤레타리아문학을 하나의 '단체의 문학' 정도로 취급하는 데서 알 수 있듯 이광수의 이 문학개론에는 당대의 프로문학론(자)들에 대한 내재적 이해라는 관점은 전혀 포함되어 있지 않음을 알 수 있다.

데카당을 몰랐던 이광수가 '비애'를 알 리 없고, 비애를 몰랐던 이광수가 프로문예운동에 몸을 던진 전직 데카당들의 열정을 알 리가 없는 것이다. 그리고 그런 단순무지한 부르주아 계몽주의에서 이런 관조적이고 정태적인 초역사적 문학개론이 나오는 것은 지극히 자연스러운 것이다. 하지만 불행한 것은 해방 후 오랫동안 이러한 낡아빠진 부르주아적 문학 개념이 문단과 교육기관과 교과서를 지배해 왔다는 사실이다. 반면에 비록 쁘띠적 감상주의와 정치적 교조주의 사이를 왕복하며 실패를 거듭했지만, 식민지시대의 그 '놀라운 낭비'의 역동성과 창조성이 낳은 주체적이고 구체적이며 역사적인 '문학이란 무엇인가'라는 고민의 흔적은 어느덧 실종되어 지금까지도 충분히 평가되지도 계승되지도 못하고 있는 것이다.

5. 맺음말

여기까지 1910년대에서 1920년대 초반에 이르는 식민지 조선에서의 근대적 문학 개념의 형성과 그 내적 맥락에 대해 거칠게 개관해 보았다.

이를 다시 다음과 같이 요약할 수 있을 것이다.

근대적 문학 개념의 수립이란 궁극적으로 근대 국민국가 형성을 위한 하나의 이데올로기적 기획이다. 하지만 식민지 조선의 경우 근대 국민국가 성립의 좌절로 인해 문학 개념 형성의 주체적 계기를 만나지 못하고 외부로부터의 이식, 혹은 번역을 통해 이를 수행할 수밖에 없었다는 한계를 가진다. 그러나 이렇게 외재적 기원을 가진다고 할지라도 조선에서의 근대적 문학 개념은 식민지에서의 주·객관적 조건의 변화에 따라 나름의 내적 논리에 의한 특수한 행로를 거쳐왔으며 이 과정을 탐색하는 것은 식민지 근대성이라 불릴 수 있는 한국적 근대성의 정체를 묻는 작업으로서 의미를 갖는다고 할 수 있다.

1910~20년대 조선에서의 근대적 문학 개념이 형성되는 과정은 '정 → 생명 → 인생 → 현실 → 계급' 등으로 그 핵심 자질이 변모하는 과정이기도 한데 이는 낭만주의에서 자연주의로, 다시 민중예술론에서 프롤레타리아문학론으로 발전하는 과정이라고 할 수 있다. 그 과정에서 처음에는 '문학=정적인 것'이라는 단순한 종차적 인식에 머물렀다가 점차 '생명'·'인생' 등 부르주아적 낭만적 주체의 세계관을 드러내는 자질들이 중시되고 다시 '생활'·'현실' 등 자연주의적(리얼리즘적) 자질들이 강하게 대두되는 등 변모를 겪게 된다. 다만 이러한 이행 과정은 외적으로는 순차적으로 이루어지는 양상을 보이지만 사실은 동시에 여러 자질들이 강조되는 일종의 '비동시적인 것의 동시성'의 현상을 보이게 된다. 이러한 '비동시성의 동시성'을 가장 잘 보여주는 예가 당시 문학론들의 저변에 깔린 '비애의 감각'이라고 할 수 있다. 이 '비애의 감각'은 일종의 비극적 낭만주의의 자질인데 1920년대 초반 염상섭의 소론에서부터 드러나는 이 자질은 김기진에 의해 프로문학론에까지 운반되어 당시 쁘띠 부르주아 문인들의 저변의 감각으로 자리잡게 된다. 단적으로 말하면 1920년대 중반 이후의 조선의 프로문학은 이런 비애의 감각이 부르주아 개인주의의 영역을 넘어 민중적·사회적 지평으로 전이된 결과물이라고 할 수 있

을 것이다.

 물론 근대적 문학 개념의 보다 정제된 형태는 1920년대 중반 이광수에 의해 드러난 바 있으나, 그것은 식민지 조선의 현실과는 유리된 관조적이고 초역사적인 부르주아적 문학 개념에 불과한 것이고, 진정 우리의 근대적 문학 개념 수립 혹은 탐색을 위한 노력은 이러한 비애의 감각을 토대로 해서 생명에서 인생으로, 인생에서 생활로, 생활에서 현실로, 현실에서 계급과 민족으로 그 중심 자질을 발전시켜 나간 과정 속에서 찾아져야 할 것이다. 그리고 거기에서 비로소 식민지시대의 비극적 정신들이 모색했던 주체적이고 자생적인 문학의 이데아의 윤곽을 만날 수 있을 것이다.

 본고는 말하자면 그러한 발견을 위한 서설적 연구에 해당하는 것이며, 1920년대 중반 이후 본격적으로 전개되는 프로문학 담론과 그로부터 파생된 제반 문학 담론들에 대한 새로운 관점에서의 탐색을 경과한 뒤에야 보다 뚜렷한 결론을 얻게 될 것이다.

1920년대 부르주아문학의 제도적 정착과 『조선문단』

이봉범

1. 문제제기

　『조선문단』은 1924년부터 1936년까지 통권 26호가 발행된 순문예잡지이다. 각각 두 차례의 휴간(1925.12~1926.2; 1926.7~1926.12)과 속간(1927.1; 1935.2)을 거듭하면서 오랫동안 생명을 유지했는데, 1920년대로 한정해보면 동인지로서 비교적 장수한 『창조』가 9호로 그쳤고 대다수 문예지가 단명한 사실에 견주어볼 때,[1] 26호를 발행했다는 사실 자체만으로도 관심 대상

---

[1] 『조선문단』이 존재했던 시기 문예잡지의 현황을 살펴보면 그 수가 적을 뿐만 아니라 대부분 단명했음을 확인할 수 있다. 『廢墟以後』(1924.1)·『詩村』(1924.3)·『文藝運動』(1926.1)은 각각 1호로, 『文藝時代』(1926.11~1927.1)·『海外文學』(1927.1~7)·『白雉』(1928.6~7)·『朝鮮文藝』(1929.5~6)는 각각 2호로, 『文藝公論』(1929.5~7)은 3호로, 『開拓』(1926.11~1927.7)은 4호로, 『靈臺』(1924.8~1925.1)·『生長』(1925.1~5)·『新小說』(1929.12~1930.9)은 각각 5호로, 『朝鮮詩壇』(1928.1~1930.1)은 6호로 종간됐음을 감

이 되기에 충분하다. 특히 1920년대에 20호를 발간했다는 점, 그것도 동
인지시대가 종언을 고하고 문학 이념의 분화와 대립이 본격화되는 가운
데 문학 장의 헤게모니투쟁이 치열하게 전개되는 1920년대 중반 문단의
중심매체였다는 사실은 여러모로 주목을 끈다.[2] 이는 역으로『조선문단』
의 성격과 위상에 대한 규명이 곧 이 시기 문학 지형을 조감하는데 긴요
하다는 것을 말해준다.

　　그런데『조선문단』에 대한 문학사적 인식은 대체로 민족주의적 경향
의 문예잡지라는 것으로 수렴된다. 이 통념은 동시대『개벽』 및 프로문
학과의 평면적인 비교를 통해 대타적으로 생성된 혐의가 짙다. '프로문
학에 대항하는 민족주의적 경향', '『개벽』지의 계급주의적 경향과『조선
문단』지의 민족주의적 경향'[3]이라는 초기 문학사의 규정이 이후 암묵적
으로 승인되고 이에 더하여 1920년대 문학의 주조를 프로문학에 두고자
하는 연구자들의 접근 방법 — '민족'과 '계급'의 이분법적 대립 구도에
따른 부르주아문학에 대한 주변화 — 으로 말미암아 하나의 문학사적 통
념으로 고착된 것으로 보인다. 하지만 '민족주의적'이라는 성격 규정도
모호하고 그 근거 또한 불충분하다.『조선문단』이 '민중예술', '국민문
학', '조선적인 것'을 더러 표방한 바 있으나 이를 민족주의적인 것으로
일방화하기는 곤란하다. 필진뿐만 아니라 수록된 작품 모두 민족주의라
는 단일한 성격으로 묶여질 수 없을 만큼 잡식성을 보여주는 것이『조선

안할 때 동인지 시기 이후 1920년대에는 실질적인 문예잡지가 없었다고 해도 과언이
아니다.
2) 1935년 이성로(이학인)에 의해 속간된『조선문단』은 편집 체제, 운영 방침, 필진 등
잡지의 제반 사항을 1920년대『조선문단』으로부터 고스란히 이어받고 있다. 총6호를
발행하면서 문단의 공기(公器)로 자임하는 가운데 1930년대 중반 부르주아문학의 요람
으로 기능한 바 있다. 또 '현상추천제'를 통해 안수길 · 박남수와 같은 신인을 배출하기
도 한다. 다만 이 글에서는 논의의 성격상 1920년대『조선문단』만을 대상으로 한다.
3) 조연현,『한국현대문학사』, 성문각, 1969, 215~219면. 조연현은 인적 구성 및 그에
따른 의식의 지향을 기준으로 1920년대 문학 경향과 매체를 대응시켜 그 대립각을 부
각시키는 것에 초점을 두고 있다. 그것은『개벽』(계급주의),『조선문단』(민족주의),『문
예공론』(절충주의)의 삼각 구도로 구체화된다.

문단』의 특장이자 생명력이기 때문이다. 이 통념이 더욱 문제적인 것은 『조선문단』이 문학의 제도화를 위해 기획·추진했던 '창작합평회', '지상 문예강좌', '현상추천제', '문예대중화론'과 같은 다양한 제도적 실험들을 간과하는 데 있다. 따라서 『조선문단』의 성격과 위상을 제대로 파악하기 위해서는 민족주의로의 과도한 일반화에 대항하는 역사화 작업이 필요 하다.

그 역사화는 1920년대 중반 문학 구도 속에서 『조선문단』을 접근해야 한다는 것을 의미한다. 임화는 1920년대 중반의 문학 상황을 신문학의 전면적 종합적 계승자인 신경향파문학(프로문학)과 예술 및 문학 옹호의 느슨한 연합이라고 할 수 있는 부르주아문학의 적대적 대립 구도로 파악한 바 있다.[4] 특히 역사적 시효를 상실한 부르주아문학이 프로문학과의 대립을 통해 예술 및 문학 옹호라는 통일적 방향으로 재정비되는, 즉 부르주아문학의 자기 정립이 반봉건성을 통한 것이 아닌 프로문학과의 투쟁을 통해 이루어지는 특수성을 언급하고 있어 당시 부르주아문학의 동향을 파악하는데 귀중한 단서를 제공해주고 있다. 『조선문단』은 이와 같이 부르주아문학과 프로문학이 양립하고 있던 1920년대 중반 문학 장 에서 당대 부르주아문학의 느슨한 연합체이자 창작의 요람이었다. 이는 동인지 문학을 포함한 근대부르주아문학의 수렴 과정이면서 동시에 확 산 과정이라는 이중적 의미를 지닌다. 이에 이 글에서는 어떤 경로를 통 해 부르주아문학이 『조선문단』으로 수렴되는지, 또 그 동인은 무엇이고 그로 인해 결집된 부르주아문학이 프로문학과 어떤 대립 관계를 형성하 면서 부르주아문학의 제도화를 도모하는가에 주안점을 두고자 한다.

---

4) 임화, 「조선신문학사론서설」, 『임화 신문학사』(임규찬·한진일 편), 한길사, 1993, 358 ~362면 참조.

2. 『조선문단』의 성격과 위상—1920년대 부르주아문학의 느슨한 연합체

『조선문단』에 대한 역사화는 이 잡지가 '순문예지'라는 자명한 사실을 되묻는 것에서 시작될 필요가 있다. 우선 출현 자체가 예사롭지 않기 때문이다. 조선어 신문들이 민중의 표현기관임을 자임하면서 여론 형성의 주도권을 행사하고 있었고 다른 한편으론『조선지광』・『개벽』과 같은 종합지가 당대 정치적・사상적 조류를 적극적으로 반영해내면서 대중적 영향력을 급속하게 확장시키고 있던 1920년대 중반의 매체 환경 속에서 순문예지의 출현은 그 자체로 특이한 것이었다. 게다가『개벽』이 문예란을 통해 대두기 신경향파문학의 이론적・창작적 거점으로 자리를 잡아가는 무렵임을 감안하면『조선문단』의 창간은 다소 무모한 도전으로 보여진다. 출자자(出資者) 방인근의 문학적 열정만으로 설명되기 어려운 부분이다. 여기에는 당대 부르주아문학의 일시적인 침체와 문화통치 시기 저널리즘의 성장이라는 시대적 배경이 작용했다고 볼 수 있다. 3・1운동 전후 이광수(문학)의 극복을 통해 신문학운동을 전개했던 동인지 문학은 자족적, 폐쇄적 성격으로 말미암아 일반사회(대중)로부터 철저한 냉대와 무시를 당했고,[5] 그들이 각기 추구한 개성 또한 이식문학의 수준을 넘지 못하면서 그 문학적 유효성을 더 이상 유지하기 어려운 위기 상황에 직면한다. '창조파'가『영대(靈臺)』를 통해서 '폐허파'가『폐허이후(廢墟以後)』를 통해서 각각 재기를 시도하지만 이미 동인지의 문화적・대중적 영향력이 약화된 상황에서 그들만의 잔치로 끝날 수밖에 없었다. 이에 더하여 문단의 규모가 점차 확장됨에도 문단 내 소통의 장이 부재했으며 문학청년들의 고조되는 문학열을 수용할 만한 매체 또한 부재한 상황이었다. 부르주아문학은 과거와 다른 새로운 차원의 운동, 즉 사회적, 대중적 지평으로

---

5) 김동인, 「문단 30년의 자취」, 『김동인평론전집』(김치홍 편), 삼영사, 1984, 447면.

의 전환을 요구받고 있었던 것이다. 다른 한편으로 1920년대 초반 일제의 문화정책으로 인해 제한된 영역에서나마 언론 자유가 확보되고 조선어 일간지 및 종합잡지를 중심으로 문화운동이 활발하게 전개된 상황에서 문학 분야에서도 여러 가지 문학 조류를 어떤 평균 수준에다 중화시키는 저널리즘 탄생의 가능한 조건이 마련되었고 그것을 구체적으로 매개하는 문예잡지의 융성이 가능하게 된다. 『조선문단』은 바로 이러한 시대적 조건을 배경으로 탄생한 문예저널리즘의 최초의 모뉴멘트였던 것이다.[6]

기실 『조선문단』은 박영희가 '무당파적'이라고 끊임없이 공격한 바와 같이 특정 문학 이념을 배타적으로 강조하거나 뚜렷한 이론상의 주장을 제기한 바 없다. '문단의 공기(公器)', '인생을 위한 예술', '거룩한 사랑의 예술'이라는 범박한 주장을 반복해서 표방했을 뿐이다. 필진 및 수록된 작품 경향에서 어렵지 않게 확인된다. 이미 대가의 반열에 올라 대중적 권위를 누리고 있던 이광수·최남선·양건식 등 1910년대 작가들(신소설 작가는 배제), 『창조』·『폐허』·『백조』의 동인들 대부분, 이은상·김동환·조운·방인근·최독견·김동명 등 동인지 이외의 매체를 통해 등단한 신인들, 최서해·채만식·임영빈·한설야·계용묵·박화성·유도순·김해강·박태원 등 현상추천제를 통해 발굴된 신진들까지 1920년대 부르주아 문인들 대부분이 망라되어 있다. 필진으로 참여한 문인들의 최대공약수는 '인생을 위한 예술'에 대한 느슨한 공감대 정도이다. 즉 『조선문단』은 예술 및 문학의 옹호를 지향한 당대 부르주아문인의 느슨한 연합체이자 그 표현매체라는 특징을 지닌다.

필진과 함수 관계를 갖는 작품 경향 또한 관념론적 계몽성에서부터 신경향파문학에 이르기까지 실로 다양하다. 과거의 경향뿐만 아니라 당대에 대두된 여러 가지 문학 조류가 종합된 형태이다. 이렇듯 『조선문단』은 문단의 공기라는 막연함, 다시 말해 탈이념성을 기축(機軸)으로 기

---

6) 임화, 「문예잡지론—조선잡지사의 일 측면」, 『조선문학』 7집, 1939.4.

존의 근대문학의 성과를 적극 수용하고(부정하거나 대타화하지 않고) 이를 발전적으로 확산시킨 것이 강점이자 특장(特長)이다. 바로 이 점이 자금난, 원고난, 검열난 속에서도 오랫동안 생명력을 유지할 수 있었던 요인이었으며 나아가 당대 문인 및 문학 지망생들을 포함한 독자 대중들로부터 광범한 지지를 받으며 짧은 기간 내에 대중적 영향력과 권위를 확보할 수 있었다. 따라서 『조선문단』이 추구한 신문학운동이 새로운 무엇에 대한 시도가 아니라 이미 성립된 신문학을 확대 재생산한다는 확산적 의미의 운동이었다는 평가는 부분적으로 타당하다.[7]

한편 『조선문단』을 부르주아문학의 느슨한 연합체라 할 때 쟁점이 되는 것은 이광수의 존재 및 역할 문제이다. 창간호부터 9호까지 명기되어 있는 '이광수 주재(主宰)'라는 타이틀은 당대는 물론이고 후대에도 이 잡지의 성격과 위상을 파악하는데 핵심근거로 작용해왔다. 실제 이광수의 존재를 배제하고 『조선문단』을 논하는 것은 불가능하다. 매체 탄생의 산파역이었으며 잡지의 편집 방침, 게재될 작품의 선별과 개작 등 잡지 전반의 기획·편집을 주재했고,[8] 현상문예의 소설과 논문 항목의 고선자로, 본격적인 부르주아문학개설서인 「문학강화」를 비롯한 다수의 문학론 및 작품의 발표, 문예강연회의 대표연사 등 매체의 내·외적 측면 모두에서 막강한 영향력을 행사했다. 더욱 중요한 것은 이광수의 문학론이 『조선문단』의 매체적 지향으로 적극 수용된다는 데 있다. 1910년대 사회에 대한 인정투쟁을 통해 문학에 대한 근대적 관념을 정립한 이래 1920

7) 이경돈, 「『조선문단』에 대한 재인식」, 『상허학보』 7집, 2001, 71면. 부분적인 타당성이라고 본 것은 그가 『조선문단』이 추구한 신문학운동을 확산적 의미의 운동으로 날카롭게 분석 지적했지만 그것이 동인지와의 단순비교를 통해 도출되다보니 이 잡지가 새롭게 기획하고 추진했던 다양한 제도적 실험들이 상대적으로 소홀하게 취급되는 문제를 안고 있기 때문이다.
8) 이광수의 회고에 따르면, 『조선문단』은 『무정』 재판을 해보겠다고 전영택과 방인근이 찾아왔을 때 문예잡지를 해보라고 권유해 탄생했으며 작품 수록도 그가 통독하여 결정해주었고 그 과정에서 방인근, 박화성의 소설은 자신이 일부 개작하여 실리게끔 했다고 술회한다. 춘원, 「전(前) 『조선문단』 추억담」, 『조선문단』 속간4호, 1935.8.

년대 전반 새롭게 전개된 이광수의 문학론, 특히 예술은 종교·철학·과학과 동렬에 존재하는 문명의 꽃으로서 식민지조선에서도 징후가 나타나고 있는 근대문명의 일반적 위기를 돌파할 수 있는 대안이 인생의 예술적 개조임을 강조하는 가운데 주창한 '건전한 예술', '조선민중예술'이라는 방향성9)은 '인생을 위한 예술'(창간호), '건전한 조선민중예술'(12호)로 반복 표방되면서 잡지 방향의 키로 작용한다.10)

그런데 『조선문단』의 입장에서 보면 이광수의 존재는 긍정/부정의 양가성을 지닌다. 당시에도 여전히 위력을 발휘하고 있던 이광수의 대중적 권위와 인기는 『조선문단』이 단기간에 문화적·대중적 기반을 잡는 데 중요한 원천이 된다. 이를 '명망성', '대가시스템'으로 간주, 『조선문단』이 대가의 권위에 의존하는 방식을 통해서 자율성의 제도화 자체가 봉건성의 복원이라는 맥락에서 이루어진 것으로 평가하기도 하지만,11) 과거로의 퇴행으로 보기 어렵다. 오히려 대가시스템이 문학의 대중화 및 제도화라는 매체의 전략을 실현하는데 유효하게 작용했다고 볼 수 있다. 대가 혹은 문학전문가의 권위와 인기를 바탕으로 문학적 정당성을 확보하고 나아가 문화적인 권력을 획득해나가는 방식이 문학저널리즘의 본질이자 생명이기 때문이다. 『조선문단』이 이광수로 말미암아 많은 오해와 매도를 당했음에도 꽤 오랫동안 '이광수 주재'라는 타이틀을 고수했던 까닭도 또 그 타이틀을 철회하고도 계속해서 이광수를 호명한 이유도 이런 맥락에서다.

반면 이광수의 존재는 『조선문단』이 우익문사집단으로 규정되는 부정적인 계기로 작용하기도 했다. 특히 좌익문사 또는 '카프'로부터 집중적

---

9) 이광수, 「예술과 인생―신세계와 조선민족의 사명」, 『개벽』, 1922.1.

10) 이를 문단사의 측면에서 보면 이광수의 문학론과 권위 그리고 그것의 반영물인 『조선문단』의 출현을 통해 반(反)이광수에 의해 분립되었던 부르주아문학이 이광수 중심으로 재결집되는 결정적인 계기가 된다. 물론 여기에는 정치적인 패배를 문화적인 우수성으로 보상받으려는 부르주아문인들의 보편적 심리가 작용했다고 볼 수 있다.

11) 차혜영, 『한국 근대 문학제도와 소설양식의 형성』, 역락, 2004, 67~90면 참조.

인 공격 대상이 되는데, 가령 『시대일보』가 '문단소화(文壇小話)'를 통해 '우경문사가 글 쓰는 『조선문단』과 총독부사회과 촉탁이 주재하는 『신민』의 유착설'을 제기하여 공격한 경우,12) '창간1주년기념문예강좌'(1926. 11.5~6)에서 출판노동조합위원 소속 좌익청년들이 이광수의 강연을 방해한 경우13) 등은 모두 이광수를 1차적인 표적으로 삼아 빚어진 사건이었다. 그만큼 이광수는 당대 부르주아문학의 구심(求心)이었고 따라서 프로문학진영의 입장에서 봤을 때 '이광수=『조선문단』'의 등식 관계가 성립되었던 것이다. 이 관계는 1920년대 문학 장에서 부르주아문학과 프로문학의 헤게모니투쟁을 이해하는데 그리고 『조선문단』의 성격을 파악하는데 중요한 단서가 된다.

'신문학의 장 내부에서 발생한 타자'였던 프로문학14)은 기존 부르주아문학에 대한 부정 및 대타화를 통해 자기 존재를 증명하고, 그것과의 차별화를 통해 문화적·대중적 영향력을 확보할 수밖에 없었다. 고양되던 사회주의운동의 흐름에 적극 부응하는 계급문학의 주창을 통해 이념적 차별성을 부각시켰지만 그것이 곧바로 문학적 권위로 전환된 것은 아니었다. 그 문제를 해결하기 위해 선택된 효과적인 전략이 이광수 때리기이다. 1925년 벽두 『개벽』의 연속기획물이었던 '이광수론'(1925.1)과 '계급문학시비론'(1925.2)이 대표적인 예다. 박영희의 회고에 따르면, 전자는 우유부단하던 비투쟁적 민족주의를 급진적 투쟁의식으로 고양시키기 위한 계획적인 논전이었으며 후자 또한 계급문학에 대한 세상의 여론을 일으키려는 목적으로 기획된 것이었다.15) 이광수(문학)에 대한 부정(또는 극복)

---

12) 『조선문단』 15호(1926.4)의 「편집여언」(방인근).
13) 박영희, 「초창기의 문단측면사」, 『현대문학』 61호, 1960.1. 박영희는 춘원의 강연을 방해하기 위해 좌익청년들이 사전에 치밀한 계획을 짰으며, 현장에서는 야유와 더불어 『조선문단』지를 단상에 서있는 춘원을 향해 내던졌으며 이적효를 포함 다수의 청년들이 경찰서에 연행되었다고 기술하고 있다. 당시 이광수에 대한 좌익청년들의 반감이 어느 정도였는지 여실히 확인할 수 있는 대목이다.
14) 천정환, 『근대의 책읽기』, 푸른역사, 2003, 426면.
15) 박영희, 앞의 글(『현대문학』 제60호~61호, 1959.12~1960.1) 참조. 계급문학론을 중심

이 여전히 새로운 문학을 전개하는데 통과의례가 될 수밖에 없었던 1920년대 우리 문단의 취약한 일면을 잘 보여준다 하겠다.

문단의 헤게모니를 장악하기 위해서는『조선문단』에 대한 공격 또한 필요했다. 독자적인 표현매체를 소유하지 못했던 계급문학 진영은[16]『조선문단』의 등장 자체가 위협적이었으며 나아가 빠른 기간 안에 당대 문인들뿐만 아니라 문학청년층, 일반대중들로부터 광범한 지지를 받으면서 대중적 영향력과 권위를 확보해가는『조선문단』을 견제·무력화시킬 필요가 있었다. 그것은『조선문단』의 야심 찬 기획 가운데 하나였던 '창작합평회'에 대한 집단 공격으로 나타난다. '무책임·불충실·작품에 대한 본질적 이해 부재'(박영희), '衆口亂評'(조명희), '문인비평극'(이익상), '기교문제에 편파적 집중'(김기진), '冷嘲·策略·阿諂·漫誇의 태도'(이상화), '판매정책, 페이지 보충책'(백기만) 등[17] 대체로 합평회의 부정적인 측면을 극대화한 비판들이다. 그런데『개벽』이 합평회를 계획했다가 중지했다는 사실,[18] 또 집단적인 형식으로 합평회를 공격했다는 것은 비록 합평회가 지닌 문제점에 대해 일정 부분 합리적인 비판을 가했다고 하더라도 — 특

문제로 한 부르주아문학과의 투쟁은 1926년 1월『조선일보』학예란에서 벌어진 박영희와 염상섭의 논쟁으로 발전하게 된다. 그리고 이와 같은 일련의 계획적인 논전의 결과 많은 동지들을 규합할 수 있었다고 한다.『개벽』이 현상문예를 실시하게 된 직접적인 원인 또한 상대적인 열세에 놓여 있던 계급문학진영의 세력 확장을 위해서였다.

16) 물론 카프의 준기관지로『문예운동』(통권1호, 1926)과 동경지부에서 간행된 기관지『예술운동』(1927)이 있었고, 이후 박영희 주간의『조선문예』(통권2호, 1929.5~6)가 있었지만 큰 역할을 했다고 볼 수 없다. 계급문학(프로문학) 진영이 독자적인 매체를 소유하지 못한 것은 가혹한 검열에 주된 원인이 있었지만, 어쨌든 계급문학운동의 대중적 영향력을 확대하는데 치명적인 약점이 될 수밖에 없었다. 비록 초기에는『개벽』의 문예란을 통해서 1920년대 후반에는『조선지광』의 문예란을 통해서 자기 담론이 전개되지만 독자적인 매체가 있는 것과는 비교될 수 없는 성질이다. 매체를 이용한 자기 담론의 권력화 과정에서 계급문학 진영은 상대적으로 불리한 상황이었던 것만은 분명한 사실이다.

17) 박영희 외, 「조선문단 '합평회'에 대한 소감」,『개벽』, 1925.6, 101~108면.

18) 염상섭, 「조선문단 및 그 합평회와 나」,『조선문단』10호, 1926.7; 방인근, 「『개벽』 6월호 '조선문단합평회소감'을 닑고」,『조선문단』10호, 1926.7.

히 이상화는 나름의 합리적 대안을 제시 ─ 그 의도성을 의심하지 않을 수 없다.[19] 다시 말하면 합평회에 대한 공격은 합평회 자체보다도『조선문단』의 본질을 폭로하여 그 대중적 영향력을 감쇄시키려는 동시에 프로문학 진영 내부의 결속을 강화하기 위한 박영희의 의도된 기획으로 볼 수 있다. 합평회에 1회 참여했던 김기진이 동료들로부터 엄청난 비판을 받았던 것도 이와 밀접한 관련이 있다. 프로문학진영의 공격에 대해『조선문단』 또한 곧바로 집단적인 반론 형식으로 응수한다.[20] 당파적 구분으로 서로를 비방하는 것의 폐해와 천박성을 지적하는가 하면(염상섭·현진건), 조목조목 반론을 제기하면서 합평회의 취지를 재확인하고 아울러 합평회를 빌미로『조선문단』전체를 비난·매도하는 태도를 재비판하면서 합리적인 의사소통을 제안한다(방인근). 매체의 블록화는 있을 수 없다는 것이다.

　그런데 프로문학진영의 이광수 때리기와 '합평회' 비판을 둘러싸고 벌어진 양측의 대립은 1920년대 중반 문단의 헤게모니투쟁의 단면을 상징적으로 보여준다는데 의의가 있다. 이는 프로문학진영의 투쟁 경로와도 깊은 관련이 있다. 프로문학진영이 내부의 노선투쟁, 즉 1차 방향 전환을 통해 올바른 과학적 사상에 입각한 문학론을 확립하기 전까지는 부르주아문학과의 투쟁이 우선이었고 그것은 곧 문단 내 헤게모니투쟁의 성격을 띨 수밖에 없었다. 그 헤게모니투쟁은 문학 장 내부에서 문학의 자율적 규칙을 마련하는 과정으로 프로문학은 문학 외부의 힘을 태반으로 계급해방·민족해방의 이념과 실천 행위에 의해 자기 정체성을 찾아가는 방향이었다면,[21] 부르주아문학은 문학 내적인 질서, 즉 작품을 매개

---

19) 프로문사들의 비판이 '합평회'의 본질을 정확히 꿰뚫고 있었던 것은 아니다. 후술하겠지만 '합평회'는 전문적인 비평 기준을 모색하는 과정이자 동시에 이를 통해 기성 작가는 물론이고 신인 작가들을 문학 장 내에서 승인하는 제도로서 특별한 의미를 지닌다.

20) 염상섭 외,「『개벽』6월호에 게재된 조선문단 '합평회' 소감에 대하야」,『조선문단』 10호, 1926.7.

로 한 자율성 및 대중성 획득을 추구하는 방향인 관계로 그 둘은 서로 상치될 수밖에 없는 운명이었다. 『조선문단』은 바로 이 과정의 한복판에 존재하면서 부르주아문학의 자율성 획득의 매체적 거점으로 기능했던 것이다. 따라서 이 잡지가 프로문학진영으로부터 공격의 표점이 되었던 것은 당연한 결과였다. 하지만 두 측의 대립이 적대적인 것만은 아니었다. 오히려 대립하면서 의존하는 상생 관계를 형성하면서 1920년대 중반 문학의 제도화가 본격적으로 이루어질 수 있었다.[22]

문학 본위에 의거한 부르주아문학의 자율성 규칙은 『조선문단』이 문단의 공기를 자임하면서 부르주아문학 내부의 다양한 경향은 물론이고 당대 발흥하고 있던 신경향파문학 내지 프로문학을 적극 부정하지 않고 포괄할 수 있었던 원천이었다. 물론 「계급문학시비론」에 참여했던 부르주아문인들의 입장에서 확인되는 것처럼 계급문학에 대한 인식에 큰 편차가 존재하지만,[23] 당시 부르주아문학에 있어서 이념의 문제는 부차적인 것이었다. 『조선문단』이 당파적 기준에 의한 부르주아문학과 프로문학의 이항대립적 구도를 철저하게 부정한 것도, 또 프로문학을 식민지 조

---

21) 천정환, 앞의 책, 426~427면.
22) 1927년 카프의 방향 전환이 있기 전까지 부르주아문학과 프로문학의 관계를 민족과 계급의 이념적 대립으로 보기 어렵다. 오히려 문학 장의 자율성 규칙을 둘러싼 헤게모니 투쟁의 성격이 강하다. 1929년에 접어들어 '무산계급문예' 문제가 쟁점으로 부각되고 이를 둘러싼 프로문학과의 대립 구도에서 부르주아문학의 분화가 본격적으로 이루어지는데, 이 과정에서 민족문학을 표방하는 부류가 나타나는 것으로 보인다. 필자의 판단으론 그 매체적 거점이 『문예공론』이다. 흔히 이 잡지의 성격을 절충주의로 규정하는데, 비록 '강령'에 '불편부당의 태도로 모든 주장을 포용'한다고 강조하고 있지만 실질적으로는 프로문학과의 이데올로기적 정면 대결로 일관한다.
23) 논리적이며 강경한 프로문학측의 입장(박영희, 김기진)과 달리 김동인은 '계급공기', '계급음료수'와 같은 다소 치졸한 비유를 들면서 계급문학의 존재 또는 성립 자체를 완전 부정, 이광수는 계급을 초월한 예술이 존재한다는 것을 통해 우회적으로 부정, 나도향은 경제적 토대의 성격상 장차 『조선문단』에 프로문학이 발흥할 것으로 예상하지만 꼭 그것을 표방해야 할 필요가 없다는 어정쩡한 입장, 박종화는 특유의 삼단논법으로 계급문학의 발생을 긍정, 염상섭은 예술의 완전한 자율성을 전제로 계급문학의 출현이 가능하다는 부분부정 등 부르주아문인들의 입장에 현격한 차이가 존재한다.

선 현실의 필연적인 문학적 반영의 일 양상으로 수용하는 기조를 끝까지 유지한 것도 이런 맥락에서 가능했던 것이다.[24] 물론 여기에는 작품의 수준(완성도)이라는 엄격한 규칙이 적용된다. 소설로 한정해보면 논자마다 다소 차이는 존재하지만 대체로 작품의 구상·제재·주제의식·문장·묘사·기교·표현 등 작품의 내용 및 형식에 관련된 제반 요소를 기준으로 그 형상화 수준에 따라 선별적으로 수용하는 양상을 보여준다. 가령 최서해·이기영·송영의 소설을 계급문학 또는 프로문학의 모범적인 작품을 평가하는 반면, 박영희·조명희·이익상의 소설은 소설의 형식적 요건을 제대로 갖추지 못하고 생경한 관념만 표출한 그래서 전반적으로 소설에 미달한 것으로 비판한다. 이 원칙은 부르주아문학에 대해서도 예외가 아니었다. 「감자」, 「B사감과 러브레터」, 「탈출기」, 「물레방아」, 「전화」 등 문학사적 의의를 지닌 작품들이 발표된 것도 이와 밀접한 관련이 있다. 『조선문단』은 이와 같은 작품우승열패주의를 근간으로 자율성의 제도화를 강력하게 추진했던 부르주아문학의 거점이었던 것이다.

3. 『조선문단』의 문학제도화 전략—대중화와 전문화의 병행 시스템

1920년대는 문학의 생산-유통-수용의 소통 구조가 전반적으로 매우

---

24) 주요한은 한발 더 나아가 프로문학운동의 공과에 대해서도 비교적 객관적인 평가를 내리는데, 다만 그것이 조선문학의 궁극적인 목표가 될 수 없고 따라서 부르주아문학을 포함하여 프로문학도 지양되어야 할 과도기적 형태로 간주한다. 그가 제시하고 있는 지양태, 즉 제3의 문예운동이란 사회비판의 연(軟)한 핵심에 도달하는 것으로, 현대 문명의 모든 제도에 대한 철저한 비판을 의미한다. 그러면서 그것을 이미 선취하고 있는 작가로 이기영을 지목하고 있다. 주요한, 「取題의 경향과 제3층 문예운동」, 『조선문단』 19호, 1927.2.

취약한 형편이었다. 문학에 대한 근대적인 관념이 정립되고 그에 따른 문학운동이 동인지를 중심으로 활발하게 전개되었지만 문학은 여전히 소수 문인들의 전유물이었고, 사이비문사가 횡행하여 표절과 도작(盜作)이 범람했으며[25] 발표기관도 태부족이었다. 또한 3·1운동 이후 청년층을 중심으로 고조된 문학열을 체계적으로 수용할 만한 제도적 장치가 없었으며, 근대적인 출판유통망이 미비하여 문예의 대중적 보급이 원활하지 못한 관계로 근대문학에 대한 대중들의 이해와 지지는 매우 낮은 수준이었다. 이는 『조선문단』(18호)이 실시한 '문단 침체의 원인과 그 대책'이란 설문조사에서 프로문인(김복진·김기진·윤기정·홍명희·최승일)을 포함해 총20명이 답변한 것에 소상히 밝혀져 있다.[26] 이 설문조사를 통해 부르주아문학뿐만 아니라 프로문학(카프)에게도 위의 정황이 매우 심각하게 받아들여졌으며 아울러 당대 문인들이 조선 근대문학의 안정적 전개를 위해 급선무로 인식했던 것이 문학의 저변 확대와 토대 마련임을 확인할 수 있다.

　문학저널리즘으로서 『조선문단』이 문학대중화를 무엇보다 우선적으로 추진한 까닭도 여기에 있다.[27] 그 대중화 전략은 철저하게 개방성을 원칙으로 했다. 즉 이념적(사상적)·지역적·성적(性的) 차별을 두지 않고 문학성이라는 범주로 모든 문인 및 다양한 문학 조류를 수용하는 것이다. 그리하여 막연한 분파, 당파 관념을 일소하고 1920년대 문학 장에서 상호

---

25) 김병익, 『한국문단사』, 일지사, 1973, 90~92면 참조. 심지어 『문예공론』은 일반투고 모집 종목에 '문단 표절모작고'를 설정하고 있다. 이를 통해 표절과 도작이 얼마나 심했는지 확인 가능하다.

26) 답변 내용을 재정리해보면 문인들의 생활난(12명), 대중 독자들의 문학에 대한 몰이해와 저변 부족(11명), 문인들의 자질과 수양 문제(8명), 발표기관의 부족과 전문성 미비(4명), 검열(2명), 출판자본의 박약(2명) 순으로 나타난다. 제시된 대안의 내용 또한 위의 순위와 일치한다. 1927년의 상황임을 감안하면 그 이전에는 이보다 더 심각했을 것으로 추정된다.

27) 『조선문단』의 실질적인 책임자인 방인근은 '문예를 알려고 애쓰는 사람은 많으나 그것을 기를 만한 기관조차 없'는 것이 조선 문예가 낙후된 원인으로 간주하는데(13호), 이러한 그의 판단이 『조선문단』이 문학대중화에 주력하는데 한 요인이 되었을 것이다.

이질적인 문학(론)들이 쟁투를 벌일 수 있는 공론의 장으로 기능하게 된다. 유난히 『창조』에 편집증적 애착을 보여주는 김동인조차 『조선문단』이 동인지시대의 막연한 분파 관념을 해소한 가운데 조선의 문예계가 사회적으로 온전한 지위를 확보하는데 결정적인 기여를 했다고 평가한 것도 이런 맥락에서다.[28]

개방성의 원칙이 가장 잘 나타나는 부분이 필진이다. 종적으로는 근대문학 1세대(최남선·이광수·양건식)에서부터 갓 등장한 신인들(최서해를 비롯한 추천신인들, 김동환과 같은 타 매체 출신 신인들)까지, 횡적으로는 부르주아문인들뿐만 아니라 프로문학 계열의 작가 그리고 카프로부터 종파주의로 낙인찍혀 축출된 아나키스트 계열의 작가들까지 참여한다. 극소수의 카프맹원을 제외하곤 당대 문인들 대부분이 참여한 형국이다. 물론 이들을 의도적으로 배제시킨 것은 아니었다. 그리고 눈여겨볼 필진으로는 여성 문인들이다. 김명순·나혜석·김일엽·전유덕 등 기성 여성 문인들뿐만 아니라 박화성, 백파와 같이 갓 추천된 신인들, 그리고 여학생들을 포함한 무명의 여러 신인들(김선·음전 등)이 참여하고 있는데, 1920년대에 이만큼 여성들의 참여가 활발했던 매체는 찾아보기 힘들다. 이는 '여자부록'(4호, 15호)과 같은 기획을 통해 여성들의 참여를 적극 유도하고 아울러 현상추천제를 통해 여성 작가의 발굴에 심혈을 기울인 결과이다. 문학 장 내부에서 배제·소외되어 있던 여성들에게 지면을 대폭 할애하여 그들이 창작적 역량을 펼칠 수 있는 기회를 마련해줌으로써 이후 전문적인 작가로 발돋움할 수 있는 발판을 제공했다는 것은 문학대중화의 맥락에서 대단히 중요한 의미를 지닌다. 필진과 관련하여 유념할 것은 무조건적으로 개

---

28) 김동인, 「文壇懷古」(김치홍 편, 앞의 책), 397~399면 참조. 김동인이 『조선문단』의 공로로 평가한 것은 첫째, 조선의 문예가 사회적으로 온전히 그 지위를 잡게 한 점, 둘째, 창조파·폐허파·백조파·무소속 등의 막연한 파적(派的) 관념을 없앤 점, 셋째, 문인발굴과 시조의 부활운동 등이다. 이에 덧붙여 좌우파의 모든 문인이 창작으로 평론으로 자기네의 입장을 개진하여 조선문예계사상 가장 흥성스러운 시기였다고 평가하고 있다.

방하지 않았다는 사실이다. 비록 이념적·지역적·성적(性的) 차별을 두지 않았다 할지라도 문학 본위라는 원칙을 엄격하게 적용시켜 1910년대 문학의 한 주류였던 신소설 작가 및 신문 연재소설을 주로 발표했던 작가들은 철저히 배제했다. 이들을 포함해 1920년대 성행했던 신문연재소설 또한 각종 월평, 합평의 대상에서 원천적으로 배제된다.

그리고 편집 체제 및 내용에서도 개방성의 원칙이 관철된다. 특정 장르에 편중되지 않고 문학의 범주에 속하는 거의 모든 장르를 포괄 수용하고 있다. 소설·희곡·수상(隨想)·시조·노래·평론·감상·기행문·수감(隨感)·일기·작가론 등 다양한 분야가 망라되어 있는데, 아직 장르 분화가 엄격하게 이루어지지 않았던 당대 문학 상황이 반영된 것이기는 하지만 문학의 저변 확대라는 지향이 편집 체제 및 내용에 반영된 양상으로 이해할 수 있다. 즉 전문화된 영역과 아울러 문학 지망생 및 독자 대중들에게 친숙한 마이너 분야를 다양하게 개설해 문학에 대한 대중적 접근을 용이하게 하려는 전략으로 볼 수 있다. 편집 체제에서 주목할 사항은 '창작'을 우선적으로 배치하고 있다는 점이다. 4호까지는 편집 체제에 장르 구분이 전혀 없었고 5호부터 장르 구분을 시행하는데, 어느 경우이든 창작 그것도 소설을 앞부분에 배치하는 특징을 보여준다. 다만 평론(14호부터 등장)이 개설될 때에는 평론이 앞부분을 차지했다. 창작(작품)을 매개로 한 대중성의 규칙 만들기를 다시 한번 여실히 보여주는 대목이다.

편집 내용과 관련해서 간과할 수 없는 것이 외국문학에 대한 소개가 거의 매호마다 지속적으로 이루어진다는 사실이다. 작가론, 작품 번역, 각국 문학개관, 명저 소개 등 그 내용도 다채롭다.

* 편집인, 「아나톨 프란쓰」(1호)
* 일기자(방인근), 「해외문단소식」(1~2호)
* 김안서, 「타고아의 시」(2호)
* 秋湖(전영택), 「오델로」(번역-명)(1~4호)

* 豊年年(최서해), 「근대노서아문학개관」(3호)

* 오천석, 「쎄라 티즈데일의 시」(4호)

* 김안서, 「아더 시몬쓰」(4호)

* 최서해, 「근대영미문학개관」(4호)

* 크롤리, 「셰익스피어극의 교훈—번역」(4호)

* 최서해, 「근대독일문학개관」(5호)

* 이은상, 「시인 휘트맨론」(8호)

* 전영택, 「詩聖 단테」(9호)

* 이은상, 「텐니손의 亂世詩」(9호)

* 김억, 「이에츠의 연애시」(10호)

* I. K. P., 「세계문호탐방1—셰익스피어」(15호)
　　　　　「세계문호탐방2—로맹 롤랑」(16호)
　　　　　「세계문호탐방3—도스토예프스키」(17호)

* 이윤재, 「중국극발달소사」(15~17호)

* 무위산인, 「가스타브 플로베르」(18호)

* R. S. K., 「세계문호와 그의 작품—골키와 첼캇슈」(19호)

* 일기자, 「세계문호와 그의 작품—루나찰스키」(20호)

* 양건식, 「元曲槪說」(20호)

　　셰익스피어・예이츠・플로베르・단테 등 서구 근대문학의 선구자들의 작품 번역은 물론이고 '세계문호탐방시리즈'라는 기획을 통해 로맹 롤랑, 도스토예프스키, 고리끼, 루나찰스키 등 다양한 경향을 지닌 문호들의 작품 성격과 그 특징을 요약 제시해주고 있다. 그 외에도 밀턴・롱펠로우・디킨즈 등 유명 작가들의 초상화를 게재하여 외국문학에 대한 관심을 유도하기도 한다(4호). 흥미로운 것은 우리 근대문학 형성과 밀접한 영향 관계에 놓여 있던 영미・독일・러시아・중국 등의 근대문학을 여러 차례 개관・소개하고 있는 데 반해 일본이 제외되어 있다는 점이다. 러시아문학 및 작가들에 대한 소개가 풍부한 것과 비교되는 대목이다. 의도적인 배제인지는 알 수 없으나 당시에는 일본을 '외국'으로 인식하지 않았던 것으로 판단된다. 이렇게 『조선문단』이 외국문학에 적극적인 관심을 보인 이유는 신인·기성 가릴 것 없이 외국문학 작품의 표절 혹은 직역이 양산되고 그로 인해 문단 질서가 문란해지는 것을 차단하기 위한 방편이 었으며, 다른 한편으론『조선문단』주체들이 추구했던 새로운 조선적 근대문학을 보편적·세계적 차원에서 정립하려는 욕망의 발현이라 볼 수 있다. 이는 이은상·양주동의 '영시강좌' 시리즈나, 주요한·김억이 '시작법'을 상론하는 과정에서 조선 근대시의 모형을 서구 근대시와의 비교를 통해 타진하고 있는 것을 통해 확인되는 바다. 물론 해외문학에 대한 소개가 문예대중화의 중요한 자양분이었음은 두말할 나위가 없다.

한편『조선문단』주체들은 문학대중화의 실질적인 토대를 구축하기 위해 대중 조직을 추진한다. 즉 지사 및 분사를 설치하여 유통망을 확보하고 이를 통해 독자들을 견인해내는 노력을 꾸준히 전개한다.『개벽』의 성공을 모방한 것으로 보인다.

지·분사	호수	지사장(분사장)	총무 겸 기자	비고
개성지사	2호	全興島(普信書會)		
부산지사	3호	金顯洙		
사리원(황해)지사	3호	金致元		
단천지사	3호	薛雲龍 / 全榮春		『개벽』과 일치
하얼빈지사	12호	趙寅元	金剛	
안동현지사	12호	趙東根		
대구지사	12호	曺東春	孫璉鎬	
영광분사	12호	金兌煥		
개성지사	13호	河奎杭		『개벽』과 일치
용천분사	15호	崔宗範	張貞津 → 유국일	
의주지사	19호	柳昌珪		
인천지사	19호	李石金		
강계지사	20호	崔聖鎬		
경주지사	20호	金昌駿		

* 참고로 1935년 속간 때의 지사 및 책임자 : 인천지사(최상준). 신천지사(임복순). 봉천지사(김춘원). 평양지사(한세광 =한흑구). 철원지사 (최인준). 중화지사(박영의). 외금강지사(이춘근). 영양지사(권영식). 사리원지사(유경준). 함흥지사(이해월). 개성지사(임웅). 동경지사(조기행). 청진지사(김서호). 원산지사(강성구).

『개벽』에 비해 취약한 형편이었지만 전국적으로 골고루 산재되어 있는 특징을 보여준다. 국내뿐만 아니라 국외(하얼빈지사와 안동현지사)까지 유통망을 구축하고 있는데, 비록 지사는 설치되지 않았다 하더라도 동경·미국·상해까지 유통망이 확보됐다고 볼 수 있다. 동경에는 나도향·양주동·염상섭·노자영·김동명 등 주요 필진들이 계속해서 유학하고 있었고, 미국에는 오천석이 상해에는 주요한이 각각 장기간 거주하면서 『조선문단』에 참여하고 있었기 때문이다. 이는 동경에 거주하는 문학청년들의 현상문예투고 및 독자통신이 지속적으로 이루어지는 것, 비록 실현되지 못했지만 '재미·재일 학생문예호'를 각각 기획했던 것(12호), 미국 교포 문단과 교류를 계획했던 것 등에서 확인된다. 국내 또한 김동인·전영택이 평양에, 최서해와 함께 조선문단사에 기숙한 바 있는 이은상이 마산에, 최서해의 친구이자 처남인 조운이 영광에 각각 포진하고 있어 『조선문단』의 네트워크는 국내·국외를 포괄하는 수준이었다.

그런데 유통망 확보는 두 가지 측면에서 중요한 의미를 지닌다. 첫째, 일반독자들에게 문예를 전파하는 동시에 그들을 획득하고, 획득된 독자들을 문학 장 내부로 견인해내는데 효과적인 방편이 된다. 실제 독자투고나 현상문예투고가 계속해서 집중적으로 이루어지는 곳이 주로 유통망이 확보된 지역이었다. 둘째, '조선문단사'가 직접 발행한 단행본과 '총발매소'로서 일반서적을 주문 판매하는 경로로 작동한다. 조선문단사는 『아름다운 새벽』(주요한), 『금모래』(김억), 『조선문사의 연애관』을 직접 발행했고, 이광수의 『무정』, 『개척자』, 그 외 논문집, 단편소설집, 김동인의 『목숨』 등의 총발매소였는데, 유통망은 이 문예서적의 단순한 판로 이상의 의미를 지닌다. 즉 독자들에게 특정 문예 지식을 보급하고 문예 취미를 함양시키는데 효과적인 수단이 되는 것이다. 순수문예지가 유통망을 스스로 창출하여 문예의 저변 확대를 기도한 희귀한 사례라고 할 수 있다.[29]

29) 이와 같은 지사 건설을 통한 유통망 창출은 이후 문예잡지에 계승된다. 『문장』은 동경지사를 포함 총24개의 지사를 건설했으며(해주, 예천, 용철, 성진, 예산, 단천, 정주,

문학대중화를 통한 문학의 저변 확대가 가장 현저하게 나타나는 부분
은 독자들을 직접 견인하기 위해 추진된 다양한 기획들이다. '남녀투고모
집'(1호~20호), '조선문사투표'(4호), '조선문단공개장' 실시(7호), '표지장화현
상모집'(8호)이 대표적인 경우인데, 이 기획들은 회원확장의 효과적인 방
법이 되는 동시에 독자들과 『조선문단』 주체들의 소통 통로가 된다는 점
에서 중요한 의미를 지닌다. '남녀투고'의 경우 독자와 전문 작가가 문학
작품을 통해 소통하는 가운데 문학 작품에 대한 감상안(鑑賞眼)・비평안(批
評眼)을 함양하고 독자들의 문예 취향을 특정 방향으로 조직・사회화하는
기능을 하게 된다. 이런 기획은 때로 지나쳐서 안팎으로 문제를 야기하기
도 한다. 가령 당대 문사들에 대한 독자들의 인기도를 조사 공개하려던
'조선문사투표'는 문제가 야기되자 자진 철회하고 '특별현상투고모집'으
로 대체하는 소동을 벌이기까지 한다. 이밖에도 '처녀작발표 당시의 감
상'(6호), '제작가의 쓸 때의 기분과 태도'(8호), '조선문사의 연애관' 기획(10
호), '문예강좌'(강사-이광수, 최남선) 개최, '작가론'시리즈(최남선론-6호 / 김동
인론-9호), '문사방문기'시리즈(김기진과 주요한-19호 / 박영희와 김동환-20호),
국내외 유명 문사들의 초상화 게재(4호 / 6호), '문사들의 얼굴 묘사'(16호),
'저명한 문사들의 동정 소개' 등 문예에 대한 독자들의 관심을 이끌어낼
수 있는 다양한 기획들은 대부분 『조선문단』에서 처음으로 또 본격적으
로 시행한 것들이다.

　　문예에 대한 관심과 흥미를 유발하여 독자 대중을 견인하려던 『조선
문단』의 발상은 당시로서는 대단히 참신한 것이었으며 일정 정도 성공
적이었다고 볼 수 있다.[30] 독자투고가 한 달에 5~6백 편에 이를 정도로
대중들에게 큰 인기를 끌었고, 판매 부수가 평균 2천~3천 부에 이르면

　　사천, 주을, 숙천, 대유동, 평택, 구미, 상주, 연백, 청주, 사리원, 해룡, 신계, 강동, 정읍,
　　함흥, 홍원), 『문예』 또한 3개(서울예술학원, 강릉, 김천)의 지사를 건설하였으나, 6・25
　　전쟁 때문에 중단된 바 있다.
30) 이는 『조선문단』이 인생의 전환점이었으며 삶의 의의 그 자체였다는 독자의 회고에
　　잘 나타나 있다. 파랑새, 「독자의 '조선문단' 회고록」, 『조선문단』 24호, 1935.5.

서 빠른 기간 안에 대중적 권위를 획득할 수 있는 원동력이 된다. 『조선문단』의 이와 같은 대중화 전략은 가깝게는 이 잡지의 후신인 『문예공론』에 전폭적으로 승계되고 나아가 1930년대 및 해방 후 문예지에까지 영향을 끼치면서 한국 문예잡지의 전통으로 자리 잡는다.

한편 『조선문단』이 추구한 문학의 저변 확대는 대중화 전략으로만 이루어진 것이 아니다. 문학대중화 전략과 동시에 전문성을 강화하는 전략을 동시에 취한다. 다시 말하면 대중화 전략과 전문화 전략이 상호보완적인 관계를 이루면서 작동했던 것이다. 『조선문단』이 처음부터 내걸었던 목표는 '참된 예술'이었다. 그것은 인간을 인간이게끔 하는, 즉 동물성을 인간성으로 변환하는 것이며(창간호 「권두사」), 이는 그렇지 못한 예술이 만연되어 있는 상황에 대한 문제의식에서 촉발된 것이다. 그러한 의식은 '좋은 예술(품)'과 '좋지 못한 예술(품)'에 대한 구별짓기로 구체화되고(제2호 「권두사」) 더 나아가 '좋은 예술'의 내용과 모형을 창안하여 제도화할 필요성이 대두된다. 만들기는 전문가의 몫이다. 바로 이 지점에서 전문화 전략이 작동하는 것이다.

전문화 전략은 문학일반 및 각 장르의 경계를 명확하게 정립하여 그것의 배타적인 지위를 부여하는 것으로 구체화된다. 그리고 이를 통해 창안된 새로운 문학론 및 장르론을 독자 대중에게 전파하여 그들을 교육·계몽하는 역할을 한다. 즉 문예 지식의 보급, 문예 작품의 이해, 문예 사상의 침윤, 문예 취미의 함양 등 문예 전반에 대한 독자들의 감상안(鑑賞眼)을 향상케 하여 그들을 문학 장 내부로 흡인하는 기능을 하는 것이다. 그 일환으로 기획된 것이 '강화(講話)'·'강좌(講座)'·'작법(作法)' 시리즈, 이른바 '지상문예강좌'이다.

  * 이광수, 「文學講話」(1~5호)
  * 주요한, 「노래를 지으시려는 이에게(詩作法)」(1~3호)
  * 김동인, 「小說作法」(7~10호)

* 김안서, 「作詩法」(7~12호)
* 이은상, 「英詩史講座」(12~13호)
* 최남선, 「朝鮮國民文學으로서의 時調」(時調講話의 서문 / 16~17호)
* 양주동, 「英詩講話」(18~20호)
* 이병기, 「朝鮮文法講座」(20호)
* 김억, 「童謠小論」(10호 예정 – 실리지 않음)

　문학일반론에서부터 시(영시)・소설・시조・동요 등 당시 문학 장 내부
에서 큰 비중을 차지하고 있던 장르 및 (조선어)문법까지 두루 포괄하고
있음을 확인할 수 있다. 또 20호 내내 지속적으로 게재된다는 사실은 곧
이것이 의도된 기획임을 말해주는 것으로『조선문단』주체들의 문학제도
화에 대한 의욕이 어느 정도였는지 이를 통해 충분히 가늠해볼 수 있다.
　이광수의 「문학강화」는 「문학의 가치」(1910), 「문학이란 하오」(1916), 「문
사와 수양」(1921), 「문학에 뜻을 두는 이에게」(1922)로 이어지는 그의 문학
론의 결정판이라 할 수 있다. 제목 그대로 문학의 개념・발생・형식・내
용・분류・창작・감상・비평 등을 체계적으로 서술한 문학개론서이다.
오늘날과 비교해도 손색이 없을 정도이다. 문학이 국민생활과 가장 밀접
한 관계를 지닌 예술이라는 전제 아래 전개되는 이 글은 문학의 정도(正
道)를 계몽・교육하고자 하는 동기에서 작성되었다. 즉 문학이 예술 가운
데 가장 통속성과 보편성을 지니기에 경제적・지적 수준이 낮은 민중들
의 오락과 교양을 위해 가장 접하기 쉬운 예술이고, 또 국민정신을 고취
하는데 매우 중요한 역할을 함에도 불구하고 문학에 대한 통관이 없기
에 조선의 문학은 자기의 확실한 지위를 얻지 못하고 있는 형편이고 따
라서 위대한 문학 작품을 제공하는 것뿐만 아니라 문학의 개론을 알게
해 문학의 정도를 습득케 하는 것이 긴요하다는 것이다. 문학 교육의 중
요성을 강조하는 것과 아울러 이 글에서 그가 내린 결론은 문학이 국민
정신을 계도하는 가장 효과적인 수단이며, 문학의 독자성은 언어예술이

라는 것이다. 이 글이 당시에 가장 권위 있고 완성도 높은 부르주아문학 개설이라고 할 때, 3·1운동 직후 민족·민중 현실에 바탕을 둔 염상섭의 문학론이나 김기진의 프롤레타리아문학론과 분명한 차이를 드러낸다. 즉 이광수의 문학론은 조선 현실의 특수성이 배제된 보편론에 치중한 것으로 당대 부르주아문학이 문학과 현실의 관계를 어떻게 인식했는지를 상징적으로 보여준다 하겠다. 아무튼 이광수의 문학론은 『조선문단』에 전폭적으로 수용되어 '참된 예술', '건전한 예술'이라는 매체적 지향으로 구체화되고 작게는 독자투고의 고선에 영향을 미친다. 실제 그가 강조한 언어 문제는 고선의 중요한 기준으로 작용했다.

주요한·김억·김동인의 '작법'은 본격적인 장르론이자 일종의 창작방법론이다. 각 장르에 대한 이론적 모색을 통해 장르에 대한 이해를 도모하고 나아가 양질의 창작을 유도하기 위한 창작지침서로서 계몽과 교육의 기능을 동시에 수행한다. 따라서 전문적이면서 대중적일 수밖에 없는 특성을 지닌다.

주요한의 시작법은 '과거의 시가, 신시의 선구, 자유시의 첫 작품, 『창조』 및 그 이후, 자유시의 앞길의 두 가지 문제, 신시의 내용, 신시와 우리말'로 그 내용이 구성되어 있는데, 소제목에서 짐작할 수 있듯이 전반적으로 근대 자유시의 성립과 관련된 제반 문제를 포괄하고 있다. 그는 과거의 시가에서 민요와 동요만이 예술적 가치를 지니며 신시라고 간주되는 최남선 류의 시는 일본 신체시를 모방한 것에 불과하다고 혹평한다. 따라서 근대 자유시의 첫 작품은 유암(流暗) 김여제의 「만만파파식적」이며, 그 뒤를 이어 『창조』에 실린 자신의 작품이 자유시의 형식을 보여주었다고 평가한다. 그런데 그가 주안점을 둔 부분은 자유시의 방향 설정이었다. 그 요점은 민족적 정조와 사상을 바로 해석하고 표현하는 것(내용적 측면), 조선 말의 미와 힘을 새로 찾아내어 지어내는 것(형식적인 측면)이며, 이것은 민요를 자양분으로 했을 때 성공할 수 있다고 본다. 조선 근대 자유시의 내용 및 형식적 요건과 방향을 구체적으로 적시(摘示)한 가운데 민요에 기초한 자유시라는 모델 제시는 근대 자유시의 경계를 명확히 설정하고 그것에 배타적인 권위를 부여했다는 점에서 특기할 만하다.

그리고 김억의 「작시법」은 시 장르가 '문학의 정화(精華)'라는 전제 아래 시의 정의, 운율, 종류, 조선시의 전통과 근대시가의 역사 등 조선시가 전반을 체계적으로 서술한 '시교과서'라고 할 수 있다. 동서양문학에 대한 해박한 지식을 바탕으로 근대 자유시의 방향을 모색한 점은 주요한과 일치하나 '시조'에서 조선시가의 고유한 형식을 추출, 이광수·홍명희·최승구·황석우 시에 대한 고평, 시가와 산문의 엄격히 대비, 시조의 성행에 대한 비판적 평가, 음악성(운율)에 대한 두드러진 강조 등에서 차이를 드러낸다. 그러나 가장 큰 차이점은 자유시 방향 설정에 있다. 물론 조선어의 특질과 조선인의 사상 및 감정을 근대적으로 표현하는 것이 조선 자유시가 나아갈 방향이라는 큰 틀은 주요한과 같으나 그 구체적인 방법에 있어서 현격한 차이가 존재한다. 김억은 근대 자유시의 핵심 덕목은 자유와 해방이며, 그것은 '개인의 감각과 정서에 새로운 해방과 가치 있는 자유를 위하여 용감하게 싸운 가장 존경받을 만한 선구자' 인 상징시에서 찾아질 수 있다고 주장한다. 그가 제시한 상징시란 황석우의 '상징을 위한 상징시'와는 변별되는 의미의 상징파 시를 가리킨다.

유사한 문제의식과 목표를 갖고 있음에도 근대 자유시의 성격과 방향, 즉 민요에 기초한 근대 자유시와 상징시라는 차이는 당시 시 장르에 대한 부르주아문학의 이론적 모색이 하나의 틀에 포함될 수 없는 개별성의 지점들이 상당수 존재한다는 것을 시사해준다. 다만 자유시가 근대시의 주류이며 그것은 조선적인 내용을 조선어로 표현하는 것에서 가능하다는 보편적 장르 인식을 공유하고 있었음을 확인할 수 있다.

한편 김동인의 「소설작법」은 미완성의 글이다. 따라서 그의 소설론, 즉 「소설에 대한 조선 사람의 사상을」(1919), 「조선근대소설고」(1929)와 함께 연계시켜 살펴봐야 그 심층적 의미가 파악 가능하다.[31] 다만 『조선문단』의 전체적인 기획하에 작성됐기 때문에 적어도 당시 부르주아문학에서 소설 장르를 어떻게 규범화했는지 그 단서 정도는 확인할 수 있다. 소설의 기원 및 역사, 구성과 그 요소, 문체의 의의와 그 종류 등을 주로 상술하고 있는데, 이보다 앞선 현철의 「소설론」(『개벽』, 1920.6)과 큰 차이가 없다. 주목할 것은 이집트의 파피루스부터 졸라, 톨스토이에 이르는 서구소설사에 대한 개관을 바탕으로 『돈키호테』를 근대소설의 효시로 간주하고, 근대소설의 주류를 에드가 알란 포를 원조로 하는 단편소설로 파악하는 등 소설 장르에 대한 인식이 세계적 또는 보편적인 차원에서 이루어지고 있다는 사실이다. 그것은 그가 소설론에서 역점을 두고 있는 부분, 즉 인물·사건·배경·가음(플롯)·문체를 설명할 때 로맹 롤랑과 같은 외국 작가의 작품을 이광수·염상섭·현진건·나도향 등 국내 작가와 함께 분석·비평하는 것에서도 나타난다. 이 글이 갖는 중요성은 그의 소설론이 인물·플롯·문체와 같은 형식적 요소 위주로 구성되어 있다는 점이다. 이는 곧 보편적 형식 원리에 입각한 소설론이 당대 부르주아문학 장 내부에서 소설을 규범화하는 규율로, 그리고 소설에 대한 순문학적인 대중 취향을 제도화하는 기제로 작동했다는 것을 의미한다.

이상의 '지상문예강좌'에서 우리는 『조선문단』의 전문화 전략이 순수한 문학 장의 규칙을 도입하는 과정이었음을 확인할 수 있다. 조선 현실을 배제한 이광수의 문학론을 비롯하여 주요한·김억·김동인의 작법 또한 보편적 형식 원리에 입각한 장르론이었다는 점에서 마찬가지이다. 물론 장르 인식이 보편적·세계적 차원에서 이루어지는 특징을 보여주기도 하고, 주요한과 김억 같은 경우는 '조선적'인 것을 두드러지게 강조했지만 그들이 제시한 장르적 요건은 순문학의 범주에서 크게 벗어나지 않는다. 이를 통해 『조선문단』 주체들이 좋은 예술과 좋지 못한 예술에 대한 구별짓기를 통해서 배타적인 지위를 부여한 '참된 문학'이 결국 보편적 형식 원리를 근간으로 하는 순문학이었다는 사실을 다시 한번 확

---

31) 이에 대해서는 차혜영, 「소설 개념 형성과 식민지 근대 부르주아의 정치학」, 『민족문학사연구』 28호, 2005 참조.

인하게 된다. 중요한 것은 이것이 1920년대 중반 부르주아문학의 제도화를 규율하는 원리로 작동한다는 점이다. 즉 상대적인 열세에 놓여 있던 부르주아문학의 자기 정당성의 창출 과정이자 존재 전략이었던 셈이다.

전문화 전략에서 빼놓을 수 없는 것이 비평의 존재이다. 『조선문단』의 비평은 월평 형식의 소설평과 시평(詩評) 그리고 시평(時評), 연간평이 있다. 소설평은 방인근과 김기진이 시평(詩評)은 김억과 양주동이 주로 맡았으며 특이하게도 현진건과 주요한이 소설평을 쓰기도 했다. 아직 비평의 전문화가 이루어지지 못한 상황의 반영이라 할 수 있다. 그런데 『조선문단』의 비평이 중요한 것은 비평의 대상 선정에 선택과 배제의 원리가 작동하고 있다는 점이다. 즉 『조선문단』・『개벽』・『생장』・『신민』・『여명』・『가면』・『신여성』 등 당대 종합지 및 문예지에 발표된 작품은 두루 포괄하고 있지만 신문매체에 발표된 작품은 철저히 배제한다. 이는 『조선문단』이 순문예라는 잡지 성격에서 그 원인을 찾을 수 있지만 다른 한편으로는 통속문학에 대한 배격을 통해 순문학적 규범을 배타적으로 제도화하려는 매체의 의도가 더 크게 작용한 것으로 보인다. 그것은 보편적 형식 원리에 입각해 새롭게 창안한 문학론 및 장르론의 실제 적용이며 동시에 대중화 과정이기도 하다. 물론 작품에 대한 분석과 평가에서 문학론 및 장르론이 적용되는 내용은 논자마다 다르다. 그럼에도 작품의 형식적 완성도라는 기준은 거의 예외 없이 관철되는 양상을 보여준다. 그리고 비평은 『조선문단』의 매체적 영향력을 확대하는데 중요한 역할을 한다. 비평이 기성 작가들뿐만 아니라 신인들을 제도적으로 승인하는 성격을 지녔기 때문이다. 이는 타 매체에 비해 고정적인 월평란을 가지고 있던 『조선문단』의 권위와 영향력이 배가되는 요인이었다. 특히 자신들이 추천한 작가들의 작품을 월평의 대상으로 삼아 분석・평가함으로써 그들이 문단에 안정적으로 진입하게 만든 것은 문학청년들을 매체 안으로 포획하는데 대단히 효과적이었다.

'합평회' 또한 마찬가지이다. 흔히 '합평회'를 '살롱비평의 일 형태'로 간주하거나,[32] 아니면 흥미에 치우친 대중 기획으로 그 의미를 평가 절하하지만 그렇게만 볼 수 없는 중요한 의미를 내포하고 있다. 한 작품을 놓고 저명한 작가들이 윤평(輪評)하는 방식과 현장감 있는 전달 등 대중의 흥미를 유발하는 여러 요소를 지닌 것은 분명하지만 다른 한편으로는 근대적 비평의 정착에 중요한 계기로 작용한다. 무엇보다 비평의 본질이 작품의 분석과 평가에 있다는 인식이 공유되고 있으며 이를 통해 비평의 보편적 기준을 안출하려는 시도가 역력하기 때문이다. 그 과정에서 빚어진 이견과 마찰이 풍부하게 펼쳐진 것이 합평회의 장점이자 특징이다.

4. 현상추천제와 재생산 구조

『조선문단』이 부르주아문학의 제도화를 위해 추진한 기획의 백미는 현상문예제이다. 상시 및 특별현상문예, 표지장화현상문예 등 그 종류도 다양했는데, 그 가운데 창간호부터 20호까지 지속적으로 시행된 '남녀투고모집'이 핵심이다. 이 남녀투고모집은 다른 매체의 현상문예제와 달리 '추천제'라는 형식을 최초로 도입했다는 점에서 중요한 의미를 지닌다. 즉 근대적 등단제도의 유의미한 변화를 상징적으로 보여주는 것이다. 잘 알다시피 우리 근대문학의 대표적인 등단제도는 잡지 및 신문의 현상공모(문예)제, 잡지의 추천제, 신문의 신춘문예가 있으며, 대체로 독자투고란 및 그것의 발전 형태인 현상문예제 → 추천제 → 신춘문예제로의 역사적인 변환 경로를 보여준다.[33] 흥미로운 것은 1920년대에 동인지 방식을 포

---

32) 조연현, 앞의 책, 219면.
33) 임원식, 『신춘문예의 문단사적 연구』, 국학자료원, 2003, 2장 참조.

함한 위의 방식들이 동시다발적으로 등장하여 본격적인 등단제도가 탄생한다는 사실이다. 이는 근대문학에 대한 인식, 즉 문학의 자율성과 전문성에 대한 관념이 성립되고 전문적인 문인 활동의 장으로서 문단이 형성되는 과정과 부합한다.34) 그 과정에서『조선문단』의 현상추천제는 자족적·폐쇄적이었던 동인지 방식의 유효성이 상실된 1920년대 중반 등단제도의 중심이었다. 물론 이보다 앞서『개벽』의 현상문예제가 존재했고(1921~25), 또 1925년『동아일보』를 시작으로 신문매체의 신춘문예가 본격적으로 실시되지만,〈부록〉에서 확인되는 바와 같이 기간, 규모, 횟수, 체계, 투고자 수 등 모든 면에서『조선문단』이 압도하는 상황이다.

외형적인 측면에서만이 아니다. 투고자들의 면면을 훑어보면,『조선문단』의 등단제가 당대 문학청년층을 어떻게 흡인하고 있는지 여실히 알 수 있다.『학지광』15호(1918.3)에 산문시 2편과『동아일보』독자투고란에「춘교(春郊)에서」(시조-1923.6.10),「고적(孤寂)」(감상-1923.7.20),「토혈(吐血)」(소설-1924.1.28; 1924.2.4) 등을 발표했던 최서해가 소설「고국(故國)」(1호 추천)과 감상「여정(旅程)에서」,「탈출기(脫出記)」(1호 선외가작)로,『동아일보』에「방랑(放浪)」(시-1923.7.8)과「감을」,「깨여진꿈」,「함박꽃이질 때」(시-1923.8.26)를 발표했던 계용묵이 소설「상환(相換)」(8호 추천)과「최서방」(17호 추천)으로,『동아일보』1천호기념현상모집에 희곡「개혁(改革)」(賞乙-1923.5.26)과 동화「의조흔삼남매」(賞乙) 및 동지 물산장려각본모집에「시드러가는 무궁화(無窮花)」(2등-1923.9.16)가 각각 당선되었던 진우촌(진종혁)이 시「어두운밤의 꽃」(4호 추천)과 희곡「구가정(舊家庭)의 끝날」(5호 당선)로,『동아일보』1천호현상모집에 동요「봄」(1923.5.25) 당선과 동화「무더니의 일일(一日)」(1923.12.3; 12.10) 및「자장의 마을」을 포함한 다수의 시(1923.1.1; 5.25; 6.20; 8.12; 9.30)를 발

---

34) 1910년대에『청춘』을 중심으로 각종 현상문예제가 시행되었지만 그것이 근대적 의미의 문인재생산 구조라기보다 그 전단계인 제도적 실험장이라는 제한적인 의미밖에 지니지 못했던 것도 이와 같은 제반 조건이 미성숙했던 시대 상황의 필연적인 결과로 보인다. 김미정,「근대초기 현상공모 일고찰」,『반교어문연구』18집, 2005, 172~173면 참조.

표한 바 있는 월양(月羊) 유도순이 시 「갈닙밋헤숨은노래」(4호 추천)로, 『학지광』 3호(1914.12)와 4호(1915.2)에 감상 「이별」과 「내이가슴」을 발표했던 돌샘(石泉)이 시 「농촌생활」(10호 당선)로, 『개벽』 25년 현상문예에 각본 「희생자」(선외가작)가 당선되고 『동아일보』에 감상 「낙엽(落葉)을붓들고」(1924.9.15)와 소설 「처녀시대(處女時代)」(1924.9.29)를 발표했던 백주 김태수가·소설 「과부」(2호 입선)로, 『동아일보』 27년 신춘문예에 시가 당선된 박아지가 시 「농부의 선물」(20호 당선)로 각각 등단하게 된다.[35] 나름의 문재(文才)를 인정받고 있던 문학청년들이 『조선문단』의 등단제로 대거 수렴되는 형국이다. 일반 독자 대중들의 경우도 마찬가지였다. 당선자들의 수효뿐만 아니라 투고자 현황이 그 정도를 입증해준다. 한 달에 5백~6백여 편이 투고될 만큼 독자들의 호응은 폭발적이었다. 이와 같은 대중적 포획력은 신춘문예로 등단제도의 권력적 변환이 이루어지는 1930년대 이전에는 『조선문단』의 현상추천제가 가장 권위 있는 등단제도였음을 말해준다.[36] 이것은

---

35) 이밖에도 『동아일보』에 감상 「보리씨를뿌리면서서」(1925.1.19)를 발표했던 권연구가 시 「꽃에피는나비도」(9호)와 「단오노래」(11호) 및 동요 「반듸불이」(15호)가 각각 당선되면서, 『동아일보』 25년 신춘문예에 동요 「꽃의 혼」(선외가작)이 당선되었던 槿坡가 시 「幻想」(14호)과 「흰꽃」(17호)이 당선되면서 등단했으며, 『동아일보』에 동화 「나무통갓」(1923.7.15)을 발표했던 배상철이 시 「世相」을 투고(당선 안 됨), 마찬가지로 『동아일보』에 시 「우리마을」(1923.7.15)을 발표했던 김치련이 시 「고기낙그러」(12호)를 투고, 『개벽』 25년 현상문예에 소설 「흰달빗」(선외가작)이 당선되었던 윤귀영이 소설 「불운아」(2호)를 투고했음을 확인할 수 있다. 이 내용들은 필자가 주로 『동아일보』 독자문예란(일요란 또는 월요란)을 조사해서 확인한 사실이다. 필명과 본명이 정확히 일치하지 않는 경우는 언급하지 않았다. 가령 시 「보슬비」(15호)가 당선된 '望洋草'의 경우, 그가 『청춘』 현상문예를 통해 등단한 김명순인지 아닌지 분명치 않다. 이미 기성 작가로 대접받고 있던 그가 응모했을 가능성은 낮으나 다른 한편으론 『신동아』 창간2주년기념현상문예에 희곡 「촉탁교원」을 투고해 2등 당선됐다는 사실을 감안할 때 김명순일 가능성 또한 배제하기 어렵다. 이와 같은 경우가 매우 많다. 그리고 미처 확인하지 못한 다른 매체에도 이들 작가들의 작품이 발표됐을 가능성이 충분히 있음을 밝혀둔다.

36) 그렇다고 다른 매체의 영향력을 부정하는 것은 아니다. 실제 『조선문단』을 통해 등단한 작가들이 다른 매체를 통해 재등단하는 경우도 꽤 많다. 가령 배상철은 『조선일보』 28년 신춘문예 시로, 13호와 14호에 시가 당선된 김해강은 『동아일보』 27년 신춘문예에 시로, 1호와 2호에 선외가작 및 입선된 한정동이 『동아일보』 25년 신춘문예에 동요로, 13호에 소곡을 발표한 정순정(鄭順貞)이 『조선일보』 30년 신춘문예에 소설로,

곧 작가가 되기를 열망했던 문학소비자들을 작가로 탄생시킴과 동시에 불특정 독자들을 잠재적 작가로 확보하여 문단의 토대를 강화하는 재생산시스템이 구축되는 과정이었다.

하지만 그 진행 과정은 순탄치 않았다. 검열로 인해 3호 추천소설인 채만식의 「세길로」가 부분 삭제되었고(23행), 배화여교C생의 「불평의 가치」라는 투고문(4호)은 85행 전면 삭제된다.[37] 게다가 고선자(考選者)인 이광수가 '카리에스'라는 병으로(1925~26), 또 주요한의 '호강대학' 수학(1920~26년 초)으로 제때에 심사하는 것조차 어려웠다.[38] 그러면 안팎의 난관에도 불구하고 『조선문단』이 등단제도를 고수했던 까닭은 무엇일까? 그것은 부르주아문학과 프로문학이 양립하고 있던 1920년대 중반 문학 장의 역관계와 밀접한 관련이 있다. 즉 프로문학에 비해 상대적 열세에 놓여 있던 부르주아문학이 문학 장의 영역을 확대하고, 형식적 보편 원리에 입각해 창안한 순문학적 규범을 제도화하는데 추천제라는 등단제도만큼 효과적인 것은 없었다. 심사자의 권력이 직접적으로 또 일방적으로 개입·작동하는 것이 추천제의 본질이기 때문이다. 특히 담론보다는 통속성을 배제한 순수 작품을 매개로 문학 장의 헤게모니를 장악하려던 부르주아문학의 입장에서는 추천체를 통한 창작의 대중적 확대를 도모

1호에 시가 입선된 한형택이 『문예공론』 2호에 희곡으로, 14호에 시가 당선된 유운경과 17호에 시가 추천된 윤동허, 그리고 20호에 시가 당선된 이응수가 모두 『문예공론』 2호에 시로 재등단하고 있다. 식민지시대 등단제도의 권력적 변환에 대해서는 박헌호, 「동인지에서 신춘문예로」, 『한국근대문학, 재생산 구조의 제도적 연원』(성균관대 동아시아학술원 연구발표자료집), 2005.5 참조.

37) 『조선문단』이 당한 검열의 흔적은 기성 작가들의 작품 및 평론에서도 나타난다. 최서해의 소설 「살려는 사람들」과 최독견의 소설 「기로」는 전면 삭제되었고, 윤기정·방인근·주요섭의 작품과 김기진의 평론은 부분 삭제, 심지어 세계문호의 작품을 소개하는 짧막한 글(20호)에서도 부분 삭제가 나타난다. 검열로 인해 잡지 발간이 늦어지고 따라서 투고작에 대한 고선이 제때에 이루어지지 못하는 고충을 직접 표명할 정도로 검열의 문제는 심각한 것이었다. 2호 '投稿하신諸位께特告' 및 9호 '편집후기' 참조.

38) 때문에 주요한의 고선은 편지 왕래를 통해 이루어질 수밖에 없었다. 방인근, 『春海書簡文集』, 남창서관, 1942, 31면.

하는 것이 필수조건이었을 것이다. 요컨대 등단제도의 장악에 따른 문학 장의 확대재생산은 부르주아문학의 생존(존재) 전략이었던 셈이다. 이는 『개벽』이 현상문예에 대해 소극적이었다는 것과 정확히 비교되는 지점 이다.39)

그것은 현상추천제의 성공 요인이기도 했다. 현상추천제가 대중성을 확보하면서 제도적으로 정착될 수 있었던 것은 무엇보다 글쓰기를 욕 망하는 문학청년층의 광범한 존재와 이를 제도적으로 흡인하려는 『조 선문단』의 기획(감각)이 일치했기 때문이다. 이는 모집 부문에 잘 나타 난다. 단편소설·희곡·시·시조와 같은 전문 분야뿐만 아니라 논문· 감상문·소품문·서간문·일기기행문·독자통신 등 독자들의 생활 경 험 혹은 현실생활에 대한 즉자적·감성적 파악을 담아내는 대중적 분 야에까지 문호를 개방함으로써 독자들의 열망을 흡수할 수 있는 유리 한 발판을 마련한다.40) 이광수로 상징되는 매체의 영향력에다 '창작'이 라는 유일한 조건은 당대 문학청년들을 매혹시키기에 부족함이 없었던 것이다.41)

---

39) 박헌호는 『개벽』이 제도화된 등단에 대해 거리를 둔 이유를 종합지였다는 매체적 성격과 이 매체가 당대적 문제에 대해 여론을 주도하고 논의를 확산하는 역할을 담당 했기에 문학판의 확대재생산보다는 제안과 평가에 주력했던 전략에서 찾고 있다. 대 단히 날카로운 지적으로 보인다. 필자의 생각으론 이와 같은 현상적 요인과 더불어 당 시에 사회주의운동 세력이 문학 영역에 대한 구체안이 없었다는 것, 구체적으로는 카 프(프로문학)가 이념 및 운동론에 비해 창작적 규준을 제대로 마련하지 못했던 것이 더 본질적인 이유라고 판단된다. 박헌호, 앞의 글, 12면.
40) 대중적 문호 개방은 신춘문예의 경우도 마찬가지였다. 그러나 한시·전설·야담· 사화(史話) 등 문예에 포함되기 어려운 분야까지 개방했던 동시대 신춘문예와 달리 『조선문단』은 문학성 또는 창작이라는 원칙을 끝까지 고수했다는 점에서 뚜렷이 구별 된다. 게다가 『조선문단』은 17호부터 단편소설·희곡·시·시조 등 전문적인 4종목으 로 모집 영역을 제한한다. 이는 당대 장르적 분화 양상과 현상추천제가 제도적으로 안 착된 정황의 상관물로 볼 수 있다.
41) '表紙裝畫懸賞'도 마찬가지였다. 당선자는 2명(8호-방창근; 13호-김리현)에 불과 했지만, 안석영(10호)·나혜석(12호)·김의식(15호)·김복진(19호) 등 당대 저명 화가들 의 표지장화와 동등한 대접을 받게 된다는 것은 화가 지망생들에게는 엄청난 영광이 었을 것이다.

아울러 전문성을 동시에 갖춤으로써 그 포획력은 한층 배가된다. 그 전문성은 우선 이광수·주요한·전영택 등 당대 전문성과 대중적 권위를 지녔던 전문 작가를 고선자로 삼고, 이를 사전 예고하여 독자들의 신뢰를 확보하는 것으로 나타난다. 전영택은 실질적인 고선자의 역할을 한 바 없으나, 이광수와 주요한은 각각 소설 및 논문과 시(시조)의 고선자로서 15호까지 변함 없는 역할을 한다. 앞서 언급한 대로 두 사람 모두 개인사정상 큰 어려움이 있었음에도 고선자의 변경은 없었다. 물론 그들이 활동의 주무대를 옮겨가는[42] 16호부터는 양주동·방인근·이장희·박팔양·최서해 등이 고선자가 되는데, 이들 또한 전문성을 인정받은 작가들이었다. 이와 함께 엄격한 체계성도 전문성을 강화하는 요인이었다. "特作은 文壇에 推薦한다는 意味로 「推薦」이라쓰고 그다음은 「入選」이라 쓰고 또 그다음은 「佳作」이라고 씁니다○얼마지나 諸位中에 卓越한 분이 게시면 新進作家로 紹介합니다○"(창간호 투고모집 규정), 즉 '추천'·'입선'·'(선외)가작' 등 세 등급으로 나누어 명확한 위계를 설정하고 있다. 5호부터는 시는 추천과 당선으로 소설 및 기타는 당선으로 조정되지만, 이러한 위계 규정은 습작품이나 잡문을 발표하면 문인(작가) 대우를 받았던 과거와는 달리 작가 선발 메커니즘의 엄정성을 도입한 것이다.[43] 또한 '탁월한 사람은 신진 작가로 소개한다'는 우대 규정도 실제 '신진시단'(20호)을 기획하거나 아니면 1회 추천으로 기성 작가와 같은 대우를 해주어 발표지면을 우선적으로 제공한다. 가령 4호에 시가 추천된 유도순은 총 11회 걸쳐 작품을 발표하는데 이는 가장 많은 작품을 발표한 이은

---

42) 13호까지 고선했던 이광수는 수양동우회 참여, 『동광』 창간, 동아일보사 편집국장으로, 15호까지 고선한 주요한은 동광사 참여 및 사업으로('태백상점'이라는 고무화장사) 고선자의 위치에서 물러난다.

43) 1935년 『조선문단』을 인수한 이학인에 따르면, 이광수와 방인근이 잡지를 인계할 때 그 조건으로 추천과 입선의 등급 구별을 정확히 해야 한다는 것이었다고 한다. 이를 통해 『조선문단』 주체들이 현상추천제 및 선발 메커니즘의 엄정성에 대해 얼마나 강한 의지를 가졌는지 확인된다. 『조선문단』 21호(1935.2), '투고환영' 참조.

상·조운(13회)과 비슷한 수준이었고, 강애천·임영빈·김태수·한설야·채만식 등 추천 작가들에게도 거의 예외 없이 3~4회의 발표 기회를 부여한다. 문재(文才)가 검증된 신인들에 대한 파격적인 대우를 통해 그들을 자신들의 문학 장 내부로 확실하게 포획하는 동시에 안정적인 문단 진입을 보장해주었던 것이다. 이와 같은 대중성과 전문성 및 그 둘의 상호보완이 『조선문단』의 등단제도가 확실하게 뿌리를 내릴 수 있었던 요인이었다. 요컨대 현상추천제의 성공은 『조선문단』이 확보한 대중적 영향력에 의해 가능했으며 동시에 그것은 매체의 대중적 권위를 강화시키는 원동력으로 작용하게 되는 것이다.

한편 전문성의 맥락에서 간과할 수 없는 것이 현상추천제가 일정한 승인제도를 겸비해 대중적 권위를 강화한다는 사실이다. 그 승인제도로는 '선후평', 각종 월평·시평 그리고 '합평회'가 있다. 등단제도의 권위에 상응해서 '선후평'의 영향력이 점차 커지는데, 선후평은 선자에 따라 조금 차이가 있으나 대체로 고선의 객관적인 기준을 제시하고 이에 따른 논평을 통해 작가로서 승인·추인하는 기능을 한다. 이광수의 소설고선 기준은 창작 동기와 형식적 완성도가 핵심이다. 즉 인생 및 조선 현실에 대한 진지한 태도를 갖추는 것뿐만 아니라 플롯·묘사·문체와 같은 형식적 요소도 구비해야 한다는 것이다. 두 가지 가운데 한 부분이라도 치명적인 약점을 보이면 과감히 탈락시켰다. 최백룡의 「광운이」는 동기는 취할 만하나 문과 기교가 유치해서(4호 '선후평'), 약월의 「미위(迷圍)」는 인생을 보는 태도에 진지함이 부족하다는 이유로(2호 '선후평') 각각 고선하지 않았다. 설령 고선하였다 하더라도 이 두 측면의 중요성을 항상 언급한다. 한설야의 작품은 '가련한 무산자의 비참을 여실하게' 그려 기성 문인의 작품에 결코 뒤지지 않는 가작이라 고평하지만 용어 및 문체의 세련, 제재 선택의 문제에 신중을 기할 것을 당부하고 있으며(4호), 채만식의 「셰길로」에 대해서도 재료의 취사와 심리묘사가 뛰어남에도 그 객관화 정도가 부족함을 지적한다(3호). 이와 같이 선후평은 당사자뿐만 아니라 문학청년들에게 소설 창작의 가이드라인을 제공하고 그것을 규범화하는 기능을 하게 된다.

주요한의 시 선후평은 더욱 치밀하다. 추천제의 약점, 즉 선자의 취향에 따른 특정 경향의 배타적 주류화를 반복해서 경계했던 그는 고선의 기준과 원칙을 '개성의 표현'에 둔다. 물론 이 기준은 예술적 열정을 바탕으로 한 시어의 단련, 시상의 통일, 운율의 세련과 같은 시의 형식적 요소 전반을 포함하고 있다. 소설에 비해 시 고선이 양적으로 많았던 것은 이와 같은 고선 원칙 때문이었다. 그렇다고 고선을 남발한 것은 아니다. "우리 문단의 정도를 낮추지 않기 위해 많은 투서의 대부분은 할애하지 않았다"(4호 '시선후감'), 투고자가 고선 전에 개인적으로 찾아오기도 하나 원칙에 따른다(10호)는 지적이 시사하듯 고선의 엄정성을 지키기 위해 나름의 노력을 했다는 것을 알 수 있다. 따라서 시 고선이 많았던 것은 타 분야에 비해 시의 투고가 많았기 때문으로 보인다. 그런데 주요한의 선후평은 선후평의 제목, 즉 '단순화라는 것'(1호), '먼저 보고 읽으라'(3호), '형용사의 남용'(12호)에 함축되어 있는 바와 같이 단순한 논평으로 그친 것이 아니라 창작지침서로의 교육적 기능을 동시에 수행한다. 가령 '형용사의 남용'의 경우, 투고작의 공통적인 문제인 형용사 남용의 심각성을 적시하고 수정 과정을 통해 한 편의 간결한 시로 재탄생하는 과정을 투고작을 대상으로 시현해주기까지 한다. 10호부터 새롭게 도입한 각 작품에 대한 단평(短評) 또한 각 작품의 문제점 및 보완할 내용을 구체적으로 제시해주어 창작의 지침으로 삼도록 배려하고 있다. 이렇듯 선후평과 단평 이에 더하여 탈락작에 대한 세심한 언급 등은 시 고선의 전문성과 권위를 높이는데 크게 기여했다고 볼 수 있다

선후평과 더불어 각종 월평 및 합평도 추천작들에 대한 승인의 역할을 부분적으로 수행하고 있다. 이들 비평이 주로 기성 작가들의 작품을 대상으로 한 것이지만, 김억의 시평(詩評, 7호), 현진건의 소설평(12호), 방인근의 소설평(15호), 양주동의 시평(詩評, 17호)에서 유도순·송순일·강애천·한

설야·김태수·김지원 등 추천신인들의 추천작 또는 창작을 논평함으로써 그들이 작가로서 전문성을 갖췄음을 승인해준다. 특히 '창작합평회'는 『조선문단』뿐만 아니라 현상문예를 실시했던 『생장』(이종명)과 『개벽』(박길수·송동량)의 당선소설까지 포함하여 전문 작가의 추인을 받도록 하고 있다. 본격적인 비평이라고는 할 수 없고 또 논자의 관점에 따라 평가에 큰 격차가 존재하지만, 가령 한설야의 작품에 대해 염상섭과 나도향은 이광수의 선후평과는 달리 아직 틀이 잡히지 않은 어설픈 소설로 간주하지만 (5회 합평회) 당대 대중적 권위를 지닌 기성문인들로부터 공개적인 평가를 받게 하는 것 자체가 승인제도로서의 성격을 분명히 보여주는 것이라 할 수 있다. 합평회가 단순히 흥미본위의 기획이 아니라 그 이면에는 승인제도로서의 성격을 지니고 있었던 것이다. 지금까지 살펴본 바와 같이 『조선문단』의 현상추천제는 대중성과 전문성을 바탕으로 추천과 승인의 내적 체계를 갖춘 근대문학사상 최초의 합리적이고 세련된 등단제도였던 것이다.[44]

그리고 『조선문단』의 현상추천제는 문학사적으로 매우 중요한 의미를 갖는다. 먼저 최서해·채만식·한설야·박화성·계용묵·이태준 등 이후 한국소설사의 한 페이지를 장식하는 작가들을 산출했다. 또 유도순·김해강·강성주·박아지 등 시인들도 배출했다. 특히 시로 등단했지만 이후 소설로 전환 1930년대 모더니즘소설가로, 동반자적 농민소설가로 뛰어난 작품을 창작한 박태원과 엄흥섭도 『조선문단』을 통해 등단했다는 것은 지금까지 알려지지 않은 사실이다. 이무영 또한 이용구라는 본명으로 소설에 가까운 논문 「달순(達順)의 출가(出家)」(17호)가 당선된 바 있다. 이외에도 강경애·이하윤(金剛生)·이헌구(한가람생)·강호학인(申濠)·

---

44) 천정환은 『조선문단』의 독자투고와 선고가 경쟁과 엄격한 심사를 요건으로 제도화한 등단제도라기보다는 독자들에게 지면을 개방하고 창작의 대중적 확대를 도모하려는 측면이 더 강하였다고 평가하고 있는데(비록 초기라는 애매한 제한을 두긴 했지만), 이는 매체의 전략 및 내적 시스템을 간과한 상태에서 수용사적인 의미를 지나치게 일반화한 평가라고 판단된다. 천정환, 앞의 책, 422면 참조.

근원(槿園, 신태악) 등도 이 매체 출신으로 추정된다.[45] 이렇듯『조선문단』의 현상추천제는, 당시 그 어느 등단제도와 비교할 수 없는 정도로, 출중한 문학가를 배출한 요람이었다. 더욱 중요한 의의는 현상추천제라는 제도 자체에 있다. 즉 근대문학사상 최초의 합리적이고 세련된 등단제도라고 할 수 있는 현상추천제는 1930년대『문장』나아가 해방 이후『문예』·『현대문학』·『자유문학』·『문학예술』등 한국문학잡지를 대표하는 매체에 그 골격이 그대로 계승되어 확대 재생산된다. 요컨대『조선문단』의 등단제는 한국문학사에서 등단제도의 중요한 한 축을 담당했던 추천제의 제도적 시원(始原)에 해당된다는 점에서 그 의의가 자못 크다.

5. 맺음말

『조선문단』은 부르주아문학과 프로문학이 양립하고 있던 1920년대 중반 문학 장에서 당대 부르주아문학의 물리적 결합체이자 요람이었다. 이는 동인지 문학을 포함한 근대 부르주아문학의 수렴 과정이며 동시에 확산 과정이라는 의미를 지닌다. 여기에는 이광수라는 구심점이 있었기에 가능했다. 이광수(문학)의 극복이라는 경로를 통해 신문학을 창안했던

---

45) 다소 애매하게 표현한 까닭은 이들이 정확한지 아직 단정할 수 없기 때문이다. 다만 5호에 시「彷徨曲」으로 당선된 '금강생'은 이하윤의 필명과 일치하는 동시에 작품 내용이 이국생활의 어려움과 울분을 토로하는 것으로 되어 있는데 당시 이하윤이 동경 법정대학에 재학중이었다는 사실에서 이하윤이 확실한 것 같고, 4호 시가 입선된 '한가람생'은 이헌구의 필명과 일치하고 또 그가 '보성고보생'으로『동아일보』25년 신춘문예에 동요「반달」을 투고 선외가작으로 당선되었다는 점을 미루어볼 때『조선문단』에도 투고했을 가능성이 크다는 점에서 동일인일 가능성이 매우 크다. 강경애의 경우는 13호 소곡으로 당선되는데, 이 시기 그녀가 10대 후반으로 양주동의 권유에 의해 동덕여학교에 편입해 공부할 시기라는 점을 감안하면 어느 정도의 가능성은 존재한다.

동인지 문학은 3·1운동 직후 그 개성을 점차 상실하면서 위기에 직면했고 다른 한편으론 신문학 장 내부의 타자로 등장한 프로문학 또한 이광수로 대변되는 부르주아문학과의 대타화를 통해 자신들의 문화적·대중적 영향력을 확보할 수밖에 없었다. 이광수, 더 구체적으로 말하면 그가 획득하고 있던 대중적 권위와 인기가 당시 문학 장에서 중요하게 재부각되는 정황이 이광수를 중심으로『조선문단』이란 부르주아문학 매체가 탄생할 수 있었던 원천이었다.

부르주아문학의 수렴이라고 했지만 여기에는 다양성을 전제한 것이다. 실제『조선문단』을 분석해보면 단일한 틀로 묶기 어려운 이질적인 요소들이 광범하게 나타난다. 계급문학에 대한 인식의 편차뿐만 아니라 새롭게 주창된 문학론에도 공통점을 찾기 어려운 개별성의 지점들이 상당수 존재한다. 수록된 작품에서도 마찬가지다. 반계몽적 자연주의를 비교적 일관되게 견지하던 김동인이 그 세계관에 반하는 작품을 창작함으로써 작은 규모의 리얼리즘의 승리를 시현한 경우도 있는가 하면46) 자연주의·사실주의·신경향파 경향이 혼재되어 있다. 이를테면 각 유파의 종합 형태이다. 그 다양성은 문학사적으로 보면 새로운 분화의 징후를 보여주는 것으로 볼 수 있다. 다만 이 글은 그 분화의 지점이 1920년대 후반 카프의 방향 전환 후 '무산계급문예' 문제를 쟁점으로 대립 구도를 형성한 프로문학 대 민족문학 또는 그것의 매체적 대립인『조선지광』대『문예공론』에 있다고 판단하고, 그 분화가 본격적으로 이루어지기 전 단계에서 문학 장 내부의 헤게모니를 둘러싸고 벌어지는 부르주아문학 대 프로문학의 양립과 그 구도, 그리고 부르주아문학이 어떻게 자신들의 헤게모니를 관철시켰는가를 집중 조명했다.

『조선문단』이 문학 장의 헤게모니를 장악하기 위해 추진한 전략은 대중화 전략과 전문화 전략의 병행이다. 전자의 핵심은 개방성 원칙인데,

---

46) 최원식,『문학의 귀환』, 창작과비평사, 2001, 143면.

이는 필진, 편집 체제 및 내용에 고스란히 반영되어 나타난다. 또 실질적인 문예대중화를 위해 대중 조직인 지·분사를 설치하여 유통망을 확보하고 아울러 문예 지식을 전파하는 통로로 활용한다. 대중화 전략이 가장 잘 나타나는 부면은 독자들과 직접 소통할 수 있는 '남녀투고모집', '창작합평회'와 같은 다양한 기획들이다. 흥미본위라는 비판도 있지만 문학대중화·사회화를 이루는데 큰 성공을 거둔다. 문학대중화라는 면에서만큼은 프로문학을 능가한다. 전문화 전략은 '지상문예강좌'에 잘 나타나는데, 이 전략은 문학일반 및 각 장르의 경계를 명확히 정립하여 그것의 배타적인 지위를 부여하는 것으로 구체화된다. 이를 통해 창안된 새로운 문학론 및 장르론을 독자 대중에게 전파하여 그들을 계몽·교육하고 나아가 순문학적 규범의 제도화를 꾀한다.

이 두 전략이 상호 보완되면서 문학의 제도화가 현저하게 성취되는 부분은 현상추천제라는 등단제도이다. 현상추천제는 대중성과 전문성을 바탕으로 추천과 승인의 내적 체계를 갖춘 근대문학상 최초의 합리적이고 세련된 등단제도였다. 이를 통해 최서해·채만식·한설야·박화성·계용묵·이태준·유도순·김해강·박아지·박태원·엄흥섭·이하윤·이헌구·진우촌 등 역량 있는 작가들을 배출했고 나아가 이 등단제도가 이후 문학잡지를 대표하는 매체에 계승되어 확대 재생산되는 가운데 등단제도의 중요한 한 축을 담당한다.

원래 이 글은 1920~30년대 부르주아문학의 동향을 고찰하기 위한 작업의 일환으로 쓰였다. 동인지 시기 이후 부르주아문학이 어떻게 결집되고 분화되는지 그리고 그것이 당대 문학의 주류였던 프로문학과 맞서면서 굴절되는 양상과 그 특징을 살피려는 계획이었다. 이 글은 『조선문단』이 그 과정의 시작을 집약적으로 보여주는 매체라는 것에 착목하여 우선 첫 단계로 그 양상을 파악하는데 주력했다. 하지만 여전히 이 매체는 과거의 수렴이라는 의미보다 임화의 표현대로 '다음에 올 새 조류를 생탄키 위한 역사적인 혼성과 교류의 표현'이라는 맥락에서 살펴져야 할 것이다. 이를 포함한 부르주아문학의 분화에 대해서는 추후 고찰할 것임을 밝혀둔다.

〈부록〉 현상추천제 당선자 목록

▶ 당선소설(희곡 포함)

작품	작가	선자 (選者)	호수	제재	비고
故國	최서해	이광수	1호(추천)	빈궁문제	선외가작(소설) 2편 선외가작(희곡) 2편
寡婦	백주(김태수)	이광수	2호(입선)	애정문제	「소설선후언」 게재
도적질	이영섭	이광수	2호(입선)	빈궁문제	
셰길로	채만식	이광수	3호(추천)	애정문제	「소설선후언」 게재
日曜日	若月(이순영)	이광수	3호(입선)	빈궁문제	
아즈매의 死	元素	이광수	3호(입선)	빈궁문제	
亂倫	임영빈	이광수	4~6호 연재(추천)	애정문제	「소설선후언」 게재
그날밤	한병도(한설야)	이광수	4호(추천)	애정문제	
秋夕前夜	박화성	이광수	4호(추천)	빈궁문제	
기럭이 날 때	春曙	이광수	4호(입선)	사상문제	
사내들	白波	이광수	4호(입선)	애정문제	
父親	정인철	이광수	5호(당선)	가정문제	
舊家庭의 끝날	진우촌	이광수	5호(당선) : 희곡	가정문제	
相換	자아청년(계용묵)	이광수	8호(당선)	애정문제	
五夢女	이태준	이광수	11호(당선)	애정문제	『시대일보』 (1925.7.13) 게재
孵化	송순일	이광수	11호(당선)	애정문제	「소설선후언」 게재
崔첨지	곰보	이광수	12호(당선)	빈궁문제	
解惑	이영섭	이광수	13호(당선)	가정문제	
꿈	정영태	방인근	16호(당선)	사상문제	
잠뱅이	채희목	방인근	17호(당선)	빈궁문제	「투고소설평」 게재
崔書房	계용묵	최서해	20호(당선)	빈궁문제	

※ 속간4호(1935.8) : 소설(당선) — 안수길, 「赤十字病院長」; 콩트(당선) — 안수길, 「붉은 목도리」; 희곡(선외가작) — 박남수, 「妓生村」

▶ 당선 산문, 논문, 소품

호수	당선자	제목	종류	비고
1호	곽종수 野人 C. T. K	赤我로 돌라가라 땅 독서	감상(입선) 소품(입선) 소품(입선)	선외가작(감상) : 豊年年(최서해). 명동순. 김학술. 白波
2호	김경원	연애문제에 대하야	논문(입선)	
3호	啞笑 微笑 이익영 김용협	집을 찾는 새 가을빗속에 싸혀 落照 旅窓의 하로밤	소품(입선) 서간문(입선) 소품(입선) 감상(입선)	
7호	홍순명 김성근 이강해 김성완 이문심 정사현	소설가에게 오직 한길 합일하자 국문을 쓰자 墳墓 생활의 현상론	논문(1등) 논문(2등) 논문(3등) 논문(3등) 논문(3등) 논문(3등)	*「현상논문선후언」 게재
10호	장춘효	어느날 저녁(일기)	산문(당선)	각 작품평 병기
	조우식	동경에 계신 ㄷ형님에게 올림	산문(당선)	
	友菊生	구리포녁에서 왕청게신 언니에게	산문(당선)	
	박동석	모기	산문(당선)	
17호	청원생	신문예운동의 기치를 바래보면서	논문(당선)	
	이용구(=이무영)	달순의 출가	논문(당선)	

▶ 당선 시(시조, 小曲 포함)

호수	추천 및 당선 작가	選者	비고
1호	* 추천 : 전준, 정태연 * 입선 : 雲溪生, 月帆(정해준), 한형택, 春鍾 * 선외가작 : 정해준, 강병기, 한정동, 香山, 이 만영(시조), 조홍연(시조)	주요한	*「단순화라는 것」(선후평) 게재
2호	* 입선 : 海波, 박봉석, 조장현, 춘종, 송홍국, 권연구, 손기화, 이정순, 강병기	주요한	
3호	* 입선 : 정태연, 이남원, 윤낙산, 한정동, 강영 균, 松園, 윤창파	주요한	*「먼저 보고 늙으라」(선후평) 게재
4호	* 추천 : 유도순, 강성주(강애천), 이일성, 진종 혁, 운계(정태연)		

4호	*입선 : 박하농, 김석조, 한정동, 啞笑, 김상회, 한가람생, 김지원, 윤낙산, 새새벽, 유제, 차인룡, 권연구 *입선(소곡) : 春澤, 이덕근, 一波, 김원석, 오희병, 외솔(허찬구), 夢梅生, 원해성, 綠星, 狂雲, 이정순, 송재홍, 강유문, 서유진, 양원빈, 조옥현, 홍은성	주요한	*「시선후감」 게재
5호	*당선 : 정태연, 曉城生, 靈光娘, 이재현, 김학술, 김청풍, 김진영, HS生, 김대엽, 권연구, 장철선, 虛生, 白沙, 鳥鼠子, 金剛生, 박하룡, 별빗, 박대일, 박재동, 이언철, 정춘택, 김성완	주요한	
6호	*당선 : 秋庵, 신동식, 石香, 月園, 강호학인(申湜), 눈닙, 송순일(시조), 赤羅仙人	주요한	
7호	*당선 : 춘택, 少羊, 鳥月, 김금주, 김병호, 이운	주요한	*「시선후감」 게재
8호	*당선 : 월원, 幽泉, 외솔, H생, 오철환, 김석술	주요한	*「선후감」 게재
9호	*당선 : 최경희, 洋波, 月村, 유문, 권연구, 김상회, 松岩, 송순일(시조)	주요한	*「선후감」 게재
10호	*당선 : 石泉, 土偶, 오호연, 放舟, 김재홍, 이용규, 김기진, 강문수, 와룡, 유민성, 馬頭山人, 정병순, 駕洛人	주요한	*각 작품 뒤에 短評 게재 *「시선후언」 게재
11호	*당선 : 진우촌, 幽泉, 김석술, 송순일, 권연구 *당선(소곡) : 동창포, 韶庭, 황승성, 엄홍섭, 이재현, 若月, 윤영현, 이경도, 이기덕, 狂雲京化	주요한	*각 작품 뒤에 短評 게재 *「시선후감」 게재
12호	*당선 : 銀河, 駕終人, 權曉星, 홍순명, 김옥산, 엄홍섭, 유의순, 孤泉, 최경화, 吳月村, 한우, 승렬, 晩香, 강순선, 강유문, 오현수	주요한	*「형용사의 남용」(선후평) 게재 *김치련 외 14인의 選外佳作에 대한 단평 *박태원 외 18인의 작품은 추후 고선하기
13호	*당선(一) : 최버주, 송순일, 김지원, 박문주 *당선(二) : 늘샘, 박승돈, 최승익, 노진석, 허송회, 강순선, 송재홍, 김해강, 정우상, 鏡浦望月, 윤낙산, 강병기, 김적아 *당선(소곡) : 月野, 강경애, 유근석, 김길곤, 임기형, 문광해, 정순택, 한준갑, 소민생, 김미랑, 정순정, 한라산, 망월탑, 은하수	주요한	*「시선후감」 게재 *당선시를 (一)(二)로 구분하여 수록. (一)의 각 작품 뒤에 단평 게재 *송봉수 외 22인 고선 보류
14호	*당선(一) : 김지원, 송순일 *당선(二) : 장병엽, 陽峯, 놀샘, 김해강, 박태원, 방재욱, 오철환, 海白合, 김철수, 강문수, 박태원, 강순선, 權城, 유운경, 통군정원부.	주요한	*「推敲라는 것」(시선후감) 게재 *당선시를 (一)(二)로 구분하여 수록 *이응수 외 17인의 작품 지면 관계로 실리지 못함
15호	*당선 : 桂村, 약월, 강병주, 변추풍, 이재현, 幽泉, 강유문, 望洋草, 로철, 유동준, 권구연(동요), 白帆(동요)	주요한	
16호	*당선 : 조낙연, 이재현, KT, 素狂, 秋波, 늘샘	이장희	*각 작품 뒤에 短評 게재

17호	*추천 : 윤동허, 정태연 *당선 : 김상암, 雨村, 최삼준, 한준갑, 근파, 최호동, 조낙연, 최현주, 최경화, 늘샘(시조), 臥龍(시조)	양주동	*각 작품 뒤에 短評 게재
19호	*추천 : 김명희	박팔양	
20호	*당선 : 박아지, 정태연, 이응수, 최현주	박팔양	*당선시를 '신진시단'으로

1920년대 연극론의 구조와 이념

1920년대 전반기 연극론의 계몽의식을 중심으로

정호순

1. 서론

1920년대 한국연극의 담론은 '계몽주의적 연극론'으로 모아진다. 그것은 연극의 사회적 기능에 집중하여 연극이 예술양식의 하나이면서도 그어떤 예술보다도 민중을 교화하고 사회를 개조하는 데 효과적인 기능을 발휘한다는 인식에서 비롯되었다. '사회적 교화기관'[1])으로서의 연극의

---

1) 여기서 말하는 '교화기관'이란 1920년대 연극론 특히 연극의 사회적 효용성을 강조했던 현철의 표현이다. 이는 연극을 통해 당대의 민중을 계몽하고자 했던 계몽주의 연극관을 가장 직접적으로 보여 주는 발언이 아닐 수 없다. 1920년대의 이러한 연극관에 대해 오늘날의 관점에서 볼 때 이 교화라는 표현은 계몽과 크게 다르지 않다. 엄밀히 말해서 '교화'가 '교육을 통한 감화' 즉 민중의 깨우침 그 자체를 강조하는 것이라면, '계몽'은 그러한 깨우침을 통해 개화의 길에 적극적으로 나서 행동으로 옮길 것을 강조하는 표현이다. 하지만 이러한 차이는 말 그대로 사전적 의미에 불과한 것이며 사실상 1920년대의 지식인들의 경우 거의 동일한 의미로 사용하고 있는 것으로 볼 수 있

효용성에 당대 연극인들의 관심이 집중된 것인데, 이때의 연극은 조선의 전통극이나 1910년대를 풍미했던 신파극이 아닌 근대극, 즉 서구 리얼리즘연극을 의미한다.

연극을 통한 사회 개조와 민중 계몽은 1920년대를 특별히 규정하는 연극 담론이라고는 할 수 없다. 개화기에서부터 연극은 지식인들에게 계몽의 도구로 인식되었다. 유길준의 『서유견문』(제16편 「遊樂景像」, 1895)을 통해 극장에서 행해지는 서양연극이 소개된 이후, 최초의 관립극장인 협률사(1902)가 설립되어 새로운 공연문화(관객의 탄생, 전문가집단(배우)의 출현, 공연양식의 변화–창극의 탄생)가 탄생했다. 그러나 과거와 다를 것이 없는 공연 레퍼토리는 지식 계층의 공리주의적 연극관에 위배되는 것이었다. 당대의 지식 계층은 근대적 공연공간이 일으킨 변화의 조짐을 도리어 풍속을 해치고 민심을 타락시키는 것으로 매도했다. 따라서 애국 계몽의 시대적 요구와 부합할 수 있도록 연극을 개량해야 한다는 주장이 논의의 주조를 이룬다. 이러한 계몽적 연극론은 신파극의 시대라 할 수 있는 1910년대까지도 이어진다. 신파극을 하는 연극인들도 계몽의 역할을 포기하지 않았다. 이렇듯 계몽적 연극관은 시대와 연극문화의 변화 속에서도 그 층위를 달리하면서 지속되었다.

그런데 1920년대의 계몽주의적 연극론은 그 이전 시대하고는 다른 새로운 전범(典範)을 설정하게 된다. 그것은 바로 프랑스의 앙뜨완느가 시작한 소극장 중심의 리얼리즘연극이었으며 입센 이후의 희곡이었다. 윤백남의 「연극과 사회」를 비롯한 현철·김정진·김우진·홍해성 등의 논의에서 드러나는 바 서구 리얼리즘연극은 조선에 수립해야 할 근대극의 전범이 된다. 이상의 논자들에게서 공통적으로 드러나고 있는 인식은 프랑스의 '자유극장'에서 비롯된 서구의 근대극이 진정한 연극이며 그러한 연극을 조선에 수립해야 할 과제가 있다는 것이다. 전세계에 퍼져가고

다. 이후 본 논문에서, 당대의 표현을 강조하기 위한 대목에서는 '교화'라는 표현을 그대로 사용하고자 한다.

있었던 예술개혁운동이었다는 점에서 서구 리얼리즘연극운동이 전범화되는 것은 무리가 아니다. 그런데 문제는 일본의 식민지로 전락한 조선의 현실에서 일본을 통해 배운 근대극을 '민중'과 '민족'의 교화를 위한 연극으로 받아들였다는 점에 있다.

1920년대 연극인들의 '근대극'은 서구 근대극과 여러 가지 측면에서 차이가 있다. 서구 리얼리즘연극운동은 낭만주의연극의 대극장주의에 반대하여 일어난 소극장운동(little theatre movement)이었다. 그것은 반기성적, 반상업적 성격을 띤 예술개혁운동이었다. 그런데 조선에서는 그러한 기성연극의 토대가 갖추어져 있지 않았을 뿐만 아니라 사회·역사적 토대역시 달랐다.

그들이 제시하고 있는 근대극은 일본 유학생들이 중심이 되어 1921년에 이루어진 극예술협회의 연극으로 출발점에 놓여 있었다. 역시 학생극에서 출발하여 근대극을 실험한 '토월회'가 그 싹을 틔우려는 시기였다. 그러나 1920년대, 특히 전반기의 연극론들은 조선의 전통극이나 창극, 신파극의 역사를 완전히 부인하고 수용의 대상으로조차 취급하지 않았다.[2] 근대극 이론의 선각자라 평가받고 있는 현철은 근대극의 출발점에 놓여 있던 학생극이나 조선 전국에서 광범위하게 전개되고 있었던 소인극(素人劇)의 활동도 연극이 아니라는 판단을 하고 있었다. 그 이유는 그가 제시한 서구 근대극의 요건에 부합하지 않기 때문이었다. 그는 작가

---

2) 이러한 태도는 개화기 지식인들, 특히 『독립신문』·『황성신문』·『대한매일신보』 등 당대 언론을 통해 애국계몽운동을 펼쳤던 지식 계층의 연극관에서도 확인된다. 이들의 전통극에 대한 부정은 교육과 산업 진흥이라는 자강(自强)의 목적과는 동떨어져 있다는 판단에서 비롯되었다. 연극이 당대 사회 교육의 효용성을 지녔을 때에만 가치가 있다는 것으로 연극의 예술적 본질에 대한 파악은 거세되어 있었다. 연극의 내용과 교화 기능에 대한 인식은 1920년대 연극론에서도 공통적으로 드러난다. 그러나 이 시기 근대극론자들의 전통극이나 신파극에 대한 부정은 서구 근대극이라는 대타항을 통해 이루어지고 있다는 점에서 개화기 신지식층의 인식과 구별된다. 특히 이때의 연극 계몽의 주체와 대상의 확연한 변화가 그 구별점을 확인하게 해준다. 개화기 지식인들의 계몽적 연극관에 대해서는 유민영, 『개화기 연극 사회사』, 새문사, 1987, 52~61면 참조

도, 극단도, 극장도 없는 조선의 열악한 연극적 환경을 언급하면서도 '의식적 연극'(글로 씌어진 희곡이 배우들에 의해 공연되며, 객석·무대·장치·의상 및 조명이 있는 연극)을 주장했다. 이러한 태도는 조선의 현실을 무시한 채 서구 근대극의 요건만을 주장하는 비현실적 이상론에 가깝다. 그렇기 때문에 신파연극인 이기세와의 소득 없는 논쟁(신극·신파극 논쟁)을 불러일으켰던 것이다. 그 밖의 연극론자들 역시 같은 논조로 연극, 즉 서구적 의미의 근대극이 없음을 인정하고 있다. 이것은 연극의 종합예술적 성격을 설명하면서 그러한 연극이 교화기관으로서의 역할을 할 수 있다는 논의로 이어진다.

이처럼 1920년대 전반기 연극론은 개화기와 1910년대를 거쳐 이어져온 계몽주의연극론의 연장이면서 동시에 이전 시기와는 구별되는 새로움을 지녔다. 윤백남·현철 등으로 대표되는 이 시기 연극론은 우리의 근대연극사상 본격적인 연극운동론이라는 의미를 지닌다. 그리고 이후 근대극의 전개 과정에 지속적으로 영향을 끼친다는 점에서 세심한 고찰을 필요로 한다. 본 논문에서는 이러한 특성을 드러내는 1920년대 전반기 연극론을 통해 이 시기 연극 계몽이 지니는 의미를 고찰해보고자 한다. 특히 연극론 주체의 변화에 주목하여 이들이 전개한 연극계몽론이 지닌 포섭과 배제의 논리가 어떤 방식으로 형성되었는지 살피고자 한다.[3]

---

3) 1920년대 근대극론에 관한 기존 연구는 이 시기 연극론이 개화기부터 시작된 계몽주의적 연극관의 연장선상에 있으면서도, 서구 근대극 이론이 본격적으로 전개되기 시작했다는 점에 주목하여 그 성과와 한계를 지적하고 있다. 이 글은 연구 대상과 전개 양상을 살피는 데 있어서 기왕의 연구 성과에 많은 부분 기대고 있다. 따라서 자료나 방법론상의 새로움을 지니기 어려운 한계를 지닌다. 그러므로 이 글은 이 시기 연극론이 지닌 논리적 구조를 당대 민족주의문화운동의 자장 안에서 재검토하여 계몽주의적 연극관이 내포하고 있는 이념적 성격을 고찰하는데 주력하고자 하였다.

2. 문명적 교화론-'교화기관'으로서의 연극론

1920년대 연극론은 '교화기관으로서의 연극'에 집중되었다. 연극의 예술적 특성과 그에 따른 사회적 효용이 문명화되지 못한 조선사회와 조선인을 교화하는 데 무엇보다도 효과적이라는 인식 때문이다. 이러한 인식은 '연극'이라는 예술의 본질을 탐구하는 데 앞서 '연극'이 왜 조선사회와 조선인에게 필요한가에서부터 출발한다.

우리나라 최초의 본격적인 연극론이자 1920년대 연극론의 출발점인 윤백남의 「연극과 사회-병(竝)하여 조선현대극장을 논함」(『동아일보』, 1920. 5.4~16)은 이 시기 연극에 대한 관심이 어디에서부터 시작되고 있는지 분명히 드러내고 있다. 그는 새로운 시대 '근대'가 전세계의 문물제도와 사상을 개조하려는 기운을 내뿜고 있다는 것을 전제하고서 연극의 본질과 필요에 대한 논의를 펼친다. 이때의 '개조'란 '시대 사상을 근저(根底)로부터 뒤집어 업고 구래(舊來)의 인습을 근본적으로 타파'한다는 의미이다. 이러한 시대 변화와 요구에 부응하여 어떤 문화보다도 효력을 발휘할 수 있는 것이 연극이며 따라서 연극을 통해 사회 개조와 민족 교화를 해야 한다는 주장이다.

> 극은 一民族과 一時代의 각종 예술을 이용하고 종합하야 혹은 理智, 감정 혹은 사상, 감각, 얼른 용이케 말하면 耳, 目, 心에 즉 사람의 육체와 정신상에 商量키 어려운 굿세인 힘을 일으킨다. 그런 까닭에 충분한 문자가 없으면 讀하고 이해치 못할 소설, 즉 연상적으로 혹은 遂次적으로 인생을 묘사한 것보담은 보편이 될 것이오, 俗惡에 墮키 易하고 혹은 흥미 專一主義의 활동사진보담도 인생의 미묘한 이취를 알니고 명상시키기에 일층 더 효과가 잇슬 것이다. 극은 일종의 암시라 한다. 현실을 緊縮하야 명확히 보는 이의 두뇌에 깊고 굳세인 암시를 與하는 것이다.[4]

연극은 종합예술인 동시에 무대 위에서 인생을 보여주는 실연(實演) 형식이기 때문에 어려운 문제를 부지불식간에 깨치게 하는 힘을 지니고 있다는 설명이다. 그렇기 때문에 연극은 '사람을 가르키는 데 있어서 그 어떤 논리설이나 노력보다도 신속하고 쉽게' 교화의 목적을 달성할 수가 있다. 그렇다면 이러한 효용을 지닌 연극이 당대 조선에 필요한 이유는 무엇인가? 그것은 조선의 문화적 단계가 현대문명을 '점진적, 계급적, 자발적' 경과를 거쳐 이루어지지 못했기 때문이다.

> 하등의 교육을 밧지 못하고 따라 사상에 하등 배양을 밧지 못하얏스며 더구나 자유사상을 저지하고 압박한 위정하에 잇던 우리 민족이 자기의 두뇌와 소양보다도 거의 반세기를 압슨 현대의 문명과 당면하야 얼마나 周章狼狽하얏겟나냐. 우리 민족은 참으로 내성적 고찰을 務하는 여유가 업시 돌연히 침입한 현대문명을 咀嚼嚥下 아니하지 못할 운명에 도달하얏다.5)

윤백남이 파악한 조선의 문명은 '나라와 민족의 요구에 맞는 정신적 문명'이 기조가 되지 못한 채 물질문명만 받아들여 결함 투성이다. 게다가 '조선인의 문명'이 아니라 '외래(外來)에서 빌어온 문명'이기 때문에 시대착오와 신구사상의 충돌이 일어나는 혼란한 사회다. 그러므로 '위 확장의 병'을 얻은 조선사회를 신속하게 문명화하기 위해서는 감화력이 뛰어난 연극을 통해 치료할 수밖에 없다는 것이다. 이러한 연극 인식은 현철(1861~1965)의 「연극과 오인(吾人)의 관계」(『매일신보』, 1920.6.30~7.3)와 「현당극담」(『조선일보』, 1921.1.24~4.21)에서 더욱 강화되어 나타나고 있다.

현철은 일본 유학을 마치고 귀국하자마자 발표한 「연극과 오인의 관계」에서 연극이 원래 '사회 경영의 기관'으로 '문명한 나라'에서는 연극이 발전했다고 주장했다. 그런 의미에서 '유교의 절제와 국민적 지력'이

---

4) 윤백남, 「연극과 사회─병(竝)하여 조선현대극장을 논함」, 『동아일보』, 1920.5.5.
5) 윤백남, 위의 글, 1920.5.9.

부족한 조선에는 연극이 없다고 단언하고 사회 교육, 즉 교화기관으로서 연극의 의미를 논하고 있다. 여기서 나아가 그는 총 77회에 이르는 연극론을 「현당극담」이라는 제목으로 펼쳐 보이는데, 그 내용은 크게 연극과 교화, 연극의 필요로 나뉘어져 있다. 이것은 「현당극담」 51회(21.3.19)부터 이루어진 이기세의 반박(케에쓰 생, 「소위 현당극담」, 『매일신보』, 1921.2.28~3.16)에 대한 현철의 재반박(1921.3.19~4.21) 부분을 제외한 것이나 그 내용 또한 현철의 연극론 전반에 걸친 것이 재논의되는 것이기 때문에 다른 것은 아니다.[6]

총 20회에 이르는 '연극과 교화'는 연극이 교화기관이라는 말의 의미를 연극의 효과와 관련하여 설명하고 있다.

> 쉑쓰피아가 사회는 一種 무대이요 인생은 모다 배우라고 한 말이나 일본셔 연극은 무식자의 속히 비우는 학문소라 한 것이 모다 이러한 의미를 가진 것이요 실제로 우리가 연극을 볼 째에 여러 가지로 비울 것이 잇는 것이 잇는 것이니 (…중략…) 인생의 진상을 참으로 맛보이고 그 溫奧를 해득하는 능력이 잇슬 뿐만 안이라 엇더한 사람의게는 첫 번부터 설명을 하거나 훈계를 하는 것보다도 으모 말 업시 오직 잇는 그디로 보이게만 하는 것이 도로혀 지식을 주고 교훈을 주는 데에 한층 효력을 낫너는 슈가 잇다. 이 연극이 이러한 의미로써도 무엇보다 교화기관이라고 할 수가 잇다.[7]

그는 연극의 작용을 '오락위안'과 '교화의 교도기관' 두 가지로 보고 예술적 감화력을 통한 교화를 주장한다. 그런 점에서 그가 예술로서 연극의 본질에 대한 균형감각이 갖추어져 있음을 알 수 있다. 그러나 궁극적으로는 교화에 그 필요성을 연결시켜 연극의 필요가 '지(智)·덕(德)·

---

6) 양승국은 현철과 이기세의 논쟁을 「1920년대 신파극신극 논쟁」으로 파악하여 두 연극인의 한계를 지적하고 이것은 '신파'와 '신극' 간의 변증법적 지양 극복이 없었다는 한국 근대연극사의 가장 큰 문제점으로 해석하고 있다. 양승국, 『한국근대연극비평사 연구』, 태학사, 1996, 259~284면 참조.
7) 현철, 「현당극담」, 『조선일보』, 1921.1.26.

정(情)'을 기르는 사회교육기관으로서의 역할에 있다고 보았다. 그 이유는 조선사회가 '너무도 한심'한 까닭이다. '정치·교육·종교 기타 모든 것이 혼돈, 복잡하여 군중이 이를 받아들이기 어렵고 일반 교육 정도와 상식 보급이 균일하지 않으며 건전한 오락기관 하나' 없는 조선이다. '신문화 초창기이며 과도시대'라고 하더라도 그로서는 개탄하지 않을 수 없는 상황인 것이다.[8] 이와 같은 인식에서 보면 문명화되지 못한 조선에는 연극도 없다고 판단하는 게 무리가 아니다.

> 내가 지금 우리 조선에는 연극이 없다고 하면 독자 제위는 나를 唾罵하고 虛言이라며 그 실례로 소위 舊劇에는 춘향가나 심청가를 들음이요, 新派로는 林聖九, 金陶山, 金小浪을 들어 내게 육박할 줄 안다. 그러나 나는 이 모든 극단을 가지고는 여러 가지 劇과학상으로 보아 연극이 아니고 유희이며 체조라고 한다. (…중략…) 우리 조선에는 연극만 없을 뿐 아니라 극장도 없다고 한다. 나의 이 말에도 제군이 반드시 團成社나 優美館을 들어 이것이 극장이 아니고 무엇이냐라는 이도 있을 줄 안다. 그렇지만 나는 또한 이것도 극장이 아니라고 學理上 여러 가지로 증거를 들 수가 있다.[9]

이렇듯 조선에 존재해 왔던 연극을 송두리째 부인할 수 있는 자신감은 서구 근대극 이론으로 무장되어 있는 연극관에서 비롯되었다고 할 수 있다. 그가 조선에 있어야 할 연극의 본체로 드는 것은 서구 근대극의 요건을 갖춘 것이다. 즉 "각본이 있는 연극, 배경이 있는 연극, 광선이 있는 연극, 의상이 있는 연극, 科作이 있는 연극, 劇白이 있는 연극"[10]이다. 따라서 이상의 조건에 부합하지 않는 조선의 연극은 연극이 아니고 단순한 놀이이며 연극이 없는 조선은 비(非)문명국이 된다.

그러나 세계 연극사에서도 연극의 기원은 종교적 제의에서 발생한 무

---

8) 현철, 위의 글, 1921.3.18.
9) 현철, 위의 글, 1921.1.24.
10) 현철, 위의 글, 1921.3.14.

의식적이고 자연발생적인 것으로 보고 있으며 조선의 전통극은 각본 없이 이루어진 화술극(話術劇)의 전통을 가지고 있다. 소위 구찌다데(口立)식 신파극 또한 조선의 화술극 전통으로 인해 1910년대 연극인들에게 낯설지 않았던 것이다.[11] 즉 현철은 서구 근대극 이론에 경도되어 연극의 기원이나 역사 그리고 각 민족이 지닌 전통극적 특성을 간과하고 있다고 볼 수 있다. 서구 근대극만을 연극이라고 보고 있는 현철의 연극 인식은 앞에서 살펴보았던 윤백남보다 훨씬 더 문제적이다.

윤백남 역시 교화기관으로서 연극의 효용성에 주목하고 각본과 극장과 무대감독 등이 갖추어진 근대적 연극을 주장하고 있다. 하지만 조선연극이 그 역할을 제대로 하지 못하는 원인을 연극인에게 돌리기 전에 '배우를 천대하고 관극을 매도하던' 조선사회의 풍토를 비판하고 있다.[12] 아울러 조선연극인들이 연극 발전에 전력을 쏟을 수 없을 만큼 열악한 현실에 있음을 지적하였다.[13] 이러한 차이는 윤백남이 문수성을 조직(1912.3)하여 신파극 활동을 했던 당사자였고, 현철은 일본에서 서구 근대극을 배우고 돌아온, 당시로서는 신진 연극인이었다는 점에서 생긴 것으로 현실감각의 차이라고 할 수 있겠다. 그럼에도 넓은 의미에서 보자면 이전 시대의 연극과는 다른 연극을 주장하고 그것이 조선을 문명화하기 위한 교화 계몽의 도구라는 연극 인식은 같이 하고 있다.

현철과 비슷한 시기에 일본 유학을 하고 신극을 섭취한 김정진은 「사상운동과 연극」(『동명』 18, 1923.1)에서 근대의 새로운 주의, 사상을 선전할 수 있는 가장 큰 효과는 '무대상에서 인생의 정체를 나타내는' 연극에 있다고 하였다. 이러한 연극이 조선에 필요한 이유는 '현대생활의 열패자'가 되지 않기 위한 것이고, '자유 없고 돈 없고 생기 없는 이 참혹한' 조선의 비극을 깨달아 반성하기 위한 것이다. 그래서 조선 민족이 '참으로

---

11) 양승국, 앞의 책, 272면; 유민영, 『한국근대연극사』, 단국대 출판부, 1996, 638~639면.
12) 윤백남, 앞의 글, 1920.5.11.
13) 윤백남, 위의 글, 1920.5.12.

살아야겠다는 굳센 사상을 자각케 하기 위하여 예술적 의미보다 실질적 의미에서' 조선사회에 연극운동을 일으켜야 할 것을 주장하고 있다.

이러한 연극론은 연극의 효과로서 교화적 기능을 내세워 사회와 민족 개조에 유용한 기관으로써 연극을 논하고 있다. 이것은 1920년대 전반기의 사회운동을 지배했던 민족주의문화운동 논리를 그대로 따르고 있는 데서 비롯되었다. 3·1운동 이후 대두된 문화운동은 '신문화건설·실력 양성론, 정신개조·민족개조론'을 주요 이념으로 하고 있다. 여기에서 드러나듯이, 이때의 문화운동론은 전대의 사회진화론과 문명개화론을 계승한 것이면서 문화주의에 한층 더 경도되었다. 문화주의는 당시 지식인들의 세계 인식과 관련된 것으로 정신적 차원의 '개조'를 강조한 이념이었다. 제1차 세계대전 이후, 제국주의 지배 체제에 대한 비판으로 등장했던 세계개조론에 부응하여 조선의 개조를 주장했던 것이다. 따라서 민족주의 문화운동론자들은 조선의 개조가 신문화 건설과 실력 양성을 통해 이루어질 수 있다고 믿었다. 이러한 문화운동론은 일본을 통해 소개되었던 관념철학의 영향을 받아 관념적 이상론의 성격을 띠고 있었다. 문화를 개인의 개조와 인격 완성으로 파악하는 문화 이념은 현철과 같은 연극인들에게서도 잘 드러나고 있다.[14]

적어도 '컬트어(Cultre)' 즉 교화·교양·덕육·문화의 의미나, 그러치 아니하면 '인라이튼먼트(Enlightenment)' 교화·계몽·개명·개발·광명·조명·문화의 의미나 한층 더 심각하게 독일의 '쿠르투르(Kultur)'의 의미를 가진 문화라는 말

---

14) 박찬승,『한국근대정치사상사연구』, 역사비평사, 1992, 178~183면. 인격 개조와 민족 개조를 통해 사회진화의 이상을 실현할 수 있다고 본 문화주의 이념은 일본 학자인 쿠 와키 겐요쿠(桑木嚴翼)의 문화철학을 그대로 수용한 것이다. 문화를 인격주의로 주장 한 쿠와키 겐요쿠는 '문화가치'를 강조한 소우다 키이치로(左右田喜一郎)와 함께 일본 문화주의철학을 대표한 인물이다. 이들의 문화주의철학은 19세기 유럽의 관념철학인 신칸트학파 철학의 영향을 받은 것으로 당시 일본의 유행사조였다. 조선에서는 주로『매일신보』와『개벽』지를 통해 소개되어 1920년대 초반의 문화운동 이념에 많은 영향을 끼쳤다.

이니 (…중략…) 백림대학의 「쯘멜」 등은 이 '쿠르투르'를 '인격완성'이라고 정의를 下하고 '쿠르투르'의 성립에는 먼저 문화되는 것과 문화하는 것의 두 가지가 업지 아니치 못할 것이다. 즉 전자는 개개의 인격이요 후자는 예술·과학·도덕·종교 등 모든 정신적 산물이니 이와가티 객관문화를 기구로 하여 개성의 본질을 딸아서 인격을 조장하며 완성하는 것이 문화를 의미하는 것이라'고 하엿다.15)

현철은 '영육 일치의 희랍문명을 계승한 쿠르투르(Kultur)'를 문화로 인식하고 인격 완성을 궁극적 목표로 하는 문화야말로 진정한 문화라고 주장하고 있다. 그런데 여기서 주목할 것은 예술·과학·도덕·종교 등은 개인의 인격 완성을 위한 도구로 이해하고 있다는 점이다. 즉 문화주의의 입장에서 문화운동은 개인의 인격 완성을 목적으로 하여 '신문명 수립을 요구하는'16) 계몽운동이다. 이런 맥락에서, 현철을 비롯한 이 시기의 연극론자들은 연극이 교화를 위한 도구로서 매우 효용성이 높다는 점을 들어 민중 교화를 위한 연극론의 정당성을 확보하고 있는 것이다.

3. 교화의 주체와 대상

연극의 교화적 효용성을 인식하기 시작한 것은 이미 애국계몽기에서부터이다. 최초의 관립극장으로 설립된 협률사는 근대적 공연 공간으로 제도적 차원에서의 연극 출현을 예고하는 것이었다. 실내극장의 출현은

---

15) 현철, 「문화사업의 급선무로 민중극을 제창하노라」, 『개벽』 10호, 1921.4, 109면.
16) 申湜, 「문화의 발전及기운동과 신문명」, 『개벽』 14호, 1921.8, 26~27면. 이 글은 문화운동이 신문명의 확립을 요구하는 운동이며 신문명은 '새로운 개인아(我)의 자립, 새로운 사회아(我)의 자립, 새로운 단체정신의 수립'이라고 규정하고 있다.

조선연극의 공연 양식을 근본적으로 바꾸었고, 연극 전문가집단과 관객을 탄생시켰다. 그러나 갑자기 모든 것이 바뀌는 것은 아니었다. 근대적 의미의 희곡(문자로 기록된 개인의 저작물)이 부재한 상황에서 전혀 새로운 연극의 내용을 갖추기는 어려운 것이었다. 따라서 전래의 판소리와 그 변형인 창극·탈춤 등의 각종 민속 연희(무용, 민요, 奇技 곡예)가 실내무대에서 공연되었다.[17] 그럼에도 불구하고 대중의 열띤 반응이 지속되었는데, 그러다 보니 당대 지식층(개화 세력)은 새로운 극장문화가 애국 계몽의 민족적 과제를 망각하게 하는 것으로 인식하게 되었다. 이때 나온 것이 연극개량론이다.

연극개량론은 주로 『황성신문』과 『대한매일신보』를 통해 담론화되었다. 협률사 폐지론을 비롯하여 권선징악과 충의감발하는 국민계도의 방향으로 그 내용을 개선해야 한다는 등의 다양한 논의가 펼쳐졌다. 이는 개화 지식인의 공리주의적 예술관(연극관)과 서양문명의 선망이 뒤섞인 것이었다.[18] 신문매체를 통해 담론화된 연극개량론은 개화기 연극의 향방을 주도[19]하게 되었으며 이후 민족주의적 지식인들의 연극관을 형성하는데 큰 영향을 끼쳤다. 이러한 개화기 연극개량론은 1910년대 신파연극인들을 거쳐 내용을 달리하면서 1920년대까지도 지속되었다.

1920년대 계몽주의적 연극론이 개화기에서 출발한 것이라고 볼 때, 시대 인식과 연극의 교화적 기능이 조합되었다는 측면에서는 공통 분모를 찾을 수 있다. 그러나 1920년대 연극론은 개화기와는 달리 계몽의 주체와 대상이 변하였으며 아울러 계몽을 위한 구체적 연극론이 전개되었다.

---

17) 유민영, 앞의 책, 80면.
18) 이두현, 『한국신극사연구』, 서울대 출판부, 1990, 29~30면; 유민영, 위의 책, 81~89면.
19) 우수진은 「개화기 연극개량론의 국민화를 위한 감화기제 연구」(『한국극예술연구』 19집, 2004.4)에서 연극개량론이 연극 자체의 내용이나 형식에 관한 직접적 논의라기보다는 시대정신인 문명개화의 이데올로기를 강화하기 위한 국민계몽 담론이었음을 밝히고 있다. 이 시기 연극론이 연극을 애국사상과 국민발달을 위한 근대적 문명제도로 인식했다는 점에서 의의가 있다고 보았다.

우선 앞서 살펴보았던 윤백남·현철·김정진과 같은 연극론자들이 전문 연극인이라는 점에 주목할 필요가 있다. 개화기에는 연극개량론의 주체가 연극인이 아닌 개화기 언론계 종사자였다.[20] 때문에 연극에 대한 단편적 인식으로 연극 내용의 소재적 측면에만 논의가 집중되었다. 그러나 윤백남 등의 담론 주체들은 일본 유학을 통해 일본의 신파극 혹은 서구 리얼리즘연극을 공부하고 돌아온 신지식인들이었다. 이들은 각기 유학의 시기와 연극 활동의 유무에 따라 분류할 수 있으나[21] '근대'와 '비문명 상태인 조선사회'와 '서구 리얼리즘극'에 대한 인식을 공유하고 있었다. 결국 이들은 각각의 차이에도 불구하고 조선을 문명화할 수 있는 교화의 방편으로 연극운동을 부르짖었으며 그것은 서구 리얼리즘연극으로 구체화되었다.

그 중 일본 유학 제1세대에 속하는 윤백남(1888~1954)의 경우에는 1904년에서 1910년까지 일본 신파극을 배우고 돌아와 조선에서 신파극을 했던 인물이다. 그래서 1920년대 들어와 조선의 신파극을 비판하고 영국의 고든 크레이그(Edward Gordon Craig)의 연극이론에 입각한 근대극론을 펼치는 것이 의외이나 '근대'를 의식한 발전의 측면으로 이해할 수 있다. 또 3·1운동 이후 조선에 일어나게 된 민족문화운동의 흐름과 신파극단들의 몰락에 가까운 이합집산의 상황에 비추어 그리 부자연스러운 전환은

---

20) 김재석, 「개화기 연극개량론의 성격」, 『인문과학』15집, 2001, 51면.
21) 한국 근대연극사에서 연극인들은 나이를 포함하여 일본 유학의 시기와 조선에서 활동한 시기와 경력에 의해 세대를 구분해 볼 수 있다. 윤백남·이기세 등은 유학 제1세대로 1910년 이전에 일본 신파를 배우고 1910년대 조선의 신파극을 주도했던 인물들이다. 제2세대는 3·1운동 직후 동경에서 축지소극장의 태동을 목격하고 서구 리얼리즘극을 배운 홍해성·김우진·김영팔·박승희 등이다. 제3세대인 유치진·서항석·김광섭 등은 축지소극장의 극을 보고 배웠으며 1930년대 '극예술 연구회'를 이끈 인물들이다. 제4세대는 일본에서 축지소극장 이후 연극 제작에 관여하고 1930년대 중반에 귀국한 안영일·김영수·오정민 등이다. 1920년대 연극론을 선도해간 현철은 김정진과 함께 제1세대와 제2세대 사이의 인물로 볼 수 있다. 즉 신파극에서 서구 리얼리즘극으로 넘어가는 일본의 과도기적인 신극을 배웠다. 양승국, 앞의 책, 260~261면; 유민영, 앞의 책, 635~636면 참조.

아니다.

이에 비해 현철의 서구 리얼리즘 연극론 제기는 그의 연극 인식의 토대를 이룬 학습과 경력으로 미루어 볼 때 극히 자연스럽다. 그는 1911년에 일본에 건너가 1913년 시마무라 호오게츠(島村抱月)[22]이 경영하는 '예술좌' 부속 연극학교에 입학하였다. 거기서 서구 리얼리즘연극을 배우고 직접 무대에 서기도 했던 현철은 그 뒤 상해에서 구양여천(歐陽予倩)의 성기(星綺)연극학교를 경영하였다. 1919년 2월에 귀국한 그는 1920년 2월에 '예술학원'을 설립하였다.[23] 따라서 그는 대단한 자부심으로 윤백남이나 이기세와 같은 선배 연극인들의 연극 활동을 완전히 무시하게 된다.[24] 엘리트 의식 내지는 선각자 의식으로 뭉친 현철의 관점에서는 조선에는 연극이 존재하지 않았다.

> 玄堂이 극을 談홈에 가장 고통으로 覺하는 것이 두 가지가 잇다. 그 한 가지는 우리 조선 사회 현상과 시대의 착오요 나머지 쏘 한 가지는 극담 중 연극이라는 말을 하면 諸子는 곳 현재 우리 조선에 존재한 소위 신파라는 연극과 구파라고 하여 춘향전이니 심청전이니 하는 그것을 가라쳐 말하는 줄 알가바 이것이 큰 고통으로 생각하는 바이다.[25]

> 오늘날 우리 조선에서 흥행하는 소위 신파극이니 하는 것은 이러한 각본도 업고 연습도 업시 당일 것을 당일에 되는더로 이야기만 하여 얼골에 분만 발느고 무대에 올나 찍꺼리기만 하면 곳 연극인 줄 안다. 이러한 연극은 세계 연극사가 싱긴 이후에 처음으로 보는 것이다. 안이 이런 기괴한 연극은 조선이 안이면 참 볼 수 업는 일이다.[26]

---

22) 시마무라 호오게츠(島村抱月)은 1902년부터 유럽에서 리얼리즘연극운동을 목격하고 연구하고 일본에서 서구 근대극을 가르쳤던 근대극론자이다. 유민영, 위의 책, 636~637면.
23) 정덕준, 「현철 연구」, 고려대 석사논문, 1976, 6~8면; 유민영, 위의 책, 636~637면 참조.
24) 이것은 현철의 「현당극담」과 이기세의 「소위 현당극담」에서 알 수 있듯이 인신 공격적 성격이 짙어 논쟁의 씨앗이 된다. 이에 대해서는 양승국, 앞의 책, 259~284면 참조.
25) 현철, 앞의 글, 1921.2.17.

「현당극담」 21회부터 연재한 '연극의 필요'에서 '여(余)의 고통'이란 소제목이 붙어 있는 글들이다. 그가 느끼는 고통은 비문명적 조선사회와 대부분의 사람들이 자신의 연극론을 이해하지 못 하는 데서 기인한다. 위에서도 볼 수 있는 바 1920년대 연극론자들 중 가장 두드러지는 그의 선각자 의식은 조선에 참다운 연극을 알리는 것을 목표로 하는데서 두드러진다. 그것은 물론 서구 리얼리즘연극이었다. 현철은 그의 스승 시마무라 호오게츠가 "현군 자네는 冷落枯凋한 조선민족의 내부생활에 기름을 처주는 책임이 잇는 것을 이저서는 아니되겟다"27)고 한 말을 되뇌이면서 자기의 선각자 의식을 자부하였다. 이러한 모습은 애국계몽기의 문명개화론자들과 참으로 많이 닮아 있다.28)

즉 현철은 일본의 신극론자에게 사사받은 자신을 문명인으로 자처하고, 문명인의 입장에서 조선을 파악하고 있다. 문명인으로서의 시선을 내면화하는 데 반드시 필요한 것은 정당한 것에 위배되는 '타자'의 설정이다. 그것은 세계 지배를 표면화한 서양 열강도 아니고, 이미 조선의 침략 주체로 존재하는 일본도 아니었다. 배제해야 할 타자는 조선이었다. 따라서 현철이 서구 리얼리즘극을 앞세워 교화해야 할 대상은 '민중'을 포함한 전 조선인이었다. 특히 구체적으로 지적한 대상은 그가 귀국하기 이전부터 활동해오던 연극인들과 사회지도층이었다.

> 엇더한 민족을 물론하고 역사적 민족생활이 잇고 집단적 사회경영이 잇는 곳에는 반다시 연극이 잇나니 (…중략…) 엇지하면 이것을 선용홀가 하는 문제로 학자나 지식계급이나 부호나 王公家나 일반 민중이 공력하야 향상발전을 노력하는 바이니29)

---

26) 현철, 위의 글, 1921.2.19.
27) 현철, 「문화사업의 급선무로 민중극을 제창하노라」, 『개벽』 10, 1921.4, 107면.
28) 정선태, 「독립신문의 조선·조선인론」, 『근대계몽기 지식 개념의 수용과 그 변용』, 소명출판, 2004, 168면.
29) 현철, 「현당극담」, 『조선일보』, 1921.2.17.

이러한 광선을 이용하는 것이 현금 우리 조선형편으로 절대 불가능한 사실인가 결코 그러치 안한 것이다. (…중략…) 금전 관계로 설비치 못하는 것도 아니요 전기부족으로 설비치 못하는 것도 안이다. 다맛 이에 대한 식견과 광선의 효과를 모르는 까닭이다.[30]

위의 인용에서 볼 수 있듯이 현철은 연극이 우매한 민중을 깨우치기 위한 교화의 도구임을 전제하면서도 동시대 연극인들을 향한 계몽 의도를 분명히 드러내고 있다. 즉 그의 연극론은 1차적인 계몽의 대상을 당대 민중 계몽의 주체라고 할 수 있는 연극인을 포함한 지식 계층에 두고 있다. 이는 현철의 조선연극에 대한 지도자적 의식의 반영임과 동시에 그가 전개한 근대극론이 다른 연극인들의 논의와 구별되는 지점이기도 하다.

연극인과 사회지도층에 대한 계몽 의지는 윤백남에게도 나타난다. 윤백남의 조선극계 파악은 현철과 상당한 차이를 보인다. 특히 '임성구'식의 신파극과 개량신파극단에서 행하는 연쇄극을 비판하는[31] 그는 현철과 달리 1910년대 신파극 활동의 주체이기도 했다. 그렇기 때문에 '조선에는 연극이 없다'가 아니라 '완전한 극의 발전이 없는' 조선 극계이다.

그가 지목한 조선의 현대극단은 임성구의 혁신단, 이기세의 문예단 그리고 각각 그 예풍을 따른 김도산 일행과 김소랑의 취성좌이다. 이에 대한 그의 비판은 각각 그 층위를 달리하고 있다. 임성구식의 연극은 시대착오적인 해독이지만 '정통 신파'를 사사받은 이기세의 연극은 기대되는 것이었으나 만족할 만한 것은 아니었다. 그 이유는 극계 내부에도 있지만[32] 관극과 배우를 천시하는 조선의 풍토에 더 큰 책임이 있다고 했다.

따라서 윤백남은 연극인들에게 연쇄극을 위한 촬영비를 의상과 배경

---

30) 현철, 위의 글, 1921.2.21.
31) 윤백남, 앞의 글, 1920.5.13; 5.15.
32) 윤백남은 극계 부진의 이유를 각본, 대도구, 무대감독, 극장의 부재와 경영주의 무이해, 창조력이 있는 배우의 희소, 흥행상 악인습에 두었다.

에 사용하고 직분에 충실하라는 충고를 하면서도[33] 연극인들이 처한 상황에 동정을 아끼지 않는다. 배우와 단장의 이중삼중고와 금주(金主)의 욕심에 이용당하는 연극인들을 탓하기 전에 그들이 처해 있는 실정과 인습을 타파하는 것이 급하다고 보았다. 때문에 사회지도층을 연극을 지원해야 할 위치로 지목하여 계몽하려는 의지가 강하게 드러난다.

그가 파악하는 조선 극계의 과거는 '참으로 고독하고 불상하고 참혹한 기록이며 굴욕과 인종의 역사'[34]이다. 그는 '위정가, 경세가, 부호' 등을 지목하여 연극을 매도하던 조선사회는 얼마나 깨끗한지 준엄하게 묻고 아울러 민중의 교화기관인 연극의 필요성을 각성해야만 문명사회로 나아갈 수 있다[35]는 계몽론을 펼쳤다. 그런데 그가 연극진흥에 힘쓰는 문명국의 표본으로 제시하고 있는 국가는 일본이다. 일본연극의 역사를 예로 들어 국가와 사회가 극을 일으키고 극의 향상에 얼마나 노력했는지 서술하고 있는 것이다.[36] 일본을 포함한 서양 각국의 연극과 그 발전을 위해 노력하는 국가적 노력을 전범으로 삼고 있음은 현철도 마찬가지다.

이렇듯 윤백남과 현철은 층위를 달리하여 근대극운동을 주장하고 있지만 배제해야 할 타자를 내부로 설정하는 한편으로 배우고 따라가야 할 전범으로 서양 열강과 일본을 설정했다는 점에서는 인식을 같이 하고 있다. 그들이 예로 든 서양과 일본의 연극은 조선이 문명화되기 위해 일으켜야 하는 문명국의 연극이었던 것이다. 이는 문명국의 연극을 알고 있는 연극전문가로서의 선각자 의식과 맞물려 정체성을 확보하게 된다. 따라서 엄연히 존재하고 있었던 조선의 연극은 자취를 감추고 말았다. 민중시대의 도래와 민중연극론의 건설, 조선 민족의 현실에 맞는 민족극

---

33) 윤백남, 앞의 글, 1920.5.16.
34) 윤백남, 위의 글, 1920.5.11.
35) 윤백남, 위의 글, 1920.5.8.
36) 윤백남, 위의 글, 1920.5.12.

수립이란 구호는 이상론에 머물게 된다.

4. 민중, 민족, 문화주의

　교화기관으로서의 연극론은 민족운동으로서의 연극운동, 민중 교화를 위한 연극운동으로 시대적 당위성을 강조하였고, '신문명의 확립'을 위한 방법으로 서구 근대극의 수립을 주장하였다. 서구 근대극은 연극론자들이 파악한 것과 같이 문명국의 연극이었다. 그런데 단지 문명국의 연극이라는 이유만으로, 기왕의 조선연극을 배제하고 '교화기관의 정수'로서 근대극을 조선 개조의 역할을 담당하는 자리에 배치한 것은 아니었다. 이 시기의 연극론들은 언제나 '민족'을 앞세우고 있었으며, 연극이 조선의 현실과 민족적 과제에 어떻게 부응하는지를 고민하고 있었기 때문이다.

　그렇다면 서구 근대극의 어떠한 요건이 '조선에 필요한 문화'를 찾고 부르짖던 시대적 과제에 부응하는 것이었을까? 그것은 우선 당시 행해지고 있던 연극에 대한 비판에서 찾아볼 수 있다. 윤백남의 「연극과 사회」에서부터 창극과 신파극[37]은 사회에 해독을 끼치는 '시대착오의 극'으로 비판되고 있다. 극의 의미를 해석하지 못하는 연극인들의 소양을 문제삼기도 하지만 '전시대의 유물인 권선징악주의'에서 벗어나지 못하는 내용

---

37) 윤백남, 위의 글, 1920.5.13. "춘향가와 흥부전과 심청가를 창하는 唱夫들이 극의 의미를 해석지 못한 결과 무대의 색조를 무시하고 기교를 전연히 몰각하야 가극도 아니오 보통극도 안인 일종의 변태창극?을 兒戲적 정신으로 무대에 올니는 그네들 (…중략…) 한 극 중에 심수인의 살해를 演하는 '鳴呼天命'이라던지 가정과 재산의 갈등으로 말미암아 첩이 주인을 독살하고 人間斷末의 고통과 유혈을 관객에게 뵈혀서 그 흉악한 인상을 색이게 하는 등의 馱劇."

을 크게 문제삼고 있다. 김정진의 평문에서도 같은 비판이 이루어지고
있다.

> 형금 조선에서, 째째로 연극의 막이 널니는 것은 사실이다. 그러나, 그와 가
> 튼, 무절제하고, 무가치한 행연은, 연극 자체의, 장래를 위하야, 도로혀, 엇더한
> 해독은, 끼칠지언정, 그 발달에 대하야는, 죽음도, 조장될 것은 업다. (…중략…)
> 어느 째까지, 권선징악을, 의미하는, 판에 박은 듯한 "악인은 멸망하고 선인은
> 영화롭다"하는 單調無味한 각본이, 극계의 거의 전부를, 점령하고, 관중의 대
> 부분은, 이와가튼, 저렴한 각본만, 최상의 예술품으로, 환영하는 현상에 잇서서
> 는, 누구나, 이 이상에 더 쓸, 재료는 발견키 어려울 것이다.[38]

이 글은 근대극론이 어느 정도 전개된 상황에서 1920년대에 신극을
표방하고 나선 예술협회 · 민중극단 · 토월회 등을 대상으로 한 비평문이
다.[39] 그의 평은 보지 못한 토월회의 공연에 대해서는 비교적 호평을 내
리고 있으나 조선연극에 대한 초기 비판과 조금도 달라지지 않았음을
알 수 있다. 누구보다 조선연극을 철저히 부정했던 현철이나 선구적 연
극론을 펼쳤다고 평가받고 있는 김우진에게서나 이러한 평가는 공통적
으로 나타난다. 즉 조선의 연극은 구시대의 연극으로 "세상을 속이고 민
중을 우롱흐는 사기극"[40]이란 인식이 1920년대 전반기를 지배하고 있었
다. 서구 근대극의 기준으로 볼 때 이러한 인식은 당연한 것이었다. 종합
예술로서의 요건을 갖추지 못한 채 이루어지고 있는 공연 방식은 물론
이고, 권선징악적 내용 역시 전근대적인 것으로 인식되었다. "계급을 타
파하고 노자(勞資)평등을 고창하는"[41] '민중의 시대'에 봉건왕조의 민중

---

38) 김운정, 「극계1년의 개평」, 『개벽』 42호, 1923.12, 53면.
39) 이밖에 예술협회 · 민중극단 · 토월회와 관련한 비평문으로는 靑衣生, 「둘째번으로
본 바 예술협회시연」, 『조선일보』, 1921.12.16; 현철, 「예술협회극단의 제일회 試演을 보
고」, 『개벽』 17호, 1921.11; 현철, 「예술협회 제이회 시연을 보고」, 『개벽』 19호, 1922.1;
尖口生, 「민중극단의 시연을 본대로」, 『동아일보』, 1922.2.28 등이 있다.
40) 현철, 앞의 글, 1921.3.14.
41) 윤백남, 앞의 글, 1920.5.11.

통치 방식의 일환이었던 권선징악주의는 타파해야 할 구습과 같은 것이었다.

> 신문화를 건설하기 전에 먼저 舊慣陋習을 改造革正할 필요가 잇슬 것은 물론이다. (…중략…) 자유적 문화, 평등적 사회를 건설하려면 무엇보다도 재래의 민족성을 病痼케 하고 또한 모든 문화의 발전을 황폐케 하엿든 陋慣舊習을 근본적으로 開發革正치 아니하면 엇지하야 자유평등의 현대적 문화를 건설할 수 잇스랴.[42]

논자들에 따라 수위의 차이가 있지만 조선의 구관습을 타파하고 서구 자본주의사상과 관습을 도입하여 조선에 신문화를 건설하자는 주장으로 요약할 수 있다.[43] 이런 맥락에서 보자면 김우진과 같이 서구 근대극운동의 자유와 평등이라는 혁명적 사상과 정치적 사회적 실행에 주목하여 근대극론을 펼치는 것이 당연한 이치이다.

> 근대 연극이라 하면 입센을 반다시 연상하도록, 사회적 지위를 견고하게 된 것은, 근대극의 선조 입센 안이라도 일반근대사상의 사회화를 자각한 이난 기어히 응락할 터이다. 그러하나 볼텔 룻소의 자유평등의 혁명적 사상이 처음에 내면적 즉 영혼의 해방과 구제를 위하야 고창한 것이, 외면적 즉 정치적 사회적 실제행동이 된 것을 음미하면, 근대연극의 사회적 사명도 수긍할 것이 안인가. (…중략…) 근대극운동은 제일로 일반사회의 계몽에 자코저 하난 명료한 목적을 버리지 못할 것이나, 동시에 인류의 영혼을 창조적으로 해방하며 구제하난 예술적 지위에서 떠나지도 못할 것이다.[44]

---

42) 사설, 「신문화건설의 근본의의―구습」, 『동아일보』, 1925.5.14.
43) 근대성은 새로운 시대에 대한 인식으로 진보의 의미를 갖는다. 18세기 이후 근대성은 전통과의 단절과 혁신을 의미하게 되었다. 근대화의 길은 여러 갈래로 나타나지만 비유럽세계에서는 서유럽이 근대성의 전범으로 간주되었다. 서구의 국민국가 모델과 정치 구조, 경제적 관계, 과학기술의 발달로부터 지대한 영향과 충격을 받았기 때문이다. 그러므로 비서구적 근대성 역시 서구에서 그 기원을 찾을 수 있다. 식민지였던 조선의 서구문명에 대한 선망 또한 이러한 측면에서 이해할 수 있다. 박지향, 『일그러진 근대』, 푸른역사, 2003, 27~43면 참조

따라서 근대극의 시조인 입센을 논할 때도 그의 사회개혁사상에 주목하였고, 「인형의 집」, 「유령」과 같은 작품이 구습과 전통에 도전하였다고 평가했다.

　　입센과 사실주의극에 대한 소개를 가장 먼저 했던 현철은 "연극은 잇는 그대로 세상을 縮寫한 것"[45]이라 규정하여 사실주의 연극관을 드러내고 있다. 그 내용은 현실 폭로, 문제 제공, 신사상 선전, 고풍유전 등이며 서로 관련되거나 분리되어 지금까지의 풍속제도 문물에 염증을 느껴 개혁의 필요성을 부르짖는 것이라 하였다. 즉 '묵은 습관과 사상을 파괴하려는 경향'을 포함한 것으로서 구체적으로 입센의 「인형의 집」을 예로 들고 있다. 서구 연극의 역사와 효용을 아리스토텔레스에서부터 시작하여 서술한 「현당극담」에서는 '근대의 사실극과 문제극'(1920.2.2~2.4)에서 입센의 작품을 '사회의 암흑면이나 추소나 비밀'을 사실적으로 드러내는 저항적 관점을 높이 평가하였다. 그리고 하우프트만, 버나드 쇼, 스트린드베리 등의 작품 사상이 개인은 물론이고 국가 조직의 기초까지도 움직이는 효과가 있다고 보았다. 이러한 생각은 "우리 생활의 실상을 그대로 무대상에 표현하는 연극"[46]이 조선에 필요하다고 한 김정진 등의 연극인들에게 합의된 것이었다. 그러니까 이들에게 서구 리얼리즘연극은 정확하게 시대의 변화를 반영하고, 진보의 이상을 구현하는 연극으로 받아들여졌던 것이다. 서구 근대극을 조선에 수립하기 위해서는 창작극보다도 서구 근대극을 번역하는 것이 우선적인 과제였던 것이다.[47]

---

44) 김초성, 「소위 근대극에 대하야」, 『학지광』, 1921.6, 69~70면.
45) 현철, 「연극과 오인의 관계」, 『매일신보』, 1920.7.1.
46) 운정생, 「사상운동과 연극」, 『동광』 18호, 1923.1.
47) 현철은 '사회극'이란 표어로 창작극을 우선한 예술협회의 공연작품에 대해 가치가 없다고 평가하고, 왜 군이 창작극을 해야 하는지 회의하고 있다(현철, 「예술협회극단의 제일회 시연을 보고」, 『개벽』 17호, 1921.11; 「예술협회 제이회 시연을 보고」, 『개벽』 19호, 1922.1). 그리고 조선은 근대극의 파종기라고 보고 번역의 필요성을 강조했다(현철, 「연극과 오인의 생활」, 『동아일보』, 1923.9.9). 김우진은 일본 근대극운동을 예로 들고 조선에도 '진실한 번역시대'가 필요함을 역설하고 있다(김우진, 앞의 글, 70면).

민족을 앞세운 근대극론은 민중극의 이름으로 제창되기도 하였다. '20세기는 민중시대'라고 전제한 현철은 조선에 필요한 문화를 민중극으로 일으켜야 한다고 주장하였다.[48] 그가 규정한 민중극은 '가장 단시간에, 가장 다수인이, 가장 보편적으로, 가장 속성적으로, 귀족이나 평민이나, 식자나 문맹이나, 노인이나 소년이나, 서로 모여서 민중적으로 문화되는 것'이다. 여기서의 민중은 '지방적 구획이나 계급적 사상으로부터 분리된 일반 동포'라는 의미로 '민족'과 동의어이다. 그러므로 '민중을 재료로 한 극, 민중의 공유물이 되는 극, 민중 교화의 극'으로 민중극의 종류를 세분하고 있지만 희랍극에서부터 근대극에 이르는 세계연극을 연극의 효용성에 맞추어 소개하는 차원에 머물게 된다. 그는 민중을 제재로 한 극을 하우프트만·고리키·입센의 작품과 같은 근대 민중극으로 설명하면서도 '재료상 민중극'으로 파악하고 논외로 하였다. 그리고 민중 공유와 민중 교화극에는 계급적 의미의 민중극도 포함되어 있고, 서구의 근대극도 있으며, 중국이나 일본의 전통극도 있다. 이렇듯 모호한 민중극의 개념과 소개는 구미 각국과 일본, 중국의 신극운동을 모두 민중극과 민중극장운동이며 민중문화를 수립하기 위한 것으로 파악하는 데서 연유되었다고 할 수 있다.

현철의 민중극론은 자신이 몸담고 있었던 『개벽』지에 소개된 로맹 롤랑의 「민중예술론」(1922.8~11)의 민중연극론에 영향을 받은 것이었다.[49] 롤랑의 민중극은 민중이 주체가 된 연극으로 민중의 정치 참여를 의도한 것이었다. 그러나 현철은 민중을 식민지 조선 민족 전체로 등치시키고

---

48) 현철, 「문화사업의 급선무로 민중극을 제창하노라」, 『개벽』 10, 1921.4.
49) 로맹 롤랑의 민중예술론이 한국에 소개된 것은 현철이 제창한 민중극론의 발표보다 늦은 것이었다. 하지만 이미 일본에서는 국민문예회(1919.4)를 중심으로 연극의 민중화 논의가 이루어졌고, 현철이 일본에서 근대극을 배웠다는 사실로 볼 때 시기의 차이는 문제가 되지 않는다. 오히려 현철의 민중극론이 일본에서 민중극을 민중 교화의 극으로 수용한 점과 동일하다는 점에 주목할 필요가 있다. 일본의 민중극론에 대해서는 양승국, 앞의 책, 163~167면 참조.

민중극을 민족 교화를 위한 연극으로 받아들였다. 이에 따르면 '민중'은 계급을 초월한 '민족'이며 조선 민족은 전통과 단절하고, 세계 선진국의 연극을 새로운 전통으로 배워야 할 입장이다. 그렇기 때문에 중국과 일본의 전통극을 '친숙본위(親熟本位)'의 민중공유극으로 분류하면서도 조선의 전통극은 제외하는 모순을 드러낸다. 즉 로맹 롤랑의 민중극론을 조선의 상황에 맞게 수용한 것인데[50] 민중(민족)을 주체가 아닌 교화의 대상으로 삼았다는 점에서 그리고 민중극이 지닌 저항의 의미를 문화주의적 논리로 희석해 버렸다는 점에서 로망의 논리와는 분명한 차이를 드러내며 한계를 노정하게 된다.

　이것은 당대 문화운동론자들이 세계 변화의 흐름을 강자와 약자, 부자와 빈자의 차별이 없는 세계로 받아들인 것과도 연관된다. 그러나 이들의 인식처럼 제1차 세계대전 이후의 세계는 그리 단순한 것이 아니었다. 러시아혁명(1917), 독일혁명(1918)의 결과로 사회주의 체제의 국가가 들어서고, 서구 열강에 의한 세계 재편이 일어났으며 선진 자본주의국가 내에서는 노동운동이 격렬해졌다. 이러한 세계 변화를 통틀어서 '민중의 시대'로 인식하고 민중문화의 이름으로 조선 민족의 과제를 설정했다는 것은 극히 피상적인 인식의 산물이다. 당시 민족주의문화운동은 비계급적 노선을 견지하고 민족을 문화적 동질성의 차원에서 파악하였다.[51] 이에 따라 민족은 사회계급적 의미로서가 아니라 계급을 초월한 역사적 운명공동체가 된다. 그러므로 비문명 상태에 놓여 있는 조선 민족의 우

---

50) 유민영, 앞의 책, 644~650면 참조 유민영은 현철의 민중극론을 로맹 롤랑의 계급혁명적인 민중연극론의 성격을 변용하여 수용한 것에 대해 '이상스럽게 쇼비니즘화한' 연극론이었다고 평가하였다.

51) 「세계개조의 벽두를 당하여 조선의 민족운동을 논하노라(3)」, 『동아일보』, 1920.4.6. 1920년대 문화주의 이념을 기초로 한 민족주의운동의 논리는 당대 민족주의문학에서도 드러난다. 민족주의문학론은 국민문학론, 절충론, 추상적 조선주의 등 여러 층위로 나타났는데, 특히 언어·습관·인정·풍속 같은 문화적 전통을 중시하는 문화주의적 민족 개념에 입각해 있었기 때문에 자기 정립에 실패하였다. 전승주, 「1920년대 민족주의 문학과 민족 담론」, 『민족문학사연구』 24호, 2004.3, 38~66면.

선적 과제는 전통과 단절하고 서구 자본주의문명 수립으로 민족이 처해 있는 위기를 벗어나는 것이 된다.[52] 이러한 과제를 수행해야 할 주체는 일본을 통해 서구 근대문명을 경험한 전문 지식인이며 이들에 의해 계몽되어야 할 대상은 식민지 민중(民族)이 된다.

이것은 이 시기 연극론에 나타난 관객 인식에서도 여지없이 드러나고 있다. 김우진[53]은 근대극이 '비속한 민중'을 구축(驅逐)하였다고 하였다. '무지한 속중(俗衆)'은 '인습전습'의 노예가 되어 연극뿐 아니라 모든 문화적 시설과 가치 있는 인류생활의 큰 적이 된다. 나아가 '모든 문화사란 영웅 천재의 속중에 대한 승리자의 기록에 불과하다'고 단언하면서 근대 극장의 문화적 사명도 여기에 있다고 하였다. 이러한 관점은 홍해성과 함께 집필한 「우리 신극운동의 첫 길」에서도 반복되고 있다.

> 오늘 관극하는 또는 극에 대해서 흥미를 느끼는 이들은 그 대부분이 기생연주회나 신파극이나 남사당패 노름이나 또는 창루에 가는 好男子들, 한량꾼들, 외입장이들, 호사기분으로 행동하는 소위 향락주의자들 (…중략…) 이런 관객과 우리는 연이 멀다는 각오가 아니면 신극운동자의 첫 발길부터 틀려 먹은 수작이다. 연극은 술이나 화류장이나 창녀가 아니다. '극장은 사회의 학교다'라는 말이 있다. 그만큼 절실하고 단적이고 엄숙한 기분이 아니면 우리에게는 신극운동보다도 한 장의 비라, 한 마디의 토론, 한 개의 慈善鍋가 더 필요하다.[54]

---

52) 1920년대 문화운동은 1910년대에 신지식층에 의해 이론화 과정을 거친 실력양성론의 실행 과정이었다. 이 시기 문화운동에서 문화가 의미하는 것은 문명, 즉 서구적 근대문명의 다른 이름이며, 개인의 개조와 인격 완성을 목표로 한 비정치성을 지닌 것이었다. 이때 '민족'은 문화운동론자들이 국가 부재의 객관적 상황에서 국가, 국민을 대신한 것이었고, 문화는 민족의 총화를 위한 대안이었다. 그런데 여기서의 민족은 이성적, 자율적 주체로서의 개인이 아니라 감정적, 타율적 대상으로서의 대중이라는 말과 같다. 민족주의문화운동의 자장 안에 있던 근대극론 역시 이러한 성격을 담지하고 있었다. 김현주, 「민족과 국가 그리고 문화」, 『1920년대 동인지 문학과 근대성 연구』(상 허학회 편), 깊은샘, 2000.8, 213~242면 참조.

53) 김우진, 앞의 글, 68~69면.

54) 홍해성・김수산, 「우리 신극운동의 첫 길」, 『조선일보』, 1926.7.25~8.2.

이 글에서는 근대극의 관객을 양성하는 방법[55]을 구체적으로 제안하고 있어서 당대 연극관객을 매도하는 데 그치지 않았다는 의미를 지닌다. 그러나 당대 조선의 관객과 서구 근대극의 관객을 구분함으로써 연극의 주체가 되어야 할 관객, 즉 조선 민족은 대상화되고 만다.[56] 교화해야 할 대상이 수준이 낮으면 낮을수록 근대극 수립을 고창하는 연극인들의 선구자적 사명감은 커지게 된다.

5. 맺음말

이상에서 살펴본 바, 1920년대 들어와 전개된 연극론은 조선의 문명화를 목표로 한 교화 계몽의 도구로서 '연극운동'을 주장하는 것임을 알 수 있다. 서구 리얼리즘연극을 근대극의 전범으로 전제하고, 그러한 연극을 조선에 수립해야만 조선인과 조선사회를 근대 즉 서구적 의미에서 문명화할 수 있다는 뚜렷한 인식을 보인다. 그러나 문명에 대한 선망 곧

---

55) 관중 양성 방법을 정리하면 다음과 같다. ① 신문잡지나 기타 간행물로서 근대극을 소개·토의·연구·발표할 것, ② 각 전문학교의 연극연구회 등의 단체와 제휴하여 강연회·전람회·사연회(私演會)를 개최할 것, ③ 신문잡지사에 연극에 관한 상식을 가진 기자를 두도록 할 것, ④ 극예술 잡지를 간행하고, 신문에 고정 연극난을 둘 것 등이다.

56) 저급하다고 매도한 관객은 교화를 통해 근대극의 관객으로 새로 태어나야 할 실체였다. 그렇다면 기왕의 관객이 전근대적 공연에 왜 환호하는지에 대한 파악이 이루어져야 할 것이다. 가령 창극과 같은 경우, 식민지 현실에서 조선인의 문화적 동질성을 확인시켜 주는 역할을 했기 때문에 관객을 끌 수 있었다. 1920년대 민중이 주체가 된 자립연극(소인극)을 인정하지 않았다는 면에서도 이때의 민중이나 관객 논의는 상당히 교조적인 관점을 보이고 있다(백현미, 『한국창극사연구』, 태학사, 1997, 254면; 배선애, 「1920년대 전반기 연극론 연구」, 성균관대 석사논문, 1993, 37면; 정호순, 「1920~1940년대 연극대중화론과 소인극운동」, 『한국희곡과 연극운동』, 연극과인간, 2003 참조).

서구적 문명에 대한 선망은 배제해야 할 열등한 타자를 자아로 향하게 하는 모순을 초래했다. 조선사회와 조선연극을 타자화하는 결과를 낳게 된 것이다.

1920년대 전반기 연극론을 주도했던 윤백남·현철·김우진 등은 층위를 달리하여 근대극운동을 주장하고 있지만 배제해야 할 타자를 내부로 설정하는 한편으로 배우고 따라가야 할 전범으로 서양 열강과 일본을 설정했다는 점에서는 인식을 같이 하고 있다. 그들이 예로 든 서양과 일본의 연극은 조선이 문명화되기 위해 일으켜야 하는 문명국의 연극이었던 것이다. 따라서 엄연히 존재하고 있었던 조선의 연극은 자취를 감추고 말았다. 이는 문명국의 연극을 알고 있는 연극전문가로서의 선각자 의식과 맞물려 정체성을 확보하게 된다. 이들은 조선에는 서구적 의미의 연극적 전통이 없음을 전제하고, 근대극의 반대항에 전통극과 신파극을 설정하여 철저하게 부정함으로써 서구 리얼리즘극을 근대극으로 등치시켰다. 그리고 그 개념 아래 근대극의 사회 계몽적 목적을 분명히 하고, 민족운동으로서의 의미를 부여했다. 즉 서구 근대극은 세계 개조의 변화를 정확히 반영하고 진보의 이상을 실현할 수 있는 연극으로 인식했던 것이다. 이러한 연극론은 연극의 교화적 효용성을 강조하고 부각시킴으로써 조선사회에서의 연극 인식을 크게 바꾸어놓았다. 또 종합예술로서의 연극 본질을 인식하고 연극론을 전개함으로써 이후 연극론의 토대를 형성하였다. 무엇보다도 민족의 현실을 담아낼 수 있는 연극으로서 서구 근대극을 포착하였다는 점에서 의미를 찾을 수 있다.

그런데 이러한 근대극론이 토대와 환경이 다른 조선에 어떻게 현실화될 수 있을까를 생각해본다면 그 한계가 여실해진다. '진실한 번역시대'의 필요성을 제시하여 그 출로를 마련해보려는 김우진의 논의나 연극학교 설치, 관중양성론 등의 방법을 제시하는 등의 제논의에서도 기왕의 연극실체와 연극 현실 속에서는 그 실현 가능성이 희박하다. 실제로 근대극을 수립하기 위해 제시된 실천 방안들은 공연 활동으로 이어지거나 지속되는 성과를 거두지 못하였다. 현철의 예술학원(1920)과 조선배우학교(1926)의 경우에는 조선에서 최초로 이루어진 연극의 근대적 제도의 실천이라는 의의를 지니고 있다. 체계적인 연극 교육을 통해 연극인을 양성하고, 체홉의 작품 등을 무대화하였기 때문이다.[57] 그러나 이러한 시도는 지속성을 지니고 뚜렷한 족적을 남기지 못 했다. 이는 개인적 차원으로 국한되어 평가할 수 없으나 서구 근대극 이론의 이상론적 성격에서 배태될 수밖에 없는 필연적 결과라고 할 수 있겠다. 1920년대 근대극 운동론자들의 제안이 현실성을 지니기 위해서는 조선의 연극전통을 인정하고 그 허실을 가려낸 토대 위에 논의 전개가 이루어졌어야 할 것이다.

근대극론자들의 서구문명에 대한 선망은 신문화 건설과 실력 양성으로 조선의 독립을 성취할 수 있다는 민족주의문화운동의 비전과 맞닿아 있었다. 서양은 일본 근대화의 표본이었고 강대국으로서의 힘을 지니게 한 근원이었다. 그러나 개인과 민족의 개조를 바탕으로 실력을 양성하고 신문화를 건설하겠다는 이상은 독립을 최종 목표로 한 것이라고 하더라도 체제 내적 운동의 한계[58]를 지닐 수밖에 없었다. 민족운동으로서의 문화운동은 정치적 운동과 분리되었으며 문화를 통한 민족의 교화가 급선무였다. 이때의 연극론도 연극을 통해 민족의 총화를 이룰 수 있다는 문화주의에 기초하고 있다.

이러한 연극론은 민중극 수립을 주장하는 것으로 나타나기도 한다. 이때의 민중은 식민지 조선 민족을 의미하는 것으로 사민평등주의에 입각한 개념이었다. 따라서 민중극은 민족 교화를 위한 연극으로 주창되었으며 민중극이 지닌 저항의 의미는 문화주의 이념 안에서 희석되었다. 동시에 연극의 주체로서 민중은 사라지고, 근대연극론자들은 민중 교화의

---

57) 유민영, 앞의 책, 657~659면.
58) '선민족개조 후독립', '선실력양성 후독립'을 표방한 문화운동은 문명개화론과 사회진화론의 틀 내에 존재했다. 사실상 일본의 식민통치를 인정한 선에서 이루어진 '현실 순응적'인 운동이었기 때문에 개량주의운동으로 귀결되었다. 박찬승, 앞의 책, 289~304면; 서중석, 『한국현대민족운동연구』, 역사비평사, 1991, 143~145면 참조.

주체로서 민중을 대상화시키게 된다. 연극 주체로 민중을 논하면서 대상화시키는 한계는 결국 구체적 현실 인식의 결여에서 온 것이며, 서구 문명인의 시선을 내면화한 선각자 의식에서 비롯되었다고 할 수 있다. '교화기관'으로서의 연극이 제역할을 하기 위해서는 제도적 기반이 필요하다. 근대극 수립의 방법으로 제시된 극장 설립, 인재 양성, 관객 양성 등의 실현은 식민통치권력의 자장 내에서 가능하기에 식민지배 논리에 귀속되지 않을 수 없다.

즉 전통극과 신파극이라는 실체를 전면 부인하고 그 자리에 과거에는 없었던 '근대극'을 배치함으로써, 새로운 전통을 만들고자 했던 이 시기 연극론은 결국 식민주의에 대한 대타적 의식의 산물이었던 것이다. 이렇게 그들은 '근대극'의 계몽을 통해 식민적 '타자'의 위치를 벗어나려 했지만, 근대극을 통한 계몽주의의 실현이란 서구의 근대 기획(비서구에 대한 식민지화, 타자화)에 포섭될 수밖에 없는 이중성을 벗어날 수 없었다.

3부

한자 인식과 근대어의 내셔널리티

이혜령

1. 한자의 구축(驅逐)과 한글의 서사

동아시아에서의 근대화는 서구의 침략과 진출에 따른 유교문화권 내지 한자문화권의 붕괴 과정이라고 할 수 있다. 한·중·일 삼국은 19세기말 20세기 근대 민족국가의 형성 과정에서 모두 한자(문)에 대한 인식의 변화를 겪었다. 서양의 오리엔트에 대항해 일본 중심의 동양이라는 시공간적 가치 체계를 확립함으로써 유럽의 제국들과 동등한 지위를 얻고 아시아에서의 패권을 장악하려 하던 일본[1]의 국어운동은 가나문자론, 로마자론과 같은 국자(國字)개혁으로 전개되었는데, 이 한자 폐지를 골자

---

1) Stefan Tanaka, *Japan's Orient : Reading Pasts into History*, University of California Press, 1993, 한국어판으로는 스테판 다나카, 박영재·함동주 역, 『일본 동양학의 구조』, 문학과지성사, 2004, 15~54면 참조.

로 한 국자개혁의 기본적인 욕망은 중국문명권으로부터의 이탈이었다. 한자의 효용을 강조한다 하더라도 대륙공략을 위한 유용한 수단으로써 그 효용이 강조되었다.[2] 중국의 경우, 서구의 강력한 침략 앞에서 변법유신의 리더들이 내놓은 진단 중의 하나가 문언으로 말미암아 중국에서는 "문자가 사람을 위해 존재하는 것이 아니라 사람이 문자의 노예가 되고 말았다"는 것이며 바로 이 문언의 폐해가 중국의 쇠락과 위기의 원인이라는 것이었다.[3] 한국의 경우 '국문' 인식은 한자를 보편문자에서 외국의 문자로 받아들이는 인식의 변화와 동궤를 이뤘다. 한국의 독립국으로서의 자기 증명은 중국과의 사대적 관계 청산, 중화적 세계관으로부터의 이탈을 의미했기 때문이다.[4]

한자(문)은 이렇듯 당시 국제정세의 변화와 함께 출발한 동아시아의 근대화 그리고 내셔널리티의 창출 과정에서 재고를 요구하는 문제적 대상이었을 뿐만 아니라 한자 인식의 변화는 총체적인 에피스테메의 전환을 상징했다. 한자 인식은 자국어 내지 민족어 인식과 표상의 확립과 연동해 갔다는 점에서 각국의 언어 내셔널리즘의 형성과 전개에 주요한 질료였다. 또한 한자 인식의 추이는 중국에 대한 인식 내지 동아시아의 정세 변화와 무관하지 않았다. 예컨대 일본에서의 동문동종(同文同種) 담론의 굴절 과정을 추적한 가즈키 사토는 중국노동자들의 일본 유입에서 비롯된 사회 문제, 그리고 청일전쟁을 통해 아시아의 패권국가로 군림한 일본의 국가적 지위 변동 등은 중국에 대한 폄하적이고 인종적인 인식을 촉발시켰고 학교에서의 '한문' 교육에 대한 비판과 맹렬한 반대를 야기했다고 말한다.[5] 청일전쟁을 전후로 한국인의 중국에 대한 인식 또한

---

2) イ・ヨンスク, 『「國語」という思想』, 東京 : 岩波書店, 1996, 35면, 43~44면 참조.
3) 이보경, 『근대어의 탄생-중국의 백화문운동』, 연세대 출판부, 2003, 25~27면 참조.
4) 이에 대해서는 다음을 참조. 임형택, 「근대계몽기 국한문체의 발전과 한문의 위상」, 『민족문학사연구』 14호, 1999; 황호덕, 「한국 근대형성기의 문장배치와 국문담론」, 성균관대 박사논문, 2002.
5) Kazuki Sato, "Same Language, Same Race : The Dilemma of Kanbun in Modern Japan", edited

변모한다. 청일전쟁을 전후로 한 시기부터 러일전쟁 무렵까지 대한제국기의 한국 엘리트들의 중국 인식을 개괄적으로 보여준 백영서에 따르면, 중국에 대한 인식은 중국의 정세나 개혁운동의 향방에 따라 그리고 매체(『독립신문』·『황성신문』·『대한매일신보』)에 따라 그 논조가 변화하기는 했지만, 청이 조선의 문명개화에 장애가 되는 전통의 상징으로 부각되는 등 '천한 청'이라 이름붙일 만한 뚜렷이 새로운 중국 인식이 대두하였다.6) 그 중 『독립신문』이 이러한 성격을 가장 뚜렷이 보여주었다는 것과 그 신문이 순국문체를 표방했다는 사실과 무관하지 않을 것 같다. 한자는 정체(停滯)·과거·무익이라는 정체성을 부여받게 되었으며, 그러한 정체성은 쓰러져가는 거대한 중국의 정체성이기도 했다.

그러나 식민지시대의 한자 비판 논리는 근대계몽기와 비슷하지만 그 콘텍스트가 다르다는 데 주목하고자 한다. 한자 비판은 한글운동의 본격화와 맞물려 강해졌으며 이전 시기보다 그 논리에 있어 디테일해지고 정도가 노골화된 측면이 있다. 근대계몽기에는 언어가 국민의 교육과 계몽의 긴요한 도구로 인식되었다면, 식민지 시기에는 언어=민족성이라는 언어관의 강한 대두 속에서 한자/한글의 표상은 훨씬 대극적인 성격으로 이미지화되었다.

1920~30년대 해방 후 오늘날까지 일반화된 탄생 → 수난 → 웅비라는 영웅서사를 방불할 만한 한국의 국어사 인식은 피식민 경험을 '민족어말살기'로 기억한 데서 생겨났다. 당연히 민족어 말살의 주체는 일본이었다. 그런데 식민지시대에 한글을 주인공으로 한 서사는 동일한 플롯을 갖춘 서사였지만 '수난' 단계의 악역을 유독 한자가 맡았다는 점에서 달랐다. 말하자면 '한글'의 순정한 내셔널리티와 근대어로서의 자격을 보

---

by Frank Dikötter, *The Construction of Racial Identities in China and Japan*, Hawaii University Press, 1997, pp.118~135 참조.

6) 백영서, 「대한제국기 한국언론의 중국인식」, 『동아시아의 귀환』, 창작과비평사, 2000, 166~198면.

증한 부정적 참조물은 일본어가 아니라 한자였다. 이 글은 한자 비판의 논리를 한국의 언어 내셔널리즘이 언어학적, 이데올로기적 기반을 확충한 시기인 1920~30년대를 중심으로 살펴보고, 한자 인식의 문제를 식민지 언어 상황 속에서 맥락화하고자 한다.

2. 한자 비판의 논리와 한글의 내셔널리티

   3 · 1운동 이후 무단통치에서 문화정치로의 이행은 여러 가지 면에서 언어 내셔널리즘과 한글운동이 본격화될 수 있는 토양을 마련해 주었다. 우선 한글로 된 민간 신문 및 잡지의 발간 허용을 꼽을 수 있겠다. 인쇄 자본주의가 내셔널리즘 형성의 주요한 토대가 된다는 베네딕트 앤더슨의 지적처럼, 근대계몽기에 버금가는 미디어의 시대인 이 시기에 한국 민족주의는 자기의 주장을 전사회적 차원에서 제기, 실천할 수 있었다. 그 물리적 토대 중 하나가 미디어, 그리고 그것을 둘러싼 네트워크의 형성이라는 사실은 부인될 수 없을 것이다. 문화정치기의 물산장려운동, 민립대학설립운동 등은 당시 『동아일보』와 『개벽』 등 미디어에 의해 그 가능성과 한계, 그리고 합법성과 비합법성이 구획된 운동이라고 할 수 있다.[7] 이들 문화적 민족주의운동의 전개에 있어 필요불가분의 기능을 했던 미디어의 효과는 세계상과 정체성을 부여한다는 데 있다. 예컨대, 이 시기 신문과 잡지와 같은 논쟁의 장의 키워드인 '민족' · '사회' · '문화' 등은 개념이라기보다 전국적 차원으로 설정된 아젠다(agenda)에 가까

---

   7) 이러한 생각은 박헌호, 「'문화정치기' 검열과 그 대응의 논리」와 한기형, 「문화정치기 검열체제와 식민지 미디어」(각각 『대동문화연구』 50~51집, 성균관대 대동문화연구원)에서 시사받은 바 크다.

웠다고 할 수 있는데 기본적으로 기존 세계상에 대한 규정과 새로운 세계상의 제시를 주요 축으로 삼았으며 그 세계상은 물리적으로 경험 가능한 것을 초과한다는 점에서 상징적이고 언어적인 것인 것이었다. 이들 키워드를 둘러싼 제세력의 경합은 합의 가능한 공통된 세계상의 창출과 균열의 과정이었다.8)

1910년대 무단통치 기간 동안 위축되었다가 1920년대 문화정치기에 다시 촉발되었던 언어 민족주의운동은 여러 논자의 평가처럼 광범위한 공감과 성과를 얻었다. 그 이유 중 하나는 그것이 부정적으로 규정한 세계상과 바람직한 것으로 내세운 세계상이 어쩌면 이 시기 합의 가능한 공통의 세계상이었기 때문인지도 모른다. '한글'이 지닌 상징적 기능 또한 이러한 세계상에 대한 동의를 기반으로 작동된 것이라고 볼 수 있다. 부연하자면, '한글 / 한자'의 이원적 대립쌍은 그 자체로 정(正) / 부(否)의 세계상의 표상이었다. 부분으로 전체나 인과 관계를 표현하는 제유적(提喩的) 논법에 의거하여 언어는 세계의 구성 요소이자 세계상의 표상이었다. 한글 / 한자는 근대의 이분법적 대립쌍 즉, 자아 / 타자, 진보 / 퇴보, 미래 / 과거, 근대 / 전근대, 합리 / 불합리, 효율 / 비효율, 자율 / 타율, 생산 / 낭비와 같은 근대의 이분법을 거의 수렴했다.9) 이러한 세계의 표상은 당시 신문화운동의 이슈로 제시되었던 단군(檀君)선양으로 대표되는 민족문화 의식, 반유교·반전통을 언어 민족주의의 핵심적인 내러티브로 끌어들였으며, 한글의 내셔널리티와 근대성의 확보는 이를 통해서 이루어졌다.

---

8) 이는 최근 김현주가 보여준 일련의 연구 「'사회'와 비평 / 소설의 글쓰기」(2004.10), 「논쟁의 정치와 「민족개조론」의 글쓰기」(2004.11), 「1920년대 신문잡지와 논쟁의 문화」(2005.6) 등의 성과를 내 나름대로 해석한 것이다.
9) 이혜령, 「한글운동과 근대어 이데올로기」, 『역사비평』 71호, 역사문제연구소, 2005년 여름.

1) '한글'이란 이름의 연원과 단군 민족주의

이 말('한글'-인용자)이 생기기는 지금으로 십오년 전에 돌아가신 주시(주시경) 선생이 「한글배곧」이란 것을 세우리 이것이 「조선어강습소」란 말입니다. 그 뒤로 조선글을 「한글」이라 하게 되어 지금까지 일컬어 온 것입니다. 한글 두 글자의 뜻은 이러합니다. 역사(歷史)를 상고하면 조선 고대민족이 환족(桓族)이며 나라의 이름이 환국(桓國)이옵니다. 「환」의 말뜻은 곧 「한울」입니다. 조선사람의 시조 단군(檀君)이 한울로 불어나려 오시었다는 뜻으로 모두 한울로써 명칭이 된 것입니다. 그래서 「환」은 「한」과 같은 소리로 한울의 줄인말이 되었고 그만 「한」이란 것이 조선을 대표하는 명칭이 된 것입니다. 고대에 삼한(三韓)이란 명칭도 이에서 난 것이요 근세에 한국(韓國)이란 명칭도 또한 이에서 난 것이었습니다. 또한 「한」이란 말의 뜻으로 보아도 「크다」(大) 「하나」(一)이라 「한울」(天)이란 말도 된 것입니다. 이러한 의미로 우리글을 한글이라 하게 된 것입니다. 한글은 「한」이란 겨레의 글, 「한」이란 나라의 글 곧 조선의 글이란 말입니다.[10]

환산 이윤재[11]는 위와 같이 '한글'이라는 명칭의 유래와 의미를 설명했다. '한글'이란 이름은 이제 명명될 당시의 역사성과 의미가 퇴색되었지만 애초에는 위의 인용문처럼 민족의 유구한 역사성과 위대성, 그리고 민족어의 자존을 드러내고자 함이었다.[12] 이러한 명명은 우연히 이루어진 것은 아니다. 일본의 한국병합을 전후로 본격화된 단군-부여-고구

---

10) 이윤재, 「한글강의」, 『신생』 9호, 1929.9.
11) 이윤재는 1942년 조선어학회 사건으로 체포되어 옥중에서 사망했다. 1945년 해방 이후 그는 한글의 수난을 온몸으로 보여준 상징이 되었다. 이윤재에 대한 연구는 그리 많지 않으나, 고영근의 『한국어문운동과 근대화』(탑출판사, 1998)의 제2부 어문학자들의 발자취를 뒤쫓으며 1, 2장이 이윤재의 어학 연구와 사상에 관한 것이다. 여기에 이윤재에 관한 서지와 연보가 잘 정리되어 있어 도움을 받았다.
12) 한글이란 이름은 보통 인용문에서 이윤재가 말한 것처럼 주시경이 지은 것으로 알려져 있다. 한편 최남선은 『조선어상식문답』(동명사, 1946.6)에서 한글이란 명칭이 워낙은 조선광문회에서 조선어정리를 계획할 때 제안된 이름이며, 이를 공식적으로 쓴 것은 1913년 신문관에서 발행하던 아동잡지 『아이들보이』에 '한글'란을 둔 것이 시초라고 회고한 바 있다.

려-고려로 이어지는 부여족 중심의 고대사 인식이 기본 바탕에 자리잡고 있다. 단재의 사학이 고대사를 새롭게 체계화하면서 단군 민족주의의 성격을 전면화하던 비슷한 시기에 주시경은 『국어문전음학』(1909), 『국문연구』(1909), 『국어문법』(1910) 등을 통해 한국어문이 단군의 개국에서 기원했으며 그 문자가 우수하고 간편했다는 주장을 한다. 이러한 고대사 인식은 1910년대에는 주로 국외 독립운동이나 비합법적 운동 영역에 몸 담았던 지식인들이 대종교로 귀의하는 것을 통해서 받아들여졌다면,13) 1920년대에는 『동아일보』와 같은 미디어의 기획을 통해서 단군이 민족의 기원이자 모든 정신적이고 물질적인 민족문화의 원류라는 인식이 대중화되기 시작했다.14)

주시경의 계승자임을 천명하면서 1920년대 새롭게 한글운동을 주창했던 지식인들15)은 '한글'이란 이름에 애착을 갖고 한글운동을 통해 이 이름을 대중화시킨 장본인들이다. 여기에 그친 것이 아니라 그들은 단군

---

13) 구한말 일제 초기 망명 지식인들의 대종교로의 귀의 현상과 주시경의 활동에 대해서는 다음을 참조. 삿사 미츠아키, 「한말·일제시대 단군신앙운동의 전개-대종교·단군교를 중심으로」, 서울대 박사논문, 2003; 임경석, 「20세기 초 국제질서의 개편과 한국 지식인층의 대응-사회주의 지식인의 형성과정을 중심으로」, 『대동문화연구』 43집, 성균관대 대동문화연구원, 2003.

14) 『동아일보』의 단군선양운동에 대해서는 이지원, 「일제하 민족문화 인식의 전개와 민족문화운동-민족주의 계열을 중심으로」, 서울대 박사논문, 2004, 194~203면; 삿사 마츠아키, 위의 논문.

15) 이러한 양상은 지금으로서는 확언할 수 없으나 주시경의 문하에 있었거나 조선어학회의 주요 멤버들인 인사들이 대종교와 직간접적으로 관련을 맺고 있었던 것과도 무관치 않은 것으로 보인다. 이규영·권덕규·신명균이 대종교 신자였던 사실은 김윤경의 「주시경 선생 전기」(『한글』 126호, 한글학회, 1960.2), 김두봉·정열모·이극로의 경우는 현규환의 『한국유이민사』 상어문각, 1969, 569면)을 참조.
이윤재는 대종교 남도일본사의 주간으로 발간된 『한빛』(1928년 발간)의 편집 겸 발행인이라는 사실에서, 이병기의 경우는 『가람일기』 I(신구문화사, 1976) 여러 곳에서 등 그들이 대종교 신자였음을 확인할 수 있다. 이 같은 사항의 대부분은 위의 삿사 미츠아키와 임경석의 논문, 그리고 조선어학회 사건(1942.11)과 대종교의 임오교변 사건과의 관련성을 연구한 신용하의 「단군인식의 역사적 변천-한말 일제시기의 단군사상과 독립운동」(윤이흠 외, 『단군-그 이해와 자료』, 서울대 출판부, 2001)을 통해 얻게 되었으며 풍부한 문제의식을 시사받았음을 밝혀 둔다.

민족주의에 입각한 고대사서술의 논리에 조선문자사를 서술했던 것이다. 권덕규, 김윤경이 그 대표적인 인물이다.

먼저 권덕규는 1921년 12월 발족한 조선어연구회(조선어학회의 전신)의 멤버였고, 언어학자이자 역사학자로 1920~30년대 이 분야에 대해 누구보다 활발한 저술 활동을 했다.16) 「조선어문의 연원과 그 성립」(『동명』 제1권 1호, 1922.9.3), 『조선어문경위』(1923), 『조선유기』(1924~1926) 등을 통해 고대문자의 존재를 강력하게 천명했다. 「조선어문의 연원과 그 성립」에서는 조선의 역사를 보통 4천 년 역사에 신대(神代)까지 합산하여 1만 년의 역사라 주장하고 지나의 문명과 문자 모두 조선과 조선인에게서 기원했다는 논리를 펼쳤다. 신대문자가 존재했다는 것이며 한자조차 조선의 문자에서 기원했다는 주장이다.

김윤경 또한 『조선문자급어학사』(1938)를 통해서 이러한 이와 유사한 입장을 제시했다. 『조선문자급어학사』는 식민지시대 조선어학 연구와 한글운동의 역사를 총정리한 굴지의 저서인데, 이 책의 서술 체계는 조선어의 범위를 단군조선·부여로부터 고려 이전 제종족의 범위로 설정하고 그 각각의 종족에 언어가 존재했음을 문헌을 통해 제시하는 서술 방식을 취하고 있다.17) 김윤경의 문자사서술은 훈민정음 제작 이전의 문자를 '전하지 못한 문자'와 '금일까지 전한 문자'로 나누어 서술했다. '전하지 못하는 문자'에 바로 삼황내문(三皇內文)·신지비사문(神誌秘詞文)·왕문문(王文文)·각목문(刻木文)·고구려문자·백제문자·향찰·발해문자·고려문자가 포함된다. 이것 또한 각종 문헌고증을 통해 증명하는 방식을 취했다. 이처럼 민족이 있는 곳에 고유한 언어가 존재했으며 언어가 존재한 곳에 고유한 문자가 존재했다는 식의 서술법을 취하고 있다. 예컨대, 중국문헌인 『포박자』의 "黃帝東到東丘 過風山, 見紫府先生, 受三皇

---

16) 최기영, 「권덕규의 생애와 저술」, 『식민지시기 민족지성과 문화운동』, 한울아카데미, 2003, 107~145면.

17) 김윤경, 『朝鮮文字及語學史』, 진학출판협회, 1945(재판), 37~38면.

內文"이란 문장을 제시하며,

　　삼황내문은 조선의 고대의 문자가 있었음을 증거하는 것입니다. 그러하다면
　　권덕규 씨와 최현배 씨가 이른 바와 같이, 황제(黃帝) 때 사람 창힐(蒼頡)이 새
　　의 발자국을 보고 짓기 시작하였다는 한자도 삼황내문과 무슨 맥락이 있다고
　　추측됩니다.

라고 한다. 단군 이전의 시대에도 문자가 존재했으며 그 문자가 대외적으
로 전파되어 한자의 기원이 되었다는 주장이다. 이러한 주장은 앞서 본
권덕규도 주장한 바 있으며, 최현배도 「조선문자사」(『현대평론』 10, 1928.1)에
서 비슷한 견해를 제시했다. 이들의 고대・신대문자존재설은 대내적으로
는 고대사에 대한 문화사적 재구성이 활발하게 진척되던 1920년대의 분
위기와 깊은 관련이 있지만 대외적으로는 고대문자존재설은 일본의 '신
대문자론'[18]에서 자극받은 바 크다. 최현배는 「조선문자사」에서 일본의
신대문자론이 결국에는 갑론을박 끝에 그것이 날조된 것으로 판명되었으
며, 날조를 하면서까지 신대에 문자가 존재했다는 주장은 감정에 근거한
것이라고 비난한다. 그러면서 "우리의 감정은 우리조선의 고대에 고유한
문자가 잇섯다고 하고 싶다. 그러나 우리는 단순한 감정의 맹목적 노예가
되어서는 안이 된다. 우리는 모름즉이 감정의 발원을 이지적으로 고사(考

---

18) 일본신대문자란 일본의 18세기의 국학자 하라다 아츠다네(平田篤胤)에 의해 주장된
　　말 그대로 신대의 문자이다.
　　찬미의 신인 아네노꼬야네미코(天兒室根命)가 일본 황실의 조상이라 일컬어지는 태
　　양의 여신인 아마데라스오오가미(天照大神)를 불러내기 위해 부른 축사에서 기원한
　　것인데, 그것이 한자의 수입과 함께 사라져 사원(寺院) 등에 흩어져 있다가 발견된 것
　　이라고 주장된다. 이러한 주장은 일본에도 고유한 문자가 존재했다는 것 이외에도 그
　　형태가 훈민정음의 자모와 비슷한데, 조선의 언문이 바로 이것을 모방한 것이라는 논
　　리로까지 확대되었다. 역으로 신대문자가 훈민정음을 본따 만든 위작(僞作)이라는 주
　　장도 있고, 고대의 조선문자가 일본에 전해서 내려온 것이라는 주장 등 논쟁이 있었
　　다. 김문길, 「신대문자에 관한 한일 양국간의 논쟁과 실태」, 『일본학보』 1집, 경상대
　　일본문화연구소, 1994.1, 59~88면.

査)하여야 한다"고 주장한다. 김윤경과 같은 방식의 문헌고증이 최현배가 제시한 이지적 고사의 방식이지만, 여기서 그렇게 옛문헌의 파편적이고 편의적인 참조를 통해서 밝혀야 하는 고대문자존재설이란 그야말로 '감정의 발원'에 기인한 것임이 은연중에 드러난다. 다만 최현배는 일본이 날조인 데 반하여 "우리조선에서는 다만 史書의 기록—文字의 遺傳의 有無로만 古事를 속단하지 못할 것이다. 딸아 여기의 문제인 고대문자도 그 금일의 유전이 없다고 그 원체조차가 본대 업섯다고 속단치 못할 것이다"라고 주장한다. 문자가 전해 내려오지 않음에도 불구하고 그 존재 사실까지 부인할 수 없다는, 그러니까 존재했다는 주장이다.

단군 이래 혹은 그 이전부터 고유문자가 있었으나 그 문자가 한문의 지배로 소실되어 한문의 지배를 수천 년 동안 받았지만 세종의 훈민정음의 창제로 다시 고유문자를 갖게 되었다는 식의 이야기는 주시경을 이은 한글운동가들이 유포한 조선문자사의 대강이라고 해도 과언이 아니다. 민족 고유의 고대문자는 실물을 보일 수 없는 "전하지 못한 문자"이긴 하나 그럴수록 존재 사실이 강하게 희구되었던 것이다.

1920년대 고대사를 문화적으로 다시 재구성하려던 움직임은 정치적·물리적 영역에서 박탈당한 주권을 역사적 문화적 영역에서 상쇄하고자 하는 기획이었다고 생각된다. 조선문자사의 서술 또한 신대·고대문자의 존재를 주장함으로써 유구한 역사성을 드러내고 특히 문화적 영역에서 타민족에 비해 우위에 있었음을 입증하고자 했다. 고대에 고유한 문자가 있었다는 주장은 한자를 배제하는 데 있었던 것이며, 더 나아가 한글이라는 문자의 연원을 순수한 역사의 시원에 두려는 의도가 있었다. 왜냐하면 한글이란 문자의 연원이 어디인가는 이미 일본인과 서양인들이 분분하게 논의한 바인데, 대부분은 범자(梵字)기원설, 몽고 파스파문자기원설 등 한반도 주변의 문자에서 기원하거나 영향을 받은 것으로 추정하고 있었다.

예를 들어, 당시 최남선·정인보 등 조선학의 체계화를 시도했던 지식

인들의 학문에 커다란 영향을 끼친 시라토리 구라기치(白鳥庫吉) 그리고 일선동조론의 언어학적 근거를 마련한 바 있는 가나자와 쇼자부(金澤庄三郎)로 등 일본인 학자들 또한 나름의 정음기원설을 펼치고 있었다. 와타나베 다카코에 따르면, "15세기 중엽이란, 문자의 역사에 있어서 극히 후래인 시기에 갑자기 생겨난 문자에 대한 그들의 주된 관심은 기원에 있었다."[19] 시라토리는 「吏道・諺文」(1897)에서는 언문의 체계가 산스크리트어에서 기원한다는 서양 동양학자들의 의견에 동의하면서도 그것이 몽골 침략 이전에는 한국에 도달하지 않았다고 주장하였다.[20] 가나자와는 「諺文の起源」(1900)에서 범자(梵字)기원설을 제시하는데 세종 이전이며, 불교의 전래와 관련하여 승려에 의해 제작되었고, 외국어 연구의 필요에 의해 세종이 정리하였다는 것이다. 또 언문의 일부는 범자에서 전화된 것이나 나머지 대부분은 성음학적 구조를 가지고 있고 이는 세계문자사상의 하나의 신사실로 이를 학자들에게 소개하고 싶다고 말했다. 이러한 입장을 「朝鮮語ニ就テ」(1911), 『日本文法新論』(1912), 『國語學通論』(1923)에서도 일관하였다고 한다. 한편, 시라토리는 1932년 「朝鮮文字(諺文)の構造に就いて」에서 발음기관 형상설로 입장을 바꾸고, 언문은 조선인의 독창에 의한 알파벳이며 다른 글자를 빌려쓰거나 모방한 것이 아니라고 결론짓는다. 그러면서도 고려조 때 몽고의 지배 경험을 통해 음부(音符) 문자, 즉 알파벳에 대한 지시를 얻었고, 고려조 멸망 후 조선이 개국하고 국력이 충실하게 된 배경 아래서 영주(英主) 세종이 나타나 마침내 언문이 창제되게 되었다고 해석한다.[21]

정음이 이민족의 문자에서 '영향'을 받거나 그것을 '모방'해서 만들어진 문자라는 외국문자기원설은 '한글'의 독자성과 창조성을 해치는 논리

---

19) 와타나베 다카코, 「훈민정음 연구사—일본인 학자들의 연구를 중심으로」, 연세대 석사논문, 2001, 4면.
20) 스테판 다나카, 박영재・함동주 역, 『일본 동양학의 구조』, 문학과지성사, 2004, 131면.
21) 이상 시라토리와 가나자와의 정음기원설에 대해서는 와타나베 타카코, 앞의 논문, 24~47면 참조.

로 받아들여졌다. 한글 자형의 외국문자기원설이나 창호의 문살을 보고 만들었다는 설, 세종이 뒷일을 보다가 만들었다는 설 등은 "한글의 價値를 떨어트리는 말"이자 "世宗大王에 대하여 無嚴한 짓"[22]으로 힐난되었다. 이렇게 보자면, 고대·신대문자 기원설은 외부기원설을 거부할 수 있는 논리이자 한글창제가 우연히 이루어진 게 아니라 오랜 역사 속에서 예정된 사업임을 암암리에 강조하는 논리였다.[23]

고대문자 존재설은 충분히 입증되기를 요구받기보다는 그것이 전해지지 않는 것 자체가 중대한 역사적 사실을 적시하고 있다는 식으로 활용되었다.

> 한족(漢族)이 동점(東漸)하여 온 뒤 삼천여재(載)에 한문학의 영향이 우리 결에의 지식계급을 지배하여 왔으나, 지식은 진골양반 특정 계급에 독점되어 내려왔든 까닭이다. 그리하야 더욱이 삼국 이후로는 한문으로만 모든 기술을 하게 되어, 고대국문이 있었다 할지라도 저절로 없어지게 되고까지 만 것이다.
> ―「한자폐지론—두 번째 '가갸날'에 즈음하여」, 『조선일보』, 1927.10.24

요컨대, 한자문화 비판의 수사학으로 수렴되었다. 이 수사학은 강력하게 훈민정음 창제 이후에도 한문을 토대로 기득권을 유지했던 양반층에 의해 '언문'이라 '암클'이라 해서 '천대'받고 '멸시'를 당한 오래이지 않은 한글수난의 역사를 재차 환기시킨다는 점에서도 효과적이었던 것으로 보인다. 상실된 것으로 가정된 고대문자존재설은 한문·유학·양반·조선 비판의 연쇄회로를 내장하고 있었다. 따라서 권덕규나 최현배와 같은 언어 민족주의자들이 유교 비판의 선봉에 선 것은 자연스러운 행보

---

22) 이윤재, 「한글 創製의 苦心」, 『동아일보』, 1935.10.28.
23) 한편 한글의 자형이 발음기관을 본떴음을 진술해 놓은 『훈민정음해례』가 발견된 1940년 이전에도 발음기관상형설이 적어도 노골적인 반박의 대상이 되지 않았던 이유는 같은 맥락이라 할 수 있다. 적어도 발음기관형상설은 영향설이나 모방설을 부인하는 데 있어 유력한 근거이며 한글 자모 원리의 독창성과 아울러 과학성을 입증해주는 학설이기 때문이다.

이다. 권덕규가 쓴 논설 「가명인(假明人) 두상(頭上)에 일봉(一棒)」(『동아일보』, 1920.5.8~9)은 유림들의 『동아일보』 불매운동을 야기하고 이를 책임지는 차원에서 해당 신문사의 초대 사장 박영효가 자진 사임하는 데까지 이르는 파문을 낳았다.[24] 1920년 5월 4일부터 9일까지 『동아일보』의 1면 1단에 연재되고 있던 논설 「고조선부로(告朝鮮父老)」와 함께 1면을 장식한 권덕규의 이 글은 유림들을 비난한 글이다.[25]

> ······ 단군선조적부터 계승하야온 사상감정과 생활양식을 내어버리고 공맹이나 주자만 존숭하는 것이 아니라 그네의 출생한 지나와 및 그네의 동족인 지나인까지 본바다 그로부터 그네는 '어버이시어' 할 것을 부모시어하고 불럿고 '아이고 압하'하지아니하고 오호통재하여야 만족하얏스며 그네의 눈에는 백두산보다 태산이 놉핫스며 흙탕의 경수(涇水)가 맑고맑은 청천강보다 아름다윗도다. 무심무장(無心無腸)한 그네들은 우(愚)하게도 지나사상의 노예가 되어 타(他)를 기(己)에 동화시키는 대신에 기를 타에 동화하야 명(名)은 조선인이로되 그 실은 지나인의 일모형에 불과하며 ······.

권덕규에게 있어, 유교는 더 이상의 자세한 논증과 논쟁의 과정이 필요하지 않은 대상이었다. 조선에서의 유교란 타(他)에 속한 것임에도 불구하고 일상생활의 사소한 언행에도 베어 있는 뿌리 깊은 '습속'에 불과할 뿐이며, 유림들이란 이 습속의 화신일 뿐이다. 유교는 자타의 경계 구

---

24) 이 필화 사건의 경과에 대해서는 『동아일보사사』 권1(동아일보사, 1975), 134~138면 참조.

25) 삿사 미츠아키에 따르면 권덕규의 유림비판은 대종교의 교단내부의 늙은 구 간부진과 혁신적인 젊은 신도층의 갈등을 반영한 것이라고 한다. 대종교는 양반 유림 계급의 인사를 중심으로 조직된 것이었으나, 단군신교를 한국 고유의 국교로 삼는 입장에서 표면상 유교를 중국에서 수입된 외래 종교로 경시하고 배척하는 교리를 내세웠다. 권덕규의 유교 비판 또한 이것의 연장선상이었으나, 그 강도가 너무 높아 대종교의 신도이자 후원자인 김윤식이나 1920년대 남도본사의 교세확장의 일환에서 후원자로 영입한 친일귀족 민병석·윤덕영과 같은 유림들의 반감을 샀으며 심각한 분열 상태로 빠져들었다. 삿사 미츠아키, 「한말·일제시대 단군신앙운동의 전개—대종교·단군교를 중심으로」, 서울대 박사논문, 2003, 116~124면 참조.

분에만 필요한 아이콘으로 전환되었다. 최현배의 『동아일보』에 1926년 9월 25일부터 12월 26일까지 65회에 걸쳐 연재된 「조선민족 갱생의 도」는 현하 조선 민족의 질병의 원인 자체를 '이조 이래'의 유교에서 찾음으로써 유교 비판을 유림이라는 한정된 세력에 국한되지 않는 민족성 비판으로 고양시켰다.

「조선민족 갱생의 도」에서 가장 타매의 대상이 되는 것은 한자이다. 김철에 따르면, "아아, 한자! 한자! 이는 우리에게 정(正)히 망국적 문자이었다"라는 저주섞인 절규로부터 "가장 완전한", "가장 보편적인"인, "가장 학술적인", "공전 절후의 문자적 완성"인 '한글'에의 가히 종교적인 찬양으로 급약하는 멘탈리티의 구조가 사실상 「조선민족 갱생의 도」를 일관하는 것이라 해도 과언이 아니다.[26)]

2) 유교 비판=한자 비판의 근거, 중국의 신문화운동

유교 비판과 결부된 한자 비판은 당시 중국의 신문화운동이 언론에 적극 소개되면서 더욱 힘을 얻었던 것으로 보인다. 1920년대 중국에 대한 식민지 조선의 관심은 상당히 동시대적이었다. 국민혁명을 치르고 있던 중국의 격동은 제국주의 종속으로부터 해방과 근대적 국민국가의 수립이라는 과제에 당면한 식민지, 반식민지 동아시아 제국의 공통된 현실과도 직결된 것이며 따라서 당시 식민지 지식인들은 중국의 현실로부터

---

26) 김철, 「갱생의 도 혹은 미로」, 『민족문학사연구』 28호, 2005. 김철의 글은 최현배의 「조선민족 갱생의 도」를 19세기 이래 민족주의 담론의 문법과 수사학이 총체화된 전형적인 사례로 읽어내고 있다. 사회진화론에 바탕을 둔 근대화주의와 거기에 기초한 타자의 설정과 자아의 확립, 고대의 이상화와 인접한 과거에 대한 절대적 부정 등, 최현배의 글은 민족주의 담론의 전형적 문법과 수사학을 보여준다는 것이다. 또한 의복, 식생활, 주거 환경 등 생활상의 사소한 불합리를 민족적 질병으로 단죄하는 쇄말주의는 제국으로부터 민족을 분절(分節)하는 효과, 즉 제국의 경계를 건드리지 않고 고유하고도 특수한 영역으로서 '민족'이란 실천장을 제시하는 효과를 낳는다고 주장한다.

자신들의 문제를 해결하는 방법과 교훈을 찾고자 하였다.[27] 이러한 관심
은 1920년대 문화정치의 실시로 허용된 미디어를 매개로 중국이 주요한
분석 대상으로 부상하는 방식으로 나타났다.[28] 그 중에 중국의 신문화운
동에 대해서 후스(胡適)의 백화문운동과 문학혁명을 중심으로 소개하고
수용하는 글들이 적지 않았다.[29] 후스와 '동시대인'이었던 당시 식민지
조선의 지식인들은 후스의 문학혁명, 전통문화 비판 등에 '타산지석'으
로서의 관심을 갖고 있었다.[30]

---

27) 김세호, 「1920년대 한국언론의 중국국민혁명에 대한 반응」, 『중국학보』 40집(한국중
　　국학회 편), 1999, 412면.
28) 한기형, 「근대 초기 한국인의 동아시아 인식-『청춘』과 『개벽』의 자료를 중심으로」,
　　『대동문화연구』 50집, 성균관대 대동문화연구원, 2005.6, 180면. 1920년대에는 이른 바
　　'중국통'이라 부를 만한 저널리스트들이 등장하는데 『동아일보』 기자 신언준, 중국문
　　학 연구를 자신의 정체성으로 생각한 양건식, 그리고 조선어학회의 핵심멤버로 활약하
　　게 되는 이윤재, 『개벽』의 중국 관련 주요 기고자인 이동곡 등이 그러하다. '중국'이란
　　중국에 대한 식민지 조선 지식인의 관심은 고를 달리하여 논할 필요가 있을 만큼 동시
　　대적이며 다양한 스펙스트럼을 갖고 있었던 것으로 보인다. 따라서 이 글에서는 부득
　　이하게 문자개혁과 백화문운동 등 한자 문제와 관련한 내용으로 논의를 제한하였다.
29) 후스의 글을 번역하거나 그를 중심으로 한 문학혁명을 소개한 1920~30년대의 글은
　　대략 다음과 같다.
　　　양건식, 「호적씨를 중심으로 한 중국의 문학혁명」, 『개벽』 5~8, 1920.11~1921.2; 「중
　　국의 사상혁명과 문학 혁명」, 『동아일보』, 1922.8.22~9.4; 「新詩談」, 『동명』 37~40, 1923.
　　5.13~6.3; 「최근 50년의 중국문학」(번역), 『동아일보』, 1923.8.26~9.13; 「반신문학의 출
　　판물이 유행하는 중국문단의 기현상」, 『개벽』 44, 1924.2; 「문학혁명에서 혁명문학」,
　　『동아일보』, 1930.4.1.
　　　북여동곡, 「현중국의 구사상, 구문예의 개혁으로부터 신동양문화의 수립에」, 『개벽』
　　30, 1922.12.
　　　이윤재, 「호적씨의 建設的文學革命論-國語的文學, 文學的國語」(초역), 『동명』 2
　　권 16~19, 1923.4.15~19.
　　　오천석, 「오적 씨의 동·서양 문명비판」, 『신생』 6권 10호, 1929.10.
　　　신언준, 「사상계로 본 현대중국-그 사적 발전과 현세」, 『신동아』 1934.11; 「실험주
　　의의 철학자 호적」, 『동광』, 1931.8.
　　　김광수, 「호적의 공자론 비판」(번역), 『신흥』 5권 1호, 1935.5.
　　　민두기는 『中國에서의 自由主義의 실험-胡適(1891~1962)의 사상과 활동』(지식산
　　업사, 1996)의 머리말에서 1920~30년대 식민지 지식인의 호적에 대한 관심을 지적한
　　바 있다. 이상의 목록의 대부분을 그의 책, 20~22면에서 얻었다.
30) 민두기, 위의 책, 21면.

신언준이 「사상계로 본 현대중국—그 사적 발전과 현세」에서 5·4 시기의 신문화운동을 1차세계대전 이후 급성장한 자산계급이 "데모크라시와 사이언스(과학)를 부르짖으면서 유교, 구도덕, 고문(古文), 기타 일체 봉건세력에 대하여 전면적 일대 반항을" 취한 것으로 규정했듯이, 후스의 백화문전용을 중심으로 한 문학혁명의 주장은 한자(문)에 대한 배격, 유교를 중심으로 한 전통문화 내지 전근대문화 그리고 거기에 내재한 '문화의 계급성'31)에 대한 파산선고로 이해되었다. 이와 비슷하게, '양반'으로 대표되는 엘리트의 문화에 대한 강한 반감이 한글운동을 주도하던 이데올로그들에게 크게 작용하고 있었다는 것은 부인할 수 없다.32)

후스의 「건설적 문학혁명론」을 초역하고 이후 조선어학회의 핵심 멤버로 활약하게 되는 이윤재가 한글운동을 민중운동의 일환으로 간주했다는 민두기의 지적 또한 경청할 만하다.33) 이윤재는 자신이 중국의 북경대학국문강좌에서 직접 듣고 경험한 중국의 문자개혁운동을 「중국에 새 문자」(『동명』 제1권 10호, 11호, 1922.11.5, 11.12)를 통해 소개하는데, 그의 관점이 이를 잘 보여준다. 그는 위안 스카이(袁世凱)의 제제(帝制) 복귀운동을 반(反)공화제로서 정치상의 반동이자 공교존숭과 경학 교육과 같은 신사상을 억압하는 복고운동으로 평가한다. 소학교 교육에까지 경학(經學)을 교과목으로 정한 것을 두고, "대체 학교에서 이미 독경하게 된 이상에는 국어교육이니 평민교육이니 하는 것이 자연구박을 입을 것은 이무가론(已無可論)이요 주음자모가튼 것이야 더군다나 생각이라고 하여 볼 여지가 잇섯슬가 보냐" 하고 평가했다. 이윤재에게 있어 중국의 문자개혁은 교육과 문화의 민주화, 즉 반(反)봉건의 일환으로 받아들여졌다.

---

31) 정진배, 『중국 현대 문학과 현대성 이데올로기』, 문학과지성사, 2001, 194면.
32) 마이클 로빈슨은 특히 최현배의 저술에 나타나는 이러한 성격을 '사회주의적 요소'라는 어구로 표현하였다. 마이클 로빈슨, 「최현배와 한국의 민족주의—언어·문화·국가발전을 통하여」, 『나라사랑』 35집, 외솔회, 1980.3, 44면.
33) 민두가, 「이윤재(1888~1942)의 중국경험과 한국—1920년대 한국에 있어서 하나의 指南으로서」, 『시간과의 경쟁』, 연세대 출판부, 2002, 164~174면.

이윤재가 초역한 후스의 「건설적 문학혁명론」[34]에서 자극받아 쓰여진 듯한 양명의 「신문학 건설과 한글 정리」(『개벽』 38, 1923.8)는 사문자(死文字)와 활문자(活文字), 신문학과 구문학 등 후스의 어휘를 사용하여 자신의 논지를 전개한 글이다. 양명은 이 글에서 "신지(神誌)의 고문자(古文字)가 한문의 수입으로 그의 존재조차 일케되고 만 것 가티 세종의 정음은 한문의 전제(專制) 미테서 남북전쟁 전 미쥬(美洲)의 흑노(黑奴)보다도 더 심한 압제를 당하엿다"면서 "만일 그네들의 소위 상놈이라는 무식계급이 업엇드면 우리고유의 언어는 모다 유실되고 말앗슬 것이니"라고 주장했다. 한글의 수난을 흑인 노예에 대한 압제로, 근대 국민어의 탄생 과정을 국어해방운동으로 칭하는 비유법은 나름대로 일리가 있는데, 민족어 내지 국어의 창출 과정이란 문자의 독점사태 내지 문자사용의 계급적 위계화를 타파하는 것에서부터 시작한다고도 할 수 있기 때문이다.

후스의 백화문운동이나 문학혁명 주장은 '한자'에 대한 공격을 강화하는 절호의 논거로 활용되었다. 무엇보다 한자의 원적지인 중국에서조차도 한자가 사망선고를 받았다는 사실로 이해되었다. 양명이 같은 글에서 "사문자는 결코 활문학을 산출치 못한다. 죽은 한문—특히 고문—은 그의 원적지인 중국에서도 참으로 생명잇는 활문학을 산출치 못하엿다. 근세중국의 저작중 제일 신문학의 가치가 잇다하는 홍루몽, 수호지, 서유기, 유림외사, 경화록……가튼 것은 백화—중국의 국어문—으로 된 것이다"라고 언급한 대목이나 이윤재의 글 「중국에 새 문자」의 제목 옆에 달려 있는 "한족도 겨워녀기어 폐지하기로 운동하는 한자를 우리는 쓰기 조흔 자문을 두고도 오히려 이를 편애" "그네들은 인제야 문자를 신조(新造)하여 한자를 대용, 우리겐 진선진미한 정음잇음이 민족의 큰자

34) 문학혁명의 본격적인 신호탄이 되는 「문학개량추의」를 발표한 지 1년 후인 1918년 4월 『신청년』에 발표한 글로 여전히 구문학(旧文學)=사문학(死文學)이 존재하고 있으므로 이를 대신할 "활문학(活文學)", 즉 신문학을 건설하기 위해서는 "국어의 문학"을 창조하여 "문학의 국어"를 확립해야 한다는 것이 요지이다. 홍석표, 「중국의 근대적 문학의식 형성에 관한 연구」, 서울대 박사논문, 1996, 79면.

랑"과 같은 부제(副題)는 이를 잘 보여준다. 이윤재는 이 글의 끝부분에서 중국의 주음자모에 훈민정음의 자음을 각각 대응시켜 보여주며, 훈민정음의 자모의 나뉨과 음의 순서가 훨씬 정연하며 그 형태가 아름답다고 말한다. 중국에서 40자 미만의 주음자모가 2만의 한자를 대용할 날도 머지 않을 것이라 주장하는데, 그 근거는 표음문자우월론이었다. 이처럼 중국의 신문화운동은 유교 비판, 그리고 한글의 우수성과 근대성, 한자 제한 내지 한자 폐지의 정당성을 입증하는 유력한 근거로 활용되었다.

이러한 타산지석의 담론에는 아전인수격의 편의적인 상황 인식이 개입되어 있었다는 사실을 지적해 두고자 한다. 한문 / 한글의 대립쌍이 중국에서의 한문 / 백화에 정확하게 대응하는 것은 아니라는 것이다. 백화는 문언문(文言文)에 대응하는 구어문(口語文)을 의미하는 것이지 한자를 쓰지 않는 것을 의미하는 것은 아니었다. 또한 병음문자운동은 한자의 통일된 독음법을 만들자는 취지가 더 컸던 것이지 한자 폐지 그 자체로 나아가지는 못했다. 그러니까 한자가 문자언어든 음성언어든 언어생활에 개입하는 방식이 서로 달랐다는 차이는 간과되거나 도외시되었다.

무엇보다도 중국에서의 문자개혁운동이나 백화문운동은 근대 국민국가 건설을 위한 정치적 문화적인 기획의 일환으로 제기된 것이다. 한마디로 문자개혁을 주창한 식민지 지식인과 중국 지식인의 정치적 위치는 달랐다. 한문은 말할 것도 없고 주음자모보다 한글이 낫지 않느냐, 일본의 가나자보다도 로마자보다도 한글이 우수하지 않느냐는 문자의 표상에 대한 강박은 도래해야 할 미래의 세계상과 함께 드러내고 싶지 않았던, 드러낼 수 없었던 또 다른 세계상의 착종이라 할 수 있을 것이다.

가나자와가 한글을 가리켜 "지금 세계의 200수십 종의 국어 글자 가운데에 가장 신식의 것으로 동양의 우일한 알파뻬트식 글자"라 찬양했으며, 시라토리가 "글자획이 적고도 짜임짜임의 규칙이 정당한 점으로 말하면 세계의 음운 글자 가운데에 이 이상 갈 것이 업슬만치 정교히 되었다"[35]고 말할 정도, 즉 제국의 식민사학자들조차 경탄한 '한글'은 나르

시시즘적 동일시의 대상이기에 충분했다. 한자 / 한글의 표상은 근대성과 식민성의 착종 속에서 이해해야 할 것이다.

한글은 한자문화, 유교문화에 의해 소실 위기에 처할 뻔한 민족문화의 대표적인 상징 이상이었다. "백제의 건축, 고구려의 벽화, 신라의 조각, 회화, 공예, 고려의 자기와 인쇄, 조선의 측우기, 충무공의 거북선, 이제마의 사상의학" 등 다른 '찬란한 문화유산'과 견주었을 때 한글은 상징적이지만 않은 서사를 창출할 수 있었다. 최현배가 「조선민족 갱생의 도」에서 열거한 찬란한 문화유산은 찬란한 '과거'의 증거물로써 현재, 미래와의 관계에서 정신적이고 상징적인 의미기능밖에 지니지 못한다. 반면에 한글은 과거뿐만 아니라 현재와 미래라는 모든 시간의 계기가 응축된 조형물일 수 있었다. 한글은 위대한 문화유산이기도 하지만 다른 것과 달리 도구성과 현재성을 지녔으며, 음성우월주의와 같은 서구적 보편성의 시선을 만족시켰다.

근대계몽기 이래 한자 제한 내지 폐지의 근거는 한자가 세계 문자의 역사에서 뒤떨어진 상형문자라는 데 있었다. 상형문자에서 표음문자로 전개되어 왔다는 논리는 문자의 역사뿐만이 아니라 당대 서세동점(西勢東占)의 세계상을 설명하는 데도 동원되었다. 근세 이후 구미문명과 문화의 발전, 그리고 현재의 서세동점의 상황이 모두 문자의 편리함 덕분이라는 주장[36]까지 제시될 정도였다. 한자와 한글의 차이는 그 내셔널리티가 다르다는 데만이 아니라 전자가 반(半)상형문자인 데 반해 한글은 표음문자라는 데 있었다. 이것이 과거 / 미래, 전근대 / 근대, 야만 / 문명, 타자 / 자아, 늙음 / 젊음, 불합리 / 합리, 비효율 / 효율과 같은 한자 / 한글의 세계상이 효과적으로 구축될 수 있었던 이유이기도 했다. 한마디로 근대의 단선적이고 목적론적인 시간관을 나날의 실천(문자사용) 속에서 충족시킬 수

---

35) 권덕규는 「마침내 조선사람이 자랑이어야 한다」(『개벽』 61, 1925.7)에서 가나자와와 시라토리의 이러한 언급을 인용하면서 한글의 우수성을 입증하고자 했다.

36) 신해영, 「한문자와 국문자의 손익여하」, 『대조선독립협회회보』 15 · 16집, 1897.6.7.

있는 장이었다. 조선어학회의 인사들에게 한글운동사는 정음시대 → 언문시대 → 국문시대 → 한글시대, 그러니까 '한글'을 향한 발전사로 인식되고 있었으며, 그것은 어문 정리와 보급을 통해 이루어지는 어문 근대화의 역사이기도 했다.[37] 근대화가 무한하게 일직선으로 열린 '과정'이라고 한다면, 그 '과정' 속에 놓여 있는 한글이란 형성력 있는(plastic) 내지는 인위적인 변경이 가능한 것이었다.

이러한 한글의 성격은 한자가 언어 내셔널리즘 서사의 필요 불가결한 요소로 들어와 있기 때문이 가능한 것이었다. 그 내러티브에 한자가 '과거' 수천 년의 문자생활을 지배한 이민족의 문자로만 등장했다면 한자 비판이 그토록 가차없지는 않았을 것이다. 한국의 언어 내셔널리즘에서 한자가 안타고니스트의 배역을 톡톡히 수행할 수 있었던 이유는 역설적이지만 한자의 동시성 때문이었다. 한자는 근대적 시간의 위계화에 따라서 정체와 퇴보, 과거의 심상지리를 부여받았음에도 불구하고 존속되었다. 비동시적인 것의 동시성, 한자는 그걸 구현하고 있었다. 바꾸어 말하자면, 한자의 현존 내지 현재성이야말로 한자 비판의 근본조건이었다. 그 현재성은 여러 가지 방식으로 현현되었다.

우선 식민지권력은 유교와 유림을 온존시키는 정책을 실시했다. 총독부는 1910년 일본의 한국병합에 대한 양반유생들의 반발들 무마하기 위해 친일 왕족과 고관에게는 일본 귀족 작위를 수여하고, 지방의 양반유생들에게는 천황의 '임시은사금'을 지급하였으며, 1911년에는 '조선 유학의 진흥을 위해' 성균관을 경학원으로 개칭, 설립하는 조치를 취하였다. 유교와 유생들을 이용한 이유는 유교의 충효 이념이 일본에 대한 충성심 배양에 기여할 수 있다는 것, 그리고 농촌사회에서 유생들이 처한 '지방유력자'로서의 사회적 지위를 고려할 때 그들을 회유한다면 지방사회의 통치가 한결 쉬워질 수 있다는 것 때문이었다. 그리하여 1920년대에

---

37) 이혜령, 「한글운동과 근대 미디어」, 『한국 근대문학의 형성과 문학 장의 재발견』(민족문학사연구소 기초학문연구단 편), 소명출판, 2004, 38~39면.

는 사이토 총독에 의해 향교 재산의 반환 등으로 지방유생에 대한 본격적인 회유정책이 취해졌다.[38] 이러한 정치사회적 여건 속에서, '한문'은 지배적 에크리튀르로서의 지위는 상실했지만 친일 유림 세력을 중심으로 한문학의 부활을 기도하면서 1910년대에는 이문회·문예구락부·신해음사·조선문예사 등과 같은 단체가 결성되었을 뿐만 아니라 지방 곳곳에서 백일장이란 이름으로 모의과거대회가 열렸으며 1917년에는 서울에서 의과대회(擬科大會)까지 열리게 되어 과거 폐지 이후 과거를 동경하게 된 촌학구들의 욕망을 충족시켜 주었다.[39]

이 세력과 그 열망이 3·1운동 이후 신사조의 대두 속에 위축되었을지는 몰라도 사라지지는 않았다. 특히 이들이 각 조직의 기관지나 『매일신보』와 같은 근대 미디어를 통해 오히려 특정 지역이나 학연에 매이지 않는 존재감을 확보할 수 있는 가능성을 염두에 둘 필요가 있다.[40] 창간하자마자 유교 비판에 선봉에 섰던 『동아일보』 또한 1920년대 초반에는 간헐적으로 중단된 바 있으나 폐간 때까지 한시를 모집하여 게재하고, 지방의 『동아일보』 지국이나 분국은 자기 지방 유림단체인 시단 내지 음사와 연계하여 백일장을 개최했다.[41] 이는 경쟁지였던 『매일신보』의 전례를 따른 것으로 보이며 한문교양에 바탕을 둔 구지식인 세력이 신문

---

38) 박찬승, 『한국근대정치사상사연구—민족주의 우파의 실력양성운동론』, 역사비평사, 1992, 131~133면.
39) 강명관, 「일제초 구지식인의 문예활동과 그 친일적 성격」, 『창작과비평』 62호, 1988년 겨울.
40) 이 논문을 준비하는 도중 한문학 연구자인 김진균·정환국에게 얻어 들은 바가 많은 도움이 되었다. 근대적 출판을 이용하여 이전보다 문집 간행이 용이해졌으며 현재 한문학 연구자들이 연구 자료로 삼는 문집들이 대게 이때 간행되어 널리 읽히게 되었다고 한다. 하지만 유감스럽게도 식민지시대에 간행된 문집에 대한 목록은 아직 조사된 바 없으며, 광범위한 형태로 존재했던 한시작단에 대한 연구 또한 미개척 분야로 남아 있다고 한다.
41) 조금 더 자세한 사항은 이혜령, 「1920년대 『동아일보』 학예면의 형성과정과 문학의 위치」(성균관대 대동문화연구원 중점연구소 지원사업 제2과제 학술발표회 발표논문집 『동아시아 근대지식의 형성에서 문학과 매체의 역할과 성격』, 2005.6.18), 90~91면 참조.

의 구독자 확대나 신문사 지국과 분국의 활동에 있어서 무시하지 못할 세력으로 존재하고 있었다는 것을 보여주는 사실일 것이다. 한문이 더 이상 지배적인 글쓰기의 형태일 수는 없었지만 가장 대표적인 근대 미디어인 신문이 한문의 글쓰기를 여전히 고수하고 있던 세력을 감안해야 할 정도로 존재했던 상황이었다. 어쨌든 식민지 권력에 협력한 친일 유림 세력의 존속 그리고 유교의 식민지배 이데올로기로의 변형을 감안한다면, 한자 폐지 내지 한자 제한의 주장이 반봉건만이 아니라 반(反)식민의 일환일 가능성도 점쳐볼 수 있다. 그러나 한자 폐지 및 제한의 압도적 수사는 반봉건이었으며, 근대성 지향이 오히려 식민성을 은폐할 가능성 또한 있었음을 고려해야 한다.

3. 식민지 언어 상황과 한자의 중층적 내셔널리티

김태준은 「중국의 한자폐지운동」(『신흥』 7, 1932.12) 의 모두에서 "몇날 전에 김형복(金亨復)의 역술한 일본 이노우에 엔료(井上圓了) 씨의 원저 『한문불가폐론(漢文不可廢論)』[42]을 닑고 이따위 의론은 벌서 우리네의 신세기에서는 문제가 안 될 것인 줄 알면서도 이런 책이 조선에 번역된 것만도 유감으로 생각하고 완고한 마골(馬骨) 같은 한자 폐지 반대론자에게 사소한 일별이라도 될까 하고 중국에서 신흥청년들 사이에 널어난 한자폐지운동을 간명하게 소개코저한다"며 집필동기를 밝히고 있다. 한자와 한문은

---

42) 이노우에 엔료(井上圓了)의 『한문불가폐지론』은 1897년 4월에 발표된 것으로, 그 내용은 한자를 폐지하거나 제한하고 가나나 라마자로 바꾼다면 천황의 존엄을 해치게 될 것이라는 주장을 담고 있다. 파스칼 그리올레, 「일본어의 근대화를 둘러싸고―대일본제국의 공용어와 가타카나의 기능」, 『언어 제국주의란 무엇인가』(미우라 노부타가 · 가스야 게이스케 편, 이연숙 외역), 돌베게, 2005, 118면.

이렇듯 한·중·일 삼국의 신구지식인들 사이에 끊임없는 충돌의 대상이었으며 김태준은 그것을 공통으로 겪는 문제로 인식하고, 선구적인 제안과 실천의 단계에 돌입한 중국과 '일본 선배'들에게 깊은 공감을 표하고 있다. 동아시아 삼국에서 공히 나타난 표음문자 우월주의에 입각한 한자 인식은 근대 추구의 표현이었다. 또한 애초에 세 나라에서 공히 나타난 한문의 위축되고 불안한 위상은 '근대국어'의 형성 과정에서 촉발된 문제이다.[43]

다시 강조하자면, '근대국어'의 형성 과정이 한국의 경우 일본의 식민 지배에 의해 다른 국면을 맞이하게 된다는 것 또한 충분히 환기되어야 한다. 한자 인식이나 어문개혁 문제에 대해 선도적인 실천을 보여주었던 중국과 일본에 대한 식민지 지식인의 공감은 최현배의 성토처럼 "文政의 權이 完全이 우리의 손에" 있지 못하고 "교과서 편찬을 우리가 못하"는 처지에서 비롯된 강한 동경일 수도 있기 때문이다. 최현배의 이 같은 발언은 동아일보사가 한글반포 485회를 맞아 개최한 한글 좌담회(지상발표는 1931.10.29~31)에서 나왔다. 이 좌담회의 논제 중 하나인 '한자 제한의 실제적 방법'에 대한 주요한과 김희상의 발언 역시 '한자'의 역사적 정치적 콘텍스트가 '과거' — 중국과의 사대적 관계, 양반, 관습 — 만으로 설정될 수 없었던 또 다른 한자의 현재성을 드러내고 있다.

주요한……가령 경제면에 쓰이는 상장(相場)가튼 것은 한문으로 써노앗건만, 보는 사람은 그것을 일본말로 『소-바』라고 읽어 버립니다. 그러니 이것을 상장이라고 취음을 해서 써 둔다하면, 첫재 독자가 몰라볼 것이니 이것을 먼저 해결해야 될 것이 첫재 문제입니다. ……

김희상……경제기사 가튼 데라도 상장(相場)이라 쓰지 말고 시세(時勢)라고 쓰면 그만 아니겟습니까.

---

43) 임형택, 「근대계몽기 국한문체의 발전과 한문의 위상」, 『민족문학사연구』 14호, 1999, 30면.

이 좌담회에서는 한자를 제한하고 제한한 이외의 한자활자를 아예 없애버리자, 알파벳식 횡서(橫書)를 사용하자는 등의 주장이 나왔다. 한자 제한 내지 폐지는 인쇄미디어에 한자를 활자로 노출시키는 것을 줄이거나 폐지하자는 주장이다. 단어 하나하나의 내셔널리티를 판별하는 것은 근대 인쇄기술에 의한 언어의 형성과 고정화를 통해 가능한 것이다. 인쇄술에 의해 구어적 상황에서는 일상적으로는 지각될 수 없는 민족어가 시각적 형상으로 실체화되었다.[44] 이 좌담회에 참석한 몇몇 사람이 "한자에도 제한한 것은 첫재 활자를 두지 말아야 할 것"(신명균), "한짜를 제한하고 제한한 이외의 주자(鑄字)를 업새버려야 할 것"(김선기)이라는 주장이 나오게 된 맥락도 여기에 있다. 알파벳식의 횡서(橫書)가 한자전폐를 위한 가장 효과적이고 궁극적인 방법으로 고려되었다. 그 이유는 한글의 문자 체계 및 자형(字形) — 낱글자를 음절 단위로 정방형이 되도록 모아쓰는 음절합자식 철자법 — 은 한자의 개입을 허용하는 조건이기 때문이다. 음소 단위의 알파벳식 횡서는 한자의 개입 여지를 대폭 축소시킬 수 있다고 생각되었다. 이러한 주장은 그 과격성만큼이나 한자 문제가 난제였음을 보여준다. 게다가 인용한 두 사람의 진술에서 드러나듯이, 한자어 어휘를 조선어음이 아니라 일본어음으로 읽는 상황, 일본식 한자어가 기존의 조선에서 쓰이고 있는 한자어를 잠식해가고 있는 현실까지 중첩되고 있었다. 이러한 현상은 한자가 조선어만이 아니라 일본어의 불가결한 요소이며 일본어가 국어의 지위에 있기 때문에 한층 강화되어 갔다.

근대계몽기 이래 한문이 더 이상 지배적 글쓰기로 남아 있을 수 없게 된 이상, 전통적인 한문 교육 위상의 저하와 교육 방식의 변화는 불가피한 추세이지만 그렇다고 한문 교육의 필요성은 부정되지 않았다. 더욱이 식민지가 된 이후, 한문은 시기에 따라 교과로 편제되는 방식과 비중이 변화했더라도 정규교과나 다름없었다. '한문'이라는 독립된 교과가 아니

---

44) 이혜령, 「이태준『문장강화』의 해방 전 / 후」, 『상허 탄생 100주년 기념 이태준과 현대소설사』(상허학회 편), 깊음샘, 2004, 375~376면.

더라도 '국어(國語)', '국어급한문(國語及漢文)', '국어한문(國語漢文)', '조선어(朝鮮語)', '조선어급한문(朝鮮語及漢文)' 등의 교과 등에 포함되어 교육되었다. 가령, 제2차 조선교육령기(1922~1938)에 한문교과는 보통학교에서는 수의과목으로 떨어지지만, 국어교과에 한문은 없어서는 안 될 것이었다.[45] 식민지시대 보통학교국어독본의 한자 교육을 분석한 박영숙에 따르면, 식민지 조선의 초등교육기관에서의 한자 교육 레벨은 높았다. 보통학교국어독본의 초출한자(初出漢字)의 수는 일본의 그것보다 많았으며 한자의 난이도 또한 낮지 않았는데, 보통학교에 들어가기 전에 서당에서 주로 행해진 한자나 한문학습을 경험한 아동들이 많았던 것을 고려했기 때문이라고 한다.[46] 여하튼 한자는 국어 교육=일본어 교육에 필수적인 요소였다. 더욱이 교수 용어가 일본어인 상황에서 한자의 비중은 한두 교과에만 국한되지 않았다.

한자문화권이라는 문화적 공통성 때문에, 조선 아동의 일본어 교육은 어느 정도 이점은 있을 수 있었겠지만 한자 교육의 핵심은 조선어식 한자와 일본식 한자의 단어 구성과 뜻, 발음의 차이를 분별토록 하는 것이다. 1922년에 초판이 발행되어 32년에 6판을 찍은 일본어독학 교재의 스테디셀러였던 박중화(朴重華)의 『증보속수자해국어독본(增補速修自解國語讀本)』의 부록 일부는 '국어'와 조선어의 (一) 한자용법이 근사하고 의의도 동일한 것, (二) 한자의 배열이 전일하거나 유사하여도 그 의의가 상이한 것, (三) 한자는 상이하나 그 의의가 동일한 것, (四) 근래 공통으로 사용되는 동일한 숙어 등의 예를 열거하는 것으로 채워졌다. 이 책은 상단에는 '국어' 하단에는 조선어를 배치해 그 발음과 의미를 대조, 비교하는 편집 방식을 취했다. 가령 (二)의 한 예를 들어보면,

45) 식민지 시기 한문 교육의 대략적인 추이에 대해서는 지희연, 「일제 강점기의 한문 교육 연구」, 경북대 석사논문, 1996 참조.
46) 朴英淑, 「朝鮮植民地時代『普通學校國語讀本』の研究－初等學校における漢字敎育を中心に」, 久留米大學比較文化硏究科 박사논문, 2002, 401면.

國 語   發明 ハツメイ … (〇〇ヲスル) (他人이 아직 未知한 것을 案出 或은 創造하는 것)

朝鮮語   發明 발명 (言譯ノ義 イヒワケ ギ) (自己의 잘못한 것을 辨明하는 것)[47]

　'국어'의 경우, 그 표음은 가타카나로 조선어의 경우 한글로, 그리고 그 단어에 해당하는 일본의 한자어와 그 독음을 부기하였다. 근래 공통으로 사용되는 한자어는 ア部, イ部 ウ部, エ部……와 같이 오십음 순으로 나열하고 그 독음은 해당 한자의 일본어음만을 가타카나로 부기했다. 이밖에도 박중화 책의 또 다른 부록 「日鮮 千字文」은 '天 (하날텬), (ア メ) テン', '地 (짜디), (ツチ) チ'와 같은 식으로 해당 한자의 일본어 뜻과 발음을 병기하는 체제를 취했다. 이 같은 학습 교재의 구성은 단어의 조직과 그 발음 모두에서 한자에 대한 이해를 일본어식으로 유도하는 데 있다고 할 수 있다.

　　　カンキウナンボクドウ ウミ　　　　メンタイ　　　　オホ
　　　咸 鏡 南 北 道 ノ 海 カラハ 明 太 魚 ガ 多 クトレマス
　　　간교ー 난 복구도 노 우밋가라와 덴다잉아　　　오홋구도레마스
　　　함경남북도바다에서는　　　　　　　북어가　　　　　만히잡힙니다.[48]

　위와 같이 한글이 일본어의 발음부호로 쓰이기도 했다. 초학자 학습용 교재의 경우, 이렇게 한글로 일본어음을 표기하는 경우가 적지 않았을 것으로 보인다. 이러한 구성도 일본어 한자어음의 습득을 목표로 한 것이다. 일본어 한자음 습득이 일본어 능력을 측정하는 시험에서 중요한

---

47) 박중화,『增補速修自解國語讀本』, 박문서관, 1932, 178면. 이 책은『일제 강점기 일본어(국어) 보급정책자료』2(허재영 편, 역락, 2004)에 영인되어 있다.

48) 신태균(申太勻),『日語自通』, 望臺聖經及基督敎書會 印刷所, 1925, 124면(『일제 강점기 일본어(국어) 보급정책자료』1, 2004에 영인). 이밖에도 김동규(金東圭)의『六ケ月 大成速修 日語自通』(박문서관, 초판 1917.6, 3판 1921.9.20).

관건임이었다. 예를 들어, '경찰관통역겸장시험(警察官通譯兼掌試驗)' 중 조선인이 치는 시험 문제를 보면, "一. 左の語の意譯を術べ漢字には假名を附すべし. (1) 堅忍不拔の精神を以て勇往邁進す. …… 二. 左記假名文を漢字交り文にて記すべし"[49]와 같이 한문투의 문장을 일본어로 풀어쓰되 한자에 가나를 붙인다든가, 순전히 가타카나로 된 문장에서 한자어를 분별하여 한자가 섞인 문장으로 바꾸는 문제가 출제되었다.

이상에서 살펴보았듯이, 한자의 지위와 그 인식은 "국어=일본어"라는 식민지 언어 상황과 무관하지 않았다. 다음은 이를 착잡할 정도로 보여준다.

조선어의 수효를 일층 감삭(減削)할 한문과폐지는 실로 중대한 문제라 않을 수 없다. 한문은 영어나 불어와 같은 외국어가 아니다. 구주어(歐洲語)에 있어서 라틴어가 언문의 모체가 되어 있듯이, 한문은 동양제족의 어문의 모체가 되어 있다. 이것을 졸지에 폐지한다는 것은 그 언어를 일시에 반분이상 폐지하는 것과 같은 중대한 결과를 나타낼 것이니, 당국은 모름지기 이 안을 제기치 말 것이다.
　　　— 「조선어 한문과 폐지—사실이면 단연불가」(『조선일보』, 1937.8.31)

국어식한문, 조선식한문을 불문하고 한문을 교수하는 근본정신은 한문이란 것은 마치 구라파어의 나전어와 같이 동양 어문의 근간이 되어 있기 때문에 그 한문을 이해하지 못하고는, 국어나 조선어를 참으로 이해할 수 없기 때문이다. 그러므로 한문은 한문이 아니요, 국어의 일부이요, 조선어의 일부로서 이것을

---

49) 이것은 1927년 각도 경찰부에서 시행한 통역업무 시험 문제 중 황해도경찰부의 시험 문제로, 조선어연구회 편, 『월간잡지 朝鮮語』 22호, 1927.7, 65~72면에 수록되어 있다. 이 조선어연구회는 조선어학회의 전신 조선어연구회와 다른 조직으로 일제의 조선어장려정책에 따라 창립된 관변단체로 보인다. 관리와 교사들의 조선어 능력 신장, 시험 대비를 목적으로 한 『월간잡지 朝鮮語』를 1925년 10월에 제1호를 발간하여 1929년 1월 통권 40호까지 발행하였다. 이 잡지는 허재영이 엮어 도서출판 역락에서 영인되었다. 이 잡지의 대강의 성격에 대해서는 허재영이 영인본에 「일제 강점기 조선어 장려 정책과 경성부 조선어연구회」에서 밝혀놓았다.

분리할 수 없는 것이니 한문적 요소를 전부 제외하고 국어가 성립될 수 없는 사정은 조선어의 경우에 있어서도 마찬가지다. 이러고 보면 우리가 한문을 학습하는 것은 한문을 배우고자 함이 아니요, 조선어화한, 즉 조선어의 불가결의 요소가 된 한문을 배우고자 함이니, 이는 명칭은 한문이로되 기실은 조선어의 일부인 것이다. 이렇게 생각할 때에 결코 조선어와 한문이 양립병존한다고, 결코 무용의 병립이 아니며, 무용의 이중부담이 아니니, 조선어과를 두고 조선어를 교수하는 한 당연히 조선어식한문도 병존하지 않을 수 없을 것이다.

— 「한문과폐지와 그 선후책」,(『조선일보』, 1937.10.6)

조선총독부는 1937년 8월 30일 총독부령 1백 31호를 내려 공사립고등보통학교의 조선어급한문독본 중 순한문 과정을 9월 1일부터 폐지하기로 결정한다. 이것은 조선어과 폐지의 전초단계였다. 위 인용문은 이 사태를 전후로 한 『조선일보』의 사설이다. 한자폐지론이나 제한론에서 보였던 주장이 다시 뒤집어졌다. 라틴어로부터의 해방을 구주 각국의 국어 해방으로 인식하면서 한문으로부터의 해방을 민족어의 창출 과정으로 바라보았던 시각은 이 글에서 찾아볼 수 없다. 동문(同文)의 논리와 한자의 내셔널리티를 "국어(일본어)식 한문"과 "조선식 한문" 등 여러 개로 분절하는 논리가 동시에 구사되고 있는 이 사설의 주장은 역설적으로 중국과 일본의 한자폐지론에 공명했던 한국 엘리트들의 열망이 동상이몽일 수밖에 없다는 사실을 일깨우고 있는 건 아닐까. 한자를 부정적 참조물로 삼아 근대성과 내셔널리티를 획득했던 '한글'이 국문이 아닌한, '한글'의 참조물인 '한자' 또한 그 연쇄를 벗어날 수 없기 때문이다. 따라서 한국에서 식민지 시기 한자 비판 담론은 한자문화권 내지 유교문화권으로부터의 이탈을 보여주는 근대 추구라는 맥락에서만 평가될 수 없다. 역설적으로, 한자 비판은 '한글'의 존속을 보장받을 때에만이 유효한 것이었으며 따라서 강박적인 한자 비판은 의식적인 것이라고는 할 수 없어도 식민지 언어 상황의 본질적 국면을 은폐하는 효과를 낳았다.

4. 맺음말 — 동문(同文)의 정치경제학

홍기문은 "오늘날 조선어의 태반은 한자로써 만들어진 것이 아니며, 또 현재 조선의 모든 사실(史實)과 모든 문적(文籍)은 오로지 한자로써 기록되어 있는 것이 아닌가? (…중략…) 그럼으로써 한자의 제한 내지 철폐를 주장함은 옳되 그 모멸 내지 염오를 일삼는 것은 옳지 못하다. 그와 동시에 한자의 실제상 사용을 거절함은 옳되 그 연구의 필요까지를 거절함은 옳지 못하다"(「한자의 연구」, 『조선일보』, 1935.8.30~9.15)고 주장했다. 한자와 한문의 역사성을 인정하고 전통과 학문 연구의 차원에서 받아들이자는 주장이다. 그 자체로 설득력 있는 주장이다. 하지만 식민지 상황은 다른 차원에서 한문을 전통이란 이름으로 포섭할 것을 권유하기도 했다. 과거의 한문학을 조선문학에 귀속시켜야 할 것인가 하는 물음은 식민주의적으로 충분히 맥락화될 수 있기 때문이다. 가령, 삼천리사가 실시한 설문조사 「『조선문학』의 정의 이러케 규정하려 한다!」(『삼천리』 8권 8호, 1936.8)의 첫 번째 설문항 A는 다음과 같다.

> A. ① 박연암의 「열하일기」, 일연 선사(禪師)의 「삼국유사」 등등은 그씨운 문자가 한문이니까 조선문학이 아닐까요? ② 또 인도 타골은 「신월, 키탄자리」 등을 영문으로 발표했고, 「씽그, 그레고리, 이에츠」도 그 작품을 영문으로 발표했건만, 타골의 문학은 인도문학으로, 이에츠의 문학은 애란문학으로 보는듯합데다. 이러한 경우에 문학과 문자의 규정을 엇더케 지어야 올켓슴니까. (①·② 표시는 인용자)

①만이 제시되었다면 홍기문이 주장한 바대로 이해할 수도 있을 노릇이지만 ②의 질문이 잇달아 던져진다. 즉, ②의 물음을 통해 ①의 물음이 내포한 의미를 유추한다면 다음과 같은 가정법이 나올 것이다. 조선문이 없어서(내지 조선문으로 쓸 수가 없어서) 어쩔 수 없이 다른 나라말(과거에는 한

문, 미래에는 일본어)로 문학을 하게 된다면. 이러한 물음과 가정법 자체가 문학의 내셔널리티, 그리고 한자(문)의 내셔널리티는 한자문화권에 속한 오랜 역사 때문만이 아니라 일본 제국의 언어편제에 의해서도 다분히 유동적이었으며 중층적이었음을 보여준다. 더욱이 '동문'의 역사 또한 아시아의 유일한 제국인 일본을 중심축으로 다른 양상을 보이고 있었다.

이광수는 일찍이 「부활의 서광」(1918)에서 '지나'와 '지나문'에 젖어 10세기간 정지되었던 조선인의 정신생활을 다시 시작하게 된 계기이자 신문학의 토대가 마련될 수 있었던 계기로 기독교의 홍포와 일본 유학생의 내용을 들고 특히 후자를 강조하여 "일어가 보급되어 일본문으로 발행된 신문, 서적, 잡지 등도 놀랍게 보급되엿스며 최근에 와서는 문학, 철학, 종교, 예술 등 고상한 정신문명도 저작(咀嚼)하랴는 청년의 일계급이 생(生)하엿다"고 말했다. 임화는 어느 글에서 과거 30년 전부터 훈민정음으로 신문학을 건설하려는 노력과 그것이 가져온 진보는 온당하게 평가해야겠지만 조선의 경제적 발전의 미숙과 생활상의 변이 때문에 모든 것은 야생인 채로 방기되고 전혀 다른 한 개의 보다 강고한 '새 한문적인 세력'에 크나큰 영향을 받으면서 금일에 이르렀다고 말했다.[50] 이때 완곡하게 표현된 "새 한문적 세력"은 일본(어)였으며 그것을 기반으로 한 지식과 문화의 유통이었다. 일본어를 이광수처럼 '지나문'으로부터 분절하든 임화처럼 "새 한문적 세력"으로 간주하든 동문(同文)의 역사는 근대계몽기에 확인된 바 있듯이 일본발(發) 문명어의 유통이라는 새로운 국면으로 변용되어 있었던 것이다.

임화가 '새 한문적 세력'이라는 비유를 사용해서 표현할 수밖에 없었던 사태는 오늘날에는 새롭게 평가되고 있다. "한자와 한자어라는 유용한 존재가 없었더라면 개화기에 밀어닥친 새로운 문물을 수용하고 소화할 수 있는 수단이 따로 없었을 것이며, 국어어휘체계의 근대화 또한 이

---

50) 임화, 「조선어와 위기하의 조선문학」, 『조선중앙일보』, 1936.3.8~24.

루지 못했을 것"이라는 주장이 그것이다.51) 그런가 하면 최근 서구적 보편성에 대한 회의가 제기되고 특히 미국문화의 획일적 세계지배가 비판되면서 한글전용론은 구한말 때부터 애초에 그 선봉에는 "미국문화에 침윤된 서재필과 그의 영향권 안에서 활약한 주시경이 있었"으며 해방 후에는 '미군정'의 언어정책 또한 개신교 선교사들이 선교 활동의 일환으로 추진하던 한글전용론에 맥이 닿아 있다는 주장도 나왔다.52)

생각건대, 서구적 보편성의 시선으로 투사된 한자 / 한글의 대립적 표상을 실현시키고자 했던 한글전용의 세계상과 문명어를 한자로 노출시키지 않고서는 고급한 의사소통이 어렵지 않겠느냐는 '국한문혼용'의 세계상은 역설적이게도 이상동몽(異床同夢)이며 뫼비우스의 띠와 같다. 다만 세계상의 외부를 무엇으로 설정하느냐가 달랐을지도 모른다. 그 외부의 경계가 세계 체제 내에서 중국의 위상 그리고 한국과의 관계에 크게 영향받고 있다는 사실을 환기하고자 한다. 최근 나타난 '동문'(同文)의 환기는 제2차 세계대전 이후 냉전질서의 해체, 그리고 중국의 정치적 경제적 급부상이 그 배경이다. 이것이 망국(亡國)의 문자로 낙인찍힌 한 세기 전과 다르게 "漢字는 새천년의 競爭力"이란 슬로건이 나올 수 있는 현실이다.

---

51) 송민, 「漢字와 國語語彙의 近代化」, 『漢字教育과 漢字政策에 대한 研究』(한국어문교육연구회 · (사)한국어문회), 역락, 2005, 197면.
52) 심재기, 「國漢混用論의 歷史 · 文化的 背景」, 『漢字教育과 漢字政策에 대한 研究』(한국어문교육연구회 · (사)한국어문회), 역락, 2005, 74~90면.

1930년대 외국문학 수용의 좌표

세계 / 민족, 문학

서은주

1. 식민지 외국문학 연구자의 내면

해외문학파의 주요 구성원이자 영문학자인 정인섭은 1930년대 후반에 지금의 아일랜드를 여행하고 「애란문단 방문기」를 집필하였다.[1] 이국적 풍경에 대한 매혹과 여행자의 감회가 녹아 있는 이 글에서 무엇보다 흥미로운 것은 식민지 조선의 한 외국문학 연구자가 보여주는 자신감과 사명감이다. 그는 더블린에 도착하자마자 안내자도 없이 홀로 '애란문예부흥'의 중심지였던 '아베' 극장을 찾아보고, 수소문 끝에 아일랜드 출신의 시인 예이츠의 집을 방문한다. 자신을 '정객'이 아닌 '예술가'라고 소개하면서 병환 중인 노문호 예이츠를 상대로 아일랜드의 고유 언어인

---

1) 정인섭, 「애란문단 방문기 1~2」, 『삼천리문학』, 1938.1 / 4.

'켈트어' 대신 영어로 창작하는 배경에 대해 질문한다. 난처한 상황에 처한 예이츠는 "영어밖에 몰라서", "더 널리 알릴 수 있어서"라고 '변명'한다.[2] 더불어 '정형시의 장래'에 대해 함께 담소한다. 정인섭은 예이츠에게 자신이 참석했던 '국제언어학자대회'의 자료와 출판을 앞둔 영역시집(英譯詩集)을 건네며 책의 서문을 부탁한다. 즉석에서 타이핑한 서문과 친필 서명을 받은 그는 흡족한 마음으로 병석의 예이츠와 기념사진을 찍고, 그것도 부족해 예이츠의 아들을 현관 앞에 세워 놓고 자택 전경 사진을 찍는다.

이 여행기의 몇몇 장면에서 식민지의 외국문학 연구자의 의식세계가 조감된다. 하나는 식민지 약소국이라는 유사한 처지에서 아일랜드의 문예부흥운동으로부터 어떤 시사점을 얻고자 하는 탈식민적 지향이다. 또 하나는 노벨문학상 수상자인 '세계적' 대문호 예이츠와 대화하고, 서문을 얻고, 기념촬영을 했다는 사실에 흡족해 있는 주변부 지식인의 식민적 성향이다. 그리고 무엇보다 중요한 것은 그 모든 과정을 언어적 제약 없이 이루어냄으로써 얻게 된 외국문학 연구자, 혹은 번역자로서의 정체성에 대한 자각이다. 요컨대 정인섭의 여행기에서 발견되는 이 세 가지 성향은 바로 식민지의 외국문학 연구자들의 내면을 구성하는 핵심이다. 식민성과 탈식민성이 혼재하고, 문화 매개자로서의 번역자의 정체성이 자부심과 소외감 사이에서 동요하는 현실이 바로 식민지 조선의 외국문학 연구자들이 처한 근원적 상황이다.

---

2) 당대 아일랜드문학은 크게 아일랜드적 정취를 지니지만 영어로 창작된 문학과, 아일랜드의 고유어인 켈트어로서 창작된 문학으로 대별된다. 예이츠나 쇼 등 세계 문단에 알려진 아일랜드 작가는 대부분 영어로 창작했던 사람들로 전자에 속하며, 후자는 언어와 혈통에서의 아일랜드적 정체성을 강조하며 정치성을 강하게 표출하였다. 당시 아일랜드에서는 사멸해가는 고유의 켈트어를 재생시키려는 '국어운동'이 활발했던 만큼, 영어로 창작 활동을 했던 예이츠 같은 문인들에게 창작 언어 문제는 난감한 사안이었음에 틀림없다. 정인섭과의 대화에서 예이츠는 켈트어를 부흥하려는 분위기를 긍정하면서도 더 널리 알릴 수 있다는 면에서 "영어를 배척할 필요는 없다"는 자신의 생각을 밝히고 있다.

1930년대는 외국문학 수용의 전성기로서, 전문적 인력과 매체에 의해 외국문학에 대한 소개와 연구가 보다 체계적으로 정비되는 시기이다. 1920년대는 매체가 확대됨으로써 다양한 경향의 외국문학이 수용되지만 여전히 산발적이고, 수용자의 수준에 따라 편차가 컸다. 그러다가 1920년대 후반에 이르러서는 외국문학 전공자들의 집단적인 등장과 함께 보다 정비된 수용 체제로 전환되고, 1930년대부터는 신문 학예란이나 잡지를 통해 외국문학 소개가 상설화된다. 따라서 1930년대의 외국문학 수용은 전문성에 의해 역할분담이 이루어지고, 안정된 기획에 의해 체계성을 갖추게 된다.

외국문학의 수용에 관한 기존 연구는 그 대상이 일본이든 서구이든 간에 주로 비교문학적 관점에서 개별 작가나 작품의 영향 관계를 다루거나, 아니면 문예사조 같은 보다 큰 범주의 이입사에 초점을 맞추고 있다. 그런데 이러한 연구는 대개 한국 근대문학의 이식성을 실증하거나, 혹은 서구적 오리지널리티와의 현격한 거리를 확인하는 것으로 귀결되곤 했다. 특히 비교문학적 연구가 한국문학과 외국문학이라는 이분법 위에서 그것이 연루되는 양상을 분석하는 것이지만, 그 중심을 한국문학에 두고 있기 때문에 순수하게 외국문학을 소개하는 논의는 대상에서 제외될 수밖에 없다. 요컨대 외국문학 수용에 대한 기존 연구가 주로 비교문학적 관점에서 제한된 대상끼리의 영향 관계에 한정되어 진행됨으로써 외국문학에 대한 소개와 연구의 보다 총체적인 양상이나, 수용의 준거틀과 같은 보다 거시적인 층위의 문제를 제대로 조명해내지 못했다는 것이다.[3] 한국 근대문학의 형성에서 외국문학이 미친 영향력은 인정하면

---

3) 그런 측면에서 방대한 자료를 백과전서식으로 총망라하고 있는 김병철의 연구는 객관적 사실의 제시에 무엇보다 충실하다는 점에서 외국문학 수용에 관한 연구 분야에서 단연 독보적이다. 서구문학의 이입사에 집중함으로써 일본이나 중국이 제외되어 있는 것이 아쉽기는 하지만, 한국문학의 장에서 거의 배제되어 왔던 외국문학 수용자들의 논의나 그에 대한 자료들이 언급되고 있어 한국 근대문학의 형성에 관계한 외국문학의 영향을 보다 확장해서 조감해 볼 수 있는 장점이 있다. 김병철, 『한국근대서양

서도 그 수용사에 대한 다각적인 연구가 미흡한 것은 학제간 경계의 완고함도 작용했다고 볼 수 있다. 따라서 식민지시대 외국문학 연구자들의 논의는, 그것이 당대 한국문학 장과 교섭하는 구체적이고 직접적인 내용이 아니면 한국문학 연구의 대상에서 제외될 수밖에 없었다.

식민지의 외국문학 연구자들은 보다 적극적으로 외국문학을 참조함으로써 한국문학의 모더니티, 혹은 보편성의 방향을 제시할 수 있다고 판단했다. 비록 한국문학 내부에 구체적으로 관여하지는 않았다 하더라도 외국의 문학 작품, 혹은 문학 담론을 소개하는 외국문학 연구자들의 내면은 항상 한국문학의 내셔널리티를 의식하고 있었다. 특히 1930년대는 일제의 파시즘화로 인한 국내 정세의 악화와 세계적 전변의 혼란 속에서 서구문학이 당대 식민지 지식인들에게 절실한 호소력을 가질 수 있었던 한국문학 내부의 상황이 존재했다고 볼 수 있다. 자본주의의 모순이 조선의 현실이 되어 이데올로기 대립을 심화시켰고, 식민지로서 전쟁의 소용돌이를 피할 수 없었던 조선의 상황은 당시의 서구사회가 당면한 절박한 현실과 닮아 있다.[4] 한 마디로 1930년대는 전 세계적으로 전쟁이 시대 상황을 규정했던 시기였다. 따라서 이 시기의 외국문학 연구자들의 작업은, 한국 근대문학이 외부의 참조틀을 통해 자기의 내셔널리티를 구성해나가는 중요한 경로였다고 볼 수 있다. 이 글은 이러한 이해를 전제로, 보다 체계적이고 전문화된 수준에서 외국문학이 수용된 1930년대를 중심으로 그 수용 양상의 특징을 개괄해 보고자 한다. 잡지나 신문 등의 매체를 통해 외국문학의 수용 범주나 층위의 변화, 그리고 대상의 선택과 배치의 양상을 분석함으로써, 그 과정에서 작동하는 외국문학 연구자들의 의식과 내면의 욕망을 추론해볼 것이다.[5]

문학이입사연구』 상·하, 을유문화사, 1980 / 1982.

4) 김우창은, 한국 근대문학을 서구문학의 서투른 모방품으로 매도하는 부정적 시각을 경계해야 한다고 전제하고, 서구문학이 수입되어 풍미할 수 있었던 상황적 유사성에 대한 보다 다면적인 이해와 접근이 필요하다고 강조한다. 정명환·김우창·김윤식 대담, 「외국문학의 수용과 한국문학의 방향」, 『외국문학』, 1984년 여름, 24~25면 참조.

2. 외국문학 수용 범주의 변화, 개체에서 집단으로

1920년대 후반 해외문학파의 등장과 함께 잡지나 신문을 통해 외국문학에 대한 소개나 연구가 활발해지면서 무엇보다도 주목되는 현상은 수용의 중심 범주가 변화하고 있다는 점이다. 사실 매체에 나타난 외국문학의 이입 양상을 보면 특히 신문의 경우, 단순한 인물 동정이나 사실 전달 수준의 기사류에서부터 특집 기획물, 장기간에 걸쳐 연재되는 심층 연구 논문에 이르기까지 그 양상이 무질서하고 산발적인 성격이 강했다. 잡지의 경우는 단발성 기사가 적고 기획물이 주종을 이룬다는 점에서 신문보다 안정감 있는 편집을 보여주고 있지만, 대개의 잡지가 단명하였고 정치적 상황 등의 외부적 요인에 민감한 영향을 받을 수밖에 없었으므로 외국문학의 수용에서도 지속성을 확보하지는 못했다. 따라서 외국문학 이입의 양상을 일관된 경향이나 특성으로 설명하는 것은 무리가 따른다. 이런 사정을 감안하고 외국문학 수용의 큰 흐름을 살펴보면, 외국문학 수용 전반기에는(1910~20년대 중반) 주로 개별 문인이나 작품의 단위로 수용되거나, 문예 사조와 같은 광범위한 개괄 차원의 소개가 주종을 이루었다. 1910년대의 외국문학 수용은 문학 작품의 번안이나 번역이 많은 반면 상대적으로 소개나 비평의 글은 극히 드물었다. 김병철의 연구에서도 확인할 수 있듯이 이 시기는 민족문학에 대한 인식이 부재하거나 약했던 시기로, 예외가 있기는 하지만 대개 서구문학 전반을 '태서문학'으로 명명하며 소개하는 것이 일반적이었다. 1920년대에 오면 "영문단", "노서아문단" 등의 명칭을 사용하고 있지만 산발적이고 단편적인 소개 차원에 머물고 있다. 그러나 1930년을 전후하여 개별 국가를 단위

---

5) 문학 작품의 번역을 통한 수용의 영역은 이 글의 논의에서 제외된다. 이 글이 대상으로 삼은 자료는 신문과 잡지에 게재된 외국문학에 대한 기사(인물 동정 포함), 일화, 문단 리뷰, 작가론, 작품론, 문학사 등에 해당하는 글들이다.

로 각국 문학의 성격이나 동향을 소개하거나 이를 포괄해 '세계문학'으로 재구성하는 방식이 현저하게 두드러진다. 특히 기획에 의한 특집물을 비교해보면 1920년대 말을 기점으로 그 수용 범주의 변화를 확연하게 발견할 수 있다.

1920년대 문인 중심의 기획

* 「世界十大文豪傳」(단행본), 이문당 (1921) : 셰익스피어, 밀턴, 괴테, 하이네, 유고, 톨스토이 등
* 「八大文豪略傳」, 『신천지』(1922.1.18) : 셰익스피어, 바이런, 유고, 입센, 졸라, 괴테, 톨스토이, 소동파
* 「근대문호소개」, 『동아일보』(1925.4.21~) : 모파상, 랑보, 구르몽, 도데, 르낭, 발작크, 모레아스, 모리에르 등
* 「世界文豪歷訪」, 『조선문단』(1926.4~6) : 셰익스피어, 로맹 롤랑, 도스토예프스키
* 「현대사회문학자소개」, 『조선일보』(1927.10.16~23) : 루나찰스키, 토르라, 쇼오
* 「근대문학자소개」, 『조선문예』(1929.5) : 로맹 롤랑, 르네 파상, 카이젤, 코론타이 여사 등

1930년대 '민족 / 세계문학'의 기획

* 이하윤, 「세계문단의 일년간 변동」, 『조선일보』, 1931.1.1~9.
* 「해외문단총관」, 『신동아』, 1931.11.1~32.1.1.
 - 서항석, 독일; 함대훈, 신흥국가편; 함대훈, 혁명 후의 노서아
* 「세계문학운동의 신경향」, 『혜성』, 1932.2.15.
 - 김진섭, 독일문학의 신동향; 이헌구, 불란서문학의 신전망; 백철, 오개년 계획의 달성과 싸베트문학; ○○○아미리가 문학의 신전망; 김용제, 일본문학의 신경향
* 「구미현대문단총관」, 『조선일보』, 1933.4.27~8.
 - 최재서, 영국; 이헌구, 불국; 조희순, 독일; 이하윤, 아메리카 리얼리즘
* 「세계문단총관」, 『동아일보』, 1933.6.18.
 - 이헌구, 불국; 정인섭, 영국; 서항석, 독일; 함대훈, 소련; 이하윤, 미국; 이무영, 일본

＊ 이헌구, 「비상시 세계문단의 신동향」, 『조선일보』, 1934.1.1~12.

＊ 서항석, 「세계문학 : 회고와 전망」, 『동아일보』, 1934.1.1~2.1.

＊ 「건설기의 민족문학」, 『동아일보』, 1935.1.5~3.23.

－이헌구, 불란서; 서항석, 독일; 이하윤, 미국; 김광섭, 애란; 하인리, 러시아

＊ 「신춘 세계문단 총관」, 『조선일보』, 1935.1.1~12.

－조희순, 금후 독일문단의 전망; 이헌구, 불문단사조의 동태; 김광섭, 영문단의
금후진전; 함대훈, 싸베트문학의 주조

＊ 일기자, 「세계문단총관」, 『예술』, 1935.4.1.

＊ 「세계문단점고」, 『동아일보』, 1936.1.1~11.

＊ 「세계전쟁문학의 전모」, 『조광』, 1939.2.1.

－백철, 일본문학 상의 전쟁; 김진섭, 전쟁과 독일문학

＊ 「대전이 낳은 문학」, 『조광』, 1939.11.1.

－이헌구, 대전과 불란서문학; 김사량, 독일과 대전문학; 김환태, 영국의 대전문학

외국문학 수용 초기에는 '문호(文豪)'라는 용어를 사용하여 '위대한 창
조자'로서 세계적 문인들을 부각시키는 태도, 즉 특수한 개인에 초점을
맞춰 문학 현상을 이해하는 태도가 일반적이었다. 1920년대 신문·잡지
등의 매체에는 세계적 문인들을 묶어 시리즈로 소개하는 기획물이 두드
러졌고, 문인들의 동정이나 그들과 관련된 일화 등이 자주 소개되었다.
그러던 것이 1930년대로 갈수록 자연스럽게 「싸베트노서아문단의 현상」,[6]
「영문단의 금후진전」,[7] 「독일문학의 신동향」,[8] 「불란서문단종횡관」[9] 등
과 같은 국가별 문학 소개가 매체에 정착되었고, 더 나아가 '세계 문단',
'세계문학'이라는 제목하에 개별 국가 단위의 문학이 배치되어 갔다. 물
론 1930년대에도 작가를 중심으로 하는 외국문학 수용은 여전히 흔하게
존재하였고, 또한 1920년대에도 개별 국가 단위나 '세계문학'이라는 범

---

6) 함대훈, 『문예월간』, 1932.1.1.
7) 김광섭, 『예술』, 1935.4.1.
8) 김진섭, 『혜성』, 1932.2.15.
9) 이헌구, 『문예월간』, 1931.12.1.

주로 외국문학을 소개하는 경우가 없는 것은 아니다. 1921년에 발표된 안자산의 「세계문학관」[10]은 '독일·노서아·불란서·영문단' 등으로 구분하여 '세계문학'의 전반을 광범위하게 소개하고 있어 이런 류의 시초라고 볼 수 있다. 그런가 하면 1924년 2월에 발행된『개벽』에서는 「현문단의 세계적 경향」이라는 특집하에 '중국·불란서·덕국·일본·노서아·영국·아메리카'의 문학 경향을 소개하고 있다. 그러나 이 시기의 글들은 매우 상식적인 이해 수준에서 단편적으로 개괄하고 있어 개별 '민족문학'의 특성을 규명하거나, 더 나아가 '세계문학'의 전체적 흐름을 포괄하는 보다 상위의 시각을 확보하고 있지는 못하다.『개벽』특집의 경우, 영국 문단을 소개하고 있는 변영로가 "주는 것보다는 받는 것이 많"다는 식의 주관적인 표현으로 운을 떼면서 "간단한 윤곽을 잡기가 더 어렵"고 또한 "이 글을 쓰는데 참고될 만한 책을 단 한 권도 수중에 갖지 못하였다"라고 고백한 것을 보면,[11] 이 기획이 외국문학에 대한 빈약한 이해 수준에서 전개되고 있음을 짐작할 수 있다.

이에 비해 해외문학파를 중심으로 외국문학 전공자로서의 면모를 갖춘 지식인들이 신문이나 잡지를 주도하게 되는 1920년대 후반부터는 각국 문학사에 대한 이해를 바탕으로 한층 심화된 논의들이 생산되었다. 해외문학파의 경우를 보면 자신들의 전공에 따라 역할 분담이 이루어져, 영미문학은 정인섭·이하윤, 독문학은 서항석·김진섭, 불문학은 이헌구, 노문학은 함대훈 등이 거의 전담하고 있다.[12] 따라서 1930년대에 보편화

---

10) 안자산,『아성』, 1921.5.15.
11) 수주(변영로), 「주는 것보다 받는 편이 많은 영국문단」,『개벽』, 1924.2.1.
12) 세칭 해외문학파는 잡지『해외문학』출판에 관여한 사람들에 한정하기보다, 외국문학 전공자로서 외국문학 소개와 연구에 지속적인 관심을 보인 일련의 인맥을 포괄하여 지칭한다고 볼 수 있다. 해외문학파를 탄생시킨 최초의 모임은 1926년 결성된 '해외문학연구회'로 그 구성원은 이하윤·김진섭·홍재범·손우성·이선근·정인섭·김명엽·김온 등이다. 여기에 1927년『해외문학』발간을 계기로 함일돈·정규욱·김한용·장기제·이병호·유석동 등이 합류하며, 이후『시문학』(1930.3),『문예월간』(1931.11)의 창간과 '극예술연구회'(1931)의 결성을 통해 이헌구·함대훈·김광섭·박용철·최정

되는 '세계 / 민족, 문학'이라는 구도는 개별 언어권의 전문 연구자들이 주로 그 나라 문학을 전담하여 소개함으로써 한층 전문적이고 입체적인 시선이 개입되고 있다. 이처럼 수용 범주의 변화는, 개체적 단위에서 집단적이고 집합적인 단위로 포괄할 수 있을 만큼의 외국문학 연구의 전문성과 체계성이 갖춰졌다는 것을 의미한다. 더불어 당시 전세계를 휩싸고 있었던 전쟁 상황도 이러한 변화를 가능하게 만든 배경적 요인으로 작용하였는데, 식민지 약소국의 지식인들은 결국 국제사회라는 보다 상위의 권력 관계에 의해 자신들의 운명이 좌우됨을 분명히 인식하게 되었던 것이다. 따라서 이 시기 외국문학의 수용은 단순히 문학주의적 욕망에서만 진행되었다고 볼 수 없으며, 그것을 통해 국제사회의 동향을 파악하고 미래를 전망하려는 현실주의적 의도가 강하게 작용했다고 볼 수 있다.

외국문학 수용을 대상 국가별로 살펴보면 주로 영국이나 프랑스·독일 등의 서구문학과 러시아문학에 편중되어 있으며, '세계문학'이라는 기획 속에 이들 국가의 문학을 지속적으로 소개하는 반면 자연스럽게 일본이나 중국을 제외시키고 있다. 당대 지식인들이 영국과 프랑스·독일 등의 서유럽 문학을 적극적으로 수용한 것은 그것이 근대문학의 전범이자 세계적 '보편성'의 준거라고 이해했기 때문이며, 이러한 태도는 식민지의 후진성과 결핍을 보상하려는 당연한 욕망이라고 볼 수 있다.

그런데 양에서 뿐만 아니라 관심의 정도에 있어서도 결코 뒤지지 않았던 러시아문학의 수용은 보다 복잡한 상황적 배경이 존재한다. 러시아문학의 번역과 수용은 한국 근대문학의 형성에 압도적인 영향을 미쳤다. 최남선이 1910년 『소년』을 통해 톨스토이를 소개한 이래 투르게네프·체홉 등의 러시아 작가들은 식민지 전 시기에 걸쳐 지속적으로 언급되었으며, 고리키는 러시아혁명을 계기로 전개된 사상적 전환과 맞물려 '소비에트'

우·김상용·조희순·유치진 등이 가담한다. 김윤식, 『한국근대문예비평사연구』, 일지사, 1976, 137~139면 참조.

문학의 기원으로서 1930년대에 들어 두드러지게 소개되고 있다.[13] 특히 러시아문학은 문인들에 대한 소개와 더불어 시·소설·희곡·평론 등 여러 장르에 걸쳐 전방위적으로 번역됨으로써, 당대 러시아문학 연구자들이 그 민족문학적 양상을 총체적으로 파악하는 데 있어 여타 다른 나라의 문학에 비해 유리한 측면이 있었다고 볼 수 있다. 러시아문학이 식민지 조선에 광범위하게 수용될 수 있었던 것은 역시 일본의 영향이 컸다. 전 세계 톨스토이학에서 제일 중요한 지위를 점하고 있는 나라가 일본이라는 사실에서 보듯이, 일본은 1880년대부터 러시아문학에 대한 번역을 시작하였고 지속적인 서지 작업과 분석을 통해 러시아문학에 대한 상당한 수준의 연구 결과를 축적하였다.[14] 러시아는 유럽과 아시아를 잇는 중간적 위치에 있으면서 그 정신과 문화가 '동양적인 것'에 가깝다고 이해되었기 때문에 일본을 비롯해 조선에서 선호되었다. 특히 톨스토이의 경우, '톨스토이와 동양'이라는 주제가 그의 생전에 논의될 만큼 그 자신이 '동양적인 것'에 관심을 표명하였으므로 '동양'의 중심이고자 했던 일본의 의도에 부합되어 더욱 주목을 받았던 것이다.

개별 국가 단위로서 일본문학에 대한 언급은 문단 리뷰 수준의 단편적인 소개가 대부분이며, 그나마 1930년대 말에 가서 일본의 전쟁문학에 대한 백철의 글이나[15] 일본 농민문학을 소개한 1940년의 임화의 글도[16] 일본문학 전체를 서술하는 접근은 아니다. 외국문학 수용에서 일본문학이 배제되는 것은 어쩌면 너무나 당연한 것으로, 식민-피식민의 관계 속에서 일본은 더 이상 조선에게 외국이 아니었던 것이다. 중국의 경우는 '세계문학'의 지형도 속에서 배제되고 있음은 분명하지만, 중국문학

---

13) 러시아문학은 '노서아문학', '노문단'으로 불리다가 1930년대에 들어서서야 함대훈에 의해 처음으로 '소베-트'라는 명칭으로 소개된다(「이월혁명 이후 소베-트 문학의 경향」, 『동아일보』, 1930.11.1~9).

14) 김려춘, 「톨스토이와 동양」, 『톨스토이와 동양』, 인디북, 2004, 10~13면 참조

15) 백철, 「일본 전장문학 일고」, 『인문평론』, 1939.10.1.

16) 임화, 「일본농민문학의 동향」, 『인문평론』, 1940.1.1.

자체에 대한 논의가 사라진 것은 아니다. 1920년대 중국문학을 적극적으로 수용한 양건식에 이어 1930년대에도 정래동과 김광주에 의해 중국문학의 동향이 지속적으로 소개되고 있다.[17] 중국문학에 대한 관심은 한문 소양이 풍부한 전문가들의 노력에 의해 명맥이 유지되었는데, 전통적으로 내려온 중화주의에 대한 존중심과 더불어 제국주의의 피해자라는 동류의식이 함께 작용해 중국문학에 나타난 반제국주의적 경향에 관심을 두었던 것이다. 그럼에도 '세계문학'의 대열에서 중국문학이 배제되는 배경에는 해외문학파에 중국문학 전문가가 없다는 사실도 있지만, 무엇보다도 동아시아에서 일본이 패권을 장악함으로써 중국의 국제적 지위 하락이라는 요인이 작용하였다. 중국을 '지나화'하고자 하는 일본의 지속적인 노력이 더해져 식민지 조선에게 중국은 더 이상 참조할 근대적 타자가 아니었던 것이다.

한편 정인섭의 여행기에서도 보았듯이 당대 외국문학 연구자들은 유독 영국문학과 구별되는 아일랜드문학에 관심이 많았다. 식민지 상태에서 1921년 영국으로부터 자치를 인정받은 아일랜드는 식민지 약소국들에게 귀감이 되었는데, 특히 그 중심에 국어(켈트어)운동·연극운동을 중심으로 하는 문예부흥운동이 큰 몫을 했다는 점은 식민지 문학인들에게 시사적이었다. 해외문학파 안에 정인섭을 비롯해 한글운동에 관여한 사람이 많았던 점이나, 구성원 대부분이 극예술연구회를 결성해 유난히 연극운동에 열성적이었던 사실은 결코 아일랜드의 경험과 무관하지 않을 것이다. 그들은 아일랜드의 민족문학운동을 탈식민의 유용한 방법으로 참조했음이 분명하다. 그러나 아일랜드문학에 대한 외국문학 연구자들의 관심은 무엇보다도 그들이 소유한 '위대한' 작가와 작품에 의해 촉발되

---

17) 정래동은 「중국문단 현상」(『동아일보』, 1933.10.26~7), 「중국 신시 개평(槪評)」(『조선문단』, 1935.5), 「중국문학의 특징」(『학등』, 1936.1) 등을 썼으며, 김광주는 『동아일보』 지면을 통해 「중국문단의 현세 일별」(1933.12.8~10)과 「중국의 국방예술」(1936.7.15~23) 등을 연재했다.

었다고 볼 수 있다. 아일랜드문학의 위대함은 노벨상을 수상한 윌리엄 B. 예이츠와 버나드 쇼를 비롯해 오스카 와일드, 제임스 조이스 등의 세계적 작가들 없이는 불가능한 것이다.[18] 따라서 외국문학 연구자들이 아일랜드문학에 가졌던 관심은, 저항적 민족문학에 대한 지향 때문이기도 하지만 더불어 '세계문학'의 보편성을 획득했다고 판단되는 특정 국가의 문학에 대한 동경이 더 크게 작용했다고 볼 수 있다.

근대가 개인의 발견과 동시에 국민국가의 구성이라는 두 축을 근간으로 발전하였다는 사실을 주지한다면, 식민지 조선의 외국문학 수용 과정에서 나타나는 개인에서 국가로의 시선 이동은 필연적이다. 특히 1930년대는 제국주의 열강 사이의 경쟁과 협조가 교차하는 가운데 결정적으로 전쟁이 모든 상황을 규정했던 시기였다. 독일과 이탈리아에서는 파시즘 정당이 체제를 강화한 후 대외 침략을 실행했고, 아시아의 제국 일본은 만주사변(1931)을 시작으로 전쟁을 통해 파시즘화의 과정을 밟았다.[19] 근대의 전쟁은 기본적으로 근대적 권리의 주체인 개인을 무력화시키는 전형적인 상황으로, 이때 개인은 국민국가의 결정에 철저히 귀속되는 수동적 존재일 뿐이다. 따라서 조선의 당대 외국문학 수용자들은 '돌출된 개인' 혹은 '위대한 작품'을 향한 동경에서, 그것을 가능하게 한 각국의 '민족/국민문학'과 그것을 아우르는 '세계문학'으로 관심을 전환함으로써 보다 총체적이고 거시적인 시각을 확보할 수 있었다.

---

18) 영국계 아일랜드 문인들의 이중적 정체성의 문제에 대해서는 박지향의 『슬픈 아일랜드』(새물결, 2002) 2부를 참조할 것.
19) 이준식, 「파시즘기 국제 정세의 변화와 전쟁 인식」, 『일제하 지식인의 파시즘체제 인식과 대응』(연세대 국학연구원 학술대회 자료집), 2004, 38~39면 참조.

3. '세계문학', 코스모폴리탄적 지향

　본격적인 외국문학 전문잡지인 『해외문학』의 창간사(1927.1)에는 당대 외국문학 연구자들의 지향이 단적으로 드러나 있다. 그것은 외국문학의 수입과 연구를 통해 궁극적으로 "우리 문화의 건설"과 "세계문학의 상호 범위를 넓히는 것"으로 요약된다. 같은 지면에서 정인섭은 "인류의 문학적 소산인 종합적 범위를 가령 사람의 예술적 본능을 그 중심으로 한 일종의 圓面積에 비할 수 있다면 국민문학과 세계문학은 그 반경과 원의 관계를 가졌다 할 수 있을 것"[20]이라고 진술함으로써 '국민문학'과 '세계문학'의 상호관련성을 강조하고 있다. 뿐만 아니라 해외문학파가 주도적으로 참여하여 외국문학의 소개·연구에 많은 지면을 할애한 『문예월간』의 창간사(1931.11)에서도 "이제 모든 문예운동은 세계를 무대로 하여 향상하고 진전해 나간다. 一個人 一流波의 문학은 그것이 一國民文學이 되기도 하는 동시에 또한 世界文學의 圈內로 포괄되어야만 하는 것"이라고 하면서 부끄럽지 않은 "우리다운 문학"을 통해 '세계문학'의 조류로 들어가자고 주장하고 있다.[21] 이처럼 외국문학 연구자들은 안과 밖이라는 이분법적 공간을 매개하는 그들의 특수한 입각점에 따라 '자국 / 타국'이라는 배타적이고 이분법적인 관점에서 벗어나 부분과 전체, 즉 전체에 포섭되는 부분이라는 일원론적 관점에 의거해 외국문학 수용의 정당성을 확보하고자 했다.

　'세계문학'이란 모든 나라와 민족의 문학을 포괄하는 개념으로 괴테에 의해 처음으로 사용된 용어이다. 그는 문학이 인류 공동의 자산인을 강조하면서 상호 교류를 통해 '보편적 세계문학'의 가능성을 제기하고 있다.

---

20) 화장산인(정인섭), 「'포오'를 논하여 외국문학연구의 필요에 급하고 『해외문학』 창간을 축함」, 『해외문학』, 1927.1.17.
21) 이 창간사는 이하윤이 쓴 것이다.

괴테는 독일문학이 편협한 시각에 갇혀 낙후성을 면치 못함을 지적하고, 그런 상황에서는 훌륭한 작품이나 작가가 생산되더라도 '옹졸한 자만'에 빠질 위험이 있음을 경고하면서 '세계문학'의 시대를 예견하고 있다.[22] 괴테의 '세계문학' 개념이 생성된 배경에는 19세기 초 산업화, 근대화를 통한 기술과 교통 수단, 커뮤니케이션의 발전이 크게 영향을 미쳤고, 또한 그 원경에는 나폴레옹 전쟁이라는 극도의 참상과 혼란의 경험이 작용하고 있었다. 전쟁은 인류의 문화유산이 철저하게 파괴되는 상황을 경험하게 함으로써 국가와 국가, 국민과 국민 사이의 상호 이해와 협력을 위한 지속적인 커뮤니케이션의 필요성을 자각하게 만든 것이다. 사실 노년의 괴테에 의해 다듬어진 '세계문학' 개념은, 근대화의 주역인 부르주아 계급이 자신들의 정치적 목적을 민족문화의 고착화로 관철하려했던 시대정신에 대한 저항의 성격을 띤다.[23] 따라서 '세계문학' 개념이 가능하기 위해서는 자국문학이 외국문학에 대하여 가지게 되는 차별성보다는 유사성을, 특수성보다는 보편성을, 반역성보다는 순응성을 더 강조할 수밖에 없다. 그런 의미에서 해석의 차이가 존재한다 하더라도 괴테의 지향은 자국의 특성을 완화시키는 한편, 국제적인 협력과 문학 상호간의 역할을 강조하는 '세계문학'에 있었다고 볼 수 있다.[24]

　괴테의 '세계문학' 개념을 소개하면서 그것의 전망을 피력한 김진섭[25]은 '국민문학'과 '세계문학'의 상호관련성에 대해 심도 있는 견해를 보여준다.

　국가적 개성이 세계의지의 最高綜合의 밑에 여지없이 周角없이 圓形的으로 包容되어 旣往에 '世界宗敎'의 개념과 '世界都市'의 실체가 넓은 세계의 胸部

---

22) 임홍배, 「괴테의 세계문학론과 서구적 근대의 모험」, 『창작과비평』, 2000년 봄, 245~246면 참조.
23) 김규창, 「괴테의 '세계문학' 개념과 그 한국적 수용」, 『독일어문학』 16집, 2001, 10면.
24) 윤호병, 『비교문학』, 민음사, 1994, 25~28면 참조.
25) 김진섭, 「세계문학에의 전망」, 『현대평론』, 1927.5.1.

에 현실적으로 形態化한 사실을 이곳에 擧證할 필요도 없이 모든 文化價値를 오늘의 문명인이 항상 세계적으로 고찰하며 세계적으로 評定하며 그뿐 아니라 보다 큰 문화가치가 세계적으로 자기를 형성하며 있다는 것은 우리가 거부치 못할 사회적 과정이다. 그 하나가 '世界文學'의 형태다. 문학이 일개국이란 基盤을 떠나서 세계적으로 자기를 형성한 것이다.26)

김진섭은, 괴테 이전의 '세계문학' 개념이 "각국의 문학을 加算的으로 총괄하는 것 외에 별로이 세밀한 의미를 예정치 않"는 것으로 "문학의 본질이 국가적 요소에 終始하는 국민문학"이었다면, 괴테 이후에는 "국민적 특질보다 더욱 많이 세계적 공통성을 각국의 문학이 包藏함으로써 독특한 형식에 결합한 세계문학을 구성"하였다고 본다. 사회의 확대와 분화의 작용이 세계 이념에의 사고를 촉진시켜 '국민문학'이 고양되고 또한 "세계문학이란 廣闊的 형식"을 형성시켰다는 것이다. 그는 '국민문학'은 '세계문학'의 전제이며 따라서 '국민문학'에서 '세계문학'으로 근대 문학의 방향이 진행되어야 한다고 판단한다. 김진섭의 견해에서 주목할 부분은, 괴테에 의해 수립된 '세계문학'의 개념이 적어도 구주제국 사이에 문예적으로 국민적 경계를 인식할 수 없었던 1차 세계대전 이전까지는 실현되지만, 세계대전의 발발로 인해 '국민문학'이 고양됨으로써 '위대한 세계문학' 개념이 약화되었다고 판단하는 대목이다. 괴테에게는 전쟁의 경험이 '세계문학'의 상을 제안하게 만든 계기로 기능했지만, 김진섭이 보기에 전쟁은 오히려 배타적 '국민문학'을 추동하는 강력한 동인이었던 것이다. 김진섭의 논의는 외국문학 수용 잡지의 창간사에서 막연히 표명된 '국민문학과 세계문학의 상호관련성'이라는 문제를 보다 분명하게 규정하고 있다고 볼 수 있다. 그는 '국민문학'의 특수성과 '세계문학'의 보편성을 동반 상승의 포섭 관계로 이해하기보다 서로 각축하는 길항 관계로 파악하고 있으며, 그의 궁극적 지향점은 '세계문학'이라고

---

26) 김진섭, 위의 글.

하겠다.

　세계 문단의 정세에 누구보다도 지식이 많았던 정인섭은 여러 지면에서 지속적으로 '국민문학'과 '세계문학'의 관계를 고찰하고 있다. 그는 대전 이후에 전개되는 국제사회의 정세를 '분리와 집합'으로 요약한다.[27] 세계대전 이전에 무리하게 강제적으로 합병되어 국경을 잃어버린 다수의 민족과 그들의 영토는 대전을 통과하는 동안에 자기 존재를 명백히 자각함으로써, 전후에는 "일종의 자연스러운 상태에 복귀하려는 분립"이 농후해졌다는 것이다. 그러나 한편으로는 "자연스런 민족의 분리에 반하여 그 각 국민간의 대립적 적대행동을 소멸케 하려는 일종의 국제적 관심이 농후해졌다는 것도 대전의 결과"라고 분석한다. 따라서 이러한 사회상의 주요 파동이 문학 영역에도 반영되어, 민족적이면서도 국가적인 '전통적 문학'과 국제적이며 계급적인 '세계주의문학'의 양대 축을 형성시켰다고 본다. 또한 '민족적, 국가적 전통문학'이 각국에서 전개되는 양상을 비교적 상세히 소개하면서 그 위험성을 경계한다. 그는 프랑스의 '락시온 프란세이즈' 운동을 예로 들고 있는데, 드레퓨즈 사건에서 발아한 이 운동이 인종차별적인 애국운동으로 진행되어 전통의 정신과 과거를 찬미함으로써 배타적이고 국수적인 국민정신을 함양하려는 어용적 운동으로 발전하였음을 지적하고 있다. 특히 그가 우려하는 것은, 이 운동의 영향이 영국을 거쳐 독일·이태리·일본으로 파급되어 어용적 파시즘문학이 세계적으로 확산되는 조짐이다.

　　요컨대 이태리의 '파시즘 예술'은 세계의 문단에서 統觀하면 상술한 바 일종의 地方主義的 운동으로 볼 수 있고 불란서의 '락시온 프란세이즈' 운동의 이태리적 樣式으로 생각할 수 있다. 이러한 근대의 '목적론적 그로테스크'가 특히 위정자에 영향을 주는 것은 하필 일본의 田中內閣을 例證하지 않더라도 각

---

27) 정인섭, 「세계문단의 주조와 파동―제1차 세계대전 직후의 구주문단」, 1930.8.2(『世界文學散考』, 동국문화사, 1960, 4~8면 참조).

국에 이상한 波動을 일으키고 있다.

특히 영국에서는 그들이 벌써 상식적으로 凡常하게 생각하는 마르크스주의 보다 이 '파시즘'의 사상이 훨씬 일반의 주목을 끌게 되어 「파시즘 起源」, 「파시즘 槪觀」, 「이태리의 파시스트」 등 기타 여러 가지 팜플레트가 한동안은 영국의 讀書界에 유행되었던 것이다. 그리하여 국가주의적 성격에 많은 동감을 가지는 자와 그와 반대의 입장을 취하는 사회평론가들도 생겼던 것이다.[28]

정인섭은 애국적 '국민문학'이 전통적 향토문학을 내세워 자본주의적 근대의 도시문화를 비판함으로써 세계 각국의 광범위한 대중적 호응을 얻고 있음에 주목한다. 그는 당대 미국에서 유행하던 '신인문주의'가 '미국제일주의적 애국주의'를 내장하고 있다고 보면서, 미국평론가 칼버튼의 말을 빌어 그것은 "겉으로는 미국의 경제번영에 대한 반성적 극기 같지만 실은 유물변증법적 경제학에 대립하여 기성의 자본주의적 생활 양식을 철학적으로 옹호"하는 '문학적 파시즘'이라고 규정한다. 이처럼 정인섭은 인도나 애란 등과 같은 식민지 혹은 약소국의 경우를 제외하고는 전통과 정신주의를 주장하는 '국민문학'이 결국 파시즘문학으로 귀결될 위험을 경고하고 있다.

한편 이하윤은, '국민문학'이란 그 국민이 어떠한 의미로서든지 관여하고 있는 문학으로서 "그 국민의 특성과 생활방법과 역사적 운동"이 반영되어야 한다고 정의한다.[29] 그는 '국민문학'을 일차적으로 규정하는 요소를 국민정신으로 간주함으로써, 많은 논자들이 강조했던 언어의 문제를 부차화시키고 있다. '세계문학'에 대한 언급에서는, 자국의 특질에 대한 의식을 갖는 동시에 또 다른 국민의 특성에 대해서도 공명정대해야 함을 강조한다. 흥미로운 것은, '세계문학' 안에서의 분업을 강조하고 있는 부분인데, 개별 국민성이 각자의 소임을 다할 때 한층 높은 조화를

---

28) 정인섭, 위의 책, 13면.
29) 이하윤, 「외국문학연구서론」, 『조선일보』, 1934.8.14~19.

이룰 수 있다는 것이다. '국민문학'은 '세계문학'의 일분기, 일현상으로서만 그 존재의의를 가지며 "확대된 조국을 가질 수 있으므로 세계문학의 범주에 들어갈 수 있는 작품을 영어로도 조선어로도 써낼 수가 있다"고 본다.

확실히 해외문학파를 비롯한 외국문학 연구자들의 의식 속에는 '국민문학' 자체에 대한 관심보다는 '세계문학'이라는 보편성에의 지향이 지배적이다. 이는 달리 말해 코스모폴리탄적 열망이기도 하다. 세계시민정신으로서의 코스모폴리타니즘은 대개 영토적·문화적·언어적 경계를 넘어서려는 태도를 지칭하는 개념이다. 칸트는 이것을 이상적 지향으로 설정하기도 했지만, 마르크스에 의해 세계시장을 대상으로 하는 부르주아들의 착취에 언급됨으로써 코스모폴리타니즘은 제국주의적이고 식민주의적인 것과 연루되어 버렸다.[30] 그런가 하면 문학사회학에서 경계하는 것처럼 그것은 박식을 과시하는 문화적 엘리트들의 '가면'으로 사용될 소지도 무시할 수 없다.[31] 해외문학파를 서구 부르주아적 가치의 대변자로 비판했던 프로문학 진영의 이해는 마르크스의 견해를 충실히 따르고 있다고 볼 수 있다. 한편 최재서도 해외문학파를 "無籍者", "文壇國의 自由移民(者)"라고 규정하면서 그들의 코스모폴리탄적 지향을 비판하고 있

---

30) 코스모폴리타니즘 개념에 대한 칸트와 마르크스의 시각차는 그러한 논의를 가능하게 했던 역사적 상황의 차이에 대응한다. 칸트의 코스모폴리타니즘 개념이 민족국가 형성 이전에 형성된 것이라면, 마르크스의 개념은 민족국가가 자본주의와 연계되면서 제국주의로 팽창해나가던 역사적 단계를 배경으로 한다. 따라서 근대 이후 유럽의 철학이나 문화의 영역에서 언급되는 코스모폴리타니즘은 국가의 경계를 넘어 다른 문화를 향유하려는 일부 특권 계층의 행태로 비난받을 수 있는 여지가 많다. 코스모폴리타니즘 개념에 대해서는 조규형의 「코스모폴리탄 문학과 민족문학—루쉬디의 함의」(영미문학연구회, 『안과 밖』 8집, 2000.1) 참조.

31) 코스모폴리탄 개념을 문학에 적용하는 것이 적절한가에 대한 문제는 비교문학계에서 논란의 대상이다. 방티겜 등에 의해 유럽문학에 있어서의 코스모폴리타니즘의 중요성이 논의되었지만, 한편으로는 그것의 이면에 자리잡은 정치적 의도에 대한 회의도 만만치 않게 존재한다. 이는 자본의 세계화와 맞물려 지금까지도 여전히 진행되고 있는 주제이다. 울리히 바이스슈타인, 이유영 역, 『비교문학론』, 홍성사, 1981, 30~32면 참조.

다.[32] 최재서는 자신도 외국문학 연구자이지만 조선문학 장(場) 안에서 활동한다는 자부심으로 해외문학파와 자신을 구별하고자 했던 것이다. 그러나 근대에 미달하는 식민지 상황에서 번역자, 혹은 문화의 소개자로서 근대적인 서구문화의 세례를 받은 외국문학 연구자들이 갖는 코스모폴리탄적 지향은 현실의 결핍과 제약성에서 탈출하고자 하는 일종의 유토피아적 열망에 다름 아니다. 문학이야말로 상상력이 작동하는 열린 세계로서, 현실이 제약하는 모든 경계를 초월할 수 있는 전복의 영역이다. 따라서 '상상된 공동체'로서의 '민족'보다 더 확대된 '세계'를 '상상'할 수 있는 선택은 그나마 식민지 외국문학 연구자에게 허용된 유일한 것일지도 모른다. 김진섭의 말대로 "정신생활에 있어서는 나라와 나라는 어떠한 국경도 가질 수 없"기 때문이다.[33] 서구문학의 경험에서 '민족 / 국민' 단위를 강조하는 애국주의적 문학이 배타적이고 공격적인 제국주의를 향해 달려가는 것을 목격한 외국문학 연구자들에게 '세계'는 열린 가능성으로 존재했던 것이다.

4. 동시성 전유의 욕망

1차 세계대전 이후 전개된 정치적·경제적 격변에 자극되어, 개별 국가의 운명이 세계사의 거대한 조류에 좌우된다는 의식이 당대 조선의 지식인들을 지배했다. 따라서 영국과 독일, 프랑스를 비롯한 소비에트, 미국과 같은 제 열강들의 정치적 동향이나 국제 관계에 대한 정보 소유의 욕망이 한층 증대되었다. 외국문학의 연구자들이 서구를 중심으로 전개

---

32) 최재서, 「호적없는 외국문학연구가」, 『조선일보』, 1936.4.27.
33) 김진섭, 「번역과 문화」, 『조선중앙일보』, 1935.4.17.

되는 문예사상의 흐름에 민감하게 촉각을 세우고, 그것을 번역하고 소개하려고 했던 것도 바로 이러한 욕망과 무관하지 않다. 외국문학 수용의 양이나 질에 있어서도 1930년을 전후하여 중일전쟁이 본격화되기 직전인 1936년까지의 시기는 서양문학의 이입이 가장 활발하던 시기였다. 앞에서도 언급한 것처럼 이 시기에 오면 작가와 작품, 나아가 각국 문학의 현상을 소개하는 데서도 반드시 그러한 경향을 산출한 배경을 국제사회와의 관련, 혹은 세계사라는 지평 속에서 도출하려는 태도를 보였다.

외국문학 연구자들의 이러한 태도는 당시 조선문단을 형성한 양대 주류인 민족주의문학과 프로문학 양자로부터 자신들을 차별화시키는 근거이기도 했다. 1930년대 이후 일국 사회주의론이 소비에트에 관철되어 약소민족에 대한 탄압이 이루어짐으로써 소비에트가 식민지・반식민지에서의 민족 해방의 지원 세력이라는 기대감을 약화시켰다. 물론 이러한 상황이 프로문학을 약화시킨 결정적 계기는 아니었다 하더라도, 소비에트에 정향되어 있던 조선의 프로문학 진영으로서는 일제의 탄압과 더불어 사회주의 인터내셔널리즘이라는 그들의 대의명분에 타격을 입은 것은 분명하다. 이에 반해 민족주의문학 진영은 객관적 국제 현실의 변동에 일정한 거리를 두는 일종의 정신주의적 태도를 보임으로써 고립을 자초하였다. 이런 상황에서 외국문학 연구자들의 입지는 유리할 수밖에 없었고, 서구문학을 매개하는 번역자로서의 자신들의 위치에 대해 자부심을 키워주었다. 따라서 외국문학 연구자로서의 정체성을 확립해가던 그들에게 서구문학을 통한 세계적 동향에 대한 이해는 단순한 정보 습득의 차원을 넘어 '보편적 지식', 혹은 문명화된 교양의 획득으로 인식된다. 이러한 '앎'은 결국 서구적 근대를 동시적으로 전유하려는 외국문학 연구자들의 욕망을 극대화시킨다.

서구적 근대를 전유하려는 외국문학 연구자들의 욕망은 매체를 통해 구체적으로 실천된다. 외국 문단의 동향에 대해 가장 발 빠르게 대응해야 한다는 판단 아래 외국문학 수용자들은 그 무엇보다도 '세계문학'의 권위를 담보한다는 노벨상에 관심을 기울였다. 노벨상에 대한 소개는 1910년대나 1920년대에도 간헐적으로 있기는 했지만, 신문과 잡지를 막론하고 연중 행사처럼 지속적으로 소개하게 된 것은 1920년대 후반에 가서이다. 노벨문학상 수상 소식은 기사 형식으로 먼저 간략하게 소개된 다음에, 시차를 두고 해당 언어권의 전문가를 동원해 작가의식과 작품세계를 조명하는 평론 성격의 글이 게재되었다. 사실 노벨문학상을 수상한 작가 가운데 조선의 외국문학 연구자들에게는 생소한 인물이 많았고, 최소한 그들에 대한 자료나 정보를 얻기 위해서는 어느 정도의 시간이 필요했다. 따라서 수상 작가들에 대한 작가론이나 작품론은 수상 당해 연도보다 그 이후에 게재되는 경우가 많았다. 1925년 수상자인 버나드 쇼나 1929년의 토마스 만, 1930년도의 수상자인 싱클레어 루이스와 1932년의 존 골즈워디, 그리고 이반 부닌(1933), 유진 오닐(1936), 펄 벅(1938) 등은 대개가 수상 이후에 가서 경력이나 작품세계가 본격적으로 알려지기 시작했다. 요컨대 외국문학 연구자들은 노벨상 수상 작가의 문학적 경향과 작품의 주제의식을 통해 '세계성'의 구체적 예증을 확인하고자 했으며, 이러한 과정은 서구사회의 중심에서 진행되는 문학적 이벤트를 동시적으로 공유하는 경험 그 자체였다.

그러나 노벨문학상은 근본적으로 북구의 한 나라에 불과한 스웨덴의 아카데미가 전 세계의 문학을 대상으로 평가한다는 점에서 근본적으로 공정성과 타당성에 한계를 지닐 수밖에 없다. 실제로 노벨의 유지를 받들어 종교적인 색채의 이상주의를 선호했던 초기의(1901~1920) 노벨문학상은 무정부주의라는 점에서 톨스토이를, 결정론과 염세주의라는 점에서 졸라를 배제함으로써 보수적 경향을 보여주었고, 이로 인해 당시 세계 문인들로부터 비난받기도 했다. 그런가 하면 아카데미의 구성원이나 권력의 성향에 좌우되는 측면이 강해, 1930년대로 가면서는 이상주의는 퇴색되고 '보편적 흥미'를 중시함으로써 싱클레어나 펄벅 같이 광범위한 독자층을 가진 작가에게 시상하는 변화를 보이기도 했다.[34]

노벨상을 수상한 작가나 작품에 대해 외국문학 연구자들은 대개 그 권위를 그대로 수용하는 태도를 보인다. 따라서 작가를 조명하는 글은 대개 객관적이기보다는 이상화에 가까웠으며, 노벨상을 받을 수밖에 없는 '미덕'을 소개하는 데 초점을 맞추었다고 볼 수 있다. 그러나 예외적으로 김진섭은 '세계문학'의 가치를 역설하는 자리에서 노벨상의 권위에 의문을 제기하고 있어 주목된다.

> 노벨상이라는 것이 있다. 버너드 쇼오가 이번에 수상의 영광을 가졌다 한다. 그러하다. 결국 세계문학은 노벨상의 가치에 換算될 수밖에 없는 문학인가보다. 그것이 그 이외에 세계의 心靈을 흔드는 아무것도 아니다. 노벨상이 규정하는 세계문학의 가장 무거운 重量— 그것은 실로 우리의 마음에 별로이 큰 興奮을 경험시키지도 않는다.35)

코스모폴리탄적 지향 속에서 '세계문학'의 가능성을 꿈꾸던 김진섭은, 서구 유럽사회에 새로운 전운이 감돌고 문학에 있어서도 애국주의를 호소하는 '국민문학'의 기치가 높아지자 실망을 금치 못하였다. '국민문학'의 주창이 김진섭에게는 '세계문학'의 전망을 어둡게 하는 걸림돌이기 때문이다. 따라서 '국민문학'적 정치성을 지닌 버너드 쇼가 노벨상을 수상하자 김진섭은 낙담할 수밖에 없었던 것이다. 버너드 쇼의 문학이 보여주는 정치적 풍자성을 대개의 연구자들은 긍정적으로 이해한 데 반해, 김진섭은 '세계문학'에 대한 자신의 일관된 지향에 입각해 노벨상이라는 권위에 비판적 거리를 확보하고 있다.

그런가 하면 노벨문학상에 보인 외국문학 연구자들의 관심과 동일한

---

34) 노벨상의 선정 기준은 해당 시기의 아카데미 회원의 성향과 시대적 추세에 따라 큰 변화를 겪었다. 1940년대부터는 선구자를 중시하는 경향을, 1970년 이후로는 실용주의 노선을 선택하여 소외된 언어권과 국가들의 작가들에게 수상 기회를 확대하는 성향을 드러냈다. 박철, 「노벨문학상 수상작가 연구」, 『노벨문학상과 한국문학』, 월인, 2001, 45~48면 참조.
35) 김진섭, 「세계문학에의 전망」, 『현대평론』, 1927.5.1.

맥락에서 선호된 것은 유명 대문호의 탄생, 서거, 사후 기념제 등의 문학적 세레머니의 수용이다. 외국에서 행해지는 유명 작가의 탄생, 서거, 사후 기념제 등을 모방하여 국내의 신문과 잡지에서도 그것을 특집으로 구성했다. 『동아일보』와 『조선일보』·『조선중앙일보』를 중심으로 대부분의 신문이 이러한 기획을 실었고, 잡지는 주로 『문예월간』·『조광』·『비판』·『조선문학』 등이 참여하였다.36) 노벨상 소개와 마찬가지로 이러한 방식의 수용을 통해 자연스럽게 세계적 대문호와 명작 혹은 고전을 곧바로 승인함으로써, 흔히 대중이 생각하는 '세계문학전집'의 구체적 내용들이 선택, 배치되는 상황으로 이어졌다. 이 시기 매체를 통해 기획된 외국문호 기념제는 다음과 같다.

* 톨스토이, 입센 탄생백년, 1928
* 블레이크 사후백년제, 1928
* 체홉의 이십오주기 기념제, 1929
* 괴테 사후 백년제, 1932.
* 뚜르게네프 사후 오십년제, 1933
* 마크 트웨인 탄생 백년제, 1934.
* 위고 사후 50주년, 1935
* 고리키 서거, 1936
* 푸쉬킨 탄생 백년제, 1937
* 예이츠 서거, 1939
* 졸라 탄생 백년제, 안데르센 사후 65주년, 1940

이들 중 대표적인 것으로 1932년 3월에 이루어진 "괴테 사후 100주년 기념제"를 들 수 있다. 독문학을 전공한 김진섭·서항석·조희순 등이 주축이 되어 『문예월간』37)·『동아일보』38)·『조선일보』 등에서 괴테 특집

---

36) 『문예월간』은 '괴테사후백년제'(1932.3)를, 『조광』은 '푸쉬킨사후백년제'(1937.2)와 '막심고리키일주년제'(1937.6)를, 『비판』과 『조선문학』은 '고리키 서거'(1936.7 / 9)를 각각 특집으로 기획했다.

이 기획된다. 김진섭은 「괴테의 예술」이라는 글에서 괴테의 문학은 순수한 인간성의 승리이자 자아 완성의 산물이라고 평가하며 대문호의 위대함을 부각시켰으며, 조희순은 「괴테의 희곡에 나타난 정치, 사회사상」을 통해 시민계급을 옹호했던 괴테의 정치의식을 고평하였다. 이들 특집 기획에는 작품의 내용이나 주제의식을 해설하는 것 외에도 작가 연보나 일화, 심지어 은밀한 사생활까지도 언급한 것으로 보아, 독자 대중을 의식하여 보다 다채로운 방식으로 작가의 전모를 제시하고자 노력했던 것으로 판단된다.

한편 동시성 전유의 욕망은 서구사회에서 개최되는 세계적 규모의 문학대회의 이슈를 공유함으로써 가장 선진의 문학의식을 선취하려는 노력으로도 표출된다. 해외문학파를 중심으로 하는 외국문학자들은 연구자로서의 이론적 작업도 중요하지만, 우선은 사실에 기반한 외국 문단의 동향에 대한 정보를 제공하는 것이 현실적으로 더 시급하고 중요하다고 판단하였다. 해외문학파의 대표 논자인 정인섭은 세계 문단의 동향을 서술하는 글 서두에서 자신이 "뉴우스 밸류를 중요시하고 이론보다 실제 사실의 보도를 위주"로 함을 솔직히 밝힌 바 있다.[39] 외국문학 연구자들은 신문과 잡지에 '해외문예소식'란을 상설화하고 각국 문단의 동태를 발췌 소개하는 기획도 시도한다. 여기서는 대개 특정 문인들의 활동 양상이나 상호 교류, 집회 등을 소개하고 있는데, 대서특필하는 경우는 다

---

37) 1931년 1월에 발간된 『문예월간』 3호에 실린 '괴테百年記念' 특집은 다음과 같다.
괴테의 예술-김진섭; 괴테의 시-서항석; 괴테의 생애와 그 작품-조희순; 중요 작품의 梗槪-박용철; 抒情詩飜譯-서항석, 박용철; 괴테와 나-文壇諸氏 총집필; 괴테와 여성-편집실; 괴테의 일화-편집실
38) 1932년 3월 22일 『동아일보』에 실린 괴테 특집 평문과 기사는 다음과 같다.
평문: 서항석, 「독일의 세계적 시성 괴테의 경력과 작품-그의 사후 백년제를 제하야」(이 글은 4월 6일까지 모두 11회에 걸쳐 연재된다); 김진섭, 「현자 괴테」; 조희순, 「괴테의 희곡에 나타난 정치, 사회사상」(3월 24일까지 3회 연재)
기사: 「괴테의 밤 백년제 기념회합」; 「괴테 연보」; 「괴테 어록」; 「이태리 여행중의 괴테」(사진); 「괴테의 절필」(사진)
39) 정인섭, 「최근 세계문예사조」, 『조선일보』, 1935.6.17.

수의 유명 문인들이 대거 참여한 국제적 규모의 문학대회에 관해서이다. 외국문학 연구자들이 가장 관심을 보였던 대회는 1935년 6월 파리에서 열린 '문화옹호국제작가회의'이다. 이헌구는 파리 국제작가대회의 의미를 다음과 같이 설명하고 있다.

> 과거 또는 현재의 펜・클럽의 활동은 자본주의 사회의 자유주의, 또는 데모크라시의 정신을 가진 작가를 중심한 것이었으나, 근년에 와서 獨・伊 등의 國粹的 정치 형태로 말미암아 그 활동이 앞으로의 發展性을 저지당하고 있다는 객관적 정세가 원인의 하나려니와, (…중략…) 환원하면, 펜・클럽의 광범한 國際親善의 藝術擁護는 그것이 나날이 격심해가는 사상적, 또는 정치적 동향에 대하여 너무나 現實的 能動性이 결여되어 있고, 소련작가대회는 그것이 建設途程의 새로운 국가사회의 문제와 자본주의 형태에서 지배받는 문예 — 문화의 나갈 길, 또는 취한 바 길과는 거기에 공통된 문제가 내포되었다고 하더라도, 당면된 부르조아 사회에 있는 작가, 양심적 인간 — 의 절실한 特殊性과는 다소의 거리가 있었던 것이다. 그리하여 불란서의 양심적 작가는 모든 자본주의 사회에 생활하고 있는 國際的 작가의 가장 절실한 당면의 과제에 대하여 그들로서 당연히 취하여야 하고, 또 深重한 사고와 행동이 요구되어야 할 그 해결의 열쇠를 위하여 회의를 창설하였고, 또 앞으로도 활약될 것을 예상한다면, 실로 一九三五年 六月二十一日은 세계문학사상에 있어 작가가 一人間으로서 인류문화와 더불어 그 운명을 함께 하려는 절대한 계기요, 또 사실이었음을 인식할 것이다.[40]

히틀러의 쇄국적 문예정책이 서구 문단 전체를 억압적인 분위기로 몰아갔고, 소련에서 주창된 사회주의 리얼리즘은 위기의 서구 문단을 구원하기에는 너무 거리가 있었던 상황에서, 좌우연합의 반파시즘을 의결했던 파리대회는 유럽의 문학인들뿐만 아니라 조선의 외국문학 연구자들에게도 반색하게 만드는 대단한 사건이었다. 프로문학으로부터 총공세를 받으면서 사상 검증에 시달렸던 외국문학 수용자들로서는 '세계회의'가

---

40) 이헌구, 「국제작가대회가 개최된 동기와 성과」, 『조선일보』, 1936.1.1.

결정한 중도 노선이 자신들의 입지를 정당화시켜 주는 명분이 될 수 있다고 판단했던 것이다.

외국문학 연구자들은 1930년대 초부터 세계 문단을 총괄하는 글에서 자신들의 사상적 지향을 간접적으로 드러낸 바 있다. 정인섭은 세계 문단의 전체 지형도를 보여준다는 차원에서 객관적 태도를 견지하면서도 문학의 파시즘적 경향을 경계했다. 이헌구도 프랑스 문단의 반파시즘운동을 가장 진보적인 문학 활동으로 자주 소개했고, 김진섭은 애국주의적 '국민문학'의 파시즘화에 대해 누구보다도 강한 환멸을 표했다. 이들 외국문학 연구자들은 계급주의문학에 대해서는 주로 판단을 유보하는 태도를 보이면서도 함대훈 등을 내세워 소비에트문학의 동향에 대해 꾸준한 관심과 기대를 나타낸 것도 사실이다. 따라서 그들은 반파시즘 인민전선의 기치를 방패삼아, 무엇보다도 프로문학 진영으로부터 얻은 불명예에서 벗어나고자 했다. 그러나 프로문학 진영을 비롯한 조선문학 장과의 불화는 계속되었고, 일제 말기의 총동원 체제라는 전면적 탄압 국면을 맞아 아이러니컬하게도 총독부 산하 어용 단체인 '조선문인협회'를 통해 회합하게 된다.41) 반파시즘의 전선은, 파시즘의 위력 앞에 무기력하게 무너져 내리고 말았던 것이다. 결국 서구적 근대를 동시적으로 전유하고자 했던 외국문학 연구자들의 욕망은 구체적이고도 실천적인 노력에도 불구하고 객관적 상황의 폭압 속에 1940년을 전후해 좌절되고 만다.

---

41) '조선문인협회'는 1939년 창설된 친일 단체로, 조선어문의 말살과 반민족적 행사를 주관했다. 이광수가 회장이며, 해외문학파의 정인섭, 이헌구를 비롯해, 프로문학 진영의 이기영, 그리고 이태준도 이름이 올라 있다.

5. 식민과 탈식민, 서구문학 수용의 딜레마

　근대는 그 이전 시대와는 비교도 할 수 없는 차원에서 시간과 공간의 거리를 압축시켰다. 교통과 통신의 발달에 힘입어 탐험과 정복의 제국주의 역사에는 가속도가 붙었고, 변방의 약자들에게는 더 이상 고립과 단절의 선택권이 보장되지 못했다. 바야흐로 근대는 교섭과 변화의 큰 흐름 속에서 '세계'라는 단일한 영토를 발견하였고, 그 속에서 중심과 주변의 국가적 위계질서를 구축함으로써 비로소 자기를 구성하였던 것이다
　한국 근대문학 또한 식민지라는 주변성으로 인해 일본문학의 모방과 이식이라는 교섭의 일방성을 피할 수 없었다. 물론 일본 근대문학 역시 서구문학을 타자로 설정하여 발전했음은 주지의 사실이다. 그런 의미에서 보면 서구문학이 한국 근대문학을 추동한 보다 상위의 중심이었다고 볼 수 있다. 사실 식민지의 지식인들은 일본을 경유해, 일본어로 쓰여지거나 번역된 근대적 지식과 문화를 섭취하면서도 마치 일본을 '투명한 매개, 혹은 통로' 정도로 인식하는 경향이 있었다. 자국어 번역을 통한 서구문학의 수용, 그리고 그것의 모방·이식의 과정이 결코 원본의 단순한 복사로 결과하지 않음을 전제할 때, 이러한 인식은 의도적 배제심리가 작용했다 하더라도 적절한 것은 아니다. 문학의 '고전'이나 '보편성'이라는 개념 안에는, 혹은 '세계문학'이라는 이상적 목록 속에는 항상 서구 작가들의 작품만이 선택되고 있다. 가까이 존재하는 제국 일본에 대한 거부감은 멀리 존재하는 또 다른 서구 제국에 대한 선망과 짝을 이루며 공존했던 것이다. 그런 점에서 한국 근대문학에 드리워진 식민성의 그늘에는 은폐와 부정, 혹은 노골적 선망이 착종되어 있다.
　1930년대의 외국문학 수용은 그 중심 범주를 개별 작품이나 작가에서 민족이나 국가 단위로 이동시킴으로써, 흩뿌려져 있던 낱낱의 문학 현상을 특정의 '민족문학'이라는 외연 속에 수렴시키는 체계화의 과정을 수

행했다. 각각의 '민족문학'은 '세계문학'이라는 구도 속에 배치되며 이 과정에서 배제와 위계화가 자연스럽게 이루어진다. 그런 의미에서 '세계문학'은 지구상에 존재하는 각국 문학의 산술적 총합이 아니라, 분명 서구문학의 '보편성'을 지칭하는 가치 개념이다.

김진섭, 이하윤을 비롯한 해외문학파 또한 외국문학의 번역과 수용을 통해 '민족문학'의 존재적 당위성을 경험했음에도 결국은 '보편성'이라는 이름의 근대주의로 경도된다. 당대 서구 유럽 국가들의 '민족문학'이 애국주의적 경향을 강화하며 파시즘화되는 상황을 목격하면서, 문학이 배타적 내셔널리티에 집착하기보다는 코스모폴리탄적 이상의 추구로 나가야 한다고 판단했던 것이다. 다시 말해 식민지의 외국문학 연구자들은 문화 번역자의 위치에서 언어의 내셔널리티 문제에 누구보다도 민감했고[42] 제국 일본에 대한 탈식민적 태도를 보여주었음에도 불구하고, 결국 파시즘에 대한 거부감과 '세계문학'이라는 '보편성'에 매혹되어 코스모폴리탄적 지향을 포기하지 않았다. 그러나 식민지 현실에서 그들이 추구했던 코스모폴리타니즘은 서구 제국주의를 '보편성'으로 승인하는 또 다른 식민주의라는 혐의에서 자유롭지 못하다. 요컨대 언어적 경계를 극복한 자신감을 바탕으로 '민족문학'이라는 가시적인 경계를 넘어 '세계문학'을 상상하였던 해외문학파의 노력은 역사적 상황의 규정력에 의해 탈식민과 식민의 근원적 딜레마에 봉착할 수밖에 없었던 것이다.

---

42) 해외문학파의 번역에 대한 의식과 언어 내셔널리즘의 문제는 서은주, 「번역과 문학 장(場)의 내셔널리티—해외문학파를 중심으로」(『한국 근대문학의 형성과 문학 장의 재발견』, 소명출판, 2004) 참조.

조선문학의 내셔널리티와 아일랜드

이승희

1. 아일랜드와 조선

아일랜드는 종종 한국과 닮은 나라로 언급되곤 한다. 몇 년 전에 출간된 『슬픈 아일랜드』의 저자는 그 유사성을, 자기 민족이야말로 가장 순수하고 순결하며 뛰어나다고 믿는 맹목적 애국심, 자신들의 역사가 이 세상에서 가장 비참하고 비극적이라고 생각하는 경향, 그리고 실제로 강대국 곁에서 겪은 수난의 역사라고 말했다.[1] 이런 비교가 얼마나 타당하고 과학적일지는 의문이지만[2] 그것과는 별도로 아일랜드와 한국이 유사

[1] 박지향, 『슬픈 아일랜드』, 새물결, 2002, 17면.
[2] 아일랜드 관련 서적이 매우 희소한 국내에서 『슬픈 아일랜드』는 선구적인 의의가 있는 저술이지만 저자의 시각은 비판적으로 검토될 필요가 있다. 남기헌의 「『슬픈 아일랜드』의 '슬픔'에 관하여」(『안과 밖』 13집, 영미문학연구회, 2002)는 이 저서를 객관화하는 데 도움이 될 수 있을 것이다.

하다는 관념은 확실히 통념이 되어 왔고 그것은 식민 체험으로부터 형성된 것이었다.

지금은 아일랜드와의 유비 관계를 별로 의식하고 있는 것 같지는 않지만, 식민지시대만 해도 양자의 관계는 이렇게 심상하지만은 않았다. 물론 그것은 아일랜드와 조선의 유사성 검증 그 자체를 목표로 한다기보다는, 대상의 참조적 가치나 정치적으로 민감한 이해 관계 속에서 가동되었다. 가령, 일본의 식민정책학자이자 도쿄제국대학 교수였던 야나이하라 타다오(矢內原忠雄)의 다음과 같은 언설은, 일본의 입장에서 양자의 유사성이 어떻게 인식되고 있었는지, 그리고 유비 관계의 강조가 어떤 현실적 필요 속에 놓여 있었는지를 짐작케 해준다.

> 사람들은 자주 조선을 우리나라의 아일랜드로 비교하고 있다. 본국과 오랜 역사적 관계가 있다는 것, 고대에는 본국보다 문화와 종교에 있어서 선진국이었다는 것, 여러 차례 본국군대의 침입을 받은 것, 인종적 관계는 대단히 가깝지만 동일하지는 않다는 것, 지리적으로 본국과 가까이 있어 경제적으로나 국방적으로 밀접한 관계가 있다는 것 등 조선과 우리의 관계를 아일랜드와 영국의 관계에 비하는 것은 결코 잘못된 것은 아니다. ……우리가 아일랜드 문제를 연구하는 실제적 흥미는 우리에게 조선(그리고 만주, 대만)이 있기 때문이다.3)

야나이하라 타다오가 관심을 가졌던 것은 식민지와 식민모국 관계의 유사성이었지 아일랜드와 조선 그 자체의 유사성은 아니었다. 그리고 그 관심은 조선과 일본이 밀접한 경제 관계와 국방 이해를 지닌다는 점에 초점이 있었고, 이것이 '제국주의적 시각의 산물'4)임은 두말할 필요도 없다.

---

3) 矢內原忠雄, 「アイルランド問題の發展」(『經濟學論集』, 1927.2), 『矢內原忠雄全集』 3, 654~655면(한상일, 『제국의 시선』, 새물결, 2004, 370면에서 재인용).
4) 이태숙, 「조선·한국은 아일랜드와 닮았다?—야나이하라 타다오의 아일랜드와 조선에 관한 논설」, 『역사학보』 182집, 역사학회, 2004.6, 115면.

그러나 조선에 있어서 아일랜드는 일본의 식민정책적 의도와는 정반대의 위치에서 참조적인 가치가 있었다. 문화적으로 열등하지 않음에도 불구하고 지리적으로 인접해 있는 국가로부터 식민지화되었다는 사실 그리고 완전한 독립국가 건설을 위해 분투해온 아일랜드는, 일본의 식민지였던 조선의 현재와 미래를 가늠해보는 참조 대상이었다. 아일랜드의 정세가 긴박하게 돌아가던 1920년을 전후로 시작하여 신문에서는 그에 관한 기사가 속속들이 전해지고 있었고 조선에 있어서 아일랜드의 문제성을 언급하는 논설들이 자치 문제와 결부되어 논의되었다. 그에 비해 조선의 문예계가 아일랜드에 본격적으로 관심을 보이기 시작한 것은 1930년대부터였다. 물론 1920년대 초반 약간의 관심이 없지 않았으나 이는 예외적인 현상이었고, '아일랜드'라는 집합적 문제성으로 검토되지는 않았다.

일견, 아일랜드를 둘러싼 식민지시대의 담론을 식민정책적 입장과 탈식민주의적 기도로 대별해볼 수도 있겠지만, 실제의 전개는 이런 구도로 해석되기에는 요령부득인 복잡한 사정을 보여준다. 이 담론이, 이미 일본이 마련해놓은 식민주의적 배치 속에서 활성화된 면이 있었다는 점을 도외시하기도 어렵거니와, 동상이몽의 저항성을 내포한다고 할지라도 '아일랜드'에 포함된 개량주의는 시대를 타고 언제든 저항성을 설득할 준비가 되어 있었기 때문이다. 더욱이 아일랜드와 조선이 유비 관계에 놓인다는 관념은 하나의 착란과도 같은 것이었다. 실질적으로 양자는 식민지의 역사, 식민모국의 통치 방식, 종교의 문제성, 게일어 지위와 조선어 지위, 문학적 전통 등의 여러 측면에서 상당한 차이가 있었다. 이런 이유로 양자의 비교에 대한 부정적인 시각도 있었지만, '아일랜드와 조선'이라는 회로에 연루된 이상 아일랜드의 전유는 차이를 지우면서 조선의 문예의 내적 필요를 적극 활성화하는 도구로 사용되었다. 이는 '아일랜드'가 탈식민주의적 전략 차원에서 가동되면서도 동시에 식민주의적 합리화 혹은 전도된 식민주의 형태로서의 내셔널리즘의 근거가 되었음을 의미한다.

이 글은 이런 사정을 고려하면서 식민하에 있던 조선이 아일랜드를 어떻게 참조했는지, 특히 '조선문학'의 정체성 구축 과정에서 어떻게 전유했는지를 살피고자 한다. 물론 아일랜드를 통해 바라보는 이러한 접근이 조선문학의 내셔널리티를 이해하는 유일한 경로는 아니다. 그러나 아일랜드는 여타 근대국가와는 다르게 식민지로서 조선과 종종 유비 관계에 놓인 독특한 조건 속에 있었고, 바로 그러한 점이 아마도 주목할 만한 어떤 시사점을 줄 수 있으리라 기대한다.

2. 자치론의 미망과 독립에의 기대

총독부 기관지 『매일신보』가 아일랜드 기사를 싣기 시작한 것은 1910년대부터였지만, 기사는 매우 간헐적으로 실렸을 따름이다. 그러나 1920년부터 아일랜드자유국 성립(1922) 때까지 불과 몇 년 동안은 폭발적이라 할 정도로 그 양이 많았는데, 여기에는 그만한 이유가 있었다.

3·1운동은 일본으로 하여금 새로운 식민지 지배 방식을 고민하게 했고, 그 결과는 '식민지 특수주의'에서 내지연장주의로, 그리고 점진적 내지연장주의의 조선적 표현인 '문화통치'로의 전환이었다.5) 일본의 수상 하라 다카시(原敬)는 3·1운동을 계기로 자신의 평소 입장이었던 내지법률연장주의에 입각해 조선총독부와 대만총독부의 관제개정을 확정했다. 그 기본 방침은 「조선통치사견」(1919.8.9)에 잘 나타나 있는바, 일본과 조선이 언어와 풍속은 다소 달라도 그 근본은 거의 동일한 동문동종인데 과거 10년 동안 서구 제국의 식민제도를 모방한 것은 '커다란 과오'였으

---

5) 신주백, 「일제의 새로운 식민지 지배방식과 재조일본인 및 '자치'세력의 대응」, 『역사와 현실』 39집, 한국역사연구회, 2001.3, 41~47면 참조.

며, 이제부터는 "내지의 연장으로 인정하여 조선을 동화"시키겠다는 것
이었다. 이는 당시 일본의 지도급 인사들로부터 광범위한 지지를 받았다.
그로부터 며칠 후 조선총독으로 임명된 사이토 마꼬토(齊藤實)의 문화정
치란 하라 내각의 기본 방향을 따른 것이었다.

그런데 이 당시 아일랜드의 정세는 매우 격렬했다. 제1차 세계대전 당
시 영국은 징병제 법안을 가결했고(1918.4.16), 아일랜드는 징병제에 대한
전국적인 저항운동을 펼쳤다. 그러던 가운데 전쟁이 종결되었고 징병법
은 실시되지 못했다. 1916년 부활절 봉기부터 이 시기까지 아일랜드에서
는 중요한 변화가 일어나고 있었다. 그것은 아일랜드민족당의 몰락과 신
페인(Sinn Fein)의 부상이었다. '우리 스스로'라는 의미를 지닌 신페인은 부
활절 봉기와 직접적 관련은 없었으나 봉기에서 살아남은 유일한 지휘관
드 벌레라(Eamon de Valera)가 신페인 의장이 되면서 독립공화국과 징병반대
라는 부활절 봉기의 이상을 계승한 정치단체가 되었고, 이들은 1918년
12월 총선 결과 아일랜드를 대표하는 정당이 되었다. 신페인은 영국의회
에 합류하지 않고 독자적인 아일랜드의회를 구성, 얼스터 지방을 제외한
32개 주의 공화국을 선언했고, 드 벌레라를 수상으로 선출했다(1919.4). 이
를 인정하지 않는 영국을 상대로 3년 동안(1919.1.21~1921) 게릴라전이 지
속되었다. 마침내 영국은 아일랜드에 자치령의 지위를 부여할 것을 최후
협상조건으로 내세웠고, 아일랜드 의회는 이를 인준하여 '아일랜드자유
국'이 성립되었다.[6)

일본의 지배 방침이 문화정치로 선회했어도 식민모국에 대항해 끈질
긴 싸움을 벌인 아일랜드가 그렇게 달가운 존재는 아니었을 것이다. 그럼
에도 불구하고 조선총독부는 영국과 아일랜드의 관계를 예의 주시하면서
관망하고 있었고, 향후 정책 방향을 구상하고 있었다.『매일신보』와 마찬

---

6) 부활절 봉기 이후부터 아일랜드자유국의 성립까지의 경과는 최재희,「1916년 부활
절 봉기, 아일랜드 민족운동의 전환점」,『역사비평』 67호, 역사문제연구소, 2004년 여
름, 253~258면 참조.

가지로 『동아일보』와 『조선일보』 역시 아일랜드 기사와 논설을 꾸준히 내보냈고, 특히 『동아일보』는 자치 문제와 아일랜드에 대해 좀더 적극적이었다. 교토제국대학 교수로서 자치론자인 수에히로 시게오(末廣重雄)가 1919년에 발표한 「조선자치문제」를 창간 다음 날인 4월 2일부터 7일까지, 그리고 '일기자'에 의해 작성된 「애란문제의 유래」를 9일부터 21일까지 연재했다. 『조선일보』 역시 수에히로 시게오의 「애란문제」(1921.3.8~12)를 연재할 만큼 그에 대한 일정한 관심을 보였다.

"애란과 동일한 운명에 在하는 소수민족"[7]인 조선으로서는 아일랜드의 역사와 현 정세에 깊은 관심을 표할 수밖에 없었을 테지만, 조선총독부의 관망은 궁극적으로는 독립을 지향하지만 현 단계 '자치령'으로 만족해야 하는 아일랜드의 운명이 조선의 '자력독립불능론'[8]과 결부되어 자치론이 대두되는 배경을 제공한 셈이었다. 박찬승에 따르면 자치론은 '정치적 측면에서의 실력양성론'이었다. 그러나 "자치론도 이론상으로는 '독립'을 궁극적인 목적으로 설정하고 있었으나, 자치론이란 기본적으로 당장의 독립은 한국민족의 역량상 불가능하다는 전제 위에서 나온 것이었고, 따라서 그것은 현실적으로는 '독립운동'을 유보하고 '자치'의 수준으로 민족운동의 수준을 하향조정한 것을 의미하였다."[9]

그런데 사실 자치론은 미망(迷妄)에 가까웠다. 식민지 역사가 그리 길지 않은 상황에서 자치론은 조선인들의 심정적 거부감을 일으켰고, 이미 사회주의 세력이 각계에 확대되기 시작하여 자치론이 확산되기는 사실상 어려웠다. 무엇보다도 일본 정부나 조선총독부는 조선의 자치를 전혀 고려하지 않고 있었다. 이들의 공식 입장은 내지연장주의였고 자치권을 절대로 부여해서는 안 된다는 입장을 취하고 있었다. 그러나 조선총독부는

---

7) 일기자, 「애란문제의 유래(1)」, 『동아일보』, 1920.4.9.
8) '자력독립불능론'에 대해서는 박찬승, 『한국근대정치사상사연구』, 역사비평사, 1992, 306~311면 참조.
9) 박찬승, 위의 책, 330면.

자치론자들을 은밀히 지원했는데, "그 정책적 속셈은 그 무렵 치솟는 조선민중의 반일감정을 가라앉히기 위한 회유와 동시에 차츰 세차가고 있던 공산주의자를 고립시키면서 식민지 통치권력 쪽으로 가까이 다가서오던 민족주의 우파를 포섭해서 끌어들여 독립운동의 분열을 꾀하려는 관측기구였던 데에 있었다."10) 일본 정부는 한국인들에게 자치의회나 참정권을 주는 것 모두가 위험 요소를 안고 있다고 보았기 때문에, 1930년 12월 이 문제를 지방제도 개정으로 해결하는 것으로 매듭지었다.11)

또한 일부 식민정책학자들이 일본 정부의 내지연장주의에 입각한 동화주의정책을 비판하면서 자치론을 주장하고 이에 대해 당시 조선인들이 어느 정도 공감했을지라도,12) 이들은 "안으로는 민주주의, 밖으로는 제국주의라는 이중구조"13)로부터 자유롭지 않았다.14) 예를 들어, 수에히로 시게오는 제1차 세계대전에서 연합국이 "소민족의 자유독립의 옹호자와 민족자결주의의 주창자"가 되어 결국 승리했지만, 영국 입장에서 보면 "민족자결주의는 적을 참하는 刀가 되는 동시에 영국 자신을 상하게" 했음을 지적하면서, 아일랜드뿐만 아니라 인도·이집트·남아공의 민족운동을 다소간 불안한 시선으로 바라보았다. 이 상황 인식은 필연적

---

10) 강동진, 『일제의 한국침략정책사』, 한길사, 1980, 352면. 강동진의 이와 같은 시각은 이후 연구에서도 대체로는 동의하고 있는 바이다. 한편, 자치론을 이용한 민족주의자의 포섭정책은 414~429면 참조.

11) 박찬승, 앞의 책, 321면.

12) 이를테면 야나이하라 타다오가 「朝鮮統治の方針」(1926.6)에서 조선인에게 참정권을 부여하고 조선의회를 개설해야 한다고 주장하면서 설사 조선의 독립이 이루어진다고 해도 그것은 "일본국민의 명예"일 것이라고 했는데, 이 논문이 발표되자 "적지 않은 조선인들"이 "감격과 감사"를 표명했다고 한다. 이태숙, 앞의 논문, 110~111면.

13) 한상일, 앞의 책, 330면.

14) 일본 식민정책학자들의 사상을 검토한 논저로는 다음을 참고할 수 있다. 야나이하라 타다오에 관한 것은 이석원의 「근대 일본의 자유주의 식민정책학 연구-야나이하라 타다오의 식민정책학을 중심으로」(연세대 석사논문, 2003)와 이태숙의 「조선·한국은 아일랜드와 닮았다?-야나이하라 타다오의 아일랜드와 조선에 관한 논설」(『역사학보』 182집, 2004.6), 요시노 사쿠조(吉野作造)에 관한 것은 한상일의 『제국의 시선』(새물결, 2004) 참조.

으로 일본과 조선의 관계로 향할 수밖에 없었다.

　　애란인, 인도인 등의 민족운동의 성공은 彼等과 如히 외국인의 지배를 해탈
　　코자 하는 조선인의 운동에 자극함은 無疑한지라. 근본적으로 조선문제를 해
　　결치 아니한 한도는 안심키 難하니 일본은 恰然히 총탄을 抱하고 火邊에 在
　　함과 如하다. 吾人은 조선문제에 관하여 영국이 애란 인도 등 施하는 事로써
　　타산의 석을 作함이 가하도다.[15]

　이처럼 한편에서 일본의 식민정책적인 필요 또는 자치론 전개에 필요
한 하나의 모델로서 아일랜드가 주시되고 있었지만, 다른 한편에서는 이
에 대한 비판적 입장에서 아일랜드가 인용되고 있었다. 아래의 『조선일
보』의 논설은, 아일랜드와 조선의 대비 속에서 조선의 자치 문제를 운운
하는 것을 비판하면서 일본의 조선 자치안 암시를, "경제적으로 死命을
제하고 정치상으로 자유를 허여한다는 것은 허울 좋은 체제정치"일 뿐
이라고 못 박고 있다.

　　왕년 기미의 歲에 조선의 민족적 운동이 한참 치열하던 판에 일본의 一 재야
　　정치가에 의하여 조선의 자치문제를 운운하게 되었던 것은 피등 통치군들의
　　마음 속에 항상 조선에 관하여 애란을 대비함이요, 동일한 시기로부터 금일까
　　지의 사이에 조선인의 가운데에서도 혹은 타협적 운동 또는 획책을 하는 자 있
　　었으니 이는 조선인으로서 마음 속에 항상 조선과 애란을 대비하는 자이다. 어
　　찌했던 조선문제와 애란문제는 만하 서로 연상되고 대비되는 문제이다. 그러나
　　만일 양자의 문제를 전연히 동일하게 생각하는 자 있을진대 그는 심상치 아니
　　한 오진이라 할 것이니 본론을 쓰는 본의가 여기에 있는 것이다.[16]

　그러나 『조선일보』는 자치안을 이끌어내기 위해 아일랜드가 인용되는
것에는 반대했지만, 독립을 향해 일보 전진하고 있는 아일랜드에 대해서

---

　15) 末廣重雄, 「애란문제(1)」, 『조선일보』, 1921.3.8.
　16) 「애란문제와 조선문제」, 『조선일보』, 1926.11.14.

는 동일시했다. 다음 날의 논설에서 아일랜드가 독립공화국의 실현을 보지 못한 것이 매우 유감이지만 현재의 자치령 정도에 만족하지 않고 덴마크·스웨덴·노르웨이처럼 독립할 날이 있으리라고 기대를 표했다. 그리고 이렇게 덧붙인다 — "애란인이 그것을 기대할 수 있으면 우리 조선 사람은 그 이상의 확신을 갖더라도 가하지 아니할까?"[17]

물론 『동아일보』에서도 아일랜드자유국 수립 당시, 현실적으로 가능한 자치를 단계적으로 획득함으로써 독립국가 형성으로 나아가고 있다고 진단한 바 있다.[18] 그러나 그 강조점은 '자치'와 '협상'이었다. 조약이 인준된 후 "애란문제는 비교적 원만히 해결되었다"고 평가했고,[19] 완전 독립과 자유국 인정 간의 대립이 팽팽할 당시, 이를 '이상과 현실'의 충돌이며 독립을 이상론으로 간주했다.[20] 이는 당시 국내 부르주아민족주의 우파가 약소민족해방운동의 주체적 역량을 불신하고 독립이라는 운동 목표에 대한 회의를 표한 것과 다름이 없었으며,[21] 요시노 사쿠조(吉野作造)와 같은 식민정책학자의 견해와도 다르지 않았다.[22]

한편, 아일랜드는 이제 식민지-자치령이라는 범위를 넘어서서 분석되기 시작했다. 이는 사회주의사상이 확산되는 것과 무관하지 않았다. 신일성은 아일랜드 내의 모든 반목이 인종적·종교적·역사적 감정에서 생긴 듯하지만, 그리고 그것이 어느 정도는 사실이겠지만 그 근원은 '경제상

---

17) 「영본국과 애란자유국과의 관계」, 『조선일보』, 1926.11.15.
18) 강명숙, 「1920년대 초반 동아일보에 나타난 자치에 관한 인식」, 『역사와 현실』 41집, 한국역사연구회, 2001.9, 298~305면 참조. 아일랜드자유국의 성립을 독립으로 가는 현실적 과정으로 생각하고 있음을 보여주는 자료로는 「평화의 애란」(『동아일보』, 1922.7.13)과 「애란을 생각하고」(『동아일보』, 1922.7.13)가 있다.
19) 「애급과 인도」, 『동아일보』, 1922.2.23.
20) 「애란의 정국-이상과 현실의 충돌」, 『동아일보』, 1922.4.20.
21) 박찬승, 앞의 책, 325면.
22) 한상일, 앞의 책, 369~377면 참조. 요시노에 의하면 협상의 타결은 어느 한편의 승리가 아니라 영국과 아일랜드가 함께 쟁취한 공동의 승리였다. 아일랜드 문제의 중요성은 이 교훈에 있었고, 이를 통해 점차 격화되어 가고 있는 조선 문제의 실마리를 찾을 수 있다고 본 것이다.

이해 관계'에 있음을 상술하면서 이 문제가 종교상 반목의 형식으로 드러나는 것은 북부 자본가계급이 그 계급투쟁의 진행을 저지하기 위해 조장한 것이라고 주장했다. 이어서 아일랜드 민족해방운동과 계급해방운동에 있어서 중요한 제임스 커널리(James Connolly)의 역할을 높이 평가했다.[23] 또한 이여성은 아일랜드 문제에 있어서 영국의 전략을 해부했다. 즉 북부 얼스터는 "애란문제의 전장이었으나 영정부에게는 애란과의 완충지대"였으며 다시 애란자유국을 완충지대로 삼아 급진공화파 운동을 저지하고 있다는 것이다. 덧붙여 아일랜드의 민족 문제는 토지 문제, 농민 문제로 귀착됨을 지적했다.[24]

민족 문제와 계급 문제를 절합하여 이해하기 시작한 이런 변화는 이정섭의 「세계일주기행─조선에서 조선으로」[25]에서도 발견된다. 더블린을 방문한 이정섭은 공산당 영수 짐 라르킨(Jim Larkin)을 만나 인터뷰한 내용을 연재 첫 회에 실었다. 라르킨은 제임스 커널리와 함께 1913년 아일랜드운송노조의 파업을 주도했던 인물로, 아일랜드 노동운동사에서 매우 중요한 사람이었다. 그런데 이 글의 맨 마지막회분이 다 지워진 채 인쇄되었고, 1928년 2월 27일 경성지방법원 검사국은 중외일보사를 수색하고 주간 이상협, 필자 이정섭, 편집국장 민태원을 소환했다.[26] 아일랜드의 독립 문제를 다루면서 은연중에 조선이 독립해야 한다고 비유했다는 것인데, 이로 인해 결국 그 해 11월 1일 이상협은 신문지법 위반으로 벌금 2백 원, 이정섭은 보안법 위반으로 징역 6개월에 집행유예 2년을 언도받았다.[27] 이처럼 아일랜드는 조선 독립의 가능성을 기대케 하는 하나의

---

23) 辛一星, 「애란문제에 관하야(1~3)」, 『조선일보』, 1926.11.28~30. 총3회로 마무리되었으나 미완으로 추정된다. 제임스 커널리에 대해서는 김충석, 「아일랜드 민족해방운동과 제임스 커널리의 사회주의」, 서울대 석사논문, 1992 참조.
24) 李如星, 「애란운동의 특질」, 『삼천리』 8, 1930.9.1.
25) 이정섭, 「세계일주기행─조선에서 조선으로(애란 서울 쩌브린에서) (1~6)」, 『중외일보』, 1928.2.18~23.
26) 「본보의 필화사건─'세계일주기행문'이 문제되여」, 『중외일보』, 1928.2.29.
27) 정진석, 『한국언론사』, 나남출판, 1990, 468~469면.

표상이었다. 아일랜드 독립운동사에서 하나의 전환점을 이룬 1916년 부활절 봉기를 기렸으며,[28] '불사조' 아일랜드의 자유를 부러워했다.[29]

그러나 1930년대 초반을 경과하면서 아일랜드 관련 기사는 점차 줄어들기 시작하고, 간헐적으로 여전히 일촉즉발의 정세가 보도되는 것을 보면서 독자들은 조선의 독립이 요원함을 확인했는지도 모른다. 영국황제에게 충성의 선서를 하지 않고 토지연부금 폐지를 선언하는 드 벌레라의 행보를 소개하면서, 아일랜드의 완전한 독립, 즉 "순연한 국가의 지위"를 획득하기까지 멈추지 않는 아일랜드인에게 경외감을 표하기도 했지만, 그 전도를 다음과 같이 다소간 불안하게 지켜보았다─"幾세기에 미쳐서 피비린내 나고 비참한 기록을 남긴 아일랜드 문제는 더욱 일로부터 얼마한 정도의 같은 역사를 翻覆할는지 모른다. 그 전도를 바라건대 자유국의 건설은 최후의 목표에 도착한 것이 아니고 다만 새로운 출발점에 약진의 자세를 정돈시킨 데 지나지 못한 모양이 된다. 아일랜드여! 어디로 가는가?"[30]

3. 식민지 문학의 민족적 정체성

식민지로서의 조선이 탈식민적 계기를 찾고자 참조한 식민지는 물론 아일랜드만은 아니었다. 그러나 여타의 식민지와는 달리 아일랜드는 조선과의 유사성이라는 합의되지 않은 관념 속에서 특별한 주목을 받았다.

---

28) 姜晟周, 「미풍에 날리는 삼색기─애란독립운동사를 읽고(3)」, 『동아일보』, 1929.10.28; 김동환, 「애란의 부활제 동란─애란민족운동의 일단면」, 『삼천리』 8, 1930.9.
29) 허헌, 「세계일주기행(제3신), 부활하는 애란과 英吉利의 자태」, 『삼천리』 3, 1929.11.13. 이 여행은 1927년 1월에 있었다.
30) 「행진하는 청년 애란」, 『삼천리』, 1932.7.

3·1운동을 전후로 하여 일본의 식민정책학자들의 자치 문제가 거론된 이후로, 아일랜드는 정치적 입장의 유리함을 위해 점유되어야 하는 일종의 기표였다. 그리하여 한편으로는 아일랜드자유국의 성립은 자치의 타당성을 입증하는 증거로 활용되었고, 다른 한편으로는 그 자치령이 완전한 국가로서의 지위를 획득하기 위해 벌이는 지난한 과정은 조선의 독립을 기대하는 희망으로 삼았다. 정치적인 시야 속에 놓인 '아일랜드'는 확실히 '민족적'이었다.

그러나 민족문학의 건설이라는 기획 속에서 아일랜드문학이 하나의 화두로 떠오른 것은 좀더 나중에 가서야 나타났다. 오히려 이는 연극에서 먼저 시작됐다. 1920년 봄 동경에서 조직된 극예술협회는 다음 해 동경 유학생과 노동자들의 모임인 동우회의 요청을 받고 순회연극단을 조직하여 부산을 시작으로 25개 지역을 순회했다. 전국 각지에서 대단한 호응을 받은 이 공연의 레퍼토리 가운데에는, 던세이니의 〈찬란한 문〉이 포함되어 있었다. 한편 1922년 동경에서 조직된 토월회는 다음 해에 제1회 공연을 조선극장에서 올렸고, 레퍼토리에 조지 버나드 쇼의 〈그 남자가 그 여자의 남편에게 어떻게 거짓말을 하였나〉가 포함되었다. 토월회는 이후 이 작품을 〈오로라〉로 개제하여 수차례 공연했으며, 이밖에 던세이니의 〈산의 신들〉와 존 밀링턴 싱의 〈산골짜기의 그림자〉를 각각 〈지장교의 유래〉, 〈곡간영(谷間影)〉이라는 제하에 공연했다.

신파극과는 다른 맥락에서 출발한 이 두 단체의 공연은 한국 근대극사에서 매우 중요한 장면이라 할 수 있는데, 이때 아일랜드 작품이 포함되어 있었던 것을 우연이라고 보기는 어렵다. 이는 두 경우 모두 단체를 주도한 이가 영문학도였다는 사실과 관계가 있을 것이다. 김우진은 와세다대학 영문과를, 박승희는 메이지대학 영문과를 다니고 있었다. 물론 이를 확대 해석할 필요는 없겠지만, 영문학 가운데 하필이면 아일랜드 작품을 선택했는가라는 질문을 조심스럽게 던질 필요는 있다. 박승희가 버나드 쇼를 영국 작가로 분류했을 가능성이 높지만 던세이니나 싱의 경우는 일본 문단에서도 아일랜드 작가로 분류되어 있는 만큼 어떤 의미 있는 선택이었을 가능성을 배제하기 힘들다.

김우진의 경우는 그 선택이 의식적인 것이었음이 분명하다. 그는 이미 1920년대 초반에 아일랜드문학에 대해 깊은 관심을 가지고 있었고 그에 관한 중요한 글을 몇 편 남겼다. 1920년 김우진이 와세다대학 영문과 1년 재학 시절, 어니스트 A. 보이드의 『Appreciations and Depreciations』 중 제1장 'An Irish Protestant'를 일어로 번역해 놓은 것이 그 첫 번째이다.[31] 제목을 「애란인으로서의 버나드 쇼우」라고 달았듯이, 이 글은 '앵글로-아이리쉬 국민문학'적 차원해서 그 정체성을 분석한 작가론으로, "근본적으로 그는 애란의 소산이며, 또한 실로 애란인을 위해서 특수한 利害는 없었다 할지라도 매우 친밀한 관계"를 가지고 있었다는 점을 강조했다. 그의 신교주의를 매개로 한 이 분석의 결론은 쇼는 "애란에서 영국화가 산출한 가장 완전한 전형"이며 이런 연유로 그는 "영국과 애란의 중간을 배회하면서 어느 쪽에도 붙을 수 없음"을 알고 있는 관찰자였다는 것이다. 김우진이 이 독서와 번역을 통해서 무엇을 생각했을지 속단할 수는 없지만, 이 과정에서 '아일랜드적' 혹은 '조선적'이라는 문학의 민족적 정체성을 스스로에게 질문했을 것이다. 아일랜드와 영국의 경계에서 분열적으로 존재하는 쇼로부터 아일랜드를 발견하는 '아일랜드인' 어니스트 보이드의 사색이, 조선의 식민지인인 김우진에게 모종의 자극이 없었을 리 없다.

이는 다른 두 편에서 좀더 분명하게 드러난다. 「애란의 시사(詩史)-버드레이크의 칼럼」[32] 역시 번역물이다. 이 글에는 18세기 말의 토마스 무어로부터 문예부흥운동 중심에 있는 작가들에게 이르기까지 '게일적

---

31) 서연호·홍창수 편, 『김우진전집』 II, 연극과인간, 2000.
32) 서연호·홍창수 편, 위의 책. 이 글은 일본의 잡지 『眞砂』에 일본어로 수록된 것인데 아직 그 발행일자는 확인하지 못했다. 짐작컨대 1922년에 쓰인 「'조선말 업는 조선문단'에 一言」에 나오는 아일랜드 관련 내용이 이 글에 좀더 상세하게 나와 있는 것으로 미루어 볼 때 그 이전에 번역된 것으로 보인다.

(Gaelic)'인 전통이 어떻게 축적되고 있는지가 기술되어 있다. 이 글이 주목하는 시점은 19세기 중엽의 아일랜드 대기근의 참혹함으로 "모든 전통이 파열된" 때, 그리고 그때부터 "애란 역사는 회복의 역사이며 종족 절멸의 무서운 습격으로부터의 도망의 기록"이 시작되어 문예부흥운동으로 소생하고 있는 19세기 말 20세기 초이다. 그리하여 예이츠와 조지 러셀, 그리고 특히 영국화된 아일랜드를 게일화하기 위해 노력을 경주한 더글라스 하이드와 게일동맹이 미친 영향을 강조하고 있다. 흥미로운 것은 "애란시는 저 산문적인 민족자결주의 여하에 관계없이 지금 점점 더 국민적이 되어가고 있다"는 진술이다. 숙고된 의미에서는 국민적이지 않지만, "애란의 풍경과 애란 국민들의 말과 행동이 국민적인 것처럼 애란 시도 또한 국민적이 되어 가고 있다"는 것이다. 이 글이 시사하는 바는 비교적 분명하다. 이 글은 게일적인 시적 전통의 기술 속에서 아일랜드 문학사를 '구성'하고 있는 것이며, 이는 다름 아닌 아일랜드 민족문학의 건설이었다. 이것의 절실함은 ― 영국의 식민정책에 직접적인 원인이 있다고 간주되는 ― '대기근'이라는 충격 이후 '침묵'하고 있는 아일랜드를 '소생'시키기 위한 자활 의지였던 것이다.

김우진은 이러한 독서가 있었기에 「'조선말 업는 조선문단'에 일언(一言)」[33]을 집필할 수 있었을 것이다. 그는 언어의 재현 불가능성, 번역의 불가능성을 지적하는 동시에 '순정(純正)한 조선어의 부흥과 개량'을 역설하는데, 이는 새롭게 정립되어야 할 민족어와 민족문학을 의식했기 때문이다.[34] 어니스트 보이드가 쇼로부터 아일랜드를 발견했듯이, 그리고 버드레이크가 게일적 시적 전통을 추적했듯이, 김우진은 전환기에 놓인 조선문단이 '전통'을 세우기를 희망했다. "개성의 天賦와 민족적 경향으

---

33) 서연호·홍창수 편, 위의 책. 이 글은 1922년 4월 14일에 집필되었다고 부기되어 있으며, 『*Société Mai*』 1(1925.6)에 실렸다.

34) 김우진의 문학사상에서 민족적 각성의 작용 양상에 대해서는 윤진현, 「김우진 문학 연구」, 인하대 박사논문, 2002, 62~76면 참조.

로부터 도피할 수 없"다라거나 "우리 민족은 어디까지든지 우리 민족의 발달한 경로를 걸어야 할 것"이라는 자각은 상당 부분 아일랜드의 사례로부터 시사받은 것이었다. 제언의 형식으로 ① 문전(文典)의 제정과 사전의 편찬, ② 구비전설과 민요·동요의 수집, ③ 외국문학의 번역, ④ 신문·잡지의 민중화 등을 제시한 데서도 보듯이 이 글은 민족어와 민족문학의 수립을 의도하고 있었고, 특히 두 번째 항목에서는 직접 아일랜드의 문예부흥운동을 사례로 가져오고 있다. 김우진은 더글라스 하이드의 『코너트의 연애가(戀愛歌)』와 『코너트의 종교가(宗敎歌)』가 이룬 성과에 주목하고 있다. 즉 더글라스 하이드는 게일인의 민요를 영역하면서 거기에 아일랜드의 '운율적 방언과 소박순진한 시형'을 새겼고, 바로 이것이 아일랜드 작가들에게뿐만 아니라 게일문화와 관련된 각종 단체의 결성에도 영향을 미쳤던 것이다. 아일랜드 토어가 사멸해가고 영어가 그들의 국어로 존재하는 당시로서는, 영어의 이와 같은 전유는 매우 절실했을 터이다. 그랬기 때문에 김우진은 "애란의 부흥은 그 문자의 뜻대로 소생이었고, 그 소생은 본래의 속요, 민요와 전설의 甘泉으로부터 일어나게 된 것"이라고 했을 것이다. 이에 비하자면 조선에는 비록 '혼란어'가 난무하고 있는 사정이기는 하나 말과 글이 사멸의 위기에 있지 않았다. 그리하여 김우진은 전설·민요·속요·동요 등과 같이 '민족성' 담긴 훌륭한 전통을 현재화하여 '새 예술'을 창조하자고 제언했던 것이다.[35]

이처럼 1920년대 초반 극예술협회와 토월회의 공연이 보여준 상징적 의미, 그리고 김우진의 민족어와 민족문학에 대한 인식은 아일랜드를 통해 식민지 문학의 민족적 정체성을 어떻게 고민하고 있었는가를 보여주는 사례이다. 그러나 이는 1920년대에 극히 예외적인 경우이고, 공식적인 지면에서 언급된 것으로는 「인몰(湮沒)하야가는 토어(土語)를 보(保)코자, 애란의 문예부흥운동」[36] 정도가 거의 유일하다. 아일랜드 문예부흥

35) 김초성, 「'조선말 업는 조선문단'에 일언」, 『김우진 전집』 II(서연호·홍창수 편), 연극과인간, 2000, 240~214면 참조.

운동을 개관하고 있는 이 글에서 흥미를 자아내는 대목은, 이 운동이 정체되어 있는 영국의 시단과 극단에 활력을 불어넣어 주었을 뿐만 아니라, 전세계 문단에 영향을 미쳤다고 지적한 부분이다. 여기에는 영국에서 활동한 오스카 와일드, 조지 무어, 버나드 쇼 등이 포함되었다. 대부분이 앵글로―아이리쉬계라는 점이 유리하게 작용했을 수 있지만, 식민지 출신 작가들의 작품이 식민모국, 더 나아가 세계 문단에 영향을 미쳤다는 사실은 조선의 탈식민적 계기를 문학과 연극에서 찾고자 하는 열망으로 이어졌을 법하다. 『조선문단』의 「해외문예소식」란에 기쿠치 간(菊池寬)의 「조선문학의 희망」이라는 글이 짧게 요약되어 있는데, 편집자 역시 그 점을 염두에 둔 듯하다. 다음은 이 글의 전문이다.

나는 조선청년의 문예열이 왕성한 데는 놀라지 않을 수 없다. 자발적인지 혹은 타동적인지는 모르지마는 특히 일본문학에 흥미를 가지는 것을 보니 우리 일본작가들은 기뻐할 만한 일이다. 정치적으로 사회적으로 괴로움을 받는 조선 청년이 가장 자유스러운 문단에 대하여 야심을 품고 희망을 가지는 것은 우리들의 衷心으로 바라는 바이다. 문단에서만은 국경적 편견도 인종적 차별도 없을 것이다. 제씨는 일본문학의 세례를 받고 그 다음에는 일본문학을 졸업하고 새로운 조선문학을 수립하여다구.
애란인이 영어를 가지고 새로운 애란문학을 일으키어 영문학을 압도한 것과 같이 되기를 바라는 것이요, 제씨도 그러한 각오가 있을 것이다. 많은 민족운동의 선구자는 문예운동이다. 신조선을 세우는 선구도 새로운 조선문학이 아니면 안 될 것이다. (2행 삭제)
그러한 의미하에 조선서 새로운 문학이 나와 잠자는 일본문학에 刺戟을 주는 시대가 올 것은 나뿐의 공상이 아니라고 생각한다.[37]

앞에서도 말했듯이 아일랜드문학을 민족문학사적 차원에서 접근한 예

---

36) 필자미상, 「인물하야가는 토어를 보코자, 애란의 문예부흥운동」, 『동명』, 1923.4.15. 이 글은 "구리야가와 하쿠손(廚川白村) 씨의 논문에 據"했다고 부기되어 있다.
37) 春海, 「해외문예소식―국지관 씨의 조선문학평」, 『조선문단』 2, 1924.10, 77면.

는 그리 많지 않았고, 이를 조선문학의 건설과 결부지어 사유하는 경우
는 드물었다. 물론 1920년대는 그 이전 시대와 비교할 때 폭발적이라 할
만큼 순문예와 관련된 번역이 활발하게 진행되고 있었고, 외국문학과 작
가에 대하여 동시대적 감각을 유지하고 있었다. 선진적인 외국문학을 수
혈하고자 하는 의욕이 그만큼 높았던 시기였다. 이런 사정하에 각종 매
체에서는 '대문호'를 중심으로 작가 소개가 활발하게 진행되었고, 점차
로 해외 문단의 동향을 보고하는 지면도 늘어갔다. 아일랜드문학도 예외
는 아니었다. 특히 노벨문학상을 수상한 예이츠(1923)와 버나드 쇼(1925)에
대한 관심이 높았지만 그것은 여타 문호들에 대한 것과 별반 차이가 없
었다. 이들의 내셔널리티는 그다지 강조되지 않았다. 당시 번역 주체들
은 문호(혹은 그 작품)를 탈내셔널리티화(de-nationalization)함으로써 조선 근대
문학의 내셔널리티를 기획하는 역설적인 상황에 놓여 있었고,[38] 일반적
으로 아일랜드문학 혹은 작가 역시 그렇게 다루어졌다.

그러나 1920년대의 전반적인 경향이 그렇다 하여도 시대의 문제로만
환원되지 않는, 그 이후에도 지속되는 당대 문학자들의 특정한 태도를
지적할 필요는 있다. 그것은 아일랜드문학을 영국문학에 귀속시켜 담론
화하는 태도이다. 버나드 쇼가 가장 빈번했고 그밖에 오스카 와일드와
제임스 조이스를 비롯해, 아일랜드 문예부흥운동에 참여한 작가들이나
애비극장을 중심으로 활동했던 예이츠·싱·오케이시 등도 포함되곤 했
다.[39] 최서해처럼 영미문학을 개관하면서 따로 '애란문학의 발흥'이라는

---

38) 이승희, 「번역의 성 정치학과 내셔널리티」, 『한국 근대문학의 형성과 문학 장의 재
발견』, 소명출판, 2004, 214면.
39) 아일랜드 작가를 영국 문단에 귀속시킨 문헌들은 다음과 같다. '해외문예소식'류의
단신기사는 제외하였다.
백대진, 「이십세기 초두 歐洲 諸대문학가를 추억홈」, 『신문계』, 1916.5.5; 백대진, 「최
근의 태서문단-영국문단」, 『태서문예신보』, 1918.10.26; 안자산, 「세계문학관-영문단
의 현세」, 『아성』, 1921.5.15; 신석연, 「대전 이후 각국 극단발전과정-영국극단(1~3)」,
『동아일보』, 1929.1.20~22; 김광섭, 「현대영문단에 대한 조선적 관심」, 『조선문학』, 1934.1;
김광섭, 「영미연극근황-영국편(1~5)」, 『동아일보』, 1934.2.13~18; 김광섭, 「최근구미문

제하에 오스카 와일드와 버나드 쇼를 비롯한 아일랜드 작가를 기술하는 경우는 매우 드물었다.[40]

사실 여기에는 간단치 않은 문제가 가로놓여 있다. 무엇을 '아일랜드 문학'으로 규정할 것인가, 라는 점이다. 그 최종심급을 작가의 소속 즉 '민족'이나 '국적'으로 할지, 아니면 텍스트의 '언어'로 할지 고민되지 않을 수 없다. 더욱이 인종과 종교가 복잡하게 얽혀 있을 뿐만 아니라 대다수가 영어를 사용하고 있던 아일랜드에 있어서 그 문제는 난감하기 그지없다. 만약 작가의 국적을 최종심급으로 설정할 경우, 영국의 식민지였던 아일랜드에서 생산되는 모든 것은 영국에 속할 것이다. 그러나 당대인들은 '애란'을 지우지는 않았다.

아일랜드문학에 대한 이런 혼란스러움은, 일차적으로는 글쓴이들이 접한 원자료(原資料)의 식민주의적 분류법을 그대로 수용했다는 데 있을 것이다.[41] '아일랜드'라는 범주를 별도로 설정해놓았다고 해서 식민주의적 혐의로부터 벗어나는 것은 아니다. 식민모국의 입장에서 보면 식민지 문학의 민족적 정체성이란, 식민모국과 식민지의 위계화에 특정한 가치가 있을 때만 인정되고 있었기 때문이다. 더욱이 게일어 사용자는 극소

단개관—영국편」, 『중앙』, 1934.9; 김광섭, 「영문단의 금후진전—사회주의문학은 어데로 가나?」, 『예술』 2, 1935.4; 한세광, 「현대영국문단의 추세」, 『우라키』, 1936.9.8; 강용홀, 「구라파문단현세—유럽문단통신—영국편」, 『우라키』, 1936.9.8; 김광섭, 「답보의 영미문단—작금의 영문단 스케취(상)」, 『동아일보』, 1939.1.6; 김광섭, 「전란와중의 구미문단(5)—영국편(상·하)」, 『동아일보』, 1940.1.

40) 최학송, 「근대영미문학의 개관」, 『조선문단』 4, 1925.1.

41) 일본에서는 1920년대에 이미 희곡전집류가 3종이나 나와 있었다. 근대극대계간행회의 『근대극대계』(1923), 제일서방의 『근대극전집』(1927), 근대사의 『세계희곡전집』(1927) 등인데, 이 전집들은 공통적으로 영국과 아일랜드를 구분하여 버나드 쇼와 같이 영국에서 활동한 작가들의 작품은 영국편에 넣었다. 『근대극대계』의 경우 '英及愛蘭篇'에 쇼의 작품 하나를 포함시켰지만 이미 '영국편'에 쇼를 포함시킨 것을 감안하면 '영급애란편'의 분류는 영국인으로서의 쇼를 염두에 둔 것이거나 아니면 영국과 아일랜드를 동종이 아니면서도 하나의 국가로 간주하는 시각으로부터 나온 것일 것이다. 신조사에서 발행한 『세계문학전집』(1927)에서도 '英吉利及愛蘭戲曲集'이라는 제하에 다른 아일랜드 작가는 배제된 채 쇼만을 포함시킨 것도 같은 맥락으로 읽어도 좋을 듯하다.

수에 불과하고 이미 영어가 보편적으로 사용되는 상황인 데다가, 작가들이 앵글로−아이리쉬계인 경우, 뛰어난 문인들의 문학을 '영문학'으로 흡수하는 데 주저할 필요가 없었을 것이다. 조선의 경우보다는 좀더 복잡하게 민족주의가 대두된 사정이 존재하지만, 이러한 식민주의적 배치를 식민지인으로서 살아가고 있던 문인들이 비판적으로 재검토하지 않았다는 것은 결코 가볍지 않은 문제이다.

그러나 이처럼 아일랜드문학을 영국문학에 귀속시키면서도 동시에 '애란'을 지우지 않은 것이 가능했던 것은, 두 가지의 계기 속에서 이해될 수 있을 것이다. 하나는 식민지 아일랜드의 정치적 형세에 대한 관심 속에서 이른바 문예부흥운동이라는 문화적 민족주의의 성과를 수용하려는 욕망이고, 다른 하나는 '조선문학'의 최종심급을 언어로 삼을 수 있었던 언어 상황, 즉 아일랜드와는 달리 우리에겐 '조선어'와 '한글'이 있다는 상황 인식이다. 이 두 계기의 착종 속에서, 한편으로는 아일랜드 문예부흥운동의 성과를 수용하려는 욕망이 강화되어 가고 다른 한편으로는 조선의 언어 상황에 대한 자신감이 팽배해지게 되는데, 이것이 곧 1930년대적 현상이었다.

4. 조선문학의 건설 / 위기라는 역설

아일랜드문학의 내셔널리티가 조금씩 의식되기 시작한 것은 1920년대 말부터였다. 이때부터 '아일랜드'라는 카테고리 안에서 작가와 작품이 본격적으로 논급되기 시작했고, 1930년대에 들어와 중반까지 번역과 소개가 활발히 이뤄졌다. 물론 버나드 쇼의 경우, 여전히 영국 작가로 간주되었고 생존하고 있는 거장의 대우를 받았다. 그럼에도 불구하고 이전과는 다른 양상이었다. 이하윤이 '현대시인연구' 시리즈의 일환으로 아일랜드 시인을 다루고,[42] 백석은 제임스 조이스의 '아일랜드성'을 면밀히 추적한 글을 번역하기도 했다.[43] 그런데 무엇보다도 가장 큰 이슈는 아일랜드의 문예부흥운동이었다. 그리하여 가령 1920년대에는 시인이었던 예이츠는 이제 문예부흥운동의 주역으로서 애비극장을 이끌어간 극작가로 떠올랐다.

이 변화의 배경에서 가장 중요한 것은 해외문학파의 등장이다. 1926년 이하윤·김진섭·정인섭 등 외국문학 전공자들이 '해외문학연구회'를 발족한 것이 그 시발이었고, 그 이듬해 『해외문학』을 발간하면서 세칭 '해외문학파'라는 이름을 얻게 되었다. 특기할 만한 것은 이 해외문학파의 상당수가 1931년에 발족된 극예술연구회에 참여했다는 사실이다. 그 멤버들 중에서 영문학을 전공한 유치진(릿쿄대)·정인섭(와세다대)·이하윤(호세이대)·장기제(호세이대)·최정우(도쿄대)·김광섭(와세다대) 등이 아일랜드 문예 소개의 주도적인 역할을 했고, 이들은 존 그리어 어빈의 〈관대한 애인〉, 그레고리 부인의 〈옥문〉, 버나드 쇼의 〈무기와 인간〉 등을 무대에 올렸다.[44] 이밖에도 외국문학을 전공한 임학수·안용순 등도 이에 가세해 아일랜드문학에 대한 폭넓은 논의가 전개되었다. 그 중에서도 가장 빈번하게 언급된 아일랜드 문예부흥운동은 안용순과 김광섭에 의해 보다 집중적으로 다뤄졌다.[45]

---

42) 이하윤, 「[현대시인연구] 애란편(1~6)」, 『동아일보』, 1930.12.3~9.
43) 띠 에스 밀스키, 백석 역, 「죠이쓰와 애란문학(1~8)」, 『조선일보』, 1934.8.10~9.12.
44) 숀 오케이시의 〈주노와 공작〉은 장기제 번역으로 극연 제8회 공연(1935.11.19~20)으로 올릴 계획이었으나, 검열 불통과로 공연이 무산되었다.
45) 안용순, 「애란현대극작가 던세이니론—서론 : 애란국민극 배경의 全的 槪考(1~3)」, 『조선일보』, 1933.5.13~15.
    김광섭, 「애란민족문학건설자—윌럼 버틀러 예이츠」, 『삼천리』, 1934.11; 「(건설기의 민족문학) 민족극의 수립—아베이좌를 중심으로 하야」, 『동아일보』, 1935.1.3; 「(건설기의 민족문학) 애란—국민적 신화전설과 원시농민에의 재인식」, 『동아일보』, 1935.3.6; 「(건설기의 민족문학) 애란—모어 부활 운동」, 『동아일보』, 1935.3.7; 「(건설기의 민족문학) 애란—아베좌의 성립과 그 민족적 기여에 대하야(상·하)」, 『동아일보』, 1935.3.8~

그러나 해외문학파의 등장이 아일랜드 논의가 활성화된 유일한 배경은 아니었다. 수용 주체들에게는 그 운동이 조선에 있어서 어떤 시사점을 제공해준다고 확신했던 것 같다. 안용순이나 김광섭은 모두 아일랜드 문예부흥운동이 일어난 역사적 계기를 파넬(Charles S. Parnell)의 실각으로 설명했다. 파넬은 영국계 신교도 지주 출신으로 '토지전쟁'(1879~1991)을 통해 대중적 지도자로 부상하여 자치운동을 이끌어간 인물이었는데, 1890년 간통 사건에 연루되면서 1891년에 몰락했다.[46] 안용순은 이로 인해 과거의 폭력주의적 정치투쟁이 비로소 문화적으로 되고 따라서 광열적(狂熱的) 반항에서 문화적 반항으로 그 투쟁 수단을 바꾸었다고 설명했고, 김광섭 역시 정치에 집중되었던 모든 민족적 정열이 문학에로 경주(傾注)되어 억압된 민족적 정신의 표현을 거기서 찾았다고 했다.

이는 사실 예이츠 자신이 설명한 바였다. 그런데 파넬의 실각이 충격을 준 것은 사실이지만 정치적 기운은 결코 소멸되지 않았고 그 기세가 1916년 부활절 봉기로 모아졌던 것을 기억할 필요가 있다. 격렬한 정치적 상황이었던 아일랜드에선 작가들의 비정치적 성향이 강화되기 마련이지만, 자유주의정신이 성장하기에 용이치 않은 아일랜드에서는 정치에 대한 환멸과 염오를 품는 때조차 지극히 정치적일 수밖에 없는 심연을 지니게 마련이었다.[47] 그리하여 예이츠 자신도 예술의 자율성을 표방하면서도 민족을 부흥시키고자 하는 이율배반적인 상황에 처했던 것이고, 그 해결책으로써 입센적인 근대극을 추구한 마틴과 결별하고 그레고리 부인의 견해를 따라 시극에서 향토극으로 그 방향을 선회했던 것이다.

이를 고려해보면 아일랜드 문예부흥운동에 대한 집중적인 조명이 1930

9; 「애란문학의 윤곽」, 『삼천리』, 1935.11; 「애란문예부흥개관」, 『삼천리』, 1936.1; 「애란연극운동 小觀—아베이좌를 중심삼어」, 『삼천리』, 1936.8.
46) 박지향, 『슬픈 아일랜드』, 새물결, 2002, 85~90면 참조.
47) 이에 대하여는 제임스 조이스와 예이츠를 중심으로 논하고 있는 허동범의 「예술의 정치성 함의—아일랜드 문예부흥기 작가들의 경우」(『제임스 조이스 저널』 5집, 1999) 참조

년대 중반에 이루어졌다는 것은 우연이 아니었다. 이때는 일본이 1931년 만주사변을 계기로 파시즘 체제로 전환하면서 식민정책 또한 일정하게 변화하고 있었던 시기였고, 일본의 엄혹해지는 식민지배 속에서 창작적 경향도 변하고 있었다. 아마도 논자들이 아일랜드로부터 읽어내고 싶었던 것은 정치적 허무주의의 확인이었고 문화적 민족주의라는 이상이었을 것이다. 그리고 이는 좀더 크게는 조선문학의 내셔널리티라는 문단적 의제의 자장 안에 놓인 것이었다.

1930년대 중반, 각종 매체에서는 '조선어'와 '조선문학'의 정체성과 전망에 관한 논의들이 부쩍 늘어나고 있었다. 이를테면,『동아일보』는 1935년 신년 벽두 이틀 동안에 '조선문학의 독자성, 특질의 구명과 현상의 검토'라는 주제하에 정인섭·현민·김태준·장혁주 등의 글을 실었다. 이 기획의 의도는, 조선문학의 본질적인 특징을 구명하는 동시에 조선문학이 현재의 모든 정세와 외래의 온갖 영향 아래서 어떻게 그 독자성을 형성해갈 것인가를 탐색하기 위함이라 밝혔다.『동아일보』는 그 일환으로 이어서 그 다음 날부터 6일까지 '건설기의 민족문학'이라는 특집기획을 내보냈고 그 해 3월 다시 이 시리즈를 재개했는데, 이 기획은 외국의 범례를 타산지석으로 삼아 '민족문학 수립'을 도모하고자 함이 목적이었다. 여기에 범례로 검토된 국가는 프랑스·아일랜드·러시아·미국·독일 등 5개국이었고, 집필자는 이헌구·김광섭·하인리·이하윤·서항석 등이었다. 물론 이 기획 자체가 해외문학파를 중심으로 한 인적 관계 속에서 진행된 것으로 보이지만, 역사적으로 맥락화했을 때 그 의미는 그것을 뛰어넘는 데 있다. 더욱이 영국이 제외된 가운데, 자치령을 획득했다고는 하나 아직 완전한 독립국가가 아니었던 아일랜드가 이 기획에 포함되었다는 것은 특기할 만한 일이 아닐 수 없다.

그것은 1930년대 중반의 역설적인 상황으로부터 비롯한다. 1933년 한글맞춤법통일안의 제정, 1936년 조선어표준말의 공포 등 대한제국 시기로부터 시작한 어문의 근대화운동이 이른바 '한글운동'으로 전개되어 정점에 이른 시기였다. 조선어학회의 한글운동은 언어가 근대사회의 화폐나 도량형과 같은 균질적 교환매체의 하나라는 인식하에, 그것의 전국적이고 전일적인 보급과 유통을 위해 근대국민국가·학교·교회·신문사와 같은 근대적 시스템을 적극적으로 활용하며 전개되었고,[48] 한글맞춤법통일안의 제정이나 조선어표준말의 공포는 바로 그 과정의 결실이었다. 문인들은 이에 적극 지지를 보냈으며 이 결실이 민족어의 재발견으로 문학 속에서 구현되기를 요구받았다.[49]

그러나 또 하나의 객관적인 상황은 그렇게 낙관적일 수 없음을 말해 준다. 기본적으로 식민기의 언어 상황은 '일본어=내지어=국어' / '조선어=외지어(반도어)=언문(방언)'이라는 이항대립적인 위계화된 이언어(二言語) 상황이었고, 1930년대 중반은 '국어'에 의한 식민지사회의 전면적 통합을 목표로 하는 제3차 조선교육령(1938.3)을 앞두고 있었다.[50] 언어의 발전 과정을 목도하고 있었을지라도, 사실 한글운동은 "식민지배가 낳은 언어 상황의 근본적인 사태인 이중언어의 상황, 특히 학교교육 현장에서 갈수록 그 존립여부가 의문시되었던 상황을 은폐해야만 가능했"[51]던 운동이었음을 지적하지 않을 수 없다. 더욱이 임화가 당시 조선어와 조선문학에 있어서 '복고주의'와 '문화주의(문학어의 외화주의)'를 매우 강도 높게 비판하면서 언급한 바 있는, 즉 '조선어의 참혹한 운명'을 예고하는 내지인과 조선인의 공학제 실시가 관측되고 있었다.[52]

상반되어 보이지만 이는 '하나'의 상황이었다. 그리하여 '조선문학의

---

48) 이혜령, 「한글운동과 근대미디어」, 『한국 근대문학의 형성과 문학 장의 재발견』(민족문학사연구소 기초학문연구단 편), 소명출판, 2004.12.
49) 김광섭은 아일랜드의 문예부흥운동을 개관하면서 모어 부활운동이 어학자의 손에서가 아니라 "문학운동과 유기적 관련을 가지고 문학자의 손에서 발전되었다는 것"을 주목한다. 「(건설기의 민족문학) 애란—모어 부활운동」, 『동아일보』, 1935.3.7.
50) 정백수, 『한국근대의 식민지체험과 이중언어문학』, 아세아문화사, 2000, 15~25면.
51) 이혜령, 「이태준 『문장강화』의 해방 전 / 후」, 『이태준과 현대소설사』(상허학회 편), 깊은샘, 2004, 367~368면.
52) 임화, 「조선어와 위기 하의 조선문학」(총9회), 『조선중앙일보』, 1936.3.8~24.

건설'이라는 테제는 ─ 문자 그대로의 '건설'을 의미한다기보다는 ─ 다분히 조선어의 위기로부터 비롯되는 조선문학의 '위기'를 함축한 것이었으며, 따라서 그 '건설'이란 위기를 극복하기 위한 일종의 강박적 의지의 표현이었던 것이다. 여기서는 이런 상황을 집약적으로 보여주는 문헌 두 가지를 소개하고자 한다. 이때 조선어와 조선문학의 건설 / 위기와 관련하여 매우 종종 아일랜드가 인용되고 있음을 기억해두는 것도 필요하다.

첫째는 '문예운동의 모태인 한글어학의 장래를 위한 대책 여하'라는 주제하에 열린 문예정책회의이다.[53] 김동환은 아일랜드와 인도의 예를 들어 비관론을 제시하고 그와는 다른 조선의 상황을 비교하며 낙관론을 제시한다. 내용인즉, 아일랜드는 식민지화된 지 100년이 지나니 순토어(純土語)를 사용하는 인구가 불과 2만 명에 불과해서 문학을 토어로 써도 읽을 독자가 없기 때문에 영어로 쓰는 것이 불가피하다는 것(예이츠·싱·그레고리 부인도 영어로 작품을 쓴다), 현 정부가 토어 부활운동을 펼치고 있지만 낙관할 상황은 아니며, 인도는(타고르가 영어로 시를 쓰는 데서도 알 수 있듯이) 그 나라의 종교적·지리적 복잡함 때문에 오히려 영어를 쓰는 것이 불가피하다는 것이다. 반면 조선의 한글은 반도 전체에서 수백 년 동안 통일적으로 써왔으며 그 자모나 문법이 정연하고 학습이 용이하며 신문·잡지 및 문학이 한글을 사용하고 있기에 문학의 장래가 낙관적이라는 것이다. 김동환은 참석자들에게 비관과 낙관 중 어느 견해를 가지고 있는지 물었다. 이에 대한 참석자들의 답변은 모두가 낙관론에 손을 들어주었다.

두 번째는 "조선문학'의 정의, 이러케 규정하려 한다!'라는 설문조사이다.[54] 일반적으로 '조선문학'이라 함은 조선'글', 조선'사람'이, 조선사

<hr>

53) 좌담회, 「문예정책회의」, 『삼천리』, 1936.6. 참석자는 『삼천리』 주간을 비롯하여 보성·연희·이화 전문학교의 교수 4인과 동아·중앙·조선 신문사의 학예부장 3인이다. 김동환(주간), 김상용(이화여전), 정인섭(연희전문), 홍기문(『조선일보』), 김복진(『중앙일보』), 손진태(보성전문), 서항석(『동아일보』), 유진오(보성전문) 등.
54) 설문, 「'조선문학'의 정의, 이러케 규정하려 한다!」, 『삼천리』, 1936.8. 이 설문에 참여

람에게 '읽히우기' 위하여 쓴 것이지만, 다음과 같은 역설적인 질문을 통해 조선문학의 정의를 재고하고자 함이 목표라고 하면서 세 가지 질문을 던진다. ① 박연암의 『열하일기』, 일연의 『삼국유사』 등은 한문으로 쓰였으니 조선문학이 아닌가. 또 타고르의 『신월(新月)』, 『기탄자리』나 싱·그레고리·예이츠의 작품도 영문으로 발표했는데, 타고르의 문학은 인도문학으로, 예이츠의 문학은 아일랜드문학으로 보는 듯하다. 이런 경우 문학과 문자의 규정을 어떻게 지어야 옳은가. ② 작가가 '조선사람'으로 꼭 한하여야 한다면 중서이지조(中西伊之助)의 조선인의 사상 감정을 기조로 하여 쓴 「汝等の背后より」와 같은 문학은 '조선문학'에서 제외해야 하는가. ③ 조선사람에게 읽히기 위해 써야 한다면 장혁주가 동경 문단에 발표하는 일어작품과 영미인에게 읽히기 위해 쓴 강용흘의 『초가집』 등은 조선문학이 아닌가. 그렇다면 조선사람에게 읽히기 위해 조선 글로 쓰인 『구운몽』·『사씨남정기』 등은 조선문학이라고 볼 것인가.

이 설문은 조선문학의 개념 규정이 민족문학사의 구성까지를 포괄하는 만만치 않은 문제임을 확인시켜 준다. 그런 만큼 이 설문은 앞의 것과는 달리 답변자들의 내용도 다양한 편이고 단서조항도 많다. 그런데 이 설문의 본의는 사실 앞서 조선어 위기론에 대한 질문과 연결되어 있다. 답변자들은 대체로 장혁주의 일본어 작품을 조선문학의 범주에 넣기를 꺼려하는 편이고, 다양한 답변에도 불구하고 상당수가 속문주의(屬文主義)를 지지한다. 이광수 같은 이는 어떠한 단서조항도 없이 오로지 언어만이 최종심급이라고 강조할 정도이다. 아일랜드 문예부흥운동을 소개하고 있던 김광섭조차 제한적인 의미에서만 예이츠 등의 작품을 아일랜드문학으로 규정한다. 즉 이 설문이 조선문학의 정의를 시도하고 있는 것처럼 보이지만 실상 이것은 식민모국의 언어(국어=일본어)와 식민지의 언어(모어=조선어)라는 이중언어 상황에서 조선어의 위기, 그리고 조선문

___

한 이는 이광수·박영희·염상섭·김광섭·장혁주·서항석·이헌구·이병기·박월탄·임화·김안서·이태준·정인섭·한식 등이다.

학 건설의 불투명성을 고백하는 것이나 다름없었다.

이렇게 보았을 때 1930년대 중반 아일랜드 문예부흥운동에 대한 강조는 조선문학의 '건설／위기'라는 역설적인 상황의 산물로 이해되는 바 있다. 비록 1920년대 초반에 언급된 내용과 동일해도 전혀 다른 의미를 생산하고 있었던 것이다. 이런 맥락에서 아일랜드의 과거와 현재를 비추어 조선을 전망하는 문제 설정은, 조선문학이 처한 운명이 그리 밝지 않다는 것을 반증해준다.

대다수의 문인들은 아일랜드의 상황과는 달리 조선에는 조선어가 아직 생생하게 살아 있고 한글의 대중화가 성공적으로 진행되어 온 것을 들어 낙관론을 제시했다. 일본어로 창작을 했던 장혁주 역시 노르웨이·스웨덴이 덴마크의 식민지로 오랜 세월을 보내는 동안 향토어가 거의 사멸했지만 다시 부활했음을 제시하고, 조선과 정치적 상황이 비슷한 아일랜드의 사례도 추가로 덧붙이면서 '발전 과정'에 있는 조선말이 멸망할 리 없다고 단언했다.[55] 그러나 이와 같은 낙관은 아일랜드 문예부흥운동이 성취한 바를 보면서 지금의 위기를 과도기적인 것으로 배치하려는 태도로 읽혀지는 바 있다. 낙관론의 대세에 대하여 아일랜드의 인용이 부당하다는 입장의 비판은 그런 점에서 참고할 만하다. 이들이 비판적인 이유는 아일랜드의 인용이 어떤 면에서는 식민주의의 내재화를 합리화하는 데 사용되고 있었기 때문이다. 아래 인용문의 핵심은 조선문학은 조선어로 말해야 한다는 것인데, 그 행간에는 일본어 글쓰기에 대한 비판, 더 나아가서는 식민주의에로의 경사에 대한 비판이 담겨 있다.

정확한 문학의 자기표현의 가장 적응하는 최대한 요건은 위선 민족의 말이다. 그러므로 셰익스피어는 영어로 말했고, 괴테는 독일어로 말했으며, 톨스토이는 러시아어로써, 세르반테스는 서반아말로 한 것이다.

혹자는 애란문학이 영어로 말했다는 사실을 들어 이 사실에 이의를 申込할

---

55) 장혁주, 「불멸의 조선어와 조선문학의 장래」, 『동아일보』, 1934.6.5.

지 모르나 그 자는 싱과 셰익스피어를 동렬에 놓는 우자라고 나는 생각한다. 그리고 나는 이러한 우자에게 애란은 어떤 '나라'인가? 애란인은 얼마나 '행복' 된가? 하고 묻고자 한다.

　나는 이러한 우문이나 또 조선문학을 애란문학과 비교하는 파렴치함을 상대로 이야기할 百千의 문학을, 자기나라 자기지방 자기민족의 자기층의 생활과 감정은 자기의 말만이 가장 정확히 표현할 수 있는 일언을 가지고 바꾸고자 한다.[56]

　물론 이 역시 속문주의적 입장에 서 있음을 확인할 수 있다. 아일랜드와는 달리 우리에겐 조선인의 대다수가 사용하는 '조선어'가 있고 그 언어의 발전 과정을 목도하고 있는 상황, 그러나 조선어의 열등한 지위와 사멸에 대한 공포가 잠재되어 있는 상황 — 이러한 요인이 언어를 최종 심급으로 하려는 속문주의 경향을 강화시켰을 것이다.

5. 맺음말

　아일랜드가 주목되기 시작한 것은 1920년대부터이다. 이 시기는 3·1 운동에 의해 일본 정부와 조선총독부의 식민지배 방식이 변화하기 시작한 시점이었고, 그에 따라 총독부 기관지인 『매일신보』와 1920년에 창간된 『동아일보』와 『조선일보』에 의해 아일랜드는 비로소 널리 알려지기 시작했다. 격변기에 있던 아일랜드의 정세는 속속들이 전해졌고, 일본의 식민정책학자들의 자치 문제가 지상에 거론된 이후로 아일랜드는 조선과의 유사성이라는 합의되지 않은 관념 속에서 정치적 입장의 유리함을 위해 점유되어야 하는 일종의 기표였다.

---

56) 임화, 「조선어와 위기 하의 조선문학(7)」, 『조선중앙일보』, 1936.3.20.

그런 가운데 1920년대 초반 극예술협회와 토월회의 아일랜드 희곡의 공연 그리고 김우진 등의 아일랜드문학에 대한 관심사는 식민지 문학의 정체성과 그 전망을 소박하게나마 의식했던 증거로 해석될 수 있다. 특히 아일랜드문학이 영국 문단과 극단, 더 나아가 세계에 영향을 미쳤다는 사실은 조선의 탈식민적 계기를 문학과 연극에서 찾고자 하는 열망을 갖게끔 한 것으로 보인다.

그러나 이는 결코 지배적인 양상이 아니었다. 오히려 당대 문인들은 아일랜드문학을 영국문학에 귀속시키면서도 '애란'을 지우지는 않는 다소 혼란스러운 태도를 보였다. 이는 한편으로는 식민주의적 분류법을 비성찰적으로 수용한 결과이기도 하지만, 다른 한편으로는 식민지 아일랜드의 정치적 형세에 대한 관심 속에서 이른바 문예부흥운동이라는 문화적 민족주의의 성과를 수용하려는 욕망과, '조선문학'의 최종심급을 언어로 삼을 수 있었던 언어 상황, 즉 아일랜드와는 달리 우리에겐 '조선어'와 '한글'이 있다는 상황 인식이 착종되어 있는 상황에서 비롯한 것으로 보인다.

사실 아일랜드문학의 내셔널리티가 1930년대부터 의식되기 시작한 것도, 해외문학파의 등장과 무관하지는 않았으나 좀더 근본적으로는 조선어의 위기에서 비롯하는 조선문학의 내셔널리티 창출이라는 역설적인 상황과 밀접한 상관이 있었다. 한편에서는 아일랜드와는 달리 우리에겐 조선인의 대다수가 사용하는 '조선어'가 있고 그 언어의 발전 과정을 목도하고 있다는 상황 인식이 작용했지만, 여기에는 이중언어 상황과 조선어의 가중되는 위기에 대하여 속문주의의 강화를 통해 조선문학의 내셔널리티를 기획해보고자 했던 안간힘이 숨어 있었다. 그러나 조선어 향방에 대한 낙관론이 시사하는 또 하나의 진실은 그것이 식민주의적 진행을 승인하는 합리화 과정과 결부되어 있었다는 점일 것이다.

정지용과 번역

허윤회

1. 번역의 역할

이 글에서 다루고자 하는 것은 근대 서구시의 수용 과정에서 번역이
차지하고 있는 역할에 대한 것이다. 일반적으로 번역은 원텍스트를 번역
자(전신자)가 번역함으로써 이루어진다. 번역자는 이 과정을 통하여 번역
텍스트를 생산하게 된다. 또한 번역자는 원텍스트를 읽는 과정에서 해석
의 행위를 하게 된다. 이때 해당 언어로 번역하는 번역수행의 과정에서
수정된 해석을 시도하기도 한다. 번역자는 번역 행위뿐만이 아니라 원텍
스트와 번역텍스트의 의미 해석을 하는 과정에서 중심된 역할을 맡게
되는 것이다.[1]

---

1) Susan Bassnett, *Translation Studies*, Routledge, 1980, p.44.

번역은 문화적 의사소통의 수행적 본질이다.[2] 일반적인 의사소통과 다른 점이 있다면 언어의 차이라는 이질성을 극복하는 과정을 동시에 수반해야 한다는 점이다. 이때 번역텍스트는 기호의 고유한 의사전달 기능을 부차화시킬 수 있다. 번역텍스트의 수용자는 이중의 전환 과정을 전제하고, 의사전달의 콘텍스트가 지시하는 대상에 집착할 수 있기 때문이다. 이때 콘텍스트는 야콥슨이 말하는 의미에서 '지시적 기능'을 상당히 손상당하게 된다. 이런 의미에서 폴 드 만은 번역이란 "원전에 파편화의 운동, 교의에서 벗어난 방황, 일종의 영원한 망명 상태를 부여해서, 원전을 탈정전화 하도록 움직이는" 의사소통의 양식이라고 말한 바 있다.[3]

이상의 검토에 따르면 진전한 의미의 번역이란 본질적으로 불가능한 것이다. 벤야민은 이러한 의미에서 번역가에게 창조적 과정을 요구했거니와 이것은 번역자의 해석이 갖는 중요성을 부각시킨 것이라고 할 수 있다.[4] 다른 한편 번역이 존재하는 한에서 번역을 둘러싼 콘텍스트는 번역을 수용하는 시간과 장소의 지시적 의미를 재생산한다. 번역을 둘러싼 제반 담론과의 길항이 일어나는 것도 바로 이 지점이다. 번역이라는 수행적 실천이 "민족국가의 제국주의에 대한 반작용이거나 그것의 역사적 결과"임에도 불구하고 "인식론적 주체로서의 주관"과 "실천적 행위자로서의 주체"가 차이를 드러내는 것이 피할 수 없는 사실이라면[5] 그 틈에 대한 접근은 번역을 통하여 근대성의 알레고리적인 지표를 찾는 일이라고 할 수 있다.[6]

지금까지 서구시 수용에 대한 연구는 비교문학적 관점에서 진행되어

---

2) 호미 바바, 나병철 역, 『문화의 위치』, 소명출판, 2002, 431면.
3) 호미 바바, 나병철 역, 위의 책, 432면 재인용(Paul de Man, *The Resistance to Theory*, university of minesota press, 1986, p.92).
4) 발터 벤야민, 반성완 역, 『번역가의 과제』, 『발터 벤야민의 문학이론』, 민음사, 1983, 331면.
5) Naoki Sakai, *Translation and Subjectivity*, university of minesota press, 1997, p.24.
6) G. C. Spivak, "The Politics of Translation", *The Translation Studies Reader*, L. Venuti edited, Routledge, 2000, p.404; L. Venuti, *Translation, Community*, Utopia, Ibid., p.473.

왔다. 서구시의 수용 과정에서 작품의 원천과 수용된 작품과의 비교는 일차적인 연구의 대상이라고 할 수 있다. 1920~40년대에는 집중적으로 소개된 외국의 시인들이 발견되는데 타고르, 하이네, 바이런 등이 그들이다. 이들에 대한 연구는 비교문학적 관점에서 이루어지고 있으며, 실증주의적 접근이 가장 큰 특징이라고 할 수 있다. 서구의 원천에 대한 영향이라는 관점에서 이러한 연구들의 의미가 줄어드는 것은 아니지만, 서구의 원천이 해당 시기와 문학권 내에서 수용되는 양상에 대한 고찰은 상대적으로 미약한 것이 아닌가 판단된다. 특정 시기의 특정 작가가 선택되고 호명되는 이와 같은 양상에 대한 접근은 그들의 수용 과정에서 어떠한 문학사적 기대가 개입되어 있느냐 하는 문제와 관련을 맺고 있다. 정지용은 한국의 모더니즘을 대표하는 시인이다. 정지용을 통하여 한국의 현대시가 획기적인 일신을 이루었다는 것은 주지의 사실이다. 그런데 정지용에 대한 비교문학적 접근은 객관적인 사태의 점검에서 벗어나지 못한 인상이 짙다. 정지용의 시사적 평가에 있어서 일본이나 서구시의 영향이 중요한 한 축으로 작용함에도 불구하고, 이에 대한 검토는 미약하다. 정지용의 외국시에 대한 자의식을 추적하는 일은 정지용의 시세계의 형성 동인을 파악하는 일이며, 한국 근대시의 전개 과정을 '번역'이라는 맥락에서 다시 파악하는 일이기도 하다. 이 글은 이런 맥락에서 정지용 시세계의 흐름을 추적하고자 한다.

2. 서구시의 번역과 그 전개 과정

서구시의 번역이라는 측면에서 김억의 활동은 그 첫머리를 장식하고 있다. 이전에도 다수의 문인들에 의하여 신문과 잡지를 통해 서구시가

소개되었다. 그 중에서 김억의 활동은 두드러진 바 있으며 그 작업의 결
산이라는 의미에서 김억은 『오뇌의 무도』(광익서관, 1921)를 출간한다. 이
시집은 근대적 의미의 첫 시집이며 동시에 서구시의 번역 시집이었다는
점에서 그 의미가 크다. 그밖에도 김억은 『잃어진 진주』(평문관, 1924)와 타
고르의 『기탄자리』(이문관, 1923), 『원정』(회동서관, 1924), 『신월』(문우당, 1924)
등의 번역시집을 연이어 출간하면서 한국 근대시 형성의 중요한 자양분
을 제공해주는 역할을 하였다. 여기에 『금성』을 중심으로 양주동이 가세
하게 되고, 이른바 번역시단은 자못 활기를 갖게 된다.

　김억의 활동을 통하여 근대시의 자장과 그 윤곽이 그려졌다고 해도
과언이 아닐 것이다. 하지만 김억에 의해 소개된 서구시는 양주동에 의
하여 비판을 받게 된다. 김억이 번역시가에 대한 현실적인 태도를 보이
고 있는 반면에 양주동은 서구시의 본질적 의미가 왜곡되는 양상에 대
하여 의문을 제기하고 있다. 양주동의 보들레르에 대한 이해는 원칙적인
것이었음에도 불구하고, 김억이 이를 적극적으로 수용하지 않는다. 다시
말하자면 김억은 상징주의 수용의 선구자라는 위치에도 불구하고 서구
시의 선택과 호명에 있어서 지극히 개인적인 선택의 입장에 서있다. 이
와는 달리 양주동의 관점은 서구시의 수용에 있어서 객관적인 태도의
견지를 주장하고 있는 것이다. 이것은 김억과 양주동으로 대표되는 번역
에 대한 두 가지 입장이라는 차원에서 다루어져야 할 대목이다.

　창작적 무드를 중시하는 김억의 번역관과 일차적으로 직역을 우선시
하는 양주동의 입장은 의역이냐 직역이냐 하는 논쟁으로 이어진다.[7] 번
역에서 직역이냐 의역이냐 하는 문제는 논쟁에 참여하고 있는 김억이나
양주동 자신들도 절충을 피할 수 없는 문제이어서 해결의 실마리를 얻

---

7) 이에 대해서는 김용직, '『금성』 동인들의 참가와 번역시 논쟁', 「해외시 수용의 본론
　화와 그 양상」, 『한국근대시사』 상, 학연사, 1986; 김효중, 「한국의 문학번역이론」, 『비
　교문학』 15집, 1990; 현태리, 「타골시 번역규범과 만해시 비교론」, 『만해축전 ─ 현대시
　의 반성과 만해문학의 국제적 인식』, 만해사상실천선양회, 1999 등을 참조

기는 어려운 문제이었다. 이러한 논쟁을 통하여 김억은 "逐字이나 直譯이니 하는 것보다도 創作的 무드로 意譯하야 써 그 詩魂과 情調를 옴기는 것이 나흘줄로 압니다"[8]라는 그의 번역관은 '번역은 창작이다'라는 관점으로 이동한다. 서구시의 수용 과정에서 김억의 공적은 분명한 것이지만, 양주동과의 논쟁에서 보듯이, 창작적 무드를 강조하면서 번역창작론 혹은 번역불가능론으로 자신의 주장을 전개시켜 나간 점은 무리한 점이 있다. 원칙적인 면에서 문학적 언어를 번역한다는 것의 불가능성을 도외시할 수 없다 하더라도, 이제 막 본격적으로 서구시를 수용하는 과정에서 번역자에게 원시에 준하는 창작적 시혼과 정조를 요구하는 것은 지나친 요구일 수 있다. 이 같은 거리감의 재현은 서구시에 대한 동경과 좌절에서 한 발도 나아갈 수 없는 것이다.

1930년대에는 서구시의 번역 활동이 일정한 궤도에 오른다. 김억의 『오뇌의 무도』가 1920년대 번역시단을 일신하였다면, 1930년대 이하윤의 『실향의 화원』(시문학사, 1933)은 그 역할에 상응하는 것이다. 하지만 해외문학파의 일원이기도 했던 이양하의 출현과 활동은 1926년으로 거슬러 올라간다. 다음은 그의 회고 가운데 한 부분이다.

　早稻田 高等學院의 梁株東, 孫晋泰, 柳春燮(葉) 등이 詩誌 『金星』으로 文壇에 데뷔, 그들의 巨彈(?)이 큰 波紋을 일으켰을 시절, 『白潮』와 『土月會』의 金基鎭(八峰)도 立敎大學 豫科에서 修學하였다. 1924년경부터 早稻田의 李瑄根, 鄭寅燮, 法政의 金晋燮, 孫宇聲, 異河潤, 그리고 高師의 金明燁과 外語의 金龥(俊燁)兄弟 — 이렇게 7인이 수차 會同하여 진지한 文學硏究團體를 하나 가져보자는 움직임이 무르익어 同人制의 「外國文學硏究會」가 그 이듬해 정식으로 발족한 것이며, 1926년 1월에 『海外文學』 創刊號를 내놓고야 말았다.[9]

일본 유학생들의 문학 연구 모임이 내놓은 『해외문학』 창간호는 이미

---

8) 김억, 「시단산책―『금성』·『폐허』 이후를 읽고」, 『개벽』 46, 1924, 34면.
9) 이하윤, 「문단과 교단에서」, 『이하윤 선집』 2, 한샘, 1982, 161면.

발간된 『백조』나 『금성』에 자극받았을 공산이 크며, 김억과 양주동의 논쟁은 불모지나 다름없었던 외국문학의 소개와 그 필요성을 자각케 하는 계기가 되었다. 특히 중역과 번안 그리고 표절로 얼룩진 문학 활동의 개선을 자임하고 나선 것은 어쩌면 당연한 일이었다. 다음은 1930년 번역 시단을 소묘한 이하윤의 글 가운데 한 단락이다.

그리고 보면 詩歌의 移植은 그 양과 질에 있어서 성적이 비교적 우량하다고 볼 수 있으니, 鄭芝溶의 블레이크(『大潮』, 『詩文學』), 徐恒錫의 데멜((『新生』), 朱耀翰의 (번즈), 브라우닝 부인(『新小說』), 朴龍喆의 괴테, 쉴러, 하이네(『詩文學』), 金允植의 예이츠(『詩文學』), 金尚鎔의 메즈필드(『朝鮮日報』), 李求의 레옹 폴 파트그(『中外日報』)의 譯詩와 그리고 특히 樹州 卞榮魯가 東亞 紙上에 '現代英詩選譯'이란 題로 계속 譯載하여 시몬즈, 다우슨, 노이스, 메즈필드, 콘포드, 헛즈슨, 부어딜론, 더 타메어데, 이비드, 컬터릿즈 등을 소개한 것은 참으로 그저 묵과할 일이 결코 아니라고 생각한다. 筆者 또한 변변치 못한 譯詩를 『新生』, 『大衆公論』, 『詩文學』, 『中外日報』, 『新小說』 등에 꽤 많이 발표하였고, 目下 東亞에 집필중인 '現代詩人研究'에다 될 수만 있으면 매회 一篇씩 拙譯을 게재하고 있으니 수만으로 따지면 樹州와 함께 첫손에 꼽힐 것이다.[10]

위의 글을 통하여 몇 가지 사항을 유추해 볼 수 있는데 첫 번째는 이른바 시문학파의 번역 활동이다. 정지용과 박용철 그리고 김영랑이 블레이크·괴테·쉴러·하이네·예이츠 등을 소개하고 있다는 점이다. 이들의 소개가 초유의 번역은 아니지만 1930년대 세련된 언어의 조탁으로 시문학의 새로운 장을 연 장본인들이라는 점에서 이들의 번역 활동은 예사롭지 않아 보인다. 둘째로 이들과 함께 김상용·서항석·이구·이하윤의 시작 활동은 번역시단의 확대라는 측면에서 이후의 외국문학 연구의 질적인 향상과 깊은 관련을 맺고 있는 것처럼 보인다. 셋째로는 김억과 양주동의 활동이 주춤한 가운데 주요한과 변영로의 활동이 지속적으로

---

10) 이하윤, 「庚午譯壇一覽」, 『신생』 36호, 1931.12(『이하윤 선집』 2, 38면).

이루어지고 있었으며, 특히 변영로의 활동은 질적으로나 양적으로 이제 활동을 본격화하고 있는 이하윤 등과 견주어 손색이 없다는 점이다. 변영로의 경우 정인보와 함께 『시문학』에도 같이 이름을 올려놓고 있다. 그렇다면 언어의 심미적 세련화는 서구 근대시와의 본격적인 공유라는 차원에서 새롭게 이해될 여지를 남겨놓는다고 볼 수도 있다.

특히 변영로의 활동은 당시에 양적으로 뿐만이 아니라 질적으로도 다른 여타의 번역 수용 과정과는 차원을 달리하는 것이다. 우선 그가 다루고 있는 서구시인들의 이름을 나열하면 셰익스피어, 매튜 아놀드, 월터 스콧트, 예이츠, 아서 시몬즈, 더 라 메어, 랜도어, 존 데이비스 등의 영국 시인들과 이탈리아의 시인 지아코모 레오파르디와 페르시아의 시인 오마르 카이얌 등이 포함되어 있다. 김억의 선택한 시인들과 비교하더라도 상징주의 계열 이전의 시인들과 이후의 시인들이 고르게 선택하고 있으며, 오마르 카이얌의 경우는 김상용의 카이얌 소개 이전에 선편을 보여준 작업이라는 의미가 있다.11) 변영로는 『조선의 마음』(평문관, 1924)을 통하여 자신의 문학관을 '상징적으로 살자'라고 간명하게 요약하고 있다. 상징주의의 본질에 육박하는 시관을 보여주었던 변영로는 번역시를 통하여 서구시, 특히 영국시인들의 시사적 흐름을 보다 많이 소개하려는 듯 하다. 이것은 문학 원천의 소개가 문학관의 본령을 획득하는 것임과 동시에 이에 수반되는 교양의 함양과도 긴밀한 관련이 있음을 뜻한다. 그런 의미에서 1930년대 이른바 외국문학 전공자들에 의해서 주도된 번역시단의 대체적인 밑그림을 변영로가 그려주고 있다는 점을 간과하기 힘들다. 변영로는 문단에 번역시가 자못 성과를 이룩하면서 이제 더 이상 이중역과 함량 미달의 번역이 불가능함을 지적하고 있다.12) 그의 이러한 판단은 초기의 번역문학이 차원을 달리하여 전개되어 나아가고 있

---

11) 김상용의 오마르 카이얌의 소개는 「오오마아카얌 루바이얄 연구」(『시원』, 1935.2~12)를 통해 이루어진다.

12) 변영로, 「이중역적 문예」, 『동아일보』, 1925.9.2.

음을 단적으로 구분시켜 준 예라고 할 수 있다. 1920년대와 1930년대의 교량적인 역할로서 수주를 기억하지 않을 수 없는 대목이기도 하다.

『실향의 화원』이 보여준 성과는 김억의 『오뇌의 무도』혹은 『잃어진 진주』의 성과에 버금가는 것이다. 특히 김억이 시인과 작품 선정이 감상적 상징주의 혹은 낭만주의의 틀에서 자유롭지 못한 데 반하여 이하윤의 선택은 문학사적 안목과 객관성이 일차적으로 돋보인다. 이러한 점은 과거 10여 년 간의 번역시단의 성장과도 무관치 않을 것으로 판단된다. 이하윤은 양주동과 번역을 둘러싼 논쟁을 벌였음에도 불구하고 양주동의 번역시관을 대체적으로 인정하게 된다.13) 서구시의 수용을 본격화하는 과정에서 초기의 김억이 보여준 활동은 양주동·변영로·이하윤의 모색 과정을 통하여 새로운 단계의 서구시 번역 양상으로 이어진다.14)

---

13) 이하윤의 양주동에 대한 비판은 「해외문학 독자—양주동씨에게」(『동아일보』, 1927. 3.19~20), 「다시 독자 양주동군에게 주노라」(연도 미상, 『이하윤 선집』 2, 53~56면 참조)에 잘 나타나 있다.

14) 『실향의 화원』이 보여준 성공은 최재서 편의 『해외서정시집』(인문사, 1938)으로 이어진다. 『실향의 화원』은 영국과 프랑스 시편의 편중이라는 문제점을 갖고 있었다. 이 점에 착안하여 독일·러시아·미국 등 여타의 나라에서 시인과 작품을 보강하여 보다 균형 있는 체재를 갖춘 번역시집이 출현하게 되었다. 『해외서정시집』에서는 정지용·이양하·김상용·최재서·임학수·이원조·이헌구·손우성·서항석·김진섭·함대훈 등이 역자로서 참가하게 된다. 사실 『해외서정시집』에 수록된 번역 작품들은 열거된 번역자들이 이전에 잡지나 신문 등의 매체에 발표된 것을 편집한 것이다. 그럼에도 불구하고 『해외서정시집』을 통하여 각국의 대표적인 시인과 작품이 고르게 번역되어 우리말로 읽힐 수 있게 되었다는 사실은 1930년대 번역시단의 성과를 한자리에서 완상할 수 있는 성과임에 분명하다.

이와 함께 임학수의 『현대영시선』(학예사, 1938)은 이 시기의 중요한 성과 가운데 하나이다. 문고판으로 출간된 이 번역시집에는 하디, A. E.의 시가 실려 있는가 하면 엘리엇·오든·루이스·스펜서 등의 시편들이 실려 있다. 1930년대 시단의 특성 가운데 중요한 흐름 중의 하나가 이미지즘 혹은 모더니즘이라고 할 때 이들에 대한 관심이 『실향의 화원』이나 『해외서정시집』에서는 간과된 측면이 있다. 임학수의 『현대영시선』은 일반적인 영시의 조망이 아닌 특별한 시적인 특성을 보여준 시인들을 한자리에서 번역 편집하였다는 측면에서 특징적인 면모를 보여주고 있다. 이러한 관점은 해방 이후 오장환의 『에세닌 시집』(동향사, 1946)과 김종욱의 『강한 사람들』(민교사, 1949)처럼 번역시집이 하나의 독자적인 생명력을 갖고서 읽혀질 수 있는 원동력이 되었다고 판단된다.

초기의 근대시의 수용 과정에 나타난 일정한 입장의 차이가 이 대목에서 나타난다. 우선 첫째로 김억과 양주동의 번역관이 보여준 차이이다. 둘째는 번영로가 보여준 서구시에 대한 선이해에 기초한 이해와 활동이다. 김억과 양주동이 보여준 번역에 대한 입장 차이는 논쟁적인 양상으로 진전되지만 번역의 실제라는 측면에서 양자는 절충적인 대안을 모색하지 않을 수 없었다. 아울러 서구시의 원텍스트와 번역 텍스트의 차이와 일치라는 관점에서 일종의 소모적인 논의로 비쳐지기도 한다. 반면에 번영로 이후의 활동은 이러한 논리적인 논쟁의 양상이 아닌 보다 생산적인 관점에서 텍스트의 선택과 집중이라는 양상으로 나아간다. 특히 '해외문학파'의 등장은 서구시의 수용을 통한 근대시의 생산이라는 면에 집중할 수 있는 문학적 장의 토대를 마련하는 계기가 되었다.

번역이란 단순히 텍스트의 기호를 다른 언어로 전환하는 것이 아니라 내포된 기의를 재해석하고 표현하는 것이다. 여기에 번역의 창조성이 가로놓여져 있다면, 근대시의 생산에 충분한 자양분이 될 수 있다. 이러한 점에서 근대시에 대한 의욕적 활동이 가능하게 될 수도 있다. 1930년대의 대표적인 시전문 잡지인 『시문학』 1권과 2권에는 정인보·이하윤·박용철·정지용·김영랑 등에 의하여 쉴러·괴테·하이네·블레이크·예이츠·사맹·폴 포르 등의 시가 '외국시집'이라는 항목으로 번역 게재되어 있다. 언어의 조탁과 세련된 감수성의 표현으로 특징지어진 '시문학파'의 출발에 서구시가 차지하는 위상은 무엇일까? 아마도 이것은 김억과 양주동의 논쟁이 끝나는 지점에서 마주치게 된 근대시의 표현에 대한 물음과 맥락을 같이하는 것이라고 파악된다.

정지용의 번역시 활동은 크게 세 시기로 나누어 살펴 볼 수 있다. 첫째는 1930년 윌리엄 블레이크(1759~1827)의 시를 소개하고 있는 시기이다. 둘째 시기는 『해외서정시집』(인문사, 1938)이 간행되는 1938년 무렵으로 월트 휘트먼(1819~1892)의 시를 소개하고 있다. 아울러 이 시집에는 1930년에 번역한 블레이크의 시가 재수록되어 있다. 그리고 세 번째로는 해방

이후의 시기로서 정지용은 휘트먼의 시를 1947년 무렵 『경향신문』에 번역하여 다수를 싣고 있다.[15]

정지용의 번역 활동은 동시대의 김억이나 박용철과 비교한다면 활발한 편에 속하지는 않는다. 그럼에도 불구하고 영문학을 전공한 정지용에게 서구시의 영향이라는 측면을 전혀 무시할 수 없다. 지금까지 이미지즘 혹은 모더니즘의 측면에서 그의 시에 대한 고찰이 이루어지고 있었던 점도 그와 같은 전제에서 이루어진 것이라고 볼 수 있다. 이와 함께 정지용의 문학 형성 과정에서 번역시의 영향에 대한 지적도 이루어진 바 있다.[16] 이러한 측면에서 보자면 우선 주목되는 것이 정지용의 블레

---

15) 『정지용 전집』 1권(민음사, 1988)을 살펴보면 정지용의 번역시들이 실려 있다. 윌리엄 브레이크의 시가 5편, 월트 휘트먼의 시가 12편이다. 제목과 발표 지면을 살펴보면 다음과 같다.

* 윌리엄 블레이크

「小曲」1(『대조』 창간호, 1930.3); 「小曲」2(『대조』 창간호, 1930.3); 「봄」(『대조』 창간호, 1930.3); 「봄에게」(『시문학』 2호, 1930.5); 「초밤별에게」(『시문학』 2호, 1930.5)

* 월트 휘트먼

「水戰 이야기 1 · 2」(『해외서정시집』, 1938.6); 「눈물」(『해외서정시집』, 1938.6); 「神嚴한 주검의 속살거림」(『해외서정시집』, 1938.6); 「靑春과 老年」(『경향신문』, 1947.3.27); 「關心과 差異」(『경향신문』, 1947.4.3); 「大路의 노래」(『경향신문』, 1947.4.17); 「自由와 祝福」(『경향신문』, 1947.5.1); 「弟子에게」(『경향신문』, 1947.5.8); 「나는 앉아서 바라본다」(『경향신문』, 1947.5.8); 「平等無終의 行進」(『산문』, 1949.1); 「目的과 鬪爭」(『산문』, 1949.1); 「軍隊의 幻影」(『산문』, 1949.1)

김학동에 의하면 휘트먼의 「법정심문에 선 중범인」(『경향신문』, 1947.5.1)의 게재 사실을 확인하였으나 『정지용전집』에 수록하지 못했다고 한다(『정지용전집』 1, 민음사, 1988, 199면). 또한 이희환에 의하면 『별』지에 포울 피어링스의 「주여」(『별』 49호, 1931.7.10)와 애란의 고시(古詩)인 「성모」와 크리스티나 로우세티의 「가장나즌자리」(『별』 50호)가 번역 게재된 사실을 보고한 바 있다(이희환, 「젊은 날 정지용의 종교적 발자취」, 『문학사상』, 1998.12, 264면). 또한 같은 글에서 이희환은 1947년 4월 속간된 『카톨릭청년』 4~6월호에 정지용이 외국 종교시를 5편씩 모두 15편 번역 게재하였다고 밝히고 있다.

김병철은 타고르의 『기탄자리』 가운데 일부분(1~9)이 『휘문』 1(휘문문우회, 1923.1.25)에 게재된 사실을 그의 번역문학목록에 추가하고 있다. 같은 지면을 통해 작자 미상의 작품 「여명의 신 오—로아」와 「퍼—스포니와 수선화」가 함께 번역되어 게재되었음을 밝히고 있다. 따라서 정지용의 번역시는 『전집』에 수록된 17편 이외에 30편이 더 존재하고 있는 실정이다. 그밖에 휘문 8(1925.12.20)에는 블레이크의 작품 4편이 실려 있는데 제목이 같은 점으로 보아서 『대조』와 『시문학』을 통해 발표된 블레이크의 번역시들이 『휘문』 8에 다시 게재된 것으로 추정된다(이상은 김병철, 『세계문학번역서지목록총람』, 국학자료원, 2002 참조).

이크 번역이다. 정지용 이전에도 블레이크의 소개는 이미 이루어지고 있었다. 김억과 변영만이 1923년 무렵 블레이크의 시를 소개하고 있으며, 1930년 무렵 이하윤도 블레이크의 시를 소개하고 있다.[17) 이하윤의 번역은 정지용의 블레이크의 번역 시기를 근소하게 앞지르고 있다.

> 쟝미옷은 病들어서라, 쟝미옷은 病들어서라!
> 몸살스럽게 내리는 暴風雨의
> 어두운밤에 날아단니는
> 보랴도 볼슈업는 적은 버레가
> 즐거움가득한 깁혼 紅色의
> 그대의 寢臺를 괴롭게하는
> 그의 어두운사랑, 그윽한 사랑째문에
> 그대의 못슴은 이리도 病들어서라
> ── 김억 역, 「쟝미옷은 病들어서라!」 전문[18)

> 오― 장미여 너는 병들엇고나!
> 세찬 暴風雨 몰아치는데
> 어두운 밤중을 날아다니는
> 눈에도 안보히는 적은 버레가
>
> 깃븜이 가득한 그대의

---

16) 사에구사 도시카스(三枝壽勝)는 "澤元이가 庭球 前衛選手로 날리었고 나는 印度 「타고르」의 詩에 미쳤던 것이다"(「趙澤元 舞踊에 關한 것─그의 渡美公演을 契機로」, 『산문』, 동지사, 1949, 225면;『전집』 2, 332면)라는 일절을 인용하면서 "그립어 식의 표기법이 그 당시(김억에 의하여) 제기된 만큼 하나의 시대성을 띠고 있었으며, 芝溶의 시도 그 영향을 반영하고 있다"(김신정 편, 「정지용의 시 「鄕愁」에 나타난 낱말에 대한 고찰」, 『정지용의 문학세계 연구』, 깊은샘, 2001, 222면)라는 조심스러운 가설을 내세우고 있다. 다시 말하면 정지용의 문학수업 가운데 김억의 번역시 활동과 그 영향이 정지용 시의 한 축으로 기능하고 있었다는 것이다.

17) 변영만의 번역은 블레이크 번역은 「병든 장미」라는 제목으로 『동명』 29(1923.3.18)에 게재.

18) 블레이크, 김억 역, 「쟝미옷은 病들어서라」, 『오뇌의 무도』, 광익서관, 1921, 154면.

분홍빛 寢臺를 차저냇스니
그래 그의 검고 그윽한 사랑은
그대의 목숨을 버려주노라

— 이하윤 역, 「알는 薔薇」 전문19)

김억이 번역한 블레이크의 시는 『오뇌의 무도』에 발표되었으며, 이하
윤의 번역은 『실향의 화원』에 다시 실리게 된다. 두 사람의 번역은 시의
후반부에서 차이가 있다. 김억은 "그의 어두운사랑, 그윽한 사랑째문에 /
그대의 못슴은 이리도 病들어서라"라고 표현한 반면, 이하윤은 "그래
그의 검고 그윽한 사랑은/ 그대의 목숨을 버려주노라"라고 적고 있다.
김억의 경우 '병'이라는 표현은 감상적이고 측은한 감정을 유발시키는
듯하다. 반면에 이하윤의 경우는 사랑에 원인을 두고 있지만 "그대의 목
숨을 버려주노라"라는 단호함이 어려 있다. 같은 작품을 두고 이처럼 뉘
앙스가 달라진 배경에는 서구 번역시의 수용 과정에 대한 인식의 변화
와 상관성이 있다. 다시 말하자면 김억은 시적 의미의 전달에 강조점을
두고 있음에 비하여 이하윤은 원시의 충실한 번역에 입각점을 두고 있
는 것이다.
　　정지용은 『시문학』 2호에 블레이크의 시 두 편을 번역한 바 있다. 「봄
에게(To Spring)」과 「초밤별에게(To The Evening Star)」가 그것이다.

오오, 이슬매진 머리딴 듸리우고
새맑은 아츰창으로 내여다보는 그대,
그대 각가히 옴을 마지랴 합창소리 우렁차게 이러나는
우리 서쪽섬나라 로,
그대 天神스런 눈초리를 돌니라, 오오, 봄이여!

언덕과 언덕은 서로마조 불고

---

19) 블레이크, 이하윤 역, 「알는 장미」, 『신생』 14호, 1930.2.

골작과 골작은 귀살포시 듯노나,
그리움에 겨운 우리 눈들은
그대 해ㅅ빗발은 天幕을 우러러 보노니, 나오라 아프로,
그대 거룩한 발로 우리나라를 밟으라.

동쪽 산마루마다 올라오나, 바람들
그대 향긔롭은 옷자락에 입맞추게 굴고, 우리들
그대 아츰 저녁 가벼운 입김을 맞게 하라, 그대 그립어
사랑알는 따우에 진주를 흐트라.

오오, 그대 고흔 손으로 그를 호사롭게 꾸미라,
그대 보드라운 입마침을 그의 가슴에 부으라,
그대 黃金寶冠을 고달핀 그의 머리에 이루라,
숫시런 그의 머리는 그대 때문에 언처저 잇는것을.

— 「봄에게」 전문

그대, 고흔머리 듸린 초밤 天神이여
이제는 해가 山脈우에 잠긴 때, 혀들어라
빗나는 사랑의 홰ㅅ불을, 찰난한 寶冠을
이고, 우리 일은 잠ㅅ자리에 가벼운 우슴을 굴니라!
우리들 사랑우에 가벼운 우슴을 굴니라,
그대, 한울의 푸른 장막을 거들 때
때마처 오는 졸님에 아실한 눈을 다든 가지가지 꽃우에
銀이슬을 흐트라, 하늬바람은
湖水우에 잠재여 두고, 깜박이는 눈초리로 고요함을 속살대라,
그대가 숨은후, 이리가 나돌고
검은 수품 속에 獅子눈알이 탄다,
우리 羊들 털은 더피나니
그대 거룩한 이실에, 그들은 직히라 그대 힘으로

— 「초밤별에게」 전문

위의 두 시는 자연의 변화에 대한 블레이크의 서정적 인식을 표현하고 있다는 공통점이 있다. "그대 해ㅅ빗발은 天幕을 우러러 보노니, 나오라 아프로, / 그대 거룩한 발로 우리나라를 밟으라"(「봄에게」)나 "그대, 한울의 푸른 장막을 거들 때 / 때마처 오는 졸님에 아실한 눈을 다든 가지가지 꽃우에 / 銀이슬을 흐트라"라는 표현은 하늘이 보여주는 변화의 모습을 가시화하면서 동시에 이를 통하여 새로운 인식의 영역으로 안내하고 있다. 블레이크의 시 가운데 김억이나 이하윤과 다른 대상의 선택은 분명 정지용 고유의 시세계에 기인한다.

아무튼 1930년에 접어들면서 『시문학파』의 출현과 번역시단의 일신은 분명 특기할 만한 사항이다. 이러한 분위기 속에서 정지용의 블레이크 시 번역도 가능했던 것이다. 정지용은 그의 나이 22세 되던 1923년 일본 경도의 동지사대학에 입학하게 된다. 유학을 마친 후 휘문고보에 교사직을 맡는다는 조건이 달려 있었다. 그의 나이 28세가 되는 1929년 정지용은 동지사대학의 영문학과를 졸업하게 된다. 이 학교를 졸업하면서 정지용은 「윌리엄 블레이크의 시에 있어서 상상력」이란 졸업논문을 영문으로 작성하여 제출한다. 정지용과 블레이크와의 관련성은 그의 손으로 이루어진 그의 졸업논문에서 확인할 수 있다.[20] 앞에서 다룬 「봄에게」라는 블레이크의 시는 정지용의 졸업논문에서도 다음과 같이 언급되고 있다.

(블레이크) 그는 조용히 아침 떠오르는 태양 속에서 노래하는 많은 천사를 보았다. 즉 성스러움, 성스러움, 성스러움은 신의 전능함이여! 그리고 금성이 땅거미에 차게 결빙되어 반짝이기 시작했을 때, 그는 다음과 같이 찬가를 불러 찬양했다. (…중략…) 그리고 그는 머리카락을 가진 천사를 보았다. 황금의 기둥 또는 불빛 속에서 무도회가 열렸던 바로 그것이 기이한 비전과 상상력의 원인이 되었다.[21]

---

20) 정지용의 졸업논문 원문은 동지사대학에 보관되어 있으며, 정정덕에 의하여 번역이 이루어졌다. 정정덕, 「'정지용의 졸업논문' 번역」, 『한양어문연구』 13집, 1995. 이하의 인용은 정정덕의 번역본을 사용하였다.

정지용은 블레이크의 시에서 황금의 기둥 또는 불빛 속에서 무도회가 펼쳐지는 광경과 그 속에서 머리카락을 가진 천사들의 군무를 바라보고 있다. 그 성스러움과 감격스러운 장면에 대한 동화된 이해를 정지용은 담담히 기술하고 있다. 또한 정지용은 「봄」이라는 시에 대하여 "블레이크는 이슬 맺힌 표정 속에서 봄의 신들을 지켜보았다. 그리고 잠든 땅을 깨우기 위해 조용히 접근하는 천사의 눈을 보았다. 또한 그는 이야기 소리 들리는 언덕에서 환희의 소리까지 들었다"[22]라고 기술하고 있다. 정지용은 「봄」을 다음과 같이 번역하고 있다.

> 어린 羊아
> 이리로 오렴,
> 할터라
> 내 하이얀 목을
> 쏩자
> 네 보드라운 털,
> 입 맞추자
> 네 쌤에,
> 길겁게, 길겁게, 해를 맞누냐.
>
> ―「봄」후반부[23]

위의 시에서 "이리로 오렴, 할터라"라는 부분은 정지용의 「카페 쯔란스」의 일절을 연상시킨다.[24] 「카페 쯔란스」에는 식민지 조선인 유학생의 슬픈 표정이 짙게 드러난다면, 「봄」에서는 밝은 영상이 약동하는 듯하며 감격스럽게 표현되어 있다. 반면에 다음의 시에서는 정지용 시 가운데

---

21) 「'정지용의 졸업논문' 번역」, 599면.
22) 「'정지용의 졸업논문' 번역」, 603면
23) 블레이크, 「봄」, 『대조』 창간호, 1930.3. 이 작품은 김억에 의하여 『신생명』 2호 (1923.8.15)에 같은 제목으로 번역된 바 있다.
24) 사나다 히로코(眞田博子), 『최초의 모더니스트, 정지용』, 역락, 2002, 126면.

「비애」나 「시계를 죽임」 등에 나타나는 상심과 비감어린 정서를 엿보는
듯 하다.

> 니치잔는 생각이야 이리로 오라
> 네 아릿다운 줄을 골으라.
> 바람우에 네 음악이 쩌돌 동안—
> 탄식하는 님들 숨에 어리는
> 시내ㅅ물을 내 익늬히 굽어보며
> 흘으는 거울 속
> 시처가는 부즐엇슨 심사를 낙그리.
>
> 새맑은 물 마시며
> 리니트의 노래를 들으리.
> 그곳에 누어 한종일 숨에 잠기다,
> 밤이 오면
> 슬허하기에 안윽한 곳 차저 가리.
> 고요한 시름 쌀어
> 검은 골작 사이를 걸으면서

—「소곡」 1 전문

정지용은 블레이크의 시를 "고요한 시름이 가리키는 대로 검은 골짜
기 사이를 걷다가 그도 지쳐 밤이 되면 아늑한 곳으로 차저가겠다"라고
번역하고 있다. 그 아늑한 곳은 '슬허하기에 안윽한 곳'이다. 슬퍼하기
적당하다는 뜻인지, 스산하여 쓰러지려는 듯 하다는 의미인지 암시성이
깃든 양가성을 내포하고 있다. 이러한 내포적 의미의 표현은 번역시의
선택에서 번역자로서의 정지용의 기호와 취미가 많이 반영된 예라고 할
수 있다. 그의 졸업논문에는 "그리고 그는 골짜기의 백합을 느꼈으며, 조
용한 계곡의 개울가에 말쑥한 소녀가 서 있는 것을 느꼈다. 또 작은 날
개로 떠도는 구름을 만났고, 알몸으로 기어 다니는 곤충들과 불쌍한 새

끼들을 주시하였다"라는 구절이 있는데, 「소곡 1」을 대상으로 한 설명은 아니지만 블레이크 시의 초기적 감상성과 시적 지향을 자신의 관점에서 기술한 내용으로 읽을 수 있다. 이를 통하여 정지용의 블레이크 시 번역과 초기시의 영향 관계를 잠시 생각해 보았다.

3. 상상력과 영원성의 갈등

다음으로 정지용의 학위논문에 대하여 살펴보고자 한다. 정지용의 졸업논문 「윌리엄 블레이크의 시에 있어서 상상력」은 익히 알려져 있었으나 이에 대한 검토는 아직 본격적으로 이루어지지 않은 듯 하다. 당시 일본에서 블레이크가 대단히 주목받고 있었으며, 영문학을 전공하던 정지용이 졸업을 위해서는 논문이 필요했는데, 이러한 분위기에서 정지용이 블레이크에 대한 논문을 썼다는 정도의 인식이 일반화된 것처럼 보인다. 현실적인 이유로 해서 써진 글이라고 하더라도 일본 유학을 마감하면서 결산의 의미를 갖고 있는 졸업논문의 대상 선택에 신중함이 없을 수 없다. 그리고 키타하라 하쿠슈(北原白秋)가 주재하던 『근대풍경』 등에 그의 시가 일어로 발표되어 주목받는 신진시인으로서, 그의 활동이 재일 유학생들에게 놀라움을 선사하고 있었다는 기록 등을 살펴보면[25] 자신의 시세계를 위해서도 이론적 결산이 요구되는 시점이라고 볼 수 있다.

제목에서 알 수 있는 것처럼 '상상력'이라는 주제로 블레이크의 시를 접근하고 있다. 블레이크의 시는 변화와 발전이 다른 시인들과 다르고 독

---

25) 이하윤, 「문단과 교단에서」, 『이하윤 선집』 2, 한샘, 1982, 162면.

창적이라고 전제한 뒤에 "나는 그가 항상 찬미했던 상상력에 대해 연구"하겠다고 글의 서두에서 자신의 의도를 밝히고 있다. 그렇다면 블레이크가 말하고 있는 '상상력'이란 무엇인가 하는 문제가 관건이 될 터이다. 하지만 이 문제는 그렇게 간단치 않다. 블레이크의 시세계 전반에 대한 이해, 시의 변화와 발전 등이 전제되지 않으면, 블레이크의 '상상력'은 그 의미를 상실할 수도 있기 때문이다. 더 나아가서 정지용의 블레이크의 '상상력'에 대한 이해가 올바른 것이었느냐 하는 문제가 다루어져야 하기 때문이다. 우선 정지용은 블레이크의 삶을 세 시기로 구분하고 있다.

제1시대 — 1789(First Publication of 'Songs of Innocence')
제2시대 — 1789~1800(Removes from Lanbeth to Felphaus)
제3시대 — 1800~1827

블레이크의 제1시대는 'Poetical Sketches', 'Songs of Innocence' 등의 제작이 이루어지는 시기이다. 앞서 살펴본 것처럼 정지용의 블레이크 시 번역은 주로 이 시기의 작품들이다. "상징의 숲에서 방황하던, 고독한 삶을 이끌었던, 그 사람의 삶에 대해 어떤 신선한 초록빛 희망과 기대"가 어려 있던 시기이다. 정지용은 이러한 블레이크의 시세계를 '비전의 세계' 혹은 '상상력의 세계'라고 명명하였다. 정지용은 비전과 상상력을 같은 차원에서 논의하고 있다. 시적 비전과 상상력의 유사성에도 불구하고 용어의 통일이 이루어지고 있지 않는 점은 문제적이다. 그의 설명을 따라가다 보면 시적 비전의 개념하에서 다루어질 내용을 상상력이라는 개념을 통하여 논의를 이끌고 있는 측면도 있다. 이것은 블레이크의 작품을 예이츠가 서문을 곁들여 출간했다는 시집으로 간행했다는 사실과 예이츠가 그 즈음에 자신의 시론집을 출간하고 있었던 정황과도 관련이 있다.[26] 당시에 예이츠는 블레이크의 상상력을 시적 비전으로 수렴해 나아

---

26) William Blake, *Collected Poems*, edited by W. B. Yeats, routledge, 1905(2002); W. B. Yeats, *A*

가고 있었다. 이와는 달리 정지용은 상상력이라는 개념 아래 비전을 해석하려는 의도를 연출하고 있다. 이 점이 블레이크 해석에 있어서 정지용의 입각점이 된 셈이다.

다시 말하면 블레이크는 자연을 "피안세계의 반영이자 계시"로 보면서 동시에 우주를 "그 안의 모든 사물이 영적 의미로 충만된 살아 있는" 것으로 보았는데, 이것을 인식하고 "시적 비전 속에 구체화시키는 힘"을 그는 상상력으로 보았다.27) 이러한 고찰을 예이츠는 충실히 보여주고 있음에 반하여 정지용은 낭만주의 이래 상상력의 포괄적인 개념을 통해 블레이크를 바라보고 있다. 이것이 정지용의 졸업논문이 택한 방향이다.

블레이크의 비전 혹은 상상력의 세계에는 신비스러움 혹은 신비주의적 색채가 섞여 있다. 이러한 신비주의적 관점에서 "어떤 물질의 이미지도 그의 문에 나타나지 않"으며, 동시에 그는 "물질적 대상물 뒤에 숨어 있는 실질적 형태와 진리를 지각"하기에 이른다.28) 정지용은 이러한 블레이크의 비전에 대한 생각을 4단계로 구분하고 있다.

> 지금 나는 4중의 비전을 본다. 그리고 4중의 비전은 나에게 주어진다. 즉 그것은 나의 최고의 환희 속에 비전이다. 3중의 비전은 '부드러운 Beulah의 밤이며, 그리고 늘 2중의 비전이 있다. 신이여. 단순한 비전으로부터 또 'Newton's의 잠'으로부터 우리를 지켜 주시옵소서.29)

블레이크의 비전은 최초의 단순한 비전, 감각적인 비전에서 출발하여, '지적인 평가로부터 온 비전'이 추가되고, 감정적 차원이 융합되고, 정신적인 판단이 첨가되는 과정을 거쳐 사차원의 비전이 교호하는 양상으로 진화한다. "첫 번째 비전은 그들 스스로의 감각으로부터 온, 단순한 비전

Vision, Macmillan, 1925 참조.

27) R. B. Brett, 심명호 역, 『공상과 상상력』, 서울대 출판부, 1979, 40면.
28) 「'정지용의 졸업논문' 번역」, 601면.
29) Blake, *Letter to J. Butts.*, Nov. 22nd. 1802(정지용, 「'정지용의 졸업논문' 번역」 재인용).

이다. 두 번째는 단순한 감각과 지적인 평가로부터 온 비전을 배합한 것, 즉 이중 비전이다. 세 번째 비전은 이중비전과 감정적 가치를 융합한 것이고, 네 번째 비전은 세 번째 비전에 정신적인 판단을 첨가한 것이다."[30] 사중의 비전이 최고의 환희 속에 있는 반면에 삼중의 비전과 이중의 비전은 각각 낮은 차원에 위치하고 있다. 단순한 감각의 비전은 일상의 비전이라고 할 수 있는데 보편적인 물리의 세계이다. 이러한 일상의 세계를 블레이크는 '뉴튼의 잠'과 등치시키고 있다. 이중의 비전은 '뉴튼의 꿈'이며, 삼중의 비전은 이중비전의 '꿈'이기도 하다. 블레이크가 도달했다고 말한 사중의 비전은 '꿈속의 꿈속의 꿈'인 지독한 몽환의 현실이라고 할 수 있다.

일견 플라톤적인 의미에서의 이데아를 연상시키는 이러한 대목은 블레이크에게 '전도된 현실관'으로 나타난다. 현실의 일상과 물질이 다른 모습으로 나타난다. 이러한 '이중 비전의 독특한 견해'가 가능해지는 메커니즘을 상상력의 원리라고 정지용은 보고 있다. 이러한 상상력을 통하여 블레이크는 무생물에게까지도 생명력을 부여했을 뿐만 아니라, 가련한 곤충들에게도 '미묘한 말'로 그들의 즐거움과 슬픔을 말할 수 있게 하였다. 더 나아가서 블레이크는 "백합과 새끼양들의 정신도 사자와 황소의 그것처럼 똑같이 가치" 있음을 확신하기에 이른다. 그것이 비록 신비주의라고 개념화될지라도[31] 적어도 정지용이 보기에 이중의 비전을 통하여 블레이크는 상상력의 최고점에 도달할 수 있었다. 이때까지 정지용은 블레이크의 상상력을 적극적으로 이해하고 있다. 하지만 상상력을 통하여 다시 한 차원, 그리고 다시 한 차원으로 상승하는 블레이크에 대하여 적극 찬동하지는 않는다.

---

30) 「'정지용의 졸업논문' 번역」, 601면.
31) 이에 덧붙여서 블레이크의 신비주의 혹은 신화 체계에 대한 이해는 당시 유럽을 휩쓸던 계몽주의혁명에 대한 기대의 좌절이 아니라 계몽주의의 오류에 대한 본격적인 성찰로 파악하는 것이 올바르다는 의견을 함께 참조할 수 있다(유명숙, 「블레이크적 주체와 『무구와 경험의 노래』의 독자」, 『지구화시대의 영문학』, 창비, 2004, 59면).

그는 시간과 공간이 한계 지워진 현실세계 뒤의 영원한 세계를 보았다. 그것은 우리가 죽음의 문에 들어갈 때 다만 볼 수 있는 세계이다. 그러나 그는 이 세계로 들어가서 제 3의 비전과 제 4의 비전을 가져왔다. 이 비전은 영원한 삶의 꽃이라고 불려지고, 항상 미묘한 향기를 느꼈던 비전이다. 그러므로 그는 신비의 나라를 보았고, 신과 천사의 나라를 보았다.[32]

정지용은 블레이크의 이러한 상승을 '영원한 세계에 머물기 위해 이 현실세계를 떠난 것'으로 파악했다. 블레이크가 「레이놀즈 담론」에서 "자기의 마음과 생각 속에서 천국을 여행하지 않은 사람은 예술가가 아니다!"라고 말했다 하더라도 그러한 휘황한 광휘에 대하여 정지용은 한 발 물러서 의심의 눈초리를 거두려 하지 않는다.

대신에 정지용은 그러한 상승의 세계를 시적 천재(Poetic Genius)의 개념을 통해 설명을 이어간다. 블레이크의 제1시기 후반에서 제2시기에 걸쳐 이루어지는 제3의 비전 속에서 시인은 '시적 천재'인 것이다. 「천국과 지옥의 결혼」 등 블레이크의 대표작이 산출되는 것도 이 시기이다. 블레이크는 영원의 봉인을 통과해서 시적 천재가 되어 있었던 것이다. 블레이크는 여기에서 '보편적 영원성'을 획득하였으며, "그는 항상 그의 머리 속에 신의 비전을 가지고 있었고, 그는 그 비전 아래서 신들을 노래했다."[33] 빛의 광휘 속에서 정지용은 약간의 현기증을 느끼는 듯이 이에 대하여 다음과 같이 설명하고 있다.

그리고 장미들을 볼 때, 그는 그들이 사랑의 상징이라는 것을 거절하고, 그들은 인간 마음의 부분이라고 이미지화한다. 자연은 다만 인간의 거울일 뿐이다. 그리고 우리가 보는 세계는 외적으로 인간의 일부분인 내적 진실을 표현한 것이다. 그러므로 그의 상상력이 발달한 것처럼, 자연에 대한 그의 관점은 점점 변화하고, 그의 상징주의는 복잡성으로 증가한다.[34]

---

32) 「'정지용의 졸업논문' 번역」, 604면.
33) 「'정지용의 졸업논문' 번역」, 607면.

블레이크의 상상력을 따라가던 정지용은 상징과 마주치게 되고 상징주의와 그것의 복잡성과 만나게 된다. 이쯤 되면 블레이크의 상상력은 신성성을 갖게 되는 것 같다. 상상력은 신의 실체이고, 진리와 영원의 세계이다. 하지만 정지용은 그 영원의 봉인을 통과할 수도 가까이 할 수도 없었다.

> 우리는 두 개의 대립되는 사고가 인생에 대해 애매한 설명으로 블레이크의 작품 속에 흐르고 있음을 인식한다. 한 사고는 또 다른 사고를 만든다. 인간 삶의 수수께끼, 인간 삶의 기본적 모순, 또는 그가 'Songs of Innocence'와 'Songs of Experience'에서 노래했던 인간 삶의 양면성, 즉 이것들을 다만 인식한다는 것은 슬픈 사실이었다.[35]

하지만 블레이크는 상상력의 행진을 멈추지 않고 제4중의 비전으로 비약한다. '신적 광란' 혹은 '플라톤의 실체의 상호작용'의 단계라고 일컬어지는 이 단계에서 블레이크는 "상상할 수 있는 그의 모든 것이 인간의 눈으로 보여지는 어떠한 것보다도 더 완벽하고, 더 정밀하게 조직화"되어 나타난다고 주장하고 있다. 이 단계에 이르면 인간이 정신을 추구하는 것이 아니라 정신이 사람을 조직화한다. 이제 거침없이 상상력의 창조력은 응축되어 상징화되고 '상징적 창조'만이 가능한 세계 속에서 블레이크는 위치하고 있다. 단순하게 말하면 초기부터 그를 이끌었던 비전의 세계가 이제는 비전 혹은 빛만이 남은 세계가 되어 버린 것이다. 감정의 융합과 정신의 기술을 통하여 도달한 블레이크의 우주에 대하여 정지용은 다음과 같이 말한다. "블레이크의 우주는 영원성 그 자체이다. 영원성은 단지 존재한다. 상상력의 세계는 블레이크에게 영원의 세계이다. 영원한 이 세계에서 살고 있는 영원성으로서 똑같은 가치를 갖는다."[36] 그럼에도 불구

---

34) 「'정지용의 졸업논문' 번역」, 608면.
35) 「'정지용의 졸업논문' 번역」, 610면.
36) 「'정지용의 졸업논문' 번역」, 613면.

하고 단테가 그랬듯이 인간의 수수께끼와 기본적 모순, 그리고 인간의 양면성을 무시할 수 있는가? 정지용의 고민은 이 장면에서 떠날 수 없었다.

요약하자면 정지용은 블레이크를 정리하면서, 그의 놀라운 시적 수법을 상상력을 통해 확인하면서, 그 상상력이 지시하는 비전의 세계에 함몰되지 않으려 무진 애를 쓰고 있다. 그럴수록 정지용의 시야에 더 가깝게 다가오는 것은 인간 그 자체의 삶과 모습이다. 시적인 비전과 영원성에 거리를 두게 되면서 블레이크의 상상력이 이끌었던 신성성은 인간적인 것과 신적인 것으로 분열된다. 적어도 정지용의 입장에서 블레이크는 그런 분열 그 자체의 형상으로 비쳐졌을 가능성이 있다. 왜냐하면 블레이크가 자신의 시세계에서 구하려고 했던 것은 정신적인 평화의 유지를 목표로 하고 있기 때문이다. 반면에 일반적으로 종교는 '존재 너머의 실재'를 알려고 할수록 평화의 끝자락만을 구하게 된다.37) 이점은 블레이크의 본질적인 부분이 어떻게 기성의 종교와 갈라지게 되는가를 시사하는 대목이다. 가톨릭 신자이기도 했던 정지용이 블레이크라는 대상을 충분히 검토하면서 동시에 거리를 둘 수 있었던 이유는 이것 때문이 아니었을까? 가톨릭에 귀의할 수 있었던 데에는 그의 인간에 대한 현실적 이해가 있었던 것이라고 추측해 볼 수 있다. 식민지라는 당시의 현실에서 정지용은 블레이크가 보여준 신비의 광휘에 자신이 눈멀 수 없음을 의식하였던 것은 아니었을까? 아무튼 정지용은 블레이크를 통하여 시적 본질에 눈뜨게 되었지만 동시에 객관적 현실에 긴박된 자신의 처지를 동시에 파악하게 된다.

이 詩集의 作者가 그 누구의 말한 바와 같이 한 成功한 '왈터 되 라메어'가 될는지 모르겠으되(된다해도 반가울 일 없고) 한 有望한 成長途中의 윌리암 뿔레익이다. 그러한데 뿔레익이 됨에는 曖昧, 昏安의 舊衣裳을 버서버리고 淸雄, 明澄한 斯樂曲에 呼吸하여야 되겠다. 모도들 뿔레익은 神秘의 詩人이라

---

37) Harold Bloom, *The Ringers in the Tower*, Chicago, 1971, p.61.

하지만 神秘는 讀者의 讀後感인즉 작자의 作前感인즉 恒常 明健하였을 뿐이다. 나는 이 '詩集' 속에서 그 전환의 可能性을 充分이 看取하고 無限이 期待하야 둔다.38)

변영만이 정지용의『정지용 시집』에 대하여 평한 글의 부분이다. 변영만은 앞에서 살펴본 것처럼 블레이크를 최초로 소개한 장본인이다. 변영만은 정지용에게서 블레이크의 영향을 읽어내고 있다. 하지만 정지용의 블레이크 영향은 그 출발점에서 그렇다는 것이지 그 결과가 그렇다는 것은 아니다. 변영만은 정지용에게 '애매(曖昧), 혼안(昏安)의 구의상(舊衣裳)'에서 벗어나 블레이크가 보여주고 있는 '청웅(淸雄), 명징(明澄)한' 음악적 울림에 도달하기를 기대하고 있다. 노파심에서 인 듯 블레이크의 신비적 평가란 사실 선입견에 불과한 것이고, 블레이크가 추구한 세계의 본질을 이해하였을 때, 정지용 시의 진전은 가능할 것이라는 점을 변영만은 강조하고 있다. 정지용은 블레이크의 '명건'한 시세계와 비교한다면, 애매하고 황혼에 안주하려는 정서적 충동에서 자유롭지 못하다. 정지용은 변영만이 말한 블레이크의 방식을 자기가 나아가야 할 길의 좌표로 삼지 않았다. 정지용에게 그것은 불가능한 영역에의 도전이었다. 하지만 이 과정을 통하여 정지용은 블레이크와의 거리를 통하여 자신의 시세계를 영위해 나아갔다고도 볼 수 있을 것이다.

---

38) 변영만, 「아비터 픽타 偶草八種」,『조광』, 1936.8(김진균, 「변영만의 비판적 근대정신과 문예추구」, 성균관대 박사논문, 2003, 82면 재인용).

4. 번역시와 근대의 정신

휘트먼의 「水戰 이야기」는 어떤 할아버지가 자신의 아버지에게서 들은 전투이야기를 다시 들려주는 형식으로 이루어져 있다. 이 작품은 사람들이 어느 편이 이겼는지, 얼마나 용감하게 싸웠는지를 궁금해 할 것 같아 실감 있는 전투의 이야기를 중심으로 서술되어 있다. 적함이 다가오는 장면, 정면으로 총질을 해오는 장면, 포탄이 작렬하는 장면 등은 매우 생동감 있다. 선창에 미리 잡혀 있던 포로들을 전투가 본격화되기 전에 제 몸 처치를 하도록 풀어주는 장면에서는 긴박한 전투의 와중에도 인간미가 살아 있는 듯 하여 흐뭇한 미소가 떠오른다. 전투가 치열해지면서 전세가 기울어지는 것 같지만 '우리들의 땅달보 선장'은 전투를 용감하게 지휘한다. 그 결과 "밤 열두시 가까이 달빛 아래서 그들은 우리들한테 항복하고 말았다." 이상은 「水戰 이야기」의 전반부를 요약한 내용이다.

> 한밤이 펼쳐 고요히 누어 있었다.
> 두개 거창한 船體가 어둠에 안기어 옴짓 아니 하였고
> 백공 천창이 난 우리들의 배는 차츰 갈아 앉는데—우리들이 征服한 배로 옮길 準備를 하였다.
> 後甲板에 선 船長은 베폭같이 해쓱한 얼굴을 들어 冷情이 命令을 내렸다.
> 바로 옆에 船長室에서 받들던 使童의 死體.
> 긴 흰머리털에 정성들여 기른 곱슬수염을 드리운 老練한 水兵의 죽은 얼굴
> 火焰은 할 수 있는데 까지는 힘을 다하였음에도 위로 알로 나부끼고
> 아즉도 義務에 설만한 두셋 士官들의 목쉰 소리
> 형체도 없이 으슬어진 無數한 死體
> 자기네 끼리 한데 몰려 쓰러진 死體—돛대에 기중에 익여 붙여진 살덩이
> 닻줄 끊어진 것 밧줄 얽혀 뭉친 것

물결에 어르만지워 가벼히 흔들리는 船體
검은 無感動한 砲身, 火藥包의 混亂, 强烈한 냄새,
海風의 보드러운 냄새 海岸편 갈대풀이며 벌판 냄새 살아있는 사람들에게
부치는 遺言의 가지가지
外科醫 手術刀의 실큿한 소리
手術톱이 갈리는 소리
헐덕거리는 소리 꽁꽁 쏟는 소리
내품는 핏줄기 외마디 험한 부르짖음
길게 둔하게 가늘어져 가는 소리
이러이러 하였던 것이다. ―돌이길 수 없이 저질러진 노릇
―「水戰 이야기」 후반부

위에 인용한 부분은 그 치열한 전투가 끝난 다음의 풍경이다. 전투에
는 이겼지만 두 배는 맞붙어 움직이지 않고 설상가상으로 우리들의 배
는 점차 가라앉는다. 적선이었던 배로 부산하게 사람과 짐이 옮겨가고,
우리들의 땅달보 선장은 얼굴이 "베폭같이 헤쓱"해졌다. 널브러진 사체
들, 무감동한 포신, 화약포의 혼란, 강렬한 냄새들, 냄새들. 그리고 수술
도구들이 움직이며 내는 소리들, 소리들. 전투에는 이겼지만 배도 잃고
무수한 전우들을 잃었으며, 싸움에서 그악스럽던 용감함도 자취를 찾을
수 없다. 휘트먼, 아닌 수전 이야기를 하던 노인은 하지만 이제는 "돌이
킬 수 없이 저질러진 노릇"이라는 구절로 끝맺음을 하고 있다.
위의 시 가운데 "돛대에 기둥에 익여 붙여진 살덩이"라는 표현은 정지
용의 「백록담」에 표현된 "소나기 놋낮 맞으며 무지개에 말리우며 궁둥이
에 꽃물 익여 붙인채로 살이 붙는다"는 표현을 연상케 한다. 한라산을 힘
겹게 올라가 백록담을 네 발 짐승처럼 기어오르며 꽃물이 엉덩이에 번지
고 혹 들러 붙어 있는 모습은 익살스러움이 깃들어 있다. 반면에 「水戰
이야기」의 "돛대에 기둥에 익여 붙여진 살덩이"는 그야말로 그로테스크
함을 연출하고 있다. 그리고 「水戰 이야기」는 이야기시로서 사실적인 서

술과 풍경이 잘 드러나 있다. 그렇다면 정지용은 월트 휘트먼의 시 중에서 왜 이 시를 선택하였을까? 이 시에 대한 정지용의 다른 언급을 발견할 수 없는 관계로 다시 정지용의 동지사대학 졸업논문을 참고하기로 한다. 그의 글에서 이런 구절을 발견할 수 있다.

그는 '레이놀즈의 비망록'에서, 그는 고대의 사람들은 신의 비전과 재림을 전혀 의심하지 않았다고 썼다. 그리고 플라톤과 밀튼은 신의 진리가 그들을 방문했다고 믿었다. 그 최후의 심판이 우화나 아이러니가 아니고, 그 자체로서 비전이다. 우화와 비유는 기억에 의해 만들어지고, 그런 비전은 영감의 딸에 의해 기인된다.39)

"최후의 심판이 우화나 아이러니가 아니고 그 자체로서 비전이다"라는 말은 현실을 초월한 블레이크의 생각을 그대로 표현한 말이다. 블레이크의 생각은 고대적 상상력에 이어져 있음을 확인할 수 있다. 이때 신이란 자연의 다른 이름이면서 보편적인 만유의 정신인 것이다. 그런데 이러한 정신이 후대에 남겨지기도 한다. 우화와 비유는 '기억에 의해' 만들어지고, 당시의 고대적 상상력과 비전은 '영감의 딸'을 통해 다시 발현되기도 한다. 분명 「水戰 이야기」는 기억에 의하여 환기되어진 어떤 빛을 이야기하고 있다. 설익은 인간의 만용과 그로 인해 빚어진 결과 앞에서 아무런 능력을 보여주지 못하는 것은 인간의 한계이다. 그것이 인간을 비참으로 이끈다 할지라도 그것을 막을 수 있는 방책을 인간은 갖고 있지 못하다. 단지 기억을 통해 그것을 재전유할 수 있을 따름이다. 정지용은 이중의 비전을 지나면서 블레이크에 대한 거리감을 확인하였다. 앞서 인용한 대목은 「레이놀즈 담론」, 그러니까 이중의 비전에서 삼중의 비전으로 넘어가는 단계를 설명한 대목이다. 삼중의 비전을 구현하는 방식으로 '우화와 비유'를 지적하고 있는데, 이런 방식에 적합한 시가 바로

---

39) 「'정지용의 졸업논문' 번역」, 607면.

휘트먼의 「水戰 이야기」인 것처럼 보인다.

다만 차이가 있다면 블레이크에서와 달리, 휘트먼에게서는 '인간적인 모습'이 우선하고 있다. 블레이크의 시에 가득 찬 비전에 대한 불만은, 휘트먼의 시에 표현된 사실적인 모습 앞에서 일종의 균형을 찾고 있는 것이다. 여기에서 고려되어야 할 것은 휘트먼이 이러한 시적 표현을 가능케 하기 위하여 우화와 비유, 그리고 기억과 아이러니의 시적 방법을 사용하고 있다는 점이다. 시적인 비전을 방법적으로 차단하였을 때 인간적인 모습이 여실히 드러난다는 설정인데, 이것은 블레이크가 말하는 '인간적 상상력의 신적인 놀라움'을 가시화한 것이지 블레이크의 생각을 전면 부정하고 있는 것은 아니라는 점을 기억해 둘 필요가 있다. 아무튼 휘트먼의 작품을 통하여 정지용은 이중의 비전에서 삼중의 비전이 어떻게 가능한가에 대한 모의적인 실험을 시도한 것처럼 보인다. 이것이 정지용이 휘트먼의 시를 번역하게 된 이유인 것이다.

> 神嚴한 주검의 속살거림이 속살댐을 내가 듣다.
> 밤의 입술이야기 ─ 소근소근거리는 合唱
> 가벼히 올라오는 발자최 ─ 神秘로운 微風 연하게 나직히 풍기다.
> 보이지 않는 강의 잔물결 ─ 흐르는 潮水 ─ 넘쳐 흐르는 永遠히 넘쳐 흐르는
> (혹은 눈물의 출렁거림이냐? 人間눈물의 無限量한 바닷물이냐)
>
> 나는 보다 바로 보다 하늘로 우럴어 크낙한 구름덩이 덩이를
> 근심스러히 착은히 그들은 굴르다 묵묵히 부풀어 오르고 섞이고
> 때때로 반은 흐리운 슬퍼진 멀리 떨어진 별
> 나타났다가 가리웠다가
> (차라리 어떤 分娩 ─ 어떤 莊嚴한 不滅의 誕生, 눈에 트이어 들어올 수 없는 邊疆 위에 한 靈魂이 이제 넘어간다.)
>
> ─ 「神嚴한 주검의 속살거림」 전문

일반적으로 상징이란 보이지 않는 것은 가시적인 표현이다. 「신엄(神嚴)한 주검의 속살거림」은 밤하늘의 변화를 비유적으로 혹은 묘사적으로 다루고 있다. 그런 표현들은 '인간의 눈물'을 넘어선 '차라리 어떤 분만' 혹은 '어떤 장엄(莊嚴)한 불멸(不滅)의 탄생(誕生)'에 도달한다. 이것을 가능케 하는 것은 '신비로운 미풍'과 같은 '한 영혼'의 승인에서 비롯된다. 블레이크의 장막이 보여주었던 경계를 휘트먼은 '신엄한 죽음의 속살거림'으로 이름을 지으면서 그 어떤 동요를 차단하고 있다. 인간적인 한계의 승인과 극복에 대한 모색은 『정지용 시집』 이후 정지용의 시적 지향이라고 할 수 있다. 「백록담」에서 마주친 자신을 "좇겨온 실구름 一抹에도 白鹿潭은 흐리운" 것처럼, "나의 얼골에 한나잘 포긴 백록담은" 쓸쓸하다고 표현한다. 쓸쓸한 자신의 초상 앞에서 "나는 깨다 졸다 祈禱조차 잊었더니라"라는 일말의 고백이 표현되는 장소는 더 이상 갈 수 없는 백록담의 정상이다. 여기에서 정지용의 시선은 하늘을 향하고 있지 않다. "차라리 어떤 분만" 혹은 "어떤 莊嚴한 不滅의 誕生"이 그를 내려다보고 있다. 이러한 블레이크와 정지용의 향하고 있는 시선의 차이를 통해 정지용이라는 한 시인의 내면의 갈등을 짐작해볼 수 있다. 정지용은 그 시선에 대한 어떤 대답을 내놓아야만 했다. 정지용은 다음과 같이 대답하고 있다.

> 시인이 더욱이 이 시간에서 인간에 집착하지 않을 수 없다. 사람이 어떻게 괴롭게 삶을 보며 무엇을 위하여 살며 어떻게 살 것이라는 것에 주력하며, 신과 인간과 영혼과 신앙과 愛에 대한 항시 투철하고 열렬한 정신과 심리를 고수한다. 이리하여 살음과 죽음에 대하여 점점 段이 승진되는 일개 표일한 생명의 劍士로서 영원에 서게 된다.40)

정지용은 시의 위의를 "안으로 熱하고 겉으로 서늘옵기란 일종의 생리를 압복시키는 노릇이기에 심히 어렵다. 그러나 시의 威儀는 겉으로

---

40) 정지용, 「시와 발표」, 『문장』, 1939.10(『정지용 전집』 2, 249면).

서늘옵기를 바라서 마지않는다"[41]라고 말한 바 있지만, 그 '서늘옵기'의 긴장이란 시와 시인의 일체감에서 비롯되는 것이다. 인간으로서의 시인이 무엇을 위하여 어떻게 살 것인가를 고민하지 않을 수 없는 것처럼, '신과 인간과 영혼과 신앙과 애'에 대한 정신과 의식의 견지는 필수적인 것이다. 이것은 비유하자면 진검 승부를 하는 '생명의 검사'로서 지켜야 할 덕목이자 윤리인 것이다.

> 시의 신비는 언어의 신비다. 시은 언어와 Incarnation적 일치다. 그러므로 시의 정신적 심도는 필연으로 언어의 정령을 잡지 않고서는 표현 제작에 오를 수 없다. 다만 시의 심도가 자연 인간생활 사상에 뿌리를 깊이 서림을 따라서 다시 시에 긴밀히 혈육화되지 않은 언어는 결국 시를 사산시킨다. 詩神이 居하는 궁전이 언어요, 이를 다시 放逐하는 것도 언어다.[42]

조금 엉뚱한 말인지도 모르겠지만 정지용의 글 가운데에서 가장 어려운 대목이다. 적어도 필자는 지금까지 정지용의 글 가운데에서 가장 난해한 부분이라고 생각해 왔다. 인용문의 첫째 줄 "시의 신비는 언어의 신비다. 시는 언어와 Incarnation적 일치다"를 풀어서 말하면 시는 신비 그 자체인 것이다. 시를 표현하는 언어가 신비하기 때문이다. 따라서 시는 신비한 언어와의 영육적 일치를 통해서만이 그 자신의 신비적 표현이 가능하다는 말처럼 들린다. 어떤 의미에서 이러한 시적 신비에 도달한다는 것은 불가능하다. 정지용은 "詩神이 居하는 궁전이 언어요, 이를 다시 放逐하는 것도 언어다"라는 말로 이 짧은 글을 맺고 있는데 최종적으로 시의 신비에 앞선 언어의 신비에 손을 들어주는 것처럼 보인다.

당시에 시와 언어의 관계를 밀도 있게 접근한 사람으로서 정지용을 거론하지 않을 수 없지만, 인용문 이전에 그런 언어의 본질에 대하여 그

---

41) 정지용, 「시와 위의」, 『문장』, 1939.11(『정지용 전집』 2, 250면).
42) 정지용, 「시와 언어」, 『문장』, 1939.12(『정지용 전집』 2, 253면).

가 말하고 있는 부분은 더욱 난해한 측면이 있다.

> 가장 정신적인 것의 하나인 시가 언어의 제약을 받는다는 것은 차라리 시의 부자유의 열락이요 시의 전면적인 것이요 결정적인 것으로 되고 만다. 그러므로 시인이란 언어를 어원학자처럼 많이 취급하는 사람이라든지 달변가처럼 잘 하는 사람이 아니라 언어 개개의 세포적 기능을 추구하는 자는 다시 언어미술의 구성조직에 생리적 Life-giver가 될지언정 언어 死體의 해부집도자인 문법가로 그치는 것도 아닌 것이다. 그러므로 언어는 시인을 만나서 비로서 血行과 호흡과 체온을 얻어서 생활한다.[43]

일견 고답적인 것처럼 보이기도 한 정지용의 언어관은 시가 '정신적인 것의 하나'이며 언어의 제약을 넘어설 수 없기 때문에 '부자유의 열락'으로서 시와 긴밀한 관련을 맺고 있는 것이다. 여기까지는 충분히 이해가 되는 말이지만 "언어는 시인을 만나서 비로소 血行과 호흡과 체온을 얻어서 생활한다"라는 표현은 시 이전에 언어의 의미가 좀더 중요한 것처럼 인식되고 있다. 「시와 언어」라는 글의 전반부가 시는 언어의 표현으로서 시인 자신의 표현에 무게를 좀더 두고 있음을 감안한다면, 정지용의 말은 논리적인 비약을 중간에 거치고 있음이 분명하다. 이 부분이 정지용의 글 가운데 난해하게 여겨지는 이유라고 할 수 있다.

시적 신비 혹은 언어의 신비에 대한 것은 정지용의 졸업논문에서 살펴보았다. 하지만 분명히 정지용은 신비주의 혹은 상징시에 대한 일정한 거리를 두고 있었다. 그런 그가 1930년대 후반에 오면 슬며시 '신비'라는 단어를 그의 글에서 집어넣고 있는 것이다. 이것은 정지용 문학관의 변화인가 발전인가?

> 일제 말기까지의 양심적 문학도는 소시민층 민족정서의 최후 처녀성만을 고수하기 위하였던 것임으로 다분히 개성적이요 주관적이요 고립적인 것이었다.

---

43) 정지용, 위의 글, 같은 면.

따라서 지극히 소극적인 우울 비애, 아니면 까닭 없는 명랑 쾌활의 비정기적인 신경질적 발작의 예술적 형상화에 정진하였던 것이었다. 표현기술에 있어서는 多情多恨을 주조로 하는 봉건시대 시인 文士의 수법적 원형에 외래적 감각 색채 음악성을 착색하여 무기력하게도 미묘한 완성으로서 그친 것이므로 이를 次代민족문학에 접목시키기에는 혈행력이 고갈할 것이다.[44]

해방 이후 정지용이 이 발언은 「시와 언어」의 연장선상에서 시적인 완성과 언어적 성숙을 민족시의 전제조건으로 제시한 것이다. 신비라는 단어는 자취를 감추고 있지만, "예술적 이념과 감각이 첨예 치열하여지는 것은 차라리 자연발생적인 현상"이라고 지적하면서 "시인의 민감이 생리적 조건이라면 왜 이 생리를 거부하려는 것이냐?"라는 질문은 시인의 자신감이 없이는 불가능한 언사이다. 정지용은 낭만주의적 상상력이 지시하는 표현 수단으로서의 시와 언어를 넘어선 또 다른 영역을 준비하고 있었던 것이다. 다시 말하면 그것은 살아 있는 문학의 완성이라고 정의할 수 있을 것이다. 그에게 있어서 시적 현실로서의 신비가 일치되지는 않았지만 어느 만큼의 거리를 줄인 것도 분명한 사실이다. 그것은 시적 언어의 표현을 통한 정신에의 도달을 의미한다.

정지용은 해방 후에 휘트먼의 시를 다수 번역한다. 휘트먼의 『풀잎』은 자유시의 선편을 진면목을 드러낸 시집으로 잘 알려져 있다. 정지용의 휘트먼 번역은 해방 이후의 작품에서 한문의 사용과 표현의 경직성이 시적인 분위기를 해치고 있다. 해방이전의 휘트먼 번역과는 차이가 있는 대목이다. 하지만 휘트먼의 「대로의 노래」 등은 휘트먼의 민주주의에 대한 열망과 자유시 형식의 결합이라는 차원에서 대표적인 작품이다. 블레이크의 「병든 장미」 또한 일본의 경우에 구어체 자유시 형성에 지대한 영향을 미친 바 있다. 키타하라 하쿠슈의 『邪宗門』과 같은 해에 출판된 미키 로후(三木露風)의 『廢園』(광화서방, 1909)은 블레이크의 「병든 장미」의

---

44) 정지용, 「민족시의 반성」, 『문장』, 1948.10(『정지용 전집』 2, 270면).

영향에서 자유롭지 못하다.[45)]

해방 이전에 정지용은 블레이크의 「병든 장미」와 일정한 거리를 두면서 블레이크의 비전에 도전하였으나 거기에서 만족을 얻지는 못했다. 정지용의 휘트먼에 대한 접근은 근대 자유시에 대한 모색의 일환이었다. 블레이크에 대한 좌절을 거울삼아 조심스러울 수밖에 없었던 정지용의 행보는 해방을 맞이하여 「대로의 노래」 등을 통하여 근대 자유시의 지향점을 제시하기에 이른다. 형식과 내용의 종합이란 시인의 상상력과 시대적 현실의 조화를 통하여 이루어진다는 것을 말하고 있는 대목이기도 하다. 그리고 그 정점에 '정신'이 위치한다. 시인의 소명이란 그 정신에 이르는 과정을 가리켜 주는 것이다.

5. 맺음말

서구시의 번역이라는 측면에서 안서 김억의 활동은 그 첫머리를 장식하고 있다. 이전에도 개별적인 작품들이 신문과 잡지를 통해 소개되었다. 또한 양주동 등의 주도로 이루어진 『금성』이 출현하였다. 『금성』의 출현은 거의 김억 단독으로 이루어지고 있었던 서구시의 번역이 문단적으로 확대됨을 의미하였다. 이 과정에서 선편을 잡고 있었던 김억과 활동을 본격적으로 시작하려던 양주동은 번역관의 차이를 발견하게 되고 급기야 논쟁을 벌이게 된다. 창작적 무드를 중시하는 김억의 번역관과 일차적으로 직역을 우선시하는 양주동의 입장은 의역이냐 직역이냐 하는 논쟁으로 이어진다. 또한 1930년대에는 번역시의 활동이 활발해진다. 이하

---

45) 佐藤勇夫, 『英詩と日本詩人』, 北星堂書店, 1973, 32면.

윤은 시문학사를 통하여 『실향의 화원』을 내놓기에 이른다. 그 가운데 정지용의 번역시 활동에 대해서는 지금까지 별반 논의가 없었다. 이 점은 번역과 창작의 연관성이라는 측면에서 고찰할 필요성이 있다.

　정지용은 블레이크를 문학관을 정리하면서 그의 놀라운 시적 수법을 상상력을 통해 확인하고 있다. 동시에 그는 블레이크의 상상력이 지시하는 비전의 세계에 함몰되지 않으려 무진 애를 쓰고 있다. 그럴수록 정지용의 시야에 더 가깝게 다가오는 것은 인간 그 자체의 삶과 모습이다. 블레이크가 말하고 있는 시적인 비전과 영원성에 거리를 두게 되면서도 정지용은 상상력의 본질에 대한 탐구를 계속해 나아간다. 이러한 결과 정지용은 1930년대 후반 정신주의로의 경사를 보여주고 있다. 정지용의 언어관은 매우 보편적이면서 그만의 독특한 시문학관으로 자리 잡고 있다. 하지만 이러한 정지용의 언어관이 자신의 글에서 불협화를 일으키는 대목도 발견된다. 이것은 정지용의 시세계만으로는 해결할 수 없는 문제이다. 누구보다도 서구시에 관심을 많이 갖고 있었으며, 특히 블레이크의 시세계를 점검하면서 그 차이와 거리를 확인할 수 있었다. 그 결과 스스로 자신의 문학관에 부정합의 흔적을 남기게 된 것이다. 하지만 해방 이후의 정지용의 시론에서 보듯 이러한 불균형은 시대적 불균형이 초래한 결과이다. 여전히 정지용에게 있어 번역이라는 과제는 근대시의 완성을 위한 보충물로서 기능하고 있다. 그것은 근대적 시문학의 '정신'을 획득하는 과제와 동일한 맥락에서 고찰되어야 할 대상인 것이다.

4부

여성 작가와 장르의 젠더화

희곡과 수필을 중심으로

김옥란

1. 식민지 시기 문학 장 내에서의 '여성의 글쓰기'와 장르론

비단 식민지 시기부터 '여성의 글쓰기'[1]가 비롯된 것은 아니었다. 고전문학의 영역에 속하는 구비문학에서부터 '이조여류문학'의 정전으로 꼽히는 황진이 · 허난설헌 · 「한중록」 · 「인현왕후전」 · 「계축일기」 등에 이르기까지 여성의 글쓰기는 오랜 역사를 갖는다. 그러나 공적인 담론 차원에서 여성의 글쓰기가 문제되기 시작한 것은 근대문학의 개념이 형성되면서이다. 근대적 의미의 최초의 여성 작가들이라 할 수 있는 1910년대의

---

[1] 여성의 문학 활동에 한정한 협의의 여성문학사 개념 대신 여성의 문학 활동 및 여성 담론의 역사를 포괄하는 광의의 여성문학사 개념을 제시하면서 마찬가지로 여성문학사 서술의 대상을 협의의 '문학(literature)' 대신 광의 '글쓰기(writing)' 개념으로 확대하고 있는 시각에 대해서는 이경하, 「여성문학사 서술의 문제점과 해결방향」, 서울대 박사논문, 2004.8, 21~28면.

김명순(「의심의 소녀」, 1917), 나혜석(「경희」, 1918), 김일엽(「계시」, 1920)의 등장 이후 1920~30년대의 박화성(「추석전야」, 1925), 백신애(「나의 어머니」, 1929), 강경애(「파금」, 1931), 최정희(「정당한 스파이」, 1931), 모윤숙(「피로 새긴 당신의 얼굴을」, 1931), 장덕조(「저회」, 1933), 노천명(「밤의 찬미」, 1934), 임순득(「일요일」, 1937) 등은 잡지나 신문의 현상모집이나 신춘문예라는 문단의 제도적인 승인 절차를 거쳐 작가 생활을 시작했지만2) 1930년대 말까지도 이들의 작가적 자질과 '여류 문단'의 존재는 끊임없이 의심받고 폄하되어 왔다.

그러한 흐름 속에서 그래도 여성 작가들을 작가로 인정한 것은 1930년대 들어 계급적 입장의 남성 평론가들이라고 할 수 있는데, 이때 박화성·송계월·최정희·강경애의 소설이 주목되었다.3) 그리고 이는 여성 평론가들 스스로에 의해서도 마찬가지였는데, 1930년대 초반까지 계급적 입장을 견지했던 최정희4)나 1930년대 말 계급주의 여성 평론가로 본격 등장한 임순득5) 모두 박화성과 강경애를 중요하게 꼽고 있다. 이러한 과정을 거쳐 제2기 여성 작가들은 제1기 여성 작가들과는 차별화된 지점에서 문단 내에서의 인정 투쟁에 성공하게 되는데, 이때 소설 장르는 여성 작가들의 존재 근거를 마련해주는 중요한 장르로 작용하였다.

그러나 이와 달리 그 외의 장르들, 즉 시·수필·희곡의 영역에서는 여전히 여성 작가의 여성성 혹은 여성 정체성이 계속 시비 거리가 되었

---

2) 이상 괄호 속의 작품과 연도는 각 작가별 등단 작품과 등단 시기이다.

3) 백철은 계급주의적 입장에서 일관되게 박화성·송계월·최정희를 경향작가의 기대주로 언급하고 있다. 백철, 「창작계 총평」, 『신동아』, 1932.11; 백철, 「1933년도 조선문단의 전망」, 『동광』, 1933.1. 그리고 안함광은 당시 여류문사 시비론을 명백히 비판하며 강경애와 모윤숙을 옹호하다가 동지인 민병철의 공격을 받기도 하였다. 안함광, 「문예시평－두 가지 문제를 가지고」, 『비판』, 1932.12; 민병철, 「여류문사에 대하야－동지 안함광에게 보내는 일편서신」, 『비판』, 1933.3.

4) 최정희, 「1933년도 여류문단 총평」, 『신가정』, 1934.12.

5) 임순득, 「여류작가의 지위－특히 작가이전에 대하야」, 『조선일보』, 1937.6.3~7.4; 임순득, 「불효기에 처한 조선 여류작가론」, 『여성』, 1940.9. 임순득의 사회주의 여성운동 경력이나 이후 문단 활동에 대해서는 이상경, 「1930년대 신여성과 여성작가의 계보연구」, 『여성문학연구』 12집, 한국여성문학학회, 2004.12 참조.

다. 특히 여류문단시비론[6]이 있었던 1933~34년은 각 장르별 전문비평이 확고해진 때라 장르론과 더불어 여류문단시비론이 전개되었다. 실제로 1930년대 초반 '여인수필의 대성황'을 '변태적 현상'이라 하거나,[7] 여류 시단을 언급하는 자리에서 서정시를 여성시로 인식하는 경우,[8] 여성과 친연한 장르로 수필이 자주 언급되는 경우[9] 등이 그렇고, 정반대로 희곡은 여성 작가와 관련하여 전혀 언급이 없다는 점에서 극단적인 대비를 이룬다.

1930년대는 '여류 문단'이라는 용어가 공식적으로 사용되고 일군의 여성 작가들의 존재로 '여류 문단'의 존재가 인정되면서 남성 문인이든 여성 문인이든 '여성의 글쓰기'의 특질들에 대한 관심이 높아진 때이다. 그리고 흥미로운 것은, 동시에 이들에 의해서 '남성의 글쓰기' 양상 또한 대상화되기 시작했다는 점이다. 여성 문인들의 집단적인 목소리 속에서 남성 문인들의 일본 문단 활동이나[10] 일본어 작품들의 '조선 정조'나 '엑조티즘'의 '정치적' 성격이 비판되기도 하였다.[11] 이와 같이 식민지 시기

---

6) '여류 문단'이라는 용어가 붙여진 것도 1930년대요, 이러한 맥락에서 역사 속 여류 문인들의 존재가 새롭게 재조명된 것도 1930년대이다. 홍구, 「여류작가의 군상 1~2」, 『삼천리』, 1933.2~3; 이무영, 「여류작가 개평」, 『신가정』, 1934.2; 최정희, 「1933년도 여류문단 총평」, 『신가정』, 1934.12; 김팔봉, 「구각에서의 탈출―조선의 여성작가 제씨에게」, 『신여성』, 1935.1; 이청, 「여류작품 총관」, 『신가정』, 1935.12; 이하관(김문집), 「문학의 인상」, 『중앙』, 1936.9 등을 참조

7) 이고성, 「조선의 문단」, 『신동아』, 1932.11.

8) 박용철, 「여류시단 총평」, 『신가정』, 1934.2.

9) 최정희, 「1933년도 여류문단 총평」, 『신가정』, 1934.12.

10) 이선희는 장혁주의 일본 문단 활동을 "자기 말을 가지고는 잘 쓰지지 못하면서 어떻게 한다리 건너 일본문단에서는 그러한 경이를 낳었을가. 이른바 이러한 것이 불가사의인 모양입니다"라고 비판했다(이선희, 「작가조선의 군상」, 『조광』, 1936.5).

11) 모윤숙·최정희·노천명·이선희 등이 참가한 여성 작가 좌담회에서 내지 잡지 『문예』에 실린 남성 소설가들의 작품이 의도적인 '조선 정조'를 담고 있는 것이 신랄하게 비판되었다. 즉 "그 소설의 전부가 그야말로 어떻게 하면, 어떤 것을 취재하면 인정받을 수 있을까 하는 것을 미리부터 생각한 소설이라, 불쾌하기 짝 없어요. 조선정조를 나타내는 건 으레 방아찟는 것이거나, 아리랑 노래가 들어가야 하는 줄 안단 말이야"(이선희), "엑조티즘으로 한목을 보려는 건 불순하지"(노천명), "남자란 워낙 정치적으로 생겼거든"(노천명) 등의 언급이 그것이다. 모윤숙 외, 「여류시인과 소설가의 문학,

문학 장 내에서 '여성의 글쓰기'는 그 자체로서 뿐만 아니라 '남성의 글쓰기'를 되비추는 거울의 역할을 하면서 문제적인 영역으로 남아 있다.

이에 따라 이 글에서는 식민지 시기 문학 장의 틀 내에서 '여성의 글쓰기'가 어떻게 인식되고 변형되어 왔는지를 살피고자 하는데, 특히 장르론의 관점에서 그 양상을 살펴보고자 한다. 1920~30년대 여성 작가들의 활동은 초창기 여성 작가들의 범문단적 혹은 범사회적 활동과는 달리 시단·소설단·평단이라는 각 장르별 활동이 뚜렷했고, 수필과 같은 특정 장르는 여성 작가에게 적극 권장되는 등 장르별 젠더화 양상이 보였다. 이에 따라 이 글에서는 우선 희곡과 수필을 일차적인 분석 대상으로 삼을 것인데, 희곡은 여성 작가에게 접근 자체가 차단되었던 장르로, 그리고 수필은 여성 작가에게 적극 권장되었지만 그럼으로써 수필이 여성화됨으로써 전체 문학 장 내에서 수필이라는 장르가 점차 담론 차원에서 소외되어 간 지극히 대조적인 모습을 보여주기 때문이다. 희곡은 시나 소설과 달리 공연이라는 집단적인 작업을 전제로 하는 것으로 활동의 제약이 많았던 당시의 여성 작가들에게 선택되기 힘든 장르였으며, 반면에 수필은 가장 '여성적인' 장르로 추천되었지만 역설적으로 그렇기 때문에 여성 작가를 비하적인 의미의 '여성적인 것'에 가두는 결과를 가져왔다.

또한 희곡과 수필은 문단의 형성기 혹은 전시동원 체제라는 시대의 변화에 민감하게 반응했던 장르였다는 점에서도 중요한데, 1920~30년대에 김명순과 나혜석의 희곡이 감상적인 한계를 벗어나고 있지 못한 반면 1940년대에 전문적인 희곡 작가가 아닌 소설가 장덕조가 재빠르게 친일 내용의 희곡과 방송소설을 써내고 있는 점은 희곡이라는 장르가 작가 개인의 선택뿐만 아니라 사회적인 요구에 의해 선택되는 장르이기도 했음을 극명하게 보여준다. 그리고 1930년대에 고전 내간체 산문을 새롭

영화를 말하는 좌담회」, 『삼천리』, 1940.9.

게 재발견하는 한편 서구적 의미의 에세이를 수용함으로써 '본격 문학 장르'로 승격된 수필12)이 전시동원 체제에서 여성 작가들의 중요한 친일의 경로가 되었던 점도 여러 가지로 의미심장한 대목이다.

따라서 이하에서는 1920년대 이후 1940년대 전반기까지 여성 작가들의 희곡과 수필을 중심으로 구체적인 작품 분석과 함께 장르에 대한 담론 분석을 시도할 것이다. 그런데 여기에는 한 가지 현실적인 어려움이 존재한다. 일단 희곡의 경우 여성 작가의 작품 편수 자체가 지극히 극소수이며 따라서 담론 차원에서의 논의 또한 부재했던 반면 수필은 작품 편수뿐만 아니라 담론 차원에서의 논의 또한 무성하여 이 두 장르를 동일한 분석틀로 다루기가 여간 까다롭지 않다. 이에 따라 희곡의 경우는 개별 작품을 중심으로 여성 작가들의 장르 수용 및 글쓰기 행위를 중심으로, 그리고 수필은 특히 여류문단시비론과 관련하여 논의된 장르 담론 속에서 여성 작가들과 수필의 위치가 어떻게 재배치되고 있는가의 문제에 좀더 초점을 맞춰 살펴보고자 한다. 이와 같이 희곡과 수필은 여성 작가의 글쓰기 차원에서도 전혀 다른 이질적인 양상을 보였지만, 다른 한편 이러한 대조야말로 시·소설 위주의 여성문학 내의 중심성에 대한 또 다른 측면을 보여줄 수 있다는 점에서 그 의의를 찾고자 한다.

2. 강요된 침묵의 언어, 희곡과 여성 작가의 차단

비록 남성 중심적 문단 내에서 혹독한 신고식을 치르며 불편한 동거

---

12) 1930년대 후반 교양과 취미의 영역에 배치된 수필 장르와 그러한 맥락에서 새롭게 창조된 고전으로서의 내간체 산문의 문제에 대해서는 김현주, 「1930년대 '수필' 개념의 구축 과정」, 『민족문학사연구』 22호, 2003.

를 감수하긴 했지만 시·소설 중심의 여성문학 활동은 한국 근대문학 형성 및 제도화 과정과 함께 했다. 그러나 이에 비해 희곡을 중점적으로 쓰는 전문적인 여성 극작가의 활동은 거의 없었다고 할 수 있는데, 식민지 시기 전체를 망라하여 여성 작가가 쓴 희곡 작품은 총 9편에 불과하다.[13] 결국 이는 희곡이라는 장르가 여성 작가에게 얼마나 배타적이었는지 보여주는 단적인 예가 된다. 그리고 실제로 1920년대에 소인극(素人劇) 운동이 확산되면서 여학생과 신여성을 중심으로 활발한 공연 활동이 있었음을 환기해봤을 때[14] 연극계가 동시대의 문단에 비해서도 얼마나 철저히 남성 중심적인 영역이었으며 여성 작가의 활동 자체가 차단된 곳이었는지 실감하게 한다.[15]

그렇다면 실제로 여성 작가들의 희곡 창작에 대한 태도는 어떠했는지, 그것이 식민지 시기 문학 장 내에서 어떤 의미를 갖는지 좀더 구체적으로 살펴보자. 우선 식민지 시기 여성 작가들의 희곡 창작은 크게 3가지의 동기를 가진다. 첫째 개인적인 관심, 둘째 현상모집이나 극단과의 연계, 셋째 친일 목적극에의 동원이 그것이다. 이를 작품별로 정리해보면 다음과 같다.

---

13) 발표 연대순에 따른 작품 목록은 다음과 같다. 김명순, 「어붓자식」, 『신천지』, 1923.7; 김명순, 「두 애인」, 『애인의 선물』, 1927(추정, 미발굴); 장덕조, 「형제」, 『조선문학』, 1933.11; 진정옥, 「뻐꾸기 울 때」, 『신동아』 29, 1934.3; 박화성, 「찾은 봄 잃은 봄」, 『신가정』, 1934.7; 정순철, 「시험관 속의 남성군」, 『조선중앙일보』, 1934.7.11~31; 심재순, 「줄행낭에 사는 사람들」, 『조선일보』, 1935.1.9~19; 나혜석, 「파리의 그 여자」, 『삼천리』, 1935.11; 장덕조, 「노처녀」, 『조광』, 1944.2.

14) 1920년대에는 신여성을 중심으로 하는 동광단, 근화학우회, 근화여학교 후원회, 경성여자기독교청년회, 그리고 동창회나 직장단체를 중심으로 하는 경운회, 간호부회, 오래된 역사와 전문적인 실력을 자랑하는 이화학당 등 여성 교육을 목표로 하는 여러 여성 연극단체들의 활동이 활발했다. 이상과 같이 집단적인 형태로 존재했던 여성 연극단체의 존재를 밝혀주고 있는 논문으로는 유현주, 「1920년대 연극문화와 신여성의 형성」, 동국대 석사논문, 2004.12.

15) 본격적인 여성 극작가의 등장이 이루어지는 때는 1950년대 말 김자림·박현숙에 의해서이다. 1950년대 말 이후 여성 극작가들의 활동에 대해서는 김옥란, 『한국여성극작가론』, 연극과인간, 2004 참조.

구분	작가	작품	연도	비고
1	김명순	어붓자식	1923	「두 애인」은 미발굴
	장덕조	형제	1933	
	박화성	찾은 봄 잃은 봄	1934	
	정순정	시험관 속의 남성군	1934	
	나혜석	빠리의 그 여자	1935	
2	진정옥	뻐꾸기 울 때	1934	『신동아』 현상모집 일등당선
	심재순	줄행낭에 사는 사람들	1935	『조선일보』 신춘문예 당선
3	장덕조	노처녀	1944	

식민지 시기 문학인들에게 끼친 셰익스피어나 입센의 커다란 영향을 생각해봤을 때,16) 평균적으로 전문학교 이상에서부터 일본 유학에 이르는 고학력 신여성 출신 여성 작가들 또한 희곡 장르에 대한 인식은 시나 소설과 마찬가지로 충분하였으리라고 보는데, 위의 표에서와 같이 비록 제한된 숫자의 작가와 작품이지만 김명순·나혜석·박화성·장덕조와 같은 당시의 대표적인 여성 작가들도 1~2편씩은 희곡을 남기고 있다.

먼저 김명순·장덕조의 작품은 감상성의 한계를 보이는 작품들이지만 이들이 어떤 맥락에서 희곡 장르를 선택하고 있는지의 면모를 살펴볼 수 있다. 김명순의 「어붓자식」과 장덕조의 「형제」는 배다른 자매간의 삼각 관계와 형제간의 삼각 관계를 다루고 있는 지극히 개인적인 연애 감정을 다루고 있는 작품들로, 특히 김명순의 경우는 자전적인 이야기를 담고 있는 시·소설·수필과 마찬가지로17) 희곡에서도 일관되게 자전적인 이야기를 담고 있다. 그런데 한 가지 흥미로운 것은 동일한 '어붓자

---

16) 이 시기 희곡 작품에 관한 대표적인 번역서 목록은 다음과 같다. 오스카 와일드 작, 은하 양재명 역, 『사로메』, 박문서관, 1920; 입센 작, 양백화 역, 『노라』, 영창서관, 1921; 헨릭 이브센 원작, 이상수 역, 『人形의 家』, 한성도서주식회사, 1921; 섹스피아 원작, 현철 역술, 『하믈레트』, 박문서관, 1922; 헨릭 이브센 원저, 이상수 역, 『海婦人』, 한성도서주식회사, 1922.

17) 김명순의 첫 번째 창작집이자 여성 작가 최초의 창작집인 『생명의 과실』에는 각각 시 24편, '感想'으로 분류되어 있는 수필 4편, 소설 2편이 실려 있으며 주로 자전적인 내용을 담고 있다. 김명순, 『생명의 과실』, 한성도서주식회사, 1925.

식' 소재의 소설 「도라다 볼 때」와 희곡 「어붓자식」의 결말이 다르다는
것인데, 이를 통해 김명순의 장르별 인식의 일단을 살펴볼 수 있다. 소설
「도라다 볼 때」와 희곡 「어붓자식」의 주인공 남녀 효순과 소련, 영호와
성실은 모두 이루어질 수 없는 사랑을 하고 있지만 「도라다 볼 때」는 현
재 시점과 과거 회상을 병치함으로써 이들의 현재적 상황과 각성의 순
간을 좀더 부각시키고 있다면, 「어붓자식」에서는 주인공 남녀의 자살이
라는 파국으로 끝맺고 있어서 김명순의 감정적 수위가 훨씬 높게 표출
되고 있음을 알 수 있다.

또한 소설 「도라다 볼 때」에는 주인공 남녀의 결별을 상징적으로 보
여주는 장면으로 하우프트만의 '각본' 「외로운 사람들」[18]에 대해서 효순
과 소련이 격렬한 토론을 벌이는 장면이 나온다. 이 작품에 대해 효순은
"이와 가치 외국의 유명한 작품이 조선 청년의 가슴을 속쓰라리게 하는
것은 두렵니다"[19]라고 소개하고 있으며, 소련 또한 「외로운 사람들」의
남녀 주인공 요한네쓰와 마알에게 자신들의 처지를 빗대어 효순과 일대
설전을 벌인다. 효순과 소련의 이러한 설전은 두 사람의 결별을 서로에
게 확인시키는 매우 중요한 사건으로 이후 모든 것을 단념한 소련에게
아프게 회상되고 있으며, 그만큼 하우프트만의 희곡 작품이 작가 김명순
에게 끼친 영향의 정도를 가늠할 수 있다. 곧 이를 통해서 여성 작가에
게 희곡이라는 장르가 '외국의 유명 작품'에 대한 깊은 감명으로 체험되
고 있음을 알 수 있으며, 문학 교육을 통해 서구문학 장르의 하나로 수

---

18) 게르하르트 하우프트만(Gerhart Hauptmann, 1862~1957)은 주로 자연주의적 작품을
   발표한 독일 극작가로 1912년 노벨문학상을 타며 세계적으로 유명해졌다. 그의 희곡 「외
   로운 사람들(Einsame Menschen)」(1890)은 그의 나이 29세에 발표한 초기작으로 가난에
   시달리는 젊은 세대가 현실에 불만을 가졌으나 인습을 타파할 용기가 없는 고민을 그
   리고 있다. 이 작품이 우리나라에 정식으로 번역된 것은 1959년 윤순호 번역의 『외로
   운 사람들』(양문사)이며, 1948년 박노아 역, 이서향 연출로 예술극장에서 공연되었다.
   하우프트만에 대한 자세한 사항은 정규화, 『게르하르트 하우프트만 생애와 작품』, 범
   우사, 2002.
19) 김명순, 『생명의 과실』, 한성도서주식회사, 1925, 135면.

용된 희곡의 면모를 확인할 수 있다.

다음으로 박화성의 「찾은 봄 잃은 봄」은 피폐한 농촌의 현실을 그리고 있는 작품으로 그녀의 소설에서 볼 수 있는 일관된 주제의식이 드러나 있고, 정순정의 「시험관 속의 남성군」은 순문학파 남성 문학자를 비판하는 풍자 희곡이다. 각각 사실적, 풍자적인 작품들로, 두 작품 모두 돈으로 첩을 얻으려는 마을 유지를 따돌리거나 순문학파를 주장하는 남성 문학자를 기지에 의해 대중문학파로 전향시키는 여성 주인공이 등장하고 있는 점이 특색이다. 이는 소설에서처럼 주변적인 상황이나 사건의 구체적인 묘사보다는 뚜렷한 주인공을 직접적으로 등장시켜야 하는 희곡 장르상의 특성이 반영된 것으로, 여성 인물을 주동 인물로 내세우고 있는 여성 작가의 목소리가 소설에서보다 훨씬 직접적으로 전달되고 있다.

한편 나혜석의 「빠리의 그 여자」는 당시 언론에 발표한 「이혼 고백장」[20]과 마찬가지로 자신의 이혼과 관련한 이야기를 담고 있는 지극히 자전적인 작품이다. 그러나 이 작품은 비록 등장인물들간 대화의 연속이라는 희곡의 형식을 갖추고는 있지만, 엄밀한 의미에서는 희곡이라고 말할 수 없는 작품이다. 예컨대 등장인물을 A, B, C, D 등으로 표시한다거나 그 중에서도 등장인물표에는 표시하고 있으나 A는 끝내 등장하지 않는 점, 짧은 분량의 극에서 1막 파리, 2막 뉴욕, 3막 원산 식으로 과도하게 장면을 전환하고 있는 점 등 희곡의 기본적인 글쓰기가 갖춰지지 않은 작품이다. 곧 이 작품은 김명순이나 박화성과 달리 나혜석이 희곡 장르에 대해서 얼마나 피상적인 이해를 가지고 있었는가의 예를 단적으로 보여준다. 곧 동일한 희곡 장르에 대해서도 여성 작가들간의 인식의 편차가 심했고, 여성 작가들에게 희곡이라는 장르는 안정된 제도적 틀 내에서가 아니라 매우 불안정하게 수용되고 있었음을 알 수 있다.

이에 비해 현상모집의 형태로 뽑힌 희곡 작품들은 일정한 규격을 갖

---

20) 나혜석, 「이혼 고백장」, 『삼천리』, 1934.8~9.

춘 작품들이라는 의미를 갖는다. 여기에는 1930년대 중반 『신동아』 현상 공모에 '일등입상'한 진정옥의 「뻐꾸기 울 때」와 『조선일보』 신춘문예에 당선된 심재순의 「줄행낭에 사는 사람들」의 작품이 있다. 진정옥의 「뻐꾸기 울 때」는 감옥에 수감되어 죽은 큰오빠나 끊임없이 환기되고 있는 작은 오빠의 서울 동무들의 편지 등 당시의 시대상을 담고 있고, 심재순의 「줄행낭에 사는 사람들」은 어느 대갓집의 행낭에 사는 사람들의 일상의 풍경을 리얼하게 그리고 있다. 특히 「줄행낭에 사는 사람들」은 그 해 9월 극예술연구회에서 공연을 위해 연습하던 중 검열('검열불통과')에 걸려 공연이 중단되기도 했다.[21] 이를 통해 봤을 때 현상모집이든 실제 공연이든 여성 작가들의 작품이 선택되는 것은 당대의 사회적인 의미를 가진 것들이었음을 알 수 있다.

또 한 가지 특기할 만한 사항은 진정옥은 근대 초기 언론계에서 큰 영향력을 지니고 있었던 진학문의 재종손이자 1920~30년대에 인천 지역을 중심으로 근대극운동을 펼쳤던 극작가 진우촌의 여동생이며,[22] 심재순은 1930년대 극예술연구회에 이어 1940년대 현대극장에서 활동했던 한국 근대극운동의 핵심적인 인물인 유치진의 부인이었다. 곧 여성의 극작 활동은 이렇듯 실제 공연 담당자와의 관계를 통해서 그나마 가능했으며, 이는 문단 형성 초기 남성 작가이든 여성 작가이든 주로 잡지나 신문사의 기자들이 문인이 되었던 문단 등단 경로와도 비교될 수 있는 사항이다. 그러나 초기 여성 작가인 김명순의 경우 그녀의 작품을 애인이 대신 써줬다거나 박화성의 장편소설은 오빠가 대신 써줬다는 근거 없는 의심

---

21) 서항석, 「극계 1년의 회고」, 『신동아』, 1935.12; 유민영, 『한국근대연극사』, 단국대 출판부, 1996, 829면에서 재인용. 1935년 극예술연구회는 유치진의 「소」, 그리고 그 해 『동아일보』, 『조선일보』 신춘문예 당선작 한태천의 「토성낭」, 심재순의 「줄행낭에 사는 사람들」, 숀 오케이시의 「쥬노와 공작」 등 의욕적인 리얼리즘 연극공연을 계획하고 있었으나 모두 검열에 불통과되고 공연이 좌절되자 이후 유치진이 리얼리즘연극의 한계를 느끼고 로맨티시즘의 대극장연극을 지향하게 되는 중요한 계기를 이룬다. 양승국, 『한국근대연극비평사연구』, 태학사, 1996, 390면.
22) 윤진현, 「진우촌 희곡 연구」, 『인천학연구』 4집, 인천학연구원, 2005.2, 304면.

을 받았던 것과는 달리23) 희곡 작품의 경우, 그나마 오빠나 남편의 도움 없이는 극작이나 공연 자체도 불가능했다는 점은 매우 역설적인 현상이라 하겠다.

마지막으로 장덕조의 경우는 여성 작가의 희곡 쓰기가 정치적인 맥락에서 선택되고 있는 모습을 보여준다. 1930년대 모던한 감각의 글쓰기를 선보였던 장덕조는 1940년대 들어 일련의 친일 작품들을 쓰는데, 소설 「새로운 군상」(1944), 「행로」(1944),24) 방송소설 「우천청천」(1943), 「연화촌」(1943),25) 「재생」(1944), 「총후의 꽃」(1945),26) 그리고 희곡 「노처녀」(1944) 등 여러 장르를 망라하여 쓰고 있다. 최정희·이선희·모윤숙이 시나 소설 작품과 함께 친일수필이나 논설도 적극적으로 쓰고 있는 것과 달리, 장덕조는 친일 논설보다는 소설·방송소설·희곡 등 주로 작품을 통해 친일적 경향을 보이고 있다.

희곡 「노처녀」는 직접적으로 전시 총동원 체제를 권장하는 내용은 아니지만 후방에서의 근검절약과 정신무장에 관한 '신체제' 담론을 옹호하고 있는 극으로, '지원병'을 다녀온 청년 갑동에게 시집가고픈 노처녀 점순이 아버지를 골탕 먹이며 혼인 승낙을 받아낸다는 매우 희극적인 극이다. 노처녀 점순 또한 갑동 아버지에게 마음에 드는 며느리 감으로 인정받는데, 그 근거가 되는 것이 점순이 차려온 검소한 '신체제' 밥상 때문이다. 즉 이 극은 후방에서의 '신체제' 생활을 적극 지지하면서도 그것을 노골적으로 드러내기보다는 '노처녀 시집가기'라는 대중들에게 인기

---

23) 이혜경, 「억울한 여류작가」, 『신여성』, 1932.8; 허영숙, 「나는 영원히 여류문사가 아니다」, 『비판』, 1932.12. 이상 '여류문인'을 차별화, 배제시키는 논리에 대해서는 심진경, 「문단의 여류와 여류문단─식민지 시대 여성작가의 형성과정」, 『한국 근대문학의 형성과 문학 장의 재발견』, 소명출판, 2004, 310~321면 참조.

24) 이선옥, 「평등에 대한 유혹─여성 지식인의 친일의 내적 논리」, 『실천문학』, 2002년 가을(목록) 참조.

25) 이홍기, 『방송소설명작선』, 조선출판사, 1943 수록; 함태영, 「방송과 친일의 만남」, 『민족문학사연구』 21호, 2002.

26) 서재길, 「『방송지우』와 일제 말기 방송소설」, 『민족문학사연구』 22호, 2003(목록) 참조

있을법한 코믹한 설정을 통해 그 목적을 전달하고 있다. 그리고 원고 말미에 "이 희곡은 흥행극단을 위해서 집필"된 것임을 분명히 밝히고 있는 것에서 이 작품이 애초부터 대중 관객을 염두에 두고 쓰여진 작품임을 알 수 있다.

결국 소설가에서 극작가로, 방송소설가로 종횡무진 변신하고 있는 장덕조의 모습은 일제 말기 총동원 체제가 얼마나 잘 갖추어진 시스템 내에서 문인들을 동원하고 있는가를 알려준다. 그리고 이러한 단일한 목표 아래에서는 남녀 불문, 장르 불문하고 친일적 작품들이 효율적으로 주문 생산되고 있는 모습을 보인다. 여기에서는 기존의 문단에서 문제되었던 여성 작가의 성별 자질 문제도, 장르상의 열악한 위치도 더 이상 문제되고 있지 않으며 오히려 얼마나 많은 대중성을 확보하여 대중을 설득할 수 있는가의 기준에 따라 작가와 장르가 선택되고 있는 양상을 보인다.[27]

이상 식민지 시기 여성 작가들의 희곡 작품을 중심으로 각 시기별로 여성 작가들에게 희곡이라는 장르가 어떻게 수용되고 표출되는가의 양상을 살펴보았다. 이 중에서 김명순·박화성·장덕조 등 몇몇 여성 작가에게는 그 희곡적 자질이 충분하였으나 더 이상 그들의 극작 활동이 계

---

27) 이러한 맥락에서 일제 말기 방송의 역할에 대해서 주목할 필요가 있다. 1927년 개국한 경성방송국(콜사인 JODK)은 처음에는 일본어와 조선어의 이중언어 단일혼합편성이었으나 차츰 조선 내 라디오 청취자의 급증에 따라 1933년 조선어 방송이 제2방송으로 독립한 이후 최고의 전성기를 누리다가 태평양전쟁 이후 1943년 조선어 방송 편성 부서가 폐지되고 군국주의의 첨병 노릇을 하였다. 그리고 이러한 방송 활동에 문인들의 적극적인 참여가 있었다. 일례로 윤백남은 이중방송 개국 당시 제2 방송과장이었고, 그 외 이혜구·이하윤·김억·이서구·방인근·이석훈·모윤숙·최승일 등이 직·간접적으로 JODK와 관련을 맺으며 활약했다. 당시 인기 있었던 방송 연예 프로그램은 음악방송과 방송극이었고, 방송극에는 방송극과 방송소설, 입체적인 소설 낭독('각본 낭독'), 기존 희곡 작품 낭독 등이 있었고, 방송극의 인기에 힘입어 1936년엔 라디오 소설 현상 모집도 하게 되었다. 그리고 1944~45년엔 친일적인 내용이 강한 방송문예물들(방송소설·방송영화극·징병소설·징용소설·근로소설·수필 등)이 다수 창작되었는데, '가정소설' 혹은 '징병소설'로 소개된 「재생」이나 「총후의 꽃」 등 장덕조의 작품 또한 이러한 맥락에서 창작된 것이다. 이범경, 『한국방송사』, 범우사, 1994; 쓰가와 이즈미, 김재홍 역, 『JODK, 사라진 호출부호』, 커뮤니케이션북스, 1999; 서재길, 위의 글 참조.

속되지는 못했는데, 이는 희곡을 공연하는 연극계라는 또 다른 제도의 장이 얼마나 여성 작가에게 폐쇄적이었는가의 예를 보여준다. 그러나 식민지 말기에 이르러 이러한 폐쇄성과는 달리 전혀 다른 상황이 벌어지는데, 남녀 불문하고 극작 능력이 갖춰진 작가들은 희곡으로, 혹은 더욱 대중적인 효과가 큰 방송소설의 형식으로 대중과 만나고 있다. 결국 이는 관객과, 그것도 더 많은 관객과 만나야 하는 희곡이라는 장르가 식민지 시기를 거치면서 여성 작가에게 어떤 좌절을 안겨주고 혹은 어떤 기회를 부여하는지에 대한 흥미로운 사례를 보여준다.

3. 실패한 기획으로서의 수필과 수필의 여성화

여성 작가는 등장 초기부터 특정 장르, 즉 수필과의 친연성이 자주 강조되었다. 한편으로 이는 구경거리로서의 '여류 작가'에 대한 저널리즘적 관심이 만든 '변태적'28) 상황으로 받아들여지기도 했으며, 이를 근거로 '여류 작가'의 활동 자체가 부정적으로 인식되는 계기가 되기도 했다. 따라서 여성 작가와 수필의 관계는 장르론 자체의 본질주의나 성차에 의한 논의보다는 1920~30년대에 걸쳐 수필이라는 장르가 전체 문학 장 내에서 담론 투쟁의 결과 비로소 하나의 '문학 장르'로 격상되었다거나29) '여성적인 장르'로 재배치되는 상황과 함께 고려되어야 한다. 수필만큼 여성과 관련하여 특화되어 논의된 장르가 없고, 역으로 여성화된 수필의 성격 때문에 근대문학 장 내에서 수필의 위치가 문학과 비문학의 경계라는 불

---

28) 이고성, 「조선의 문단」, 『신동아』, 1932.11.
29) 김현주, 「1930년대 '수필' 개념의 구축 과정」, 『민족문학사연구』 22호, 2003; 김현주, 『한국 근대 산문의 계보학』, 소명출판, 2004.

안정한 지점으로 밀려난 혐의 또한 존재하기 때문이다.

그렇다면 식민지 시기 구체적인 여성 수필의 면모는 어떠했는가. 논의의 편의상 이는 크게 제1기 여성 작가 시기와 제2기 여성 작가 시기로 나누어 살펴볼 수 있다. 곧 1910~20년대 나혜석·김명순·김일엽의 수필과 1930년대 이후 최정희·이선희·모윤숙의 수필을 대표적으로 꼽을 수 있다.

먼저 김명순과 김일엽이 먼저 소설로 등단한 몇 년 후 수필을 쓰고 있는 것과 대조적으로 나혜석은 일종의 시사평론인 「이상적 부인」(『학지광』, 1914.12)과 수필 「잡감(雜感)」(『학지광』, 1917.3)[30]으로 작가 생활을 시작했다. 곧 김명순·김일엽과 달리 나혜석은 애초부터 시인이나 소설가라기보다는 평론가 혹은 수필가로 출발한 셈이다. 수필 「잡감」은, 여성 해방적 관점에서 '이상적 부인'의 비전을 제시하고 있는 「이상적 부인」에서와 동일한 내용을 기숙사를 함께 쓰는 언니와의 에피소드와 대화 내용으로 좀더 쉽게 풀어쓴 것이다. 곧 나혜석의 수필은 민족주의적 내용을 담고 있는 최남선, 이광수와 같은 계몽적 수필의 성격을 지니고 있다. 그리고 이는 1930년대에 쓰여진 나혜석의 유명한 「이혼 고백장」(『삼천리』, 1934.8~9)에도 그대로 유지되고 있는데, 남편에게 보내는 장문의 편지 형식으로 쓰여진 「이혼 고백장」은 처음에는 자신의 정당성을 남편에게 호소하는 내용으로 시작하고 있지만 결말에는 '천재의 싹을 분질러놓는' '조선사회의 인심'[31]을 질타하는 내용으로 끝맺고 있다. 그 외 파리 기행문, 이태리 미술

---

30) 1920년대까지만 해도 수필은 '수필'이라는 단일한 명칭을 가진 것이 아니라 무려 25가지의 다른 이름들이 있었다. 즉 隨筆, 隨想, 感想을 비롯해서 想華, 漫筆, 雜論, 漫文, 漫感, 雜文, 雜筆, 漫話, 雜感, 斷想, 抒情文, 硏究, 隨意, 寸想, 敍景, 想, 隨感, 散文, 片想, 小品, 奇書, 散筆 등. 이 중에서 '수필'은 그 빈도수를 따졌을 때 '감상', '수상'에 이어 3번째의 순위를 차지한다. 그리고 '수필'의 단일 명칭으로 굳어지기는 1920년대 후반 '수상'·'수필'·'만필'·'감상' 등 4가지로 압축되다가 1928~29년에야 '수필'이라는 단일 명칭으로 정착된 것이다. 오창익, 「1920년대 한국 수필문학 연구—통계를 중심으로 한 실증적 고찰」, 중앙대 박사논문, 1985, 69~70면.
31) 이상경 편, 『나혜석 전집』, 태학사, 2000, 424~426면.

기행, 이혼 이후 생활의 모습을 담은 「신생활에 들면서」(『삼천리』, 1935.2) 등 나혜석은 자신의 생활을 충실히 기록하고 보고하면서 식민지 시기를 살았던 한 여성주의자로서의 삶을 고스란히 보존해놓고 있다.

그러나 이와 달리 김명순의 수필은 봄에 대한 감상을 적고 있는 「봄 네거리에 서서」(『신여성』, 1924.4; 『생명의 과실』에 재수록)와 같이 지극히 개인적인 감정을 담고 있다. "다시 봄이 도라왔다. '어린이의 관머리에 선 어머니의 마음가티' 무겁게 땅밋흐로 주저안고 십허하는 하늘이 맑은 우슴을 띄고 곱게 개엿다"(91면)로 시작되는 이 작품은 봄과 죽음의 극단적인 대조와 같이 "화려한 소녀의 시대를 능욕과 학대의게 빼앗기고"(95면) 아프게 울어온 자신의 10년 간을 탄식하는 내용으로 자기 고백적이고 비유적인 문장의 문학적인 수필의 한 전형을 보여준다. 그러나 김명순은 자신의 심경을 솔직히 드러낸 이와 같은 수필이나 소설로 인해 정당한 문학적 평가를 받기보다는 더욱더 소문과 악의적인 평가에 시달리게 되는데, 이에 대한 김기진의 악명 높은 공개장은 유명하다.[32]

그리고 이는 김일엽도 마찬가지로 "씨는 몇 편의 개인적 신변 잡사의 수필이 잇스나 이 수필은 창작으로는 볼 수 업는 것"이고 "감상적 애상을 읊픈 시조들"은 "천편일률의 것"이라 "씨는 작품업는 벙어리 작가"[33]라는 극단적인 평가를 받는다. 곧 여기서 '개인적 신변 잡사의 수필'은 아예 작품으로 인정되지 못하고 있는데, 여성 작가의 수필 창작 행위가 문학적인 행위로 전혀 인정되고 있지 못한 당시 문단의 풍경을 잘 보여준다. 그러나 김일엽은 불가에 귀의한 이후 수상수필의 영역에서 독보적인 글을 계속 써왔고,[34] 오늘날 이해인 수녀나 법정 스님과 같은 종교인에 의한 수필문학의 원조가 되었다.

---

32) 김기진, 「김명순씨에 대한 공개장」, 『신여성』, 1924.11.
33) 홍구, 「1933년의 여류작가의 군상」, 『삼천리』, 1933.2, 87면.
34) 오창익, 앞의 글, 180면. 김일엽의 수필집으로는 『청춘을 불사르고』(문선각, 1962; 김영사, 2002)가 있다.

다음으로 문단 내에서 여성 작가의 수필이 다시 문제가 된 것은 1932년이다. 구체적으로 『만국부인』 창간호(1932.1)와 『동광』(1932.7)에서 '문예기타'란에 '여인수필'의 특집을 내보낸 것이 계기가 되었다. 『만국부인』의 특집은 여성지 창간호로서 보다 많은 독자를 확보하기 위한 기획물로 보이는데, 작가로는 김자혜·장덕조, 무용가 최승희가 참가하고 있다. 그리고 『동광』 특집에는 작가로 박화성·김자혜·최정희가 참가하고 있고, 문단에서 쉽게 이름을 확인할 수 없는 박천죽·손초악·홍가은·최이권 등의 여성들이 참가하고 있다. 그리고 이 특집물은 꽤 대중적인 인기를 끌었는데, 이를 이고성은 1932년 한 해 동안 문단사를 정리하는 한 글에서 '여류문사와 여인수필'라는 특정 항목에서 다루고 있을 정도이다.

> 금년 잡지상에 여자수필이 대성황을 이룬 것은 주의할 만한 현상이다. 이것
> 은 여자들이 글을 쓰기 시작하였다는 (이전보다 더) 좋은 현상인 것과 동시에
> 각 잡지사에서 일반 독자의 흥미를 끌기 위하야 양념거리로 여인수필을 모아
> 다 실엇다는 말하자면 이용을 당한 변태적 현상이라고 볼 수 있다.[35]

이상에서와 같이 이고성은 여성 수필의 대성황이 독자를 끌기 위한 각 잡지사의 상술에 의한 것이라고 꼬집고 있다. 반면에 여성 작가들에게는 오히려 이를 역이용할 것을 충고하고 있는데, 그런 측면에서 수필에 대한 정의를 다시 내리고 있다.

> 그런고로 나는 여인에게 수필을 쓰기를 적극적으로 권하되 수필이란 형식을
> 연구하고 일층 발전시키기를 바라는 자이다. 잡지사 이용 운운을 말햇지만 그
> 것은 그러한 기운이 잇지 않은가 한데 불과한 말이다.
> 수필은 수상(隨想), 잡상(雜想)을 쓰는 것이지마는 그것은 지리멸렬한 것이 아
> 니요 일정한 사상 일정한 관점으로 통일되어야 된다. 역사가 진전하는 방향의
> 사상을 가지고 행동하며 사색하며 감정하다가 어떠한 구체적 현실에 부드처서

---

35) 이고성, 「조선의 문단」, 『신동아』, 1932.11, 53면.

감상되는 것을 쓴 것이 수필이 아닐까. 그런고로 빨간 한오릿물이 사상이라고 하면 그 빨간 물방울이 튀어난 것이 수필이다. 현실을 직시하다가 문득 또는 홀연히 일어나는 생각을 솔직하게 터놓고 쓴 것이 수필이다. 그런고로 수필은 현실적 적극적이래야 한다. 공연히 자아도취의 현실도피의 회색 꿈을 꾸고 잇어서는 아무것도 아니다. 그것은 독자에게 아무런 아필도 주지 않는 까닭이다.[36]

즉 수필은 자신의 생각을 솔직하게 쓰는 것이나 '자아도취', '현실도 피'여서는 안 되고 '현실적', '적극적'이어야 함을 재차 강조하고 있다. 특히 이 글은 여성 수필의 작가들을 염두에 두고 쓴 부분으로, 여기서의 '자아도취'나 '현실도피'는 다분히 여성들의 수필에 대한 태도를 비판하는 말이라 할 수 있다.

그리고 수필에 대한 이러한 관점은 수필에 대해 최초로 이론적 정리를 하고 있는 김광섭의 「수필문학소고」(『문학』, 1934.1)에도 그대로 반복되고 있다. 김광섭은 이 글에서 조선문학에 수필문학의 전통은 없으며 대신 '위대한 영국문학'의 에세이에서 그 문학적 전통을 찾음으로써 수필의 문학적 지위의 격상을 도모하고 있다.

문학의 일형식으로서의 수필은 신문학 수입 이후 최근의 일일 것이다. 따라서 수필문학의 전통이 업슴과 한가지로 오늘에 잇서도 문학으로의 수필은 거진 업다. 하필 수필뿐이랴마는 사실 그러하다. 그러므로 우리는 수필 문학을 시험하려는 문학적 충동에서 해외의 문학을 차저가려는 철업는 야심을 가진다.
위대한 영국의 문학에 잇서서 수필에 유사한 것은 엣세이 — essay — 다. 영국 문학이 구주문학사에 보낸 빗나는 기여의 하나가 '엣세이' 문학이라고 나는 본다.[37]

여기서 김광섭은 1920년대에 수없이 많이 쓰여진 수필 일반을 모두 부정하고 있으며, 현재 조선문단에서 수필은 "수필의 본래의 광범한 취

---

36) 이고성, 「조선의 문단」, 『신동아』, 1932.11, 53면.
37) 김광섭, 「수필문학소고」, 『문학』, 1934.1; 『1930년대 비평자료집』, 4면에서 재인용.

재의 영역에도 불구하고 급이 나즌 감상적 회고적에만 시종되야 건전한 발전이 저지"(8면)되고 있다고 진단하고 있다. 한편 김광섭의 이 글은 수필이란 '붓 가는 대로 써지는 글'이며, '완성된 포—ㅁ이 없는 무형식의 형식'을 가졌고, 유모어와 윗트를 그 본성으로 가졌으며, '개성적 심경의 고백'을 담은 '인간미'의 문학이라는 수필에 관한 정통적 정의를 담은 글로, 백철·임화·이무영 등 평론가들이 참석한 한 좌담회에서 수필은 문학이 아니라는 '천박 지극한 평론가'의 말에 자극을 받아 그 반론적 성격으로 쓰여진 글이다.[38] 따라서 이 글에서 김광섭이 '수필문학'의 준거 틀을 '찰스 램'이나 '마듀 아놀드', '전 러스킨'과 같은 영국의 남성 에세이스트들에게서 찾고 있는 것은 다른 한편으로는 '여인수필'에서처럼 수필이 여성들의 것, 흥밋거리 위주로 받아들여지고 있는 현상을 경계하고 있는 것이다.

그렇다면 수필의 문학／비문학에 대한 논쟁에 대해서 여성 작가들은 과연 어떤 생각을 했을까. 이에 대해서는 1930년대 중반까지 전문적인 여성 비평가가 없었기 때문에 구체적인 자료를 찾아볼 수는 없으나 최정희의 다음 글은 당시 문단 내의 수필 논의에 대한 여성 작가로서는 거의 유일한 반응을 담고 있는 것으로 주목된다.

> 모지 주최 문예좌담회에서 수필문학에 대한 토론이 일어나서 수필이 문학조류에 든다니 못든다니 하는 문제가 오래 계속된 모양이나 나로써는 수필도 소설과 시 사이에 새로운 한 형식을 가지고 발전할 것이라고 믿는다.
>
> 그런데 조선에 있어서는 수필과 여류문인과는 말할 수 없이 밀접한 관계가 있다. 그것은 모씨의 말과 같이 건실한 무엇이 없는 사람들이 쉽게 쓸 수 있어서 그런 것이 아니고 잡지사의 주문이 소설이나 시보다 수필을 많이 요구하는 까닭이라고 생각한다.

---

38) 김기림 외, 「문예좌담회」, 『조선문학』, 1933.11. '수필문학에 관하야'라는 토론 주제를 중심으로 백철·임화·이무영은 수필에 대해서 부정적인 견해를, 김기림·김광섭·서항석은 긍정적인 견해를 보이고 있다.

그러므로 지금까지 소설이나 시가 보다 많은 수필이 나왔다. 물론 그 중에는 값없는 수필도 있기야 하겠지만 확실한 비판적 요소를 완전히 갖춘 수필도 있었다.[39)]

위의 글은 1933년의 여류 문단을 총평하는 글의 일부로, '평단, 시단, 소설계, 수필 기타'의 분류 중 '수필 기타'에 수록되어 있는 부분이다. 여기서 최정희는 비록 짧으나마 당시 문단에서의 수필문학 / 비문학 논쟁에 대한 논평을 담고 있는데, 여성 작가와 수필과의 '밀접한 관계'를 인정하는 한편 그 중에 '확실한 비판적 요소를 완전히 갖춘 수필'도 있었음을 들어 여성 수필을 적극 옹호하고 있다. 그리고 실제로 최정희 자신이 다수의 소설과 함께 다수의 수필을 남기고 있는데, 이는 최정희가 삼천리사 기자로 근무하던 상황과도 무관하지 않다. 최정희의 수필은 이러한 자신의 기자 생활, 작가 생활의 애환을 담은 내용이 많다.

젖먹고 싶어 우는 어린애 소리에 눈을 뜬때는 깊은 밤새로 두시엿다. 창밖에 비는 아직도 나려서 락수 물소리가 구슬프게 들리고 머리맡에 쩍깍이는 시계소리와 싀어머님의 코고는 소리도 흩어진 내 머리를 더 한층 어지럽게 하엿다.
나는 깨어진 꿈이 너무도 똑똑하게 눈앞에 어려서, 혹 생시나 아닌가 싶어 방안을 휘둘러 보앗다마는 고단한 잠이 멀어지고 정신이 맑어질수록 그것은 환영도 아닌 확실한 꿈이엇음을 인식하엿다. 그러나 꿈이라면 너무도 긴 꿈이엇다. 나는 K에게 이러한 이야기를 들려주엇다.
"내가 여섯살적에 서당에 다녓는데 훈장이 퍽 귀해하고 사랑하엿으므로 남자들이 강을 못밧치는 때면 으레히 내가 돌아다니면서 모조리 뺨을 때리도록 하엿는데 뺨맞을 적엔 가만 잇다가도 훈장이 변소에나 어디 좀 나간 뒤면 접짱 이하 모다가 나를 몰아주고 때렷답니다. 나는 잘못한 일이 없는 줄 알면서도 눈물만 뚝뚝 흘리며 아모 반항도 못햇지요. 훈장이 내곁에 잇을 때는 그러케 세력을 쓰면서도! 마치 요새 내 생활의 일면이 꼭 그와 같구려." 여기까지 이야기가 계속 되엇을 때 내꿈은 깨어젓다. K의 말 한마디 들어보지도 못하고 꿈이면서도 내가 이런 이

39) 최정희, 「1933년 여류문단 총평」, 『신가정』, 1934.12, 450면.

야기를 하면 K가 나를 어떠한 말로 위로해주리라는 것까지 짐작은 하고 잇엇다.

나는 깨어진 꿈을 되푸리하면서 사람은 누구나 자기를 리해하고 옹호해주는 자가 없으면 적막을 느끼는 동시에 힘이 줄어지는 것인가부다고 느꼈다.

나리는 비는 땅을 적시고 내 혼을 적시엿다. 우울한 내 혼은 몹시 나리는 비에 폭젖어 밋친 듯이 깊은밤 비오는 거리를 헤매며 고독과 비애를 느꼈다. (6월 13일 밤에)[40] (강조는 필자)

이상은 앞서 『동광』지 '여인수필' 특집에 실렸던 최정희의 글 전문으로, 어느 비오는 날 밤의 풍경과 함께 여성 작가로 문단 내에서 받는 여러 억울한 일들의 심경을 꿈에 빗대어 내비치고 있다. 이와 같이 수필은 자기 고백적 성격으로 인해 글 쓰는 사람의 직접적인 심경을 고스란히 드러내게 되는데, 특히 여성 작가 / 필자의 경우 그러한 솔직함이 사회적으로 문제가 되기도 한다. 앞서 나혜석의 「이혼 고백장」이 그랬고, 1932년 『만국부인』의 '여인수필' 특집에 실린 무용가 최승희의 「어머니된 감상」이란 글도 그렇다.

'첫 어머니된 감상'이요? 글세올시다. 살틀하신 어머니 무릎 아래서 철업시 날뛰든 때가 어제갓치 생각되는데 어느듯 벌서 남의 안해가 되고 또 어머니가 되엿다고 생각하니 꿈갓기도 합니다. '어머니'란 그 말이 나안태는 너무나 녯이약이갓치 인연이 머ㅡㄴ 것 갓드니 지금은 '어머니'란 그 명사가 나에게도 붓고 말엇습니다.

어린애를 안고 안저서 물끄럼이 듸레다 보면 하로 잇흘 달너저 가는 것이 귀여워서 애착을 늣기게 되기는 합니다 만은 밤잠도 못 자게 빽빽 울 때라든가 또 맘대로 외출도 못하게 되는 때는 귀치안타고만 생각됨니다.

어린애 낫코 어적께 처음으로 외출햇는데 밧게 나가서는 온 정신이 어린애안태 잇게 되겟지요 길에 걸으면서도 우지나 안는가 하는 생각만 가지게 되엿스며 어듸서 갓난애 우름소리가 들니면 죄다ㅡ 집에 애 소리 갓해서 정신이 산란햇슴니다. 어린애 우는 것이 가엽기도 하겟지만 더구나 미안하기는 싀댁에서

40) 최정희, 「비오는 날 밤」, 『동광』, 1932.7, 64~69면.

분주하게 되면 엇질가 해서요

엇잿든 귓치안은 존재이지요 더구나 우리는 아직 나회 어리고 또 각각 할 일이 엇는 것만큼 더 한 층 귓치안타고 힘잇게 늣기는 때도 잇서짐니다. 사실 이 가을에 동경 가서 그이는 남은 노어과(露語科)를 마처앗치고 나는 무용(舞踊)을 할여고 햇는데 어린것이 너무 어리고 또 내 몸도 전쾌(全快)되지 못한 듯 십허서 못 가고 내년 봄으로 미루고 잇슴니다.

그러타고 어린애 때문에 모—든 푸란이 어그러지리라고는 생각지 안슴니다. 세상 사람들은 내가 결혼할 때부터 '인제 무용(舞踊)은 집어치우자', '그만두는 게 낫지', '여자는 싀집가면 그만이야' 등의 가지가지 말성이 만히 떠돌앗다는데 지금 어린애까지 나엇스니 인제는 정말 무용은 다—햇다고 생각할는지 물으겟슴니다만은 결코 어린애 때문에 그만두겟다는 생각을 가지지 안슴니다. 물론 조고만한 지장(支障)이 잇스리라는 것은 예측하고 엇슴니다.

우리의 목적을 하로 밧비 달하자면 승자(勝子)가 하로밧시 얼는 자라야겟지요 그럼으로 나는 철도 안든 갓난애를 하로에도 몃 번식 듸레다 보면서 어서 커달나고 부탁임니다. 벌서 처음 날 적보다 차츰 사람의 허울을 써감니다. 사주일(四週日)지나스닛까요

늙으신 부모님께서들은 여자(女子)라고 좀 섭섭해 하시는지 몰으겟슴니다만은 우리는 거기 대해서만은 조곰도 섭섭한 관념을 갓지 안슴니다. 그래서 나는 어린개 일흠을 승자(勝子)라고 지엇슴니다. 남자(男子)보다 낫다고요.[41] (강조는 필자)

이상은 최승희의 「어머니된 감상」의 전문으로, 여성이 어머니가 된 이후 느끼는 솔직한 심경을 토로하고 있는 글이다. 그러나 이 글은 발표 이후 모성애가 부족한 신여성의 대표적인 표본으로 매도되었다. 이 글은 시간이 한참 흐른 뒤인 1939년 채만식의 글에서 "연전의 모여사처럼 밤에 단잠이 한참인데 옆에서 어린아이가 깨여 울고 성화를 하고 하면, 그럴 때는 자식이 아니라 원수와 같더라는 글을 공공연하게 발표한 일"[42]이 있었다는 회상으로 되풀이 기억되고 있는 것처럼 특히 남성 작가들

41) 최승희, 「어머니된 감상」, 『만국부인』, 1932.1, 44~45면.
42) 채만식, 「장덕조 여사의 진경」, 『조광』, 1939.3, 136면.

에게 신여성에 대한 부정적인 인상을 심어주는 데에 결정적인 역할을 하기도 했다.

그러나 위에서처럼 최승희는 비록 밤중에 우는 아이로 인한 피곤함을 토로하고 있기는 하지만 아이 때문에 무용을 그만두어야 한다거나, 아들이 아니라 딸이어서 섭섭해하는 일반적인 상식에 맞서 자신의 일이나 딸에 대한 그녀의 애정이 얼마나 각별한가도 동시에 밝히고 있다. 곧 이 글은 남성 문인들이 받아들이는 것처럼 모성 자체를 부정하는 글은 아니었다. 오히려 아이를 낳고 일을 계속해나가는, 또 자신의 딸에 대한 신념을 강하게 가지고 있는 대단히 여성주의적인 인식을 가지고 있는 글이다. 그러나 그럼에도 불구하고 이 글은 밤중에 우는 아이를 '귀찮아하는' 사실 하나만을 부풀려 편파적으로 해석되어 받아들여졌다. 이렇듯 어떤 경우 여성 작가/필자들의 솔직한 심경의 고백은 당대의 현실에 대해 충분한 리얼리티를 갖지만, 이와 같이 악의적으로 왜곡되거나 비난의 대상이 되는 경우가 많았고, 오히려 여성들의 '솔직한' 글쓰기를 막는 요인이 되었다.

반면에 남성들이 여성에게 바란 '여성적인 내용'의 수필은 따로 있었다. 여성 작가들에게 악의적이기로 유명한 김문집이 '조선 수필 문단의 최고봉'이라고까지 추켜세우고 있는 최정희의 수필 「애닯은 가을 화초」의 예를 들어보면 다음과 같다.

> 나는 사람에게 미움을 밧습니다. 어릴 적엔 귀엽다는 이도 잇고 사랑해 주는 이도 잇드니만 철(?)이 들어서는 누가 날 보고 귀엽다 사랑스럽다 하지 않습니다. 내 모양이 점점 가을의 草花처럼 시들어 가는 탓도 잇게지만 그보다 더 重大한 原因은 어릴 적―남들이 귀엽다 할 시절―에 가젓든 곱고 아름다운 마음을 잃어버린 까닭입니다.
>
> 나는 종종 곱지 못한 내 마음을 꾸미고저 無限한 努力을 듸립니다. 하지만 怜悧한 世上 사람들은 내 얼골에서 내 마음을 잘 차저냅니다. 해서 때때로 나는 거울에 비치는 내 얼골―그 중에서도 내 感情을 가장 잘 드러내 놋는 눈을

한참식 눈흘기는 일이 있습니다. 그러나 피곤해진 瞳孔이 오히려 나를 붓잡고 무엇을 이야기하려는 때문에 나는 황당히 거울을 던지고 말어 버립니다.

나는 그래도 나보다 착한 이들의 본을 뜨려는 마음을, 곱지 못한 마음을 꾸미려는 努力보다 적게 가집니다. 그 度數가 더 심한 정도에 이르면 '누가 善한 사람이냐?'고 호령을 치고 싶습니다. 나는 다시는 쇠잔해진 내 눈을 나무램하는 즛을 하지 않겠습니다.[43]

소녀문단에서 최근 나는 예외적인 글 하나를 발견했다. 그는 소설도 시도 희곡도 아닌 불과 반 페이지의 수필이다. 삼천리 6월호에서 본 최정희의 글이다. 청춘을 작별하는 이 내 얼굴을 응시하는 여인의 심경을 고백한 글이다. 이것만은 여류국제문단에서도 상당한 친구가 아니고는 못쓸 글이다. 심훈의 필○사 무엇(개벽?)이란 것과 아울러 소독한 한에 있어서는 조선수필문단의 최고봉이었다.

남성작가는 감쪽같이 자기를 은폐하고도 걸작을 내놓을 두력(頭力)을 가졌지마는, 그를 못가진 여성작가에 있어서는 반대로 있는 대로의 자기를 표박할 때에 한해서 볼만한 글을 내놓는다는 불문율을 새로히 인식하였다.[44]

우선 김문집이 극찬해마지 않는 최정희의 수필 「애닲은 가을 화초」는 주로 직업을 가진 부인의 구체적인 생활 풍경을 그려온 최정희의 다른 수필과도 좀 다른 그야말로 애상적인 글로, 『삼천리』의 1936년 6월호 '문예 기타'란의 '거울과 마조 안저'라는 특집에 실린 일종의 주문 생산된 기획 수필이다. 이 특집은 '여인수필'이란 말만 붙지 않았을 뿐 여성 작가들에게 '거울'을 주제로 글을 청탁한 것으로, 이 특집에 함께 참여하고 있는 노천명, 이선희도 거울 앞에 마주앉은 자신의 얼굴을 소재로 한 짤막한 글을 쓰고 있다. 그럼에도 김문집은 이 수필을 '청춘을 작별하는 이 내 얼굴을 응시하는 여인의 심경을 고백한 글'로 소개하며 여류 국제 문

---

43) 최정희, 「애닲은 가을 화초」, 『삼천리』, 1936.6, 84~85면. 그리고 이 작품은 최초의 여성 작가 선집이라 할 수 있는 『현대조선여류문학선집전경』(이은상 序, 『조선일보』 출판부, 1937)에 「자화상」이란 제목으로 다시 실려 있다.

44) 이하관(김문집), 「문학의 인상」, 『중앙』, 1936.9, 147면.

단, 조선 수필 문단의 최고봉이라고 평가하고 있다. 뒤이은 설명에서처럼 김문집의 이러한 평가는 결국 '여성의 글=고백적인 글=문학의 열등한 수준'이라는 전제들에서 나오는 것으로, 1934년 김광섭이 그토록 경계했던 '수필의 여성화'를 하나의 '불문율'로 고착화시키고 있다. 즉 여기에서는 '여류 작가'에게 부정적인 남성 작가들일수록 '여성적인' 수필을 더 인정하고 있는 역설적인 논리를 읽을 수 있다.

그리고 이러한 경향은 다른 남성 작가들, 문단의 신진 남성 작가에게도 그대로 이어지고 있다. 계용묵·허준·김소엽 등이 참가하고 있는 한 문학 좌담회에서는 "소설보다는 여자는 수필이 좋다"[45]는 말이 공공연히 언급되는 자리에서 최정희와 이선희(「안나의 조상」)의 수필이 '좋은' 수필로 예시되고 있다. 그러나 공허와 권태, 애상, '쇼-윈도'와 도시의 감각을 이야기하거나 '쿠바섬'이라는 이국적인 국가의 해변을 거니는 상상의 내용 등을 담은 이선희의 수필을 살펴봤을 때[46] 이들이 말하는 '좋은' 수필의 기준이 과연 무엇일까 짐작하게 한다. 결국 여기에는 여성 작가에게는 소설보다는 수필이 더 적합하다는 차별적 인식이 자리잡고 있는 것으로, 열등한 장르로서의 수필과 여성 작가를 연결시키고자 하는 이중적인 차별 전략이 작동하고 있다.

그리하여 1939년 수필의 이론에 대한 두 번째 정식을 이루는 김진섭의 「수필의 문학적 영역」에서는 그간 수필을 둘러싼 여러 논의들의 딜레마가 고스란히 들어 있는데, 김진섭은 끝내 문학 / 비문학의 경계에 서있는 수필의 위치를 인정하는 한편 오히려 그렇기 때문에 수필은 문학의 '협애한 영역'을 벗어난 자유분방한 형식으로, 그리하여 문학이 수필로 인해 자신의 영역을 넓히고 풍부하게 할 수 있다고 힘주어 말하고 있다.

---

45) 박노갑·허준·김소엽·계용묵·정비석·현덕, 「신진작가 좌담회」, 『조광』, 1939.1, 251면.
46) 여기서 언급되고 있는 이선희의 「안나의 조상」이란 수필은 미처 찾지 못했으나, 『현대조선여류문학선집전경』에 이선희의 대표적인 수필로 「곡예사」와 「한여름밤의 꿈」이 실려 있다.

여기서 김진섭은 수필을 문학의 '양자(養子)'로 지칭하며 비록 그 확실한 계통을 말할 수는 없지만 문학에 이득을 주는 존재로 비유하고 있다.

> 그러므로 만일에 여기 우리가 어떤 종류의 결벽성에 의하여 이 수필을 문학적으로 무형식한 부랑민(浮浪民)이라 하여 문학의 영역에서 구축(驅逐)하여 버린다면 문학의 빈곤은 일조에 통감되어 문학의 자기 파정은 피할 수 없는 운명으로서 나타날 것이다. 특히 현대에 이르러 수필의 범람은 우리에게 무엇을 말하는가. 소설의 수필화는 평가들이 지적하는 바와 같이 엄연한 문학적 사실로서 그것이 경향으로서 좋고 나쁜 것은 나의 알 바 아니니 말함을 피하거니와 수필의 매력은 자기를 말한다는데 있는 것이 아닐가 나는 생각한다. (…중략…) 문학이 만일에 이와 같은 사랑할 조건을 잃고 그 엄격한 형식 속에서만 살아야 된다면 우리는 소설은 영원히 가질 수 있을지 모르지만 작가의 마음은 찾아낼 길이 없을 것이다. 우리들 현대인은 소설이 주는 흥취에 빠지려기보다는 소설가가 보여주는 작가의 마음에 부닥치고 싶은 경향이 농후해진 것은 아닐가. 그리고 작가 자신도 허구와 가작(假作)의 세계에서 뇌장(腦漿)을 짜는 거짓된 슬픔보다는 자기 신변과 심경을 아울러 고백하는 참된 기쁨에 취하고 싶은 경향이 농후해진 것은 아닐가.[47)]

결국 이는 한편으로는 수필을 엄연한 '문학'의 범위 내로 인정하고자 했던 김광섭의 1934년의 논의에서 한발 물러나 수필의 문학 / 비문학의 경계적 성격을 인정하고, 오히려 그 위에서 수필의 새로운 가능성을 모색하고 있지만, 다른 한편으로는 식민지 시기 문학 장 내에서 수필이 문학의 변방으로 밀려나고 있는 현실적인 모습을 여실히 보여주고 있다. 이와 같이 수필은 1930년대 중반 특히 김광섭·김진섭 등 해외문학파 문인들에 의해 그 '문학적 지위'를 확보하려는 노력을 계속해왔지만 엄격한 형식미를 요구하는 '문학적인 것'으로부터 벗어나 있다는 장르적 특성상 제대로 문학적 지위를 부여받지 못한 채 오늘날에 이르고 있다. 요

---

47) 김진섭, 「수필의 문학적 영역」, 『동아일보』, 1939.3.14, 3.23; 『교양의 문학』, 진문사, 1949, 131면에서 재인용.

컨대 근대문학 프로젝트에서 수필은 일종의 실패한 기획이라 할 수 있고, 이와 더불어 수필에는 '여성적 장르'라는 또 다른 인식이 덧씌워져 젠더화된 채[48] 문학 장의 변방에 재배치되었다.

그러나 일제 말기 전시 총동원 체제에 이르러 수필은, 희곡의 경우에서와 마찬가지로 남녀 불문, 장르 불문하고 일사불란하게 동원되는 대표적인 글쓰기 방식이 되었다. '문단사절(文壇使節)'을 배웅하고[49] '문사부대(文士部隊)'의 이름으로 '지원병(志願兵)'을 격려하는 자리에 수필은 감격적인 목소리로 '소감'을 '기록'하는[50] 편리하고 신속한 도구가 되었다. 특히 여성 작가들의 수필은 '진실'에 호소하거나 '반도 남아'의 빛나는

---

48) 이러한 '여성적인 수필'의 대표적인 예로 1937년 모윤숙의 수필집 단행본 『렌의 애가』의 발간과 엄청난 인기를 들 수 있다. '산문집'이라는 이름으로 발간된 이 수필집은 1937년 4월 일월서방에서 초판이 나왔고, 닷새만에 매진되어 5월에 재판이 나오고, 그 후 40여 년에 걸쳐 89판에 이르기까지 계속 보완 출간될 정도로 대중적인 인기를 얻었다. 장명수, 「『렌의 애가』 회갑 잔치」, 『초판본 렌의 애가』, 이화여대 출판부, 1997. "시몬! 이렇게 밤이 깊었는데 나는 홀로 작은 책상을 마주 앉아 밤을 새웁니다"로 시작하는 이 수필집은 아프리카 깊은 숲 속에 혼자 우는 새인 렌(wren)의 이름으로 지칭되는 한 여성이 유부남으로 이루어질 수 없는 사랑의 대상이자 스승인 한 남성 시몬에게 보내는 총 8통의 편지 형식의 글이다. '제3신'에서 일부 '조선 여성'의 현실을 개탄하는 언급이 나오지만 전체적으로 이루어질 수 없는 사랑의 아픔을 노래하는 서정적인 고백체의 글이고, 과연 렌과 시몬이 누구인가라는 문제로 세간에 크게 화제가 되었다고 한다. 최동호, 「모윤숙의 초판본 『렌의 애가』에 대하여」, 『초판본 렌의 애가』, 이화여대 출판부, 1997. 그 외 여성적인 수필의 관습으로 쓰여진 글들로 최정희, 「춘소유정(春宵有情)-포도(舖道)」, 『동아일보』, 1939.4.7; 최정희, 「사진에 숨은 비화-승녀 못되는 날」, 『삼천리』, 1940.12; 기자, 「재미있게 읽으실 신시대 편지틀-여류 소설가 최정희」, 『신시대』, 1941.1 등이 있다.

49) 1939년 7월 『삼천리』는 '문단사절 장별사'라는 기획 특집의 제목 아래 여러 작가들의 짧은 글을 한꺼번에 모아놓고 있는데, 각 작가들의 글은 다음과 같다. 이광수, 「문단사절의 의의」; 유진오, 「신질서 건설과 문학」, 김기진, 「역사적인 장행」; 정인섭, 「도지사절의 송별」; 김문집, 「육탄적 계기」; 이선희, 「삼용사의 평안」; 김동환, 「문화교역의 큰 사명」.

50) 1940년 12월 『삼천리』 특집 '문사부대와 지원병'에 실린 글들은 다음과 같다. 춘원, 「천황께 바쳐서 쓸데있는 사람」; 최정희, 「'진실'로 이기라」; 유진오, 「일사불란의 그 훈련」; 정인섭, 「고향을 향해서의 묵도」; 이선희, 「여성도 군대생활 필요」; 최영주, 「인고의 정신과 규율」; 방인근, 「정동엄군의 정근장」; 모윤숙, 「태양 아래 빛나는 몸」; 지봉문, 「총메고 행진가 불러」.

모습에 흥분하는 감각적인 표현들로 친일의 목적의식을 보다 친근한 방식으로 전달하고 있다.

> 지원병! 당신들의 팔과 다리와 가슴은 구리쇠같이 강합니다. 앉고 서고하는 동작은 무척 씩씩하고 민활합니다. 그 음성은 몹시 우렁찹니다. 당신들은, 쉬이 한 사람의 병사가 되기에 넉넉합니다.
> 그런데 이제 저는 여러분께 꼭 한마디 말씀을 디리고 싶습니다. 여러분은 힘으로서만, 남을 이기지 말고, '진실'로서 남을 이겨달라는 것입니다. '진실' 앞에는 누구나 머리를 숙입니다. 海田소장이 여러분께, 고향을 향해 무릎을 꿇게 하고, 부모님 사진 앞에 무릎을 꿇게 하는 것이 이 '진실'을 가르치고저 함에서 입니다.[51]

> 나는 훈련소의 긴 낭하를 걸으면서 군대생활이란 남자뿐 아니라 여자도 그러한 훈련과 규율에 치어나야 비로소 육체와 마음의 골격이 바르게 설 것이라 생각했다.
> 지원병들은 그 진실한 태도, 강철과 같은 신체, 모도다 감탄하는 바였으며 또한 거기따라 의지도 견고한 것같이 느꼈다. 그리고 그들은 때를 만나면 무장을 하고 훌륭히 전장에 참가할 것이라 생각할 때 한 사람 한 사람의 값이 무한정인 것을 느꼈다. 특히 海田소장의 친절을 감사한다.[52]

> 여러분의 소리가 그처럼 우렁차서, 나는 가슴이 몹시 뛰었습니다. 처음으로 그렇게 질겁게 뛰었습니다. 반도사람에게서 보지 못하든 굳센 팔, 힘센 다리, 당신들이 지금 붉은 태양 아래서 내게 보여 주었습니다. 질서있는 생활, 규칙적인 교련, 당신들만이 복많은 반도의 남아였습니다.[53]

이상은 당대의 대표적인 여성 수필가로 손꼽혔던 최정희·이선희·모윤숙의 수필로, 이들이 일제 말기 전시 총동원 체제에 적극적으로 협력하

---

51) 최정희, 「'진실'로 이기라」, 『삼천리』, 1940.12, 60~61면.
52) 이선희, 「여성도 군대생활 필요」, 『삼천리』, 1940.12, 62면.
53) 모윤숙, 「태양 아래 빛나는 몸」, 『삼천리』, 1940.12, 63~64면.

는 모습을 보여주고 있다. 이렇듯 최정희·이선희·모윤숙의 수필은 일제 말기에 고스란히 친일수필로 이어지고 있는데, 이는 1930년대에 '본격 문학 장르'로의 인정 투쟁에 실패한 허약한 장르로서의 수필이 또 한번 굴절된 모습을 보여준다. 이 시기 내면의 고백과 일상의 기록의 장인 수필은 '동원된 내면'을 증명하고 '일사불란한 일상'을 규율하는 아이러니컬한 장르로 시대의 한복판에 서 있었다. 그리고 이러한 친일수필에 남성 작가들 못지 않게 여성 작가들이 적극적으로 동원되고 있는 점은 일제 말기 여성 작가들의 역설적인 위치에 대해 다시 한번 생각하게 한다.[54]

4. 일제 말기 동원된 장르로서의 희곡과 수필, 그 한계

이상 희곡과 수필을 중심으로 장르론의 입장에서 식민지 시기 문학 장 내에서의 여성 작가의 글쓰기에 대해서 살펴보았다. 여성의 글쓰기는 '여류 작가'나 '여류문단'시비론에서처럼 식민지 시기부터 공적인 담론의 장에서 문제되기 시작했고, 그것이 긍정적이든 부정적이든 한국 근대문학의 형성 및 제도화 과정에 그 기원에서부터 함께 해왔다. 이 시기 여성 작가들은 애초부터 시·소설·희곡·평론 등 장르라는 전문적인 근대문학제도를 기반으로 활동했으며, 근대문학이라는 공론의 장에서 자신의 작품을 교환하며 가치평가를 받아왔다.

이 중에서도 이 글에서는 식민지 시기 여성 작가와 관련하여 매우 대

---

54) 이선옥은 일제 말기 친일 담론을 분석하는 글에서 여성 작가들의 작품에서보다 논설이나 수필에서 친일적인 내용이 더 많음을 지적하고, 그것을 국가 권력에 대한 '평등의 유혹'이라 분석하면서 식민지 여성 지식인의 분열된 초상을 문제삼고 있다. 이선옥, 「평등에 대한 유혹—여성 지식인과 친일의 내적 논리」, 『실천문학』, 2002년 가을.

조적인 두 현상인 희곡과 수필에 주목하게 되었다. 우선 희곡은 다른 어느 장르보다도 여성 작가에게 배타적인 영역으로 여성 작가의 활동 자체가 차단되어 있었으나, 반대로 수필은 가장 여성적인 장르로 적극 권장되었다. 그러나 그렇다고 해서 수필가로서의 여성 작가의 지위가 제대로 인정된 것은 아니었다. 오히려 '여성적 장르'로 인식되기 시작한 수필은 아예 문학/비문학의 경계로 밀려났다. 희곡은 극작 현장 자체에서, 수필은 담론 차원에서 여성 작가에게 차별적인 장이었다.

그러나 아이러니컬한 것은 일제 말기 총동원 체제에 들어서서 희곡이나 수필은 다른 어느 문학 장르보다 대중성을 쉽게 확보할 수 있다는 장르적 특성에 의하여 양자 모두 친일 담론에 적극적으로 동원되었다. 친일적인 내용으로 희곡과 방송소설을 썼던 장덕조의 경우가 그렇고, 1930년대 대표적인 여성 수필가로 언급되었던 최정희·이선희·모윤숙의 친일 수필이 그렇다. 장덕조의 희곡이나 최정희·이선희·모윤숙의 수필은 대중들에게 좀더 폭넓고 쉽게 어필하기 위한 풍자 희극이나 빠른 보고문의 형태를 띠고 있고, 지원병을 다녀온 '립빠나 헤이따이상(멋진 군인 아저씨)'에게 시집가고 싶어 하는 노처녀의 심정이나 굳센 팔, 힘센 다리, 우렁찬 목소리, 진실한 태도의 '반도 남아'를 찬양하는 '여성의 목소리' 등 직접적으로 '여성의 입장'을 전제하고 있는 글들이다. 곧 이전까지 여성의 글쓰기에서 문제가 되었던 소위 '여성적인 것'들이 오히려 적극적으로 권장되고 있고, 여성 작가 스스로도 이러한 호명에 기꺼이 응하고 있다.

그렇다면 '신체제'의 무엇이 이들 여성 작가들에게 어필했던 것일까. 이에는 같은 시기 한 여성 작가 좌담회에서 일본어로 작품 활동을 하는 남성 작가의 글을 비판하는 여성 작가들의 논리를 참고해볼 수 있다. 1940년 9월 『삼천리』 좌담회에 참석했던 모윤숙·최정희·노천명·이선희 등은 남성 작가들의 내지 문단 활동이 '방아 찧는 것', '아리랑 노래'로 상징되는 '조선적인 것', '엑조티즘'을 '정치적으로' 선택하고 있다고 비판하고 있는데,[55] 여기에는 과거나 전통적인 것으로서의 '조선적인 것'을 부정하고 있는 여성 작가들의 심리가 읽힌다. 그리고 식민지 상황에 대한 비유로 여성을 조선적인 것, 전통의 영역 혹은 어머니의 영역에 배치시키고자 했던 식민지 남성 주체의 욕망과 대비해봤을 때도, 여성주체들은 이와는 달리 자신의 위치를 근대적인 것에 두고자 했고 이것이 '신체제'라는 '새로움'의 담론에 여성 작가들이 적극적으로 동조했던 내적 논리의 하나가 되지 않았을까 한다. 이러한 맥락에서 앞선 이선희의 글에서 '여성도 군대생활이 필요하다'는 말은 단순한 과장이 아닐 수도 있다.

그러나 다른 한편 이렇듯 여성 작가에게도 적극적으로 개방된 장이자 동원된 장르로서 희곡과 수필은 명백히 전통적이고 가부장적인 여성의 범주를 벗어나는 것도 아니었고, '멋진 반도 남아 지원병'을 칭송하는 여성 주인공이나 여성의 목소리의 경우에서처럼 오히려 여성의 글쓰기를 더욱 철저히 여성적인 영역에 가두는 경향을 보인다. 일제 말기 과거나 전통의 굴레를 벗어나 '신체제'의 이름으로 여성들은 새로운 여성의 이름으로 호명되었지만 전체적인 사회 역사적 맥락에 대한 판단은 거세당한 채 또 다른 억압과 강제에 의한 기능적인 역할만이 수행되었다. 그리고 그 과정에서 쉽게 동원되었던 희곡과 수필도 또 한번의 굴절 과정을 겪은 것이었을 뿐 그것이 이후의 희곡이나 수필의 발전에 진정으로 기여하지는 못했다. 이는 해방 이후 희곡과 수필을 제외한 채 문단이 새롭게 재건되고 있는 모습에서도 여실히 확인할 수 있다.[56]

---

55) 모윤숙 외, 「여류시인과 소설가의 문학, 영화를 말하는 좌담회」, 『삼천리』, 1940.9.
56) 그리고 해방 이후 수필의 여성화는 더욱 강화되었는데, 해방 이후 묶인 여성 작가들만의 수필전집에 실린 최정희의 경우에서 그러한 경향을 확연히 확인할 수 있다. 이 책에는 「첫 애인」, 「나의 소녀시절」의 2편의 수필이 최정희의 대표적인 수필로 수록되어 있는데, 모두 최정희의 어린 시절에 대한 애상적인 회상의 글들로 1930년대 최정희의 수필들이 보여주었던 일상생활의 리얼리티를 찾아보기 힘들다. 한국여류수필전집 편집위원회, 『한국여류수필전집』 상, 국제문화사, 1965, 407~412면.

사회주의사상의 수용과 여성 작가의 정체성

김연숙

1. 식민지 / 근대 주체의 정립과 여성운동

1931년, 기자이자 소설가였던 최정희는 「조선여성운동의 발전 과정」
(『삼천리』, 1931.11)이라는 글을 쓴다. 이 글에서 최정희는 조선여성운동의
발전 과정을 크게 4단계로 구분하고, 근대에 이르러 조선여성운동에 가
장 큰 영향을 끼친 것으로 기독교와 사회주의운동을 들고 있다. 그에 따
르면 기독교가 들어온 때부터 여성이 각성하기 시작했고, 사회주의운동
으로 말미암아 계급적 자각이 일어났고 이에 따라 여성운동이 질적으로
발전하게 되었다는 것이다. 기독교와 사회주의운동은 이른바 신여성 형
성에 현실적 토대이기도 하지만 그와 동시에 사상적 토대이기도 했다.
식민지 조선 여성에게 기독교는 '자유'와 '평등'에 기초한 서구적 개인
주체의식을, 마르크시즘을 기반으로 한 사회주의운동은 역사적·사회적

관계 속에서 개인의 주체 형성이라는 문제의식을 깨닫게 해주었기 때문이다. 이 두 가지 즉 개인적 주체와 사회적 주체로서의 자각은 이른바 신여성 형성에 가장 핵심적인 부분이기도 하다. 흔히 신여성을, 교육을 통한 자각과 공적 영역의 참여를 바탕으로 형성된 근대적 여성 주체라고 설명하는 방식도 이러한 연장선상에서 이해할 수 있다. 따라서 기독교나 사회주의운동과 신여성의 관계를 살펴보는 것은 사상적 수용 측면을 넘어서는, 여성 주체의 형성 과정에 주목하는 일이 될 것이다. 이 글에서는 기독교사상의 수용과 그 영향 관계는 차후 연구 과제로 남겨두고, 식민지 조선의 신여성, 특히 여성 작가들에게 사회주의사상이 끼친 영향과 그 의미에 대해 살펴보고자 한다.

기존의 연구에서는 대체로 개별 작가를 대상으로 작품 내용 분석을 통해 사회주의사상 혹은 계급적인 인식이 드러나는가에 주목해왔다. 이때 여성 작가의 작품에 수용된 계급성은 식민지 현실을 인식하는 기준이 되는 한편 지나친 계급성 강조로 인해 도식적인 결말을 만들어 내거나 여성성을 무시한다는 비판을 받기도 했다. 더 나아가 계급해방을 통해 여성 해방을 이룰 수 있다는 당대의 주장들은 사회주의사상의 도식적 수용이라고 비판받아왔음도 사실이다. 이러한 논의를 보자면 실상 계급성과 여성성의 관계는 대립적인 구도에 놓여 있는 듯하다. 그렇다면 과연 식민지 조선에서 사회주의사상의 수용이 식민지 여성으로 하여금 그들의 여성성을 무시하게 하는 다시 말하자면 정체성을 뒤흔드는 것이었을까. 본 연구는 이런 의문에서부터 출발하고자 한다. 바로 이 지점에서 일제 말기 임순득의 문학 성과를 가늠하는 연구는 중요한 시사점을 던져준다.[1] 이 연구는 당대의 사회주의 조직과의 영향 관계 속에서 생성된 여성 작가의 위치를 실증적으로 밝혀내고, 그러한 여성 작가였던 임

---

[1] 이상경, 「1930년대의 신여성과 여성작가의 계보 연구」, 『여성문학연구』 12집, 한국여성문학학회, 2004.12. 임순득의 사상적 경향과 여성성의 관계에 대한 논의는 위 논문을 중심으로 결과를 간략하게만 소개하고, 본고에서는 논의 대상에서 제외했다.

순득의 문학이 민족적 현실의 맥락 속에서 여성 문제의 독자성을 고민한 과정이었음을 설명하고 있다.

그렇다면 과연 1920년대 이후 여성 작가들은 왜 사상성을 고민했는가. 사회주의사상을 통해 식민지 현실을 고민하고, 그 맥락 위에서 여성성을 정립하고자 했던 고민이 새로운 여성 작가를 생성하게 한 기반이 되어 준 것은 아닐까. 그 동안의 연구가 여성 작가에게 계급성이 어느 정도 드러났는가를 따지는 것이었다면, 이제 왜 그것들이 수용되어 '무엇'을 생성해냈는가를 따져 보는 일이 필요할 것이다.

2. 사회주의여성운동의 조직화와 그 영향

1920년대에 이르러 〈조선여성동우회〉(1924.5)가 창립, 〈경성여자청년동맹〉, 〈경성여자청년회〉를 거쳐 〈근우회(槿友會)〉(1927)가 조직된다.[2] 〈근우회〉의 주요 강령은 여성의 공고한 단결과 지위 향상이었으며, 운동 목표

---

2) 〈조선여성동우회〉는 최초의 사회주의 여성운동 조직으로 고원섭・김필애・김현제・김성삼・박원희・오수덕・우봉운・정칠성・주세죽・허정숙・정칠성(=기생 정금죽)・이춘수 등이 중심이 되었다. 기존의 계몽적 여성교육론을 비판하고, 사회주의여성해방론을 주장하였다. 선언문에서는 "여자는 가정과 임금과 성의 노예가 될 뿐이요, 생활에 필요한 각 방면의 일을 힘껏 하여 사회에 공헌하였으나 횡포한 남성들이 여성에게 주는 교육은 모성을 파괴할 뿐이다. 더욱이 조선여성은 그 위에 동양적 도덕의 질곡에서 울고 있다. 비인간적 생활에서 분기하여 굳세게 굳세게 결속하자"고 하였다. 이들은 사회진화법칙에 따라 신사회 건설과 신여성운동의 일꾼을 훈련・교육하는 것과 여성이 단결하여 여성해방운동에 참여하는 것을 강령으로 정하였다. 창립 2년 만에 회원이 70여 명으로 늘어나면서 무산계급 의식을 고취하는 강연회를 통하여 활동 범위를 넓히려 하였으나 1925년 사회주의 계열의 파벌분쟁과 연관되어 〈경성여자청년동맹〉(주세죽 외 발기)과 〈경성여자청년회〉로 나누어졌다. 이후 1926년 동경 유학생 황신덕・이현경・정칠성이 귀국하면서 사회주의여성운동을 통합, 1927년 〈근우회〉가 조직된다.

로 봉건적 굴레와 일제침략으로부터의 해방을 제시하였다.[3] 특히 〈근우회〉는 당시 여성계에 비상한 관심 대상이었는데, 이는 사회주의여성운동이 본격적으로 조직화되었다는 사실을 의미할 뿐만 아니라 〈근우회〉가 조선여성운동 전체에 영향력을 행사하는 구심점 역할을 했기 때문인 것으로 판단된다.

〈근우회〉의 대표적인 사업은 계몽운동이었고 이와 연관되어 가장 투쟁성을 발휘한 분야는 여학생운동이었다. 그것은 당시의 여성운동이 여학생층에 크게 의지했으며 또 여학생들의 투쟁력이 상대적으로 강하고 〈근우회〉도 학생부를 두어 깊이 연결되어 있던 상황에서 실증되는 바이기도 하다. 진명여고보 사건, 전주여고보 사건, 광주학생 사건 등 학생운동에 대해 〈근우회〉는 각각 지회 차원에서 조사를 시행하고, 전주여고보 사건에 대해서는 퇴학처분 해제 경고문을 발송하는 등의 적극적인 면모를 보인다. 결국 이 일로 인해 〈근우회〉 간부였던 정칠성(丁七星)과 허정숙(許貞淑)이 3일 구류를 살기도 했지만,[4] 1930년 1월의 경성여학생 시위에 〈근우회〉 조직은 더욱 깊숙이 개입한다. 조선총독부경무국『소화오년십월 치안상황』에 의하면 근우회 본부 간부 허정숙 등은 이화·진명·숙명·근화, 여자상업학교 학생들에게 지시하여 1930년 1월 15일을 기해 일제히 시위를 일으키게 했다고 한다. 당시 시위에 참가한 여학생은 1천 8백 명이었다고 하며, 이 일로 인해 허정숙은 보안법 위반으로 징역 1년 선고받는다. 이는 일명 '서울 여학생 만세 사건', '허정숙 사건', '근우회 사건'으로 불렸으며 광주학생운동에 고무된 여학생 최대의 만세운동으로 평가되고 있다. 특히 이 사건에 직접적으로 개입했기 때문에 이후 〈근우회〉 조직은 큰 타격을 입지만, 지금까지 이 만세운동은 〈근우회〉 활동

---

3) 서울에 본부를 두고, 전국 각지와 일본 및 만주에 지부를 두었던 〈근우회〉는 1929∼1930년에는 지회의 수가 70여 개로 크게 늘었으며, 회원도 1929년 5월 2,900여 명에 이르렀고, 도쿄(東京)·간도(間島)·창춘(長春) 등 국외에까지 조직을 확장하였다.

4) 『동아일보』, 1929.8.28, 9.4, 9.25; 『조선일보』, 1929.8.28, 9.4, 10.2, 11.11; 『중외일보』, 1929.9.25 참조.

중 가장 두드러진 것으로 평가받으며 이후 각종 시위, 동맹 휴학에까지 큰 영향을 주었던 것으로 알려져 있다.[5] 이와 같은 여학생운동의 조직적인 저변화는 당시 여성계에 커다란 영향을 미쳤으며, 실제로 1920년대 후반부터 많은 여성 작가가 〈근우회〉와 직·간접적으로 연결되어 있었다. 박화성·강경애·백신애는 〈근우회〉의 조직원으로,[6] 송계월·임순득은 〈근우회〉를 배경으로 한 여학생운동에 관련되어 있었던 것이다.

한편 이러한 여성운동 조직에서 우리가 주목해야 할 부분은 당시 제3인터내셔널(Communist International, 이하 약칭 코민테른(Comintern))에서 여성운동에 대한 문제제기가 있었다는 것이다. 코민테른의 제3회 대회는 공산당 자신의 주도로 독립된 여성 조직을 설립하는 문제에 관해 단호한 반대를 결의했다고 알려져 있다. 그러나 유럽국가들의 경우 실천의 경험에 비추어 별개의 일반적 여성 조직이 필요함을 꾸준히 제기했고, 일본도 '성별 조직'에 반대하던 야마카와 히토시(山川均)[7]이 몰락하고 후쿠모토주의(福本主義)가 공인(1926.12)된 후 '성별 조직'으로서의 간토부인연맹(關東婦人同盟)을 결성(1927.7.3)했다가 원칙에 위배된다하여 다시 해체(1928.3)하는 곡절을 겪기도 했다.[8] 그런데 우리의 경우 코민테른의 여성정책이 문제가 되었던 논란의 흔적이 드러나지 않는다.[9] 당시의 사회주의 이론가들과 여성 활동가들은 여성부를 기본적인 조직 형태로 생각하고 별도의 여성

---

5) 신영숙·이배용·안연선·최숙경, 「한국여성사 정립을 위한 여성인물 유형연구 III」, 『여성학논집』 10집(이화여대 한국여성연구소 편), 1993, 78면.
6) 강경애는 1929년 〈근우회〉 장연지회에서, 박화성은 1928년 〈근우회〉 동경지회 위원장으로 활동했다. 백신애는 1926년 경성여자청년동맹 집행위원, 1928년 근우회 집행위원으로 활동한 기록이 있다.
7) 山川菊榮의 남편으로 菊榮과 함께 婦人協議會 설치를 주장하고 '性別 조직'에 반대한 사람이다.
8) 工位靜枝, 「關東婦人同盟」, 『歷史評論』 290호, 1973.9.
9) 남화숙, 「1920년대 여성운동에서의 협동전선론과 근우회」, 『한국사론』 25집, 서울대 인문대 국사학과, 1991, 218면. 한편 조선의 여성운동에서의 코민테른의 지도적 역할을 열렬히 소개한 배성룡의 「세계부인운동의 ○세」(『시대일보』, 1926.1.3, 5면)에서도 '성별 조직'을 불허하는 코민테른의 방침에 대한 언급을 찾을 수 없다.

대중 조직의 결성은 어쩔 수 없는 상황에 따른 과도적 · 특수적인 것으로 받아들였던 듯하다. <근우회>의 주요 구성원이었던 황신덕은 "그러나 여자가 조선인으로서 남자와 동일선상에서 서서 활동하기에는 아즉까지도 일반적으로 보아 여자 자체의 훈련이 부족할 뿐만 아니라 여자를 둘러싸고 잇는 모—든 사회적 조건은 어떠한 시기까지 여자만으로서의 단결을 요구한다고 아니할 수 업섯다"[10]고 당시의 상황을 회고하기도 한다.

<근우회>의 기관지 『근우(槿友)』(1929.5)를 살펴보면, 이러한 성별 조직이 식민지 조선에서 갖는 의미를 더욱 명확히 찾아볼 수 있다. 『근우』는 우선 권두언 「근우의 발행의 제하야」에서 계급적 지향성을 분명히 드러내지만, "갓튼 인간으로서 사회의 짓밟힘을 당하고 갓튼 자녀로서 아버지의 내침을 밧으며 지어 자기가 나흔 아들의게까지 길녀주는 의무박게 아무런 권리도 가지지 못한 기구한 운명을 가진 여성이다"라면서 여성으로서의 특수한 위치를 함께 강조하고 있다. 결국 <근우회>운동은 조선 여성 상황에 맞는 운동 방침을 수립하고 자기의 운동 방침을 명확히 인식한 위에 여성 대중에 대한 선전과 조직화 작업을 수행하여 상당 부분 성과를 거두고 있었다고 평가할 수 있다. 이는 식민지 조선의 현실 문제를 극복하기 위한 운동이 바로 여성 자신들의 '실제해방운동'이며 이를 위해 '대중 여성'들을 조직화하는 여성운동의 현실이었기 때문에 그러하다.[11] 이 단계에서 여성운동은 민족해방운동, 반봉건민주주의운동과 관계하는 입지점을 마련할 수 있었고, 실제로 <근우회>는 전체 운동의 한 부문 운동의 담당체로서의 역할을 충실히 수행한 것으로 평가받고 있다. 이로써 여성운동이 이념적 · 조직적으로 고유한 부문 운동으로서의 자기 위상을 정립했다는 의의를 인정받는다.[12]

---

10) 황신덕, 「1927년 여성운동의 회고(1)」, 『조선일보』, 1929.1.1.
11) 조경미, 「1920년대 사회주의 성격에서 본 근우회」, 『숙대한국사론』 1집, 숙명여대, 1993, 241면.
12) 박혜란, 「1920년대 사회주의여성운동의 조직과 활동」, 이화여대 석사논문, 1993, 112면.

3. 여성 작가의 정체성

프로 문학적 경향, 혹은 사회주의적 경향을 뚜렷하게 보인 여성 작가로는 박화성(1904~1988), 강경애(1906~1944), 최정희(1906~1990), 백신애(1908~1939), 송계월(1911~1933), 지하련(1912~1960), 임순득(1916~?)을 대표적으로 들 수 있다. 특히 1930년대 초반 여성 작가의 작품에 나타나는 사회주의적 사상은 그들을 지배하는 경향이었으며, 이들의 작품에 대한 평가 또한 이러한 경향하에서 이루어졌다고 볼 수 있다. 그런데 이들이 사회주의사상을 수용하게 된 계기를 살펴보면 사실상 오빠, 애인 혹은 남편의 영향이 대부분이다. 이는 당시 사회주의 계열의 여성 운동가들이 오빠, 애인 혹은 남편, 아버지의 영향으로 사상에 눈뜨고 조직에 투신하게 된 것과 거의 일치한다. 이들 여성들에게 남성 사회주의자들은 사실상 지도자적 위치에서 계몽하는 역할을 한다.[13] 이는 그 동안 여성 작가들이 주체적이지 못하고 사회주의사상을 무매개적으로 아무 고민 없이 받아들였다고 비판하는 근거로 사용되어 왔지만 한편으로 이러한 관계는 당시 여성들이 처한 실제 현실이었음을 인정해야 할 부분이기도 하다. 근대문물이나 신지식을 접했던 여성의 수효도 당대에는 극소수에 지나지 않았으며, 더욱이 송계월이나 임순득과 같은 세대에 이르러서야 비로소 〈근우회〉가 조직했던 여학생운동[14]의 영향 관계를 찾아 볼 수 있다. 특히 송계월의 경우 근우회 간부인 허정숙과 조직의 선이 닿아 있었다는 점을 고려한다면, 이는 이후

---

13) 박화성은 사회주의 활동을 했던 오빠 박제민, 남편 김국진의 영향을, 백신애는 조선 공산당 활동을 했던 오빠 백기호의 영향을, 임순득은 이재유 그룹에 소속된 사회주의자였던 오빠 임택재와 동덕여고보 교사 이관술의 영향을, 강경애는 남편 장하일의 영향을, 지하련은 남편 임화의 영향을, 최정희는 전남편 김유영(〈신건설(KAPF연극단체)〉 회원)과 임원근(허정숙의 남편) 등 사회주의 지식인들의 영향을 받았다고 알려져 있다.

14) 임순득과 학생운동과의 관련은 「1930년대 신여성과 여성작가의 계보연구」(이상경, 『여성문학연구』 12집, 2004.12)에 상세하게 밝혀져 있어 본고에서는 논의 대상에서 제외하기로 한다.

여성 작가의 새로운 생성 방식을 의미하는 것이라 할 수 있다. 허정숙은 실제로 사회주의자였던 아버지 허헌의 영향을 깊숙이 받았고, 남편이나 애인 모두 사회주의자였다. 그러한 그가 여학생운동에 깊숙이 관련했고 후속세대를 키워냈다는 것은 당시 여성의 현실적 상황을 입증하는 사례라고 할 수 있다. 따라서 어떤 계기로 사회주의사상을 받아들였냐는 것이 문제가 되어야 할 것이 아니라 실제 작가들에게 어떤 영향을 끼쳤는지를 문제삼아야 할 것이다.

1) 「젊은 어머니」—여성 작가의 새로운 현실 인식

1933년 1월 『신가정』은 창간호에서 '연작 소설'이라는 기획으로 박화성·송계월·최정희·강경애·김자혜 다섯 명이 릴레이식으로 쓴 「젊은 어머니」를 연재했다. 이는 이전 세대의 여성 작가들이 개별적인 존재로 인식되었던 데에 비해, 이 시기에 이르러 여성 작가들이 하나의 집단적인 존재로 눈에 띄기 시작했었다는 것을 의미한다. 한편 이와 같은 '여류' 기획에는 5명의 여성을 동원하여 독자의 이목을 끌고자 했던 상업적 의도가 있었음도 부인할 수 없는 사실이다. 일본의 경우를 살펴보면 이처럼 상업적인 목적으로 여성 작가를 동원했다는 사실이 한층 더 분명하게 드러난다.[15] 일본에서 최초의 '女流 企劃'은 잡지 『中央公論』의 특집 「女流作家小說 10篇」이다(1910.12). 『中央公論』은 그때까지 기본적으로는 남성 편집자가 남성 필자를 기획, 발굴하는 종합잡지였지만, 변화하는 시대의 흐름을 읽는데 재빨랐던 편집자는 당시 급속하게 매상고를 올리려는 목적으로 여류 작가 기획을 시도한다. 이 시도는 크게 성공해서 실제로 여성 작가의 소설을 게재하기 시작하면서부터

---

15) 이하 『中央公論』에 대한 설명은, えくさ みつこ, 「知としての'女'の發見」, 『『靑鞜』お讀む』(新·フェミニズム批評の編), 學藝書林, 1998, 16~17면 참조.

『中央公論』의 발행부수는 1천부에서 6천부(메이지 29년=1897년)로 약진, 1907년에는 일만 부를 넘었다고 한다.16) 이와 유사한 『신가정』의 시도가 어느 정도의 효과를 거두었는지 구체적으로 확인하기는 어렵지만, 『신가정』의 이 기획 이후 '여류 문인' '여류 작가'로 여성의 작품을 묶는 기획들이 크게 유행하게 된 사실은 어렵지 않게 확인할 수 있다.17) 그런데 이처럼 상업적 의도에서 출발한 기획이었던 「젊은 어머니」의 주요 줄거리가 사회주의사상과 관련되어 있다는 사실은 어떻게 이해해야 할까. 더구나 『신가정』(1933.1~1936.6)이란 잡지의 전체 경향이 사회의식 측면이나 논쟁적인 측면과는 다소 거리가 있음을 고려한다면 「젊은 어머니」의 주제는 더욱 특이하다고 할 수 있다.18) 실제로 『신가정』의 창간사는, 가정은 "사회의 긔초를 지어잇는" 곳이며 그래서 잡지 『신가정』은 "조선사회의 새로운 건설을 꾀하는 그 방법으로 여러 가지를 생각할 수 잇는 동시에 이 「가정문제」라는 것을 중대시하는 의미에서" 발간하게 되었다는 의도를 밝히고 있기도 하다.19) 사회의 기초로서 가정을 주목하고, 그 가정의 중심으로서 '어머니'를 주목한다는 맥락으로 연결해본다면 소설 「젊은 어머니」는 창간호에 가장 걸맞는 기획이지만, 그 '젊은 어머니'의 고민이 사상적인 측면에 가닿아 있다는 것은 무엇을 의미하는 것일까.

'녀류 년작소설'이라는 부제에 따라 박화성·송계월·최정희·강경애·김자혜 순으로 씌여진 「젊은 어머니」는 계급운동을 위해 집을 떠나 죽은 남편 대신 요리집을 꾸려나가며 두 아이를 키우고 있는 현우희와 그

---

16) 杉森久英, 『瀧田樗陰』, 中央新書, 1966.11, 96면(えくき みつこ, 위의 글, 16~17면).
17) 이상경, 「1930년대의 신여성과 여성작가의 계보 연구」, 『여성문학연구』 12집, 2004.12, 249~250면 참조.
18) 박용옥은 『신가정』은 필자 대부분이 남자들이며 가정 문제를 사회 개선의 측면에서 관견할 뿐 이전 여성 잡지에서 보였던 논쟁적인 성격은 거의 없다고 지적하기도 한다 (박용옥, 「1920년대 신여성 연구」, 박용옥 편, 『여성; 현재와 역사』, 국학자료원, 2001, 14면).
19) 송진우, 「창간사」, 『신가정』, 신동아사, 1933.1, 2~3면.

녀를 둘러싼 채주사, 김, 민이라는 세 남성이 작품의 중심 인물이다. 세 사람의 남성 모두 우희에게 관심을 보이거나 직접 구혼을 한다는 연애 관계가 이 작품의 한 축이고, 은행지배인으로 철저히 부르주아적인 인물 인 채주사에 비해 계급운동가였던 남편, 그의 친구이자 지금도 은밀히 계급운동을 하고 있는 민, 역시 남편의 친구이지만 ○○사건으로 복역하 고 나와서 변절해서 결국은 민을 감옥에 보내는데 결정적인 역할을 하 는 김을 중심으로 한 계급사상이 작품의 또 다른 한 축이다. 이 두 축에 서 각각 연애와 사상을 고민하던 우희가 변모하는 과정이 이 작품의 전 체 줄거리라 할 수 있다. 그런데 이 여성 인물의 변화가 계급의식의 확 보 혹은 계급적 각성이라기보다는 '어머니' 역할의 변모라는 사실은 의 미심장하다.

> 우희는 유광이를 꼭 끼어 안엇다. 우희의 젊은 몸에서 솟는 왼갓 정열을 함 빡 쏟아서 유광이의 몸에 부으려는 듯이 가슴에 껴안엇다. 우희의 모성에는 유 광이의 몸에서 넘치고 흘러서는 다시 수없이 많은 가엽슨 아이들에게로도 쏟 아질 것 같앗다.
> "굳센 어머니가 되어 주시오"
> 우희의 머리에는 남편이 남기고 간 이 말 한 마듸가 얼마나 의미심장한가를 깨다럿다. 젊은 어머니의 눈에는 굴다란 눈물방울이 맺엇다.[20]

민과 채 사이의 삼각 관계 속에서 괴로워하든 우희는 민이 검거된 이후 요리집을 그만두고 감옥에 간 민의 뒷바라지를 한다. 화려한 요리집 안주 인으로 살던 우희가 민에게 사식을 차입하러 다니면서 이번 사건에 검거 된 사람들의 가족들이 비참하게 살아가는 모습을 비로소 보게 된다. "즘 생처럼 먹고 입는 것밖에는 알지 못하는 수많은 무산아동들"이 감옥 근처 의 움막에서 "쪽제비" 같은 모습으로 헤매다니고 있었던 것이다.[21] 그 모

---

20) 백신애, 「젊은 어머니」 5회, 『신가정』, 1933.5, 180면.
21) 백신애, 위의 글, 180면.

습을 보면서, 예전에 남편이 걱정하던 조선의 현실이 무엇인가를 깨닫고 이후 자신의 삶을 바꾸어 나간다. 예전에는 유복자로 남겨진 아이를 안고, 남편 없이 아이를 키워야 한다는 걱정, 사랑할 만한 상대를 고르려 애태우던 번민에 괴로워했다면, 이제 "유광이의 몸에서 넘치고 흘러서는 다시 수없이 많은 가엽슨 아이들에게로도 쏟아질 것" 같은 모성을 느끼게 되는 것이다. 모성의 사회적 확대가 다소 성급하게 나열되는 아쉬움도 있지만 이와 같은 "우희"의 깨달음은 여성이 개별적인 차원을 넘어서서 사회·역사적인 인식과 관계맺는 지점을 보여준다는 점에서 중요하다. 모성으로 규정되는 여성적 정체성에 반발하고 개인적 주체성을 강조했던 제1기 여성 작가들에 비해 모성이 어떻게 사회적인 관계를 맺을 수 있는지 즉 사회적 맥락에서 여성의 정체성을 고민하는 것이기 때문이다. 어머니 역할을 둘러싼 "우희"의 고민, "채"와 "민"을 사이에 둔 사랑의 갈등은 이러한 고민을 해결해나가는 과정에 놓여 있다. 이에 대해 여성 작가들이 공식적으로 결합, 집단적인 목소리를 내고 있다는 사실은 이 시기 여성 작가의 달라진 인식의 지형도를 보여주는 지점이기도 하다.

이 작품에서 또 한편으로 주목할 만한 점은 전체적인 작품 구도 가운데에서도 개별 작가의 차이가 내밀하게 드러나고 있다는 사실이다. 등장인물과 전체 배경을 설명하는 첫 회를 쓴 박화성과 전체 마무리를 하는 마지막 회를 쓴 김자혜를 제외한 세 작가의 경우, 각각 작가적 특성이 뚜렷하게 비교된다. 다소 거칠게 대별하자면 송계월은 김과 민의 사상적 다툼, 우희의 번민에 초점을 맞추고 있고, 최정희는 우희를 둘러싼 갈등 특히 민의 충동적인 열정("사랑과 질투"라고 서술), 우희의 내적 갈등 묘사를 두드러지게 그리고 있다. 이에 비해 강경애는 연애, 사상의 실천에 따르는 어머니로서의 괴로움 즉 모성의 갈등을 드러내고 있다. 송계월과 강경애가 쓴 2회, 4회에서만 각각 28행, 40행에 이르는, 검열로 인한 삭제의 흔적이 발견되고 있다는 사실도 이런 연장선에서 해석해야 할 듯하다. 더구나 이런 차이는 개별 작가의 전체 작품 세계와 밀접하게 관련되는 부분이기도 하다. 이런 차이에도 불구하고 「젊은 어머니」는 여성이 개별적인 존재가 아니라 사회적이고 역사적인 주체로 살아나가려는 변모를, 여성 작가들이 집단적으로 주목한 최초의 사례라는 점에서 의의가 있다.

2) 계급적 주체로서 여성의 확립─송계월의 경우

그렇다면 실제로 여성 작가에게 있어 사회주의 사상은 어떻게 내면화되고, 작품으로 혹은 작가적 활동으로 이어지고 있는가. 본고에서는 이를 송계월과 백신애의 경우를 통해 살펴보고자 한다. 송계월은 〈근우회〉의 조직적인 지원 아래 전개되었던 여학생 운동가 출신 작가로, 이른바 여성문학 계보에서 3기 여성 작가의 탄생을 예고하는 의미가 있고, 백신애는 사회주의 사상을 내면화하면서 빚어지는 갈등과 문제를 작품 속에서 적극 끌어들이고 있는 경우라 할 수 있다.[22]

송계월은 1911년 12월 10일 함경남도 북청군의 한 어촌마을에서 송치옥의 맏딸로 태어났다.[23] 송계월은 고향에서 신창공보(보통학교)를 마치고 서울에 대한 동경심과 더 배우겠다는 향학열로 인해 도망치다시피 서울로 온다. 이후 1927년 4월 경성여자상업학교에 입학한다. 학창 시절에서 가장 주목할 만한 점은 이 시기에 송계월의 인생 전반을 좌우하는 사상적 기반이 형성되기 시작했다는 것이다. 이 당시 송계월은 사회과학 서

---

22) 본고에서는 송계월은 조직운동선상에서 여학생─여성 작가의 성장 과정을 보여주는 사례로, 백신애는 사상의 내면화─여성 작가의 과정을 보여주는 사례로 대비시키고자 했다. 물론 「젊은 어머니」 연작에 참여했던 박화성이나 간도체험을 바탕으로 많은 작품 활동을 했던 강경애도 사상성과 여성성의 관계에서 논의해야 할 작가로 판단된다. 이는 다음 후속 연구에서 좀더 깊은 논의를 통해 보완하고자 한다.
23) 송계월의 약력은 「고 송계월군의 약력」(편집부, 『신여성』, 1993.7), 「동무의 회상, 송계월양의 삼주기에」(이찬, 『조선중앙일보』, 1935.5), 「개벽시대」(백철, 『대한일보』, 1969.4. 7~1970.12.10) 등과 「어느 신여성의 경험이 말하는 것─여기자 송계월」(박정애, 『여성과사회』 14호, 2002)을 참고로 재구성하고, 몇몇 잘못된 사실을 바로잡은 것이다.

적과 문학 서적을 읽는 일에 거의 모든 시간을 허비했으며, 이후 재학시절 가장 유쾌한 일을 회고해보라는 질문에 스스로 동무들과 학생운동에 참여한 경험을 꼽을 정도로 그 자부심이 대단했다.

이런 사상적 열정은 서적 탐독이나 조선 현실에 대한 고민 등 개인적인 측면에서 비롯된 것이기도 하지만 사회주의 여성 운동가들의 조직인 〈근우회〉와 깊숙이 관련되어서 형성된 것이기도 하다. 당시 〈근우회〉는 여학생운동에 깊은 관심을 가지고 학생들을 지도하고 있었는데, 송계월은 〈근우회〉 서무 부장인 허정숙과 선이 닿아 있었다고 알려져 있다. 그 결과 송계월은 1928년 교내 동맹휴학을 주도하여 경찰의 요시찰 대상으로 주목받고, 1930년 1월 4일에는 자신의 하숙집에서 광주학생운동과 관련한 시위 계획을 세우고, 1월 15일 경성여자상업학교 학생들을 이끌고 시위에 참여하는 등 적극적으로 활동한다. 경성여자상업학교 대표로서 각 학교 대표들과 연락하고, 이후 모교의 전교생 만세운동을 주도하며 시위에 참여했던 경험은 송계월의 계급사상을 확고하게 만든 계기가 된 듯하다.[24] 시위가 있은 후 경찰은 허정숙과 여학생 7명을 보안법 위반으로 기소했으며, 1930년 3월 19일의 공판을 거쳐 26일의 선고공판에서 허정숙은 1년, 최복순은 8개월, 이순옥은 7개월, 송계월과 나머지 여학생 4명은 6개월의 실형을 선고받는다. 이후 주동자로 취급된, 허정숙과 여학생 최복순을 제외한 6명의 여학생들은 3일만에 집행유예로 풀려난다.

송계월이 출옥했을 때 〈근우회〉의 간부들은 대대적인 검거에 휘말려 산산히 흩어져 버렸고 사회주의여성운동은 중심을 잃은 채 흐지부지되어 있었다. 구심점을 잃어버린 격이 된 송계월은 곧 정자옥 백화점 점원으로 취직한다. 백화점 점원은 직업으로서의 선택이라기보다는 부모의

---

24) 특히 이때의 시위는 광주학생운동이 시작된 이래 가장 격렬하고 계급적 지향이 분명하게 드러나는 것이었다고 알려져 있다. 시위에서 학생들은 적기를 들고, "제국주의 타도 만세", "약소민족 만세", "공산계급혁명 만세" 등이 적힌 '삐라'를 뿌리면서 계급의식을 노골적으로 드러냈다.

도움 없이 독립해야 한다는 경제적 필요에 따른 것으로 알려져 있다. 그 때문에 개벽사에서 기자 제의가 왔을 때 송계월은 망설임 없이 백화점에 사표를 내고 1931년 4월부터 개벽사 기자로 근무하기 시작한다. 이후 여학생운동의 경험이 고스란히 녹아 있는 작품을 발표하기 시작하면서, 기자생활과 작가생활을 함께 해나간다. 이런 생성기반을 배경으로 등단한 작가답게 선명한 계급의식이 두드러지는 작품세계를 보여주는 데 비해 오히려 당대에는 작가로서보다는 가십 코너에 더 많이 언급되었던 화제의 신여성이기도 했다. 당대 커다란 화제였던 '처녀 출산' 소문이라든가, 미모의 신여성―결핵―23세의 요절로 이어지는 그녀의 짧은 생애는 드라마틱한 이야깃거리가 되기에 충분했다.[25] 이러한 관심과는 달리 2년 남짓한 짧은 작가생활과 몇 편 안 되는 작품 때문에 1930년대 문단에서 송계월은 '문사자격'이 없다는 시비, 더 나아가 여류 작가의 자질론을 거론하는 데에 대표적인 경우로 다루어져 왔다.[26]

이제 송계월의 작품을 다시 한번 천착해보도록 하자. 지금까지 알려진 작품은 5편의 소설이 전부다. 그 중 「강제귀농」(1931)은 『신여성』의 목차에만 있고 게재는 안 되었고, 실제 창작여부도 아직 밝혀지지 않은 실정이다. 또 「젊은 어머니」(1933)의 경우 박화성·최정희·강경애·김자혜 등과 함께 쓴 연작소설이며, 「공장소식」(1931), 「바닷가」(1932)는 불과 3페이지 남짓 분량이거나, 이른바 "벽소설"(당대 용어)로 분류되는 짧은 소설이다. 따라서 그 동안 실질적인 등단작이자 유일한 작품으로 「가두연락의 첫날」(1932)만이 거론되어 왔다. 현재 남아 있는 4편의 소설은 대부분

---

25) 나혜석 이래 대부분의 신여성은 사생활과 관련한 소문으로 곤욕을 치렀고, 여성 작가의 경우도 예외는 아니었다. 신여성과 소문의 밀접한 상관성은 김연숙, 「사적공간의 미시권력, 소문」(태혜숙 외, 『한국의 식민지근대와 여성공간』, 여이연, 2004)에서 밝힌 바 있다.

26) 송계월을 둘러싼 소문과 여류 문사 시비에 대해서는 김연숙, 「여성작가가 된다는 것, 그를 둘러싼 소문과의 쟁투」(도정일 외편, 『여성문화의 새로운 시각』 3, 월인, 2004)에서 자세히 다루었다.

선명한 계급의식에 초점을 맞추고 있다. 제사공장 여공들의 비참한 생활을 고발하고 투쟁을 당부하는 편지글 형식의 「공장소식」(1931), 제사공장 여공이 점심시간을 이용해 종로로 나와서 비밀임무를 완수하는 「가두연락의 첫날」(1932), 자본주의적 착취에 반발해 집단투쟁을 시도하는 뱃사공들을 그린 「바닷가」(1932), 사상운동을 하는 남편의 뜻을 이어받는 아내를 그린 「젊은 어머니」(1933)가 그러하다. 이들 작품들은 계급성이 뚜렷한 반면 서사적 구성이 치밀하지 못한 단점을 드러내고 있다. 이는 계급성의 도식적인 강조도 그 원인일 수 있지만 지나치게 짧은 분량으로 인해 충분히 서술할 여지가 없기 때문이기도 하다. 그럼에도 불구하고 계급성에 대한 고민, 아울러 여성의 특수한 위치를 놓치지 않고 있다는 점에 주목할 필요가 있다.

> 작년 정월에 지점장과 ×순이와의 사이에 ××관계가 잇슨 후부터는 감독들은 제각기 얼골이 어엽븐 동무들을 농락할려고 긔숙사로부터 어두컴컴한 복도나 으슥한 창고 속으로 불녀내다가 순진한 우리 동모들의 정조를 쌔앗는 것을 내가 알기에도 몟 번인지 모른답니다.
> 더욱이 위험한 것은 견습생들이랍니다. 이 동무들은 대개가 산골에서 제사전습소 학생으로 쏩히어 오는 만큼 잣칫하면 이놈들의 감언리설에 속아서 타락하여 간 동무들이 만흠에 우리는 적지 아니 걱정에 잠기어 잇답니다.[27]

「공장 소식」의 주인공이자 S언니에게 편지를 쓰는 "나"는 ×차 제사공장 여직공으로 지금은 폐병에 걸려 입원중인 처지다. 편지글에서 "나"는 아침 5시 반에 일어나서 저녁 7시 30분까지, 점심시간 30분을 제외한 13시간 30분을 "피와 쌈을 짜내"는 노동에 시달리는 공장생활의 비참함을 호소한다. 화자가 말하는 장시간의 노동 착취와 소화 불량에서부터 각기병, 폐병에 이르는 괴로움이라든가, 철저한 분업시스템에 매여 있는 고

---

27) 송계월, 「여직공 편―공장소식」([특집문예 : 직업여성주제 단편집]), 『신여성』, 1931.12, 109면.

통 등은 노동 현장의 일반적인 현상이기도 하다. 그러나 위 인용문에서처럼 여공들에 대한 성희롱, 성폭력이 빈번하게 일어나고 있음을 드러내고, 산골에서 오는 어린 견습생의 경우 쉽게 당할 수 있는 사실에 대한 지적은 여성의 특수성을 잘 드러내고 있다고 평가할 만하다. 특히 화자인 "나"의 옆 병실에 있는 여공의 사연을 소개하는 부분에서는 구체적인 묘사가 뛰어나다. 그 여공은 작년에 공장에서 성폭력을 당한 후 아이가 생겼고, 책임지겠다는 남자의 말에 속아 아이를 낳고 보니 이미 그는 공장의 다른 여공과 관계를 맺고 오히려 자기를 모함하고 다닌다는 것을 알게 된다. 남자의 배신과 자신의 처지에 절망한 여공은 갓난 어린애를 안고 쥐약을 먹으려다 "나"에게 발견된다. "나"를 보고 놀란 여공이 떨어뜨린 쥐약 병이 방안을 굴러다니는 풍경묘사와 함께 "쎄쎄 마른 엄마의 젖꼭지를 물고 젖 안난다고 우는 그 정상"을 서술하는 부분은 비참한 여공생활을 여실히 드러내주고 있다. 이 때문에 편지 말미에 자신은 비록 죽을지도 모르지만 "남은 내 뒷동무들의 참다운 동지가 되어주시기"를 바라는 화자의 부탁은 더욱 비장하게 느껴진다.

이에 비해 「가두연락의 첫날」은 역시 제사공장 여공이 처음으로 계급운동에 가담하는 풍경을 사실적으로 그리고 있는 작품이다. 점심시간을 이용해 종로로 나와서 접선을 시도하고 임무를 완수한다는 내용이 중심 사건이고 이 과정에서 느낀 사명감과 두려움, 긴장 등을 실감나게 묘사하고 있다. 이와 함께 소략하긴 하지만 화려한 신여성과 자본주의적 문화를 대조적으로 배치하고 있다는 점도 주목할 만하다.

> 그리고 벅적찌근히 써드는 백화점의 아우성 소리에 내 귀와 눈은 한층 더 −새로워젓다. 밤낮− 잠자듯 하든 종로에도 불경긔를 모르는 듯이 떠들게 하는 백화점이 생기여 정자옥이나 삼월 오복정만 알든 조선 신식 녀성들의 굽 놉흔 구두가 이곳에 멈추어 버리는 것도 오랫간만에 밧갓 구경을 하는 나에게 잇서서는 새로운 우에도 더−새로웁게 보이엿다. 더욱히 희귀한 풍경은

털옷에 뭉처진 귀부인과 신녀성들이 문을 들고 날고 하는 그 짬에서 "어서오십시오!" 하며 허리 굽히는 나어린 뽀−이의 간열흔 음성이 한칭 희귀하고도 남은 편이엿다.[28]

비장한 각오와 별의별 걱정을 다하면서 불안과 공포를 느끼는 여공이 머물러 있는 곳은 "굽놉흔 구두"를 신고 백화점을 드나드는 "조선 신식 녀성", "털옷에 뭉처진 귀부인"들이 "벅적찌근히 쩌드는" 번화가이다. 이와 같은 대조는 상대적으로 계급운동의 정당성을 확보하는 구실을 하며, 결국 가두연락을 완수한 여성의 "자존심"을 더욱 긍정적으로 부각시킨다. 그러나 「공장소식」이 취하고 있는 편지글 형식, 「가두연락의 첫날」의 1인칭 주인공 시점은 심리 묘사의 사실성을 돋보이게 하는 한편 지나치게 직설적이고 설명적이라는 단점도 있다. 특히 「가두연락의 첫날」의 경우, "위대한 사명"에 대한 긍정적 인식, 각오 등이 화자의 목소리를 통해 단순하게 나열되고 있어 거칠고 생경한 느낌마저 주기도 한다.

이와 같이 송계월의 작품은 모두 계급문학적인 성격이 뚜렷하며, 여성 인물이 주인공인 경우에는 여성이기 때문에 받는 억압, 특수성들을 드러낸다는 특징을 가지고 있다. 물론 2년 남짓한 창작 경력, 서너 편이라는 작품 수, 단편소설에 채 미치지 못하는 짧은 분량 등의 외적인 한계를 감안한다고 할지라도, 작품에서 드러나는 도식적인 한계도 엄연히 존재한다. 그러나 송계월의 작품에 나타나는 사상적 주제의 부각과 여성적 특수성에 대한 편린들이 개별 여성 작가의 소산물이기도 하지만, 궁극적으로는 그것이 사회주의사상의 수용 이래 생성된 여성 작가의 변모라는 연장선에서 이해해야 할 성과물이라는 점에 주목할 필요가 있다.

더구나 한 좌담회에서 송계월이 사회주의 남성 지식인을 여성의 입장에서 비판하고 있는 부분은 그녀의 삶과 문학이 맹목적으로 사상 수용에 매달렸던 것은 아니라는 사실을 반증하는 것이기도 하다. 1933년 『신

---

28) 송계월, 「가두연락의 첫날」, 『삼천리』, 1932.3, 111면.

여성』에서 주최한 좌담회에서 참석자들은 남성의 이중적 허위성을 비판한다.[29] 남자는 꼭 얼굴값을 한다는 모윤숙과 손초악의 말에 송계월은 동의하면서 "웬! 남자들은 신식·구식의 안해를 물론하고 잘 살고 잘 지내면서 녀자 압혜만 안지면 '나는 외로워요!' '가정적 고적은 사회의 인재를 썩거버리느니……' 하는 고적한 한탄"을 하냐고 지적한다. 이때 김자혜가 외모에 신경 쓰지 않고, 수수하게 차려입고 인격 있는 남성들은 그래도 좀 낫다고 말하자, 송계월은 오히려 발끈해서 "무엇! 그런 남자가 더ㅡ 그런 걸 어쩌케하우. 제 깐에는 지도니 진정한 동무니 하고 고무신발에다 의복에서는 쌈냄새가 코를 찔너도 녀자를 대하면 쏘 녀자로 아니 엇재요 제 버릇 개를 주나?"라고 원색적으로 비난한다. '지도', '진정한 동무'라는 구절에서 미루어 짐작하건대 사회주의 계열의 남성을 지칭한다고 볼 수 있는데, 이들이 '고무신발' 차림으로 땀에 절어 사는 노동자생활을 한다할지라도 그것이 여성 인식의 확보로 곧장 이어지는 것은 아니라는 인식을 송계월이 하고 있었던 듯하다.

이는 물론 송계월의 개인사적인 측면에서 해석되어야 할 여지가 많은 부분이기도 하다. 이 좌담회가 열린 시점은 송계월이 자신에 대한 헛소문에 항의하는 글을 쓴 지 얼마 안 된 때이며, 그 항의문에서 소문을 퍼뜨렸던 자로 KAPF 조직원이었던 이갑기를 지목하고 "군은 캅프원 말석으로 남어 잇는 것보다는 아주 불량청년으로 타락하는 것이 오ㅡ직 군의 갈 길이라고!"[30] 단호하게 비판했던 일이 있었기 때문이다. 그때 송계월은 소문도 억울했지만 사상적 동지라고 믿었던 이갑기에 대한 배신감을 여실히 경험하게 된다. 이는 여성 작가에게는 계급의식의 차원과는 또 다른 여성 인식이 필요하다는 사실을 깨닫게 하는 계기가 된다. 이는 "노동자나 변민 또는 인종적 정의를 위하여 목청을 높이며 사회 정의 운

---

29) 「처녀좌담회」, 『신여성』, 1933.1(사회 : 채만식; 참석자 : 송계월, 김태임, 모윤숙, 이응숙, 손초악, 김자혜).

30) 송계월, 「데마에 항하야」, 『신여성』 6권 11호. 1932.11.

동에 참여하는 급진적 사상가들" 중에도 "잔인하고 불친절하고 폭력적이고 부정한 남성들"이 상당수 있었고 "젠더의 문제에 관해서라면 그들은 보수파와 다를 바 없는 성차별주의자들이었"고 여성들은 이런 남성들과의 관계에 분노하면서 그 분노를 여성해방운동의 촉매제로 이용했다고 하는 서구 여성운동의 경험과도 비견할 만한 것이다.[31] 그러나 이와 같은 인식은 이 좌담회의 발언으로 끝이 나고 만다. 「처녀좌담회」가 있은 지 넉 달 후인 5월, 그녀는 23세의 나이로 세상을 떠났기 때문이다. 그럼에도 불구하고 여학생운동의 경험이 낳은 문제의식을 작가적 출발점으로 삼아 선명한 사회의식이 나타난 작품을 창작했고, 그것이 여성인식과 복합적으로 관련되고 있었다는 사실은 중요하게 평가해야 할 듯하다. 이는 사회주의사상의 영향으로 새로운 여성 작가가 생성되고, 이후 달라진 여성문학의 지형을 보여주고 있는 지점이기 때문이다.

3) 사회주의사상의 내면화 과정—백신애의 경우

백신애[32]는 1908년 5월 20일 경상북도 영천면 창구동 68번지에서 아버지 백내유, 어머니 이내동의 외동딸로 출생했다. 그의 부친은 개명꾼이란 평판을 얻을 정도였지만 딸에 대한 근대적 교육은 오랫동안 반대해왔으며 심지어는 백신애에게 편지 이외의 글을 쓰는 것을 허락하지 않을 정도로 보수적인 아버지였다고 알려져 있다. 어머니 또한 아버지와 별반 다르지 않는 완고한 성품이었다고 한다. 나혜석을 비롯한 대부분의 신여성의 개인사가 그러했듯이 비교적 부유한 가정형편이지만 엄격하고

---

31) 벨 훅스, 박정애 역, 『행복한 페미니즘』, 백년글사랑, 2002, 151면.
32) 백신애의 전기적 사실은 김윤식 · 변신원 · 최혜실의 연구를 토대로 종합 · 보충했다. 김윤식, 「백신애의 소녀시절」, 『영천문학』, 영천문학회, 1993; 변신원, 「백신애소설연구」, 『연세어문학』 26집, 1994; 최혜실, 「백신애 문학에 나타난 이중적 타자성」, 도정일 외편, 『여성문학의 새로운 시각』 3, 월인, 2004.

보수적인 억압은 백신애로 하여금 새로운 세계에 대한 갈증과 동경을 품게 만들었다.

백신애에게 사상적인 영향을 준 것은 오빠 백기호(1903~?)이다. 그는 1921년 12월 영천기독교청년회에 가입, 영천구락부 집행위원, 영천청년회 간부를 지냈고, 정우회 발기에 참여했다. 이후 1926년 조선공산당에 입당, 그 해 6월경 '제2차 조공 검거 사건' 때 검거되어 1927년 4월 면소처분을 받았던 사회주의자였다.[33] 그로부터 사회주의사상을 수용한 백신애는 1925년 조선여성동우회에 가입·활동하기 시작하는데, 이 사실이 드러나 1926년 교직에서 강제 사임당한다. 이후 그녀는 1926년 정종명·허정숙 등과 같이 조선여자 동우회 상임이사 자격으로 김천에서 강연을,[34] 같은 해 8월에는 노량진 청년회 주최 남녀 강연대회에 박원희와 함께 참가해서 「여성해방과 경제조건」에 대해 강연하는[35] 등 활발한 활동을 하며 경성여자청년동맹 집행위원을 거쳐, 1928년 〈근우회〉에서 집행위원까지 역임한다. 1929년에는 박계화란 필명으로 『조선일보』 신춘문예에 「나의 어머니」가 당선되어 작가 활동을 시작했으나 곧 1930년 5월 일본 동경으로 유학을 떠났다가 33년 귀국, 동래은행 거창지점 행원이었던 이근채와 결혼한다. 1938년 이혼에 이르기까지 6년 간의 결혼생활 중, 3년 동안은 아주 행복한 결혼생활이라고 스스로 회고하는데, 이 기간 중 사상적인 전환이 있은 듯하다.[36] 이혼 후 자신의 심경을 고백한 「혼명에서」에서 그 당시 자신은

---

33) 강만길·성대경 편, 『한국사회주의운동인명사전』, 창작과비평사, 1996. 한편 백기호의 검거와 그로 인한 집안의 우울한 분위기, 한층 더 엄격해진 부모의 태도는 백신애의 작품 곳곳에 나타나 있다.

34) 백신애의 수필 「철없는 사회자」(1936)를 참조.

35) 「남녀강연회」, 『동아일보』, 1926.8.13(이때 박원희의 강연 제목은 「우리의 사명」이었고, 이 기사에 따르면 8월 14일 오후 8시 30분에 『동아일보』 시흥지국 후원으로 하는 강연임을 밝히고 있다. 이 강연 자체가 사회주의 조직의 후원으로 이루어진 것은 아닌 듯하나, 백신애 강연의 제목과, 그녀와 함께 강연한 박원희 또한 사회주의 계열 여성운동가였다는 점을 고려한다면 이 강연 역시 사회주의 활동의 연장선으로 이해할 수 있다. 박원희는 조선여성동우회 집행위원, 근우회 집행위원을 지냈으며, 서울청년회 지도자 김사국의 부인이었다).

결혼하면서 소위 '방향 전환'을 했다고 서술하기도 한다. 그러나 이 소설을 통해 백신애는 과거 자신이 행했던 '방향 전환'에 대해 다시 후회하는 심정을 내비치기도 한다. 백신애는 1939년 6월 23일 31세의 나이로 사망하고 만다. 결국 그는 다른 변화로까지 나아가지는 못한다.

이와 같은 백신애의 생애는 전근대적 가정의 속박에서부터 사회주의사상의 수용으로 말미암아 변화하는 과정을 보여주고 있는 신여성의 전형적인 사례라는 점에서 중요하다. 이와 함께 주목해야 할 것은 백신애의 자전적 작품에서 자신이 어떻게 사회주의사상을 받아들이는지를 드러내고 있는 부분이다. 이때 어머니로 대표되는 전근대적인 세계와 쟁투를 겪는 과정은 작가로서 출발점이 되었던 「나의 어머니」(1929)에 자세하게 드러난다.

> "내 팔자가 사나우려니까 천하 제일이라고 칭찬이 비 오듯 하던 자식들이…… 아이구 내 팔자도…… 너 보는데 좋다좋다 하니 내내 그러는 줄 아니? 그래도 제 집에 돌아가면 다 욕한단다. 네 오라비도 그렇게 열이 나게들 쫓아다니고 어쩌고 하더니 한번 잡혀간 뒤로는 그만이더구나. 너도 또 추켜내다가 네 오라비처럼 감옥 속에나 보내지 별 수 있을 줄 아니?"
> 나는 그만 도로 책상에 엎드렸다. 자신의 편함과 혈육을 사랑하는 것밖에 아무것도 모르고 도덕과 인습에 사무친 저 어머니의 자기의 생명같이 키워 놓은 단 오누이로 말미암아 오늘에 받는 그 고통을 생각할 때 나는 가슴이 다시금 찌들하고 쓰려졌다.[37]

「나의 어머니」에서 주인공 "나"는 여자청년회 조직 사건으로 학교에서 권고 사직당한 후 ××청년회 회관을 건축하기 위한 청년회 활동에 바쁜데 이 때문에 어머니와의 갈등을 빚고 괴로워한다. 이 갈등은 그러

---

36) 수필 「사명에 각성한 후」(1935)에서 그녀는 여성이 남성의 영역에 참여하는 것을 부정적으로 비판하고 여성은 생물학적 사명에 충실해야 한다고 주장한다. 이즈음을 이후 「혼명에서」에서는 '방향 전환'의 시기라고 지칭한다.
37) 백신애, 「나의 어머니」(1929), 『아름다운 노을』, 범우, 2004, 20~21면.

나 단순히 어머니에 대한 부정이나 거부라기보다는 어머니로 대표되는 전근대적인 세계로부터 벗어나기 위한 신여성의 고투로 보아야 할 것이다. 어머니는 자식들을 이해하기보다는 남들의 욕을 더 신경 쓰는, 무엇보다도 체면을 중시하는 사람이고, "자신의 편함과 혈육을 사랑하는 것밖에" 모르는 인물이다. 그러나 또 한편으로 이 어머니는 "자기의 생명같이" 자식을 키워낸 근원이기도 하다. 부정해 마땅하나 그 부정이 자신의 존재근원에 가닿는 모순으로 인해 어머니에 대한 거부는 사실상 애증일 수밖에 없다. 이 때문에 「나의 어머니」에서 딸에게 화를 내는 어머니를 보며 "나"는 가슴이 아픈 괴로움을 느낀다. 더구나 완고한 옛 도덕과 인습에 푹 싸인 어머니라 할지라도 딸에 대한 걱정은 애달프기만 하다. 어머니는 늦게 들어와서 밥도 먹지 않는 딸을 위해 식혜를 가지고 와 어떻게든 먹여보려고 종종 걸음을 한다. 물론 "나" 또한 이 사실을 너무나 명확히 인식하고 있다. 그래서 "나"의 입에서는 "가엾은 어머니! 가엾은 딸!"이란 탄식이 절로 나오게 된다.

이처럼 사회주의사상을 받아들이며 생기는 갈등을 깨닫는 것, 이 내면적 변화가 바로 백신애의 문학적 출발점이었다면 「낙오」에서는 이를 사건으로 재구성하고 있다. 「나의 어머니」와 마찬가지로 자전적 성격이 강한 「낙오」는 A고을 보통학교 교원이자 친구 사이인 "경순"과 "정희"를 주요 인물로 내세운다. 2년 후 동경으로 유학가기로 둘은 약속하지만, 반년이 지나도록 소식이 없던 "정희"가 갑자기 "경순"에게 청첩장을 보낸다. 놀란 "경순"이 휴가를 얻어 "정희"네 집으로 갔더니, 결혼식 날을 받아놓고 "정희"는 비밀리에 동경으로 떠날 계획을 꾸미고 있는 중이었다. "정희"는 결혼을 거부해도 들어주지 않고, 연하의 신랑과 돈 때문에 억지 결혼을 시키려는 가족을 골탕먹이겠다는 내막을 "경순"에게 털어놓고, 정말 결혼식 날 동경으로 떠나버린다. 이런 작품 내용으로 미루어 보아 "경순"과 "정희"는 별개의 인물이 아니라 당시 동경 유학과 결혼 압력 사이에서 갈등하던 백신애의 내면을 둘로 나누어 형상화된 것이라고 볼 수 있다. "일개 소학교원으로 만족하지 말자. 사회는 앞으로 나아가고 있다"면서 지식인의 임무를 강조하는 "경순"은 백신애의 열망을, 그러한 "경순"을 바라보며 두려움 반, 부러움 반을 느끼는 "정희"는 백신애의 갈등을 드러낸다고 볼 수 있기 때문이다.

「낙오」에서 "경순"은 "정희"가 떠난 후에야 그녀의 의지에 탄복하며, 자신의 나약함을 반성하고 주위 사람들에게 정희를 두둔한다. "인간 사회에서는 무엇이든지 희생이 없고는 살아갈 수가 없는 것이다. 작으나 크나 남의 희생 없고는 못 사는 것"이라는 "경순"의 깨달음은 "살아가기 위해서는" 즉 발전하기 위해서는 결국 "희생"이 필요하다는 인식에 도달한다. "경순"의 이러한 모습에서 백신애의 갈등이 어떤 방향으로 나아갈 것인지를 짐작할 수 있다. 이는 이혼 후 다시 자전적인 내용을 서술한 「혼명에서」를 통해 구체적으로 나타난다. 「낙오」에서 "정희"와 "경순"이라는 인물을 내세워 작가의 내면을 드러냈던 것처럼 「혼명에서」에서는 옛날 동지였던 "S"와 "나"의 문답을 통해 작가의 심경을 드러낸다. 사상적인 문제로 어머니와의 갈등으로 괴로워하던 "나"는 일순간 "묵중한 대지도 움직이는 때가 있지마는 어머니의 사랑은 내가 죽고 없는 날까지 절대의 것"이라는데 감동, "변하지 않는 절대를 믿고 싶고 그거만이 참"인 것처럼 여겨진다고 "S"에게 고백한다. 그러나 "S"는 이 세상은 변하고 움직이는 데 뜻이 있으며, 변하지 않는 세상은 질식한다고 충고한다. 그러한 가운데 변하면 안 되는 것은 자신의 신념뿐이라고 주장한다.

> "오—직 당신의 변치 않는 신념! 그 신념에 매진하는 것뿐! 그것이 당신의 어머니를 불안에서 구원하는 것이 됩니다. 당신의 갈 길이 얼마나 뜻있는 것인가를 잘 이해시킨 후 절대의 불굴의 보조로 걸어가십시오 그때는 어머니가 당신을 애호할 것입니다. 굳은 신념! 절대 불굴의 정신! 이것은 또 절대의 힘이랍니다. 절대의 힘! 이것이라야 모—든 것을 정복합니다."[38]

---

38) 백신애, 「혼명에서」(1939), 위의 책, 264면.

"나"에게 던지는 "S"의 충고 형식을 띤 이 말은, 실상 백신애가 어머니와의 관계를 극복하고 스스로에게 하는 다짐이나 다름없다. 이 당시 사상적 지도자 역할을 했던 오빠 백기호는 감옥에서 나온 이후 정미소, 과수원 경영을 하며 현실에 안주한 듯이 보이며[39] 유학-귀국-결혼-이혼의 과정을 거치며 백신애는 사상적으로나 조직면에서나 거의 고립된 처지나 다름없었다. 자신의 말처럼 소위 방향 전환을 한 듯한 결혼생활을 청산하고 다시 혼자가 된 백신애는 새로운 각오가 절실했고, 그 결과 자신의 내면을 고백하는 작품을 쓰게 된 것이다. 또한 작품 결말에서 "S"는 죽음을 맞이하는데 이는 굳센 신념을 확보한 "나"에게 더 이상 지도적 인물이 필요하지 않기 때문에 설정된 것이라 이해할 수 있다. 그러나 갑작스러운 "S"의 죽음에도 불구하고 "나"는 "당신이 두고 간 그 맹렬한 의기의 운전으로 죽음의 경계선에 들어 대일 순간까지 쉬지 않고 달려가리다"는 각오를 다진다. 공교롭게도 "S"처럼 백신애도 갑작스러운 죽음을 맞고 말아 이 각오가 현실에서 구체화되지는 못한다. 이와 같이 백신애의 자전적인 작품들에서는 여성 작가가 사회주의사상을 내면화하는 과정을 섬세하게 보여주고 있다는 점에서 의미 있다.

4. 새로운 여성 작가의 지형도

서구에서 페미니즘이 여성의 참정권 획득을 요구하는 것으로부터 시작했다는 역사적 사실도 그러하듯 우리 역사에서도 근대 초기 신여성의 목소리는 남성과 같은 권리를 요구하는 데에서 시작한다. 나혜석·김원

---

39) 백운거사, 「행방탐색」, 『삼천리』 4권 8호, 1932.7.1, 12면; 「삼천리기밀실」, 『삼천리』 7권 3호, 1935.3.1, 23면.

주로 비롯되는 초창기 여성 작가들이 여성도 남성과 같은 인간임을 주장하면서 여성의 성적 정체성 문제에 주된 관심을 쏟았던 사실이 바로 그러하다. 이처럼 자유와 평등을 지향하는 동등권의 주장이 여성이 자신의 존재를 자각하는 첫 단계라면, 그 다음 단계는 사회적 존재로서의 고민으로부터 시작된다.

나혜석·김원주·김명순 등 이른바 제1기 여성 작가와 달리, 2기 여성 작가들의 이념적 지향은 단연 사회주의사상이었다. 식민지 조선 현실의 여성 작가에게 사회주의사상의 수용은 개인적인 선택 이상의 의미를 가진 것이다. 물론 사회주의 조직 구성과 해소, 여성 작가의 창작물을 통해 우리가 확인할 수 있는 것이 극히 미미한 부분에 지나지 않거나 어쩌면 실패한 경험을 되짚어보는 일일 수도 있다. 이 성과를 판단하는 일과는 별도로, 사회주의라는 새로운 사상과 관계에서 그녀들이 고민한 것은 무엇인가를 이해할 필요가 있다는 것이 본고의 문제제기였다. 이에 따라 「젊은 어머니」에 나타난 여성 작가의 집단적 발화, 사회주의운동 조직으로부터 생성된 여성 작가의 문제의식, 사회주의사상을 내면화하는 과정에서 겪었던 여성 작가의 갈등을 주목했던 것은 그것이 새로운 여성 작가의 생성 경로와 그 의미를 설명해준다고 보았기 때문이었다.

당대의 여성 작가에게 있어서 사회주의사상이란 새로운 경향에 대한 호사취미도 아니고, 주위 영향으로 맹목적으로 추수한 사상의 이입도 아니었다. 오히려 주목해야 할 것은 그녀들이 사회주의사상을 고민한다는 것의 의미이다. 그로 말미암아 여성이 사회적 맥락에서 자신의 위치를 고민하는 일이 가능해지기 때문이다. 여성 작가들이 왜 사상성을 고민했는가. 사회주의사상을 통해 식민지 현실을 고민하고, 그 맥락 위에서 여성성을 정립하고자 했던 그 모색이 새로운 여성 작가를 생성하게 한 기반이 되어준 것은 아닐까. 실제 〈근우회〉로 대표되는 사회주의운동 조직이 여성 작가와 긴밀하게 연관되어 있는 사실도 이런 맥락에서 이해해야 할 것이다. 식민지에서 여성의 해방은 식민지 민족의 해방이란 대의 명분에 매몰되거나 부차적인 것일 수 없지만 민족해방과 분리되어 획득될 수도 없는 것이다. 이때 민족의 해방을 가능하게 하는 통로로서 계급성 혹은 사회주의사상이 이용된다. 계급성과 여성성의 관계를 고민하는 것이 당대 여성 작가의 정체성 모색이었고 이를 통해 사회적 주체로 구성을 추구했던 것이다. 이 차이가 바로 새로운 여성 작가의 지형도를 생성하는 지점이었다.

일제 말기 여성 작가들의 친일 담론 연구

김양선

1. 서론

본고는 일제 말기 여성 작가들의 친일 담론의 양상을 실증적으로 규명하고, 텍스트 분석을 통해 친일문학(넓게는 담론)의 내적 논리를 밝히고자 한다. 최근 친일문학에 대한 연구가 실증과 이론 양면에서 심화되면서, 총동원 체제하에서 식민지인을 동원하는 논리가 젠더 위계질서에 따라 다르게 차별적으로 적용되었다는 점이 규명되고 있다. 본고는 이와 같은 최근의 연구 성과들을 수용하되 여성문학사의 전통 속에서 일제 말기가 지닌 의미에 주목하고자 한다. 1930년대는 여성 작가들이 기존의 남성 중심적 문학제도에서 배제된 상황에서 독자적인 공간을 확보하기 위해 고투한 시기이자 그것이 일정 정도 성과를 거둔 시기이다. 하지만 여성 작가의 수가 많아졌을 뿐만 아니라 문학적 경향 역시 다양해졌음에도 불구하고 전체 문학 장(場) 속에서 여성 작가와 문학은 일부는 배제되고 일부는 포섭되는 상황에 처해 있었다. 필자는 이미 다른 글에서 여성 작가들이 어떻게 식민지시대 문학 장 속에서 배제되어 왔는지, 저널리즘이 여성 작가들을 어떤 방식으로 활용했는지를 분석한 바 있다.[1] 흥미로운 점은 1930년대 문학 장과 저널리즘에서 가장 빈번히 호명되는 작가[2]들인 최정희·모윤숙·노천명이 일제 말기 친일 담론을 이끌었을 뿐만 아니라 실제로 조선문인협회(1943년 4월 조선문인보국회로 개칭)나 조선임전보국단부인대(朝鮮臨戰報國團婦人隊) 활동 등을 통해 일본의 총동원 체제에 적극 협력했다는 것이다. 그런데 이 세 작가는 사적으로도 절친한 사이였을 뿐만 아니라 1930년대 중엽부터 좌담회에 여성 작가들 중에서는 가장 빈번하게 출연하였다. 필자가 다른 글에서 밝혔듯이 이들은 공통적으로 잡지나 신문사 기자로 활동하다 작품 활동을 시작했으며, 김동환이 주도했던 『삼천리』가 그나마 여성 작가들을 위해 열어놓은 담론 공간을 최정희가 이 잡지의 기자로 있으면서 독식하다시피 했다. 따라서 이들은 1930년대 중엽 여성문학 및 작가들의 위상이나 활동을 정립하는 데 주요한 준거를 마련했다고 볼 수 있다. 이런 정황이 그들이 일제 말기 친일 담론을 주도하게 된 첫 번째 이유와 모종의 연관성이 있는 것으로 보인다. 다시 말해 이들은 저널리즘과 밀접한 유착 관계에 있었고, 특유의 '여성적' 면모로 남성 중심의 문단에서 일정정도 지분을 얻게 되면서 스스로 중심을 지향하는 속성을 가진 것으로 추측해 볼 수도 있다.[3]

---

1) 김양선, 「여성작가를 둘러싼 공적 담론의 두 양식—공개장과 좌담회를 중심으로」, 『민족문학사연구』 26호, 2004.12.
2) 물론 박화성·강경애가 여성 작가로서는 '보기 드물게' 사회적 시각을 확보한 작가로 고평되는가 하면, 백신애·이선희의 작품들에 대한 평가 역시 심심하지 않게 눈에 띈다. 흥미로운 점은 최정희·모윤숙·노천명의 경우 '여성적'·'감상적'·'낭만적'인 경향의 작가들로 평가받았고, 동시에 작가적 역량이 다소 부족한 것으로 평가절하되곤 했다는 것이다.
3) 이상경은 1930년대 후반 여류문학 논의에서 여류를 긍정하든 부정하든 그 잣대는 최정희 작품의 특성을 염두에 둔 것이라고 하면서 그가 논의의 중심에 서게 된 것은

더욱이 김동환의 적극적인 친일 행위는 최정희의 친일에도 영향을 미쳤을 것이며, 그녀와 친밀한 관계에 있던 모윤숙과 노천명에게로 전이된 것으로 추측된다. 요컨대 이들의 친일은 사적인 관계망을 공적인 담론의 장에까지 이어나간 성찰성 없는 행위였다고 볼 수 있다.

그렇다면 이들은 실제 작품에서 친일의 논리를 어떻게 형상화했는가. 이들 사이의 차이는 없었는가, 논설·잡문·수필 및 시·소설 등 장르에 따른 변별성은 없었는가. 본고는 이와 같은 의문점들에 답하기 위해 우선 수필과 잡문을 포함한 친일논설·소설·시 등의 전모를 살필 수 있는 객관적인 서지 사항을 제시하고, 그런 연후에 작품에 명시적, 혹은 암시적으로 드러나는 친일의 논리들을 분석할 것이다. 특히 본고는 여성 작가들의 친일소설에 주목하고자 한다. 이들의 친일소설은 남성 작가들의 그것과 내용이나 주제면에서는 유사하다고 하더라도 형상화하는 방식은 다르다. 본고는 이 점에 유념하여 최정희와 장덕조의 친일소설에 드러난 여성성의 전유 양상과 여성의 영역이라 여겨져 온 일상생활을 총동원 체제에 맞게 서사화하는 방식에 대해 살펴보고자 한다.

2. 여성 작가들의 친일 담론에 대한 서지적 고찰

노천명

시 「싱가포울 陷落」(『매일신보』, 1942.2.19)

그의 작품이 구축한 '여성적' 세계가 여성적인 작가의 등장을 기대하는 문단의 분위기와 맞아떨어졌기 때문이며, 『삼천리』지 기자로서 여성 문인들을 계속 지면에 등장시키면서 스스로 일종의 여성 문단의 권력이 되었던 측면도 있다고 보았다. 이상경, 「식민지에서의 여성과 민족의 문제-일제 파시즘하의 최정희와 임순득」, 『실천문학』 69호, 2003년 봄, 60면.

시 「鎭魂歌」(『매일신보』, 1942.2.28)

시 「婦人勤勞隊」(『매일신보』, 1942.3.4)

시 「노래하자 이날을」(『춘추』, 1942.3)

시 「勝戰의 날」(『조광』, 1942.3)

시 「흰 비둘기를 날려라」(『매일신보』, 1942.12.8)

시 「滿洲文學代表 오영 女史에게」(『춘추』, 1942.12)

시 「出征하는 동생에게」(『매일신보』, 1943.11.10)

시 「神翼」(『매일신보』, 1944.12.6)

수필 「職業女性과 趣味」(『신시대』, 1943.3)

단상 「時局과 銷夏法」(『매일신보』, 1941.7.8)

단상 「나의 新生活 計劃」(『매일신보』, 1942.2.3)

문인들과 함께 「님의 부르심을 받들고서」(『매일신보』, 1943.8.5) 중 시 발표

참관기(잡문) 「女人鍊成－함남여자훈련소 參觀記」(『국민문학』, 1943.6)

모윤숙

시 「白衣勇士」(『신시대』, 1941.6)

시 「東方의 女人들」(『신시대』, 1942.1)

시 「호산나, 소남도」(『매일신보』, 1942.2.21)

시 「海軍特別攻擊隊의 어머니에게 바치는 詩篇－어머니의 힘」(『매일신보』, 1942.3.9)

시 「아가야 너는」(『매일신보』, 1943.5)

시 「내 어머니 한 말씀에」(『매일신보』, 1943.11.12)

시 「오시지 않았는데」(『신시대』, 1943.12)

시 「어린 날개」(『신시대』, 1943.12)

시 「新年頌」(『매일신보』, 1945.1.3)

논설 「讀書와 敎養美」(『매일신보』, 1940.8.1)

논설 「新生活運動과 娛樂趣味의 淨化」(『매일신보』, 1940.9.10)

논설 「創造的인 生活」(『매일신보』, 1940.9.17)

논설, 「태양 아래 빛나는 몸」(『三千里』, 1940.12)

논설 「女性도 戰士다」(『대동아』, 1942.5)

『國民文學』지 설문에 답한 단문(『국민문학』, 1942.5)

최정희

소설 「밤차」(『가정지우』, 1940.4)

소설 「幻影 속의 兵士」(『국민총력』, 1941.2)

소설 「黎明」(『야담』, 1942.5)

소설 「薔薇의 집」(『대동아』, 1942.7)

소설 「野菊草」(『국민문학』, 1942.11)

소설 「徵用列車」(『반도지광』, 1945.2)

수필 「圓形」(『매일신보』, 1942.1.3)

수필 「東亞의 새 아침」(『매일신보』, 1942.2.21)

수필 「꿈은 南域으로」(『대동아』, 1942.5)

일어 수필 「어머니의 마음」(『국민신보』, 1939.5.14)

일어 수필 「친애하는 내지 작가에게」(일본조선판, 1940.8)

일어 수필 「作家島木健作」(『대동아』, 1942.5)

산문 「시국과 소하법」(『매일신보』, 1941.7.15)

산문 「5월 9일」(『반도지광』, 1942.7)

산문 「軍國의 어머님들」(『반도지광』, 1944.2~4)

산문 「軍國母性讚」(『반도지광』, 1944.6~7)

꽁트 「2월 15일의 밤」(『신시대』, 1942.4)

논설 「軍國의 어머니」(『대동아』, 1942.5)

『國民文學』지 설문에 답한 단문(『국민문학』, 1942.5)

장덕조

소설 「새로운 群像」(『매일신보』, 1944.1.12~16)

소설 「行路」(『반도작가단편집』, 조선도서출판, 1944.5)

방송소설 「蓮花村」, 「雨後晴天」(『방송소설명작선』, 조선출판사, 1943)

방송소설 「再生」(『방송지우』, 1944.2)

방송소설 「銃後의 꽃」(『방송지우』, 1945.1)

희곡 「노처녀」(『조광』, 1944.2)

수필 「出發하는 날」(『매일신보』, 1943.3.7~10)

위의 서지는 임종국의 『친일문학론』(평화출판사, 1966)과 이선옥의 「여성

해방의 기대와 전쟁 동원의 논리—여성의 친일작품과 논설」(『친일문학의 내적 논리』, 역락, 2004) 뒤에 실린 목록, 그리고 『실천문학』(2004, 봄)에 실린 김재용의 「발굴—최정희의 친일작품」을 기본으로 하고, 그 외에 필자가 몇 편을 발견하여 추가한 것이다.

얼핏 보아도 알 수 있는 바와 같이 친일 여성 작가들은 시나 소설 외에 일본의 지배 논리를 명시적으로 드러내는 논설·잡문·수필 등을 두루 발표했다.

우선 모윤숙, 노천명의 친일시들은 '싱가폴 함락'과 같은 시사적 사건을 그대로 시화한 것에서부터 동양 여성의 자질을 부각시키거나 어머니／누이를 시적 화자나 청자로 호명하는 방식을 통해 여성성을 전유하는 경우에 이르기까지 그 유형이 다양하다. 주로 『매일신보』에 발표된 이들의 시들은 서양／동양, 남성／여성 간의 배타적 자질을 적극적으로 활용하고 있으며, 신체제의 논리에 부합하는 '새 날', '아침'과 같은 시어를 자주 사용한다. 장덕조의 수필 「출발하는 날」에도 "막연했던 사람들의 마음 속에서 새로운 시대에 대한 결의와 결심, 그리고 새로운 생활을 건설하려는 희구가 차츰차츰 자리를 잡기 시작했다"는 구절이 있다. '새로운 시대'라는 진보적인 시간 관념은 일본의 총동원 시기에 긍정적 가치를 부여한다. "부분부분을 뜯어고쳐도 완전해지지 않을 때는 원형을 파괴해서라도 새로운 건설을 단행해야 한다"는 진술에서 알 수 있듯 이와 같은 새로움의 이면에는 '파괴'의 국면이 내포되어 있다. 이 수필은 '파괴'와 '멸사봉공'의 죽음을 국가주의에 복속시킴으로써 파괴 뒤의 신생이란 총동원 체제에 걸맞은 국민으로 재탄생하는 것을 일컫는 것이라는 점을 강조한다.

논설이나 잡문의 경우 식민지인의 일상생활을 통제하는 규율 원리에 대한 구체적 지침에서부터 노골적인 전쟁옹호론에 이르기까지 주제가 다양하다. 3장에서 구체적으로 분석할 터이지만 여성 작가들의 논설 및 잡문은 여성의 역할 및 '여성성'을 총동원 체제의 논리에 맞게 재규정하고 있다. 따라서 이처럼 재규정된 여성성은 이들이 어떻게 친일 논리를 자발적으로 내면화했는지를 해명하는데 중요한 단서가 된다.

또 하나 주목할 만한 것은 장덕조의 경우 이 시기에 국책의 일환으로 조성된 장르인 방송소설[4]을 여러 편 발표하였고, 최정희의 「장미의 집」역시 작품 말미에 '방송소설'이라는 문구가 들어 있다는 점이다. 남성 작가에 비해서는 그 수가 적겠지만 이들이 방송소설을 쓴 이유 역시 밝혀져야 할 대목이다. 방송소설의 속성은 대중적인 교화를 목적으로 한다. 특히 장덕조와 최정희의 방송소설들은 애국반 활동, 생활 개조, 군국의 어머니를 특정 가족이라든가 마을에 한정해 그림으로써 일상생활에까지 침투한 식민화의 논리가 젠더와 관련이 있음을 잘 보여주고 있어 주목을 요한다.

3. 친일의 내적 논리와 여성성의 재규정

모윤숙과 최정희는 태평양전쟁 발발 직후 경성 부민관에서 벌어진 여성들의 시국강연회(1941.12.7)에 문학인 측 대표로 나와 연설을 한다. 그런

---

4) 방송소설(放送小說)은 대동아 전쟁 시기에 '방송소설'이라는 명칭으로 조선방송협회(JODK) 경성방송국 산하 라디오에서 낭독되었던 방송의 소설판이다. 1938년 이후 일본은 전시동원의 도구로 방송소설을 적극 이용하였다. 따라서 방송소설의 내용은 총후(銃後)에 있는 국민들이 갖추어야 할 바람직한 태도나 지향해야 할 인간성을 드러낸 것이 대부분이다. 이는 크게 지원병·징병·징용·근로보국·저축보국 등과 같이 총동원 체제에 협력하는 내용을 담은 것과 황국신민으로서 갖추어야 할 자세나 바람직한 인간상을 그린 것으로 나눌 수 있다. 우리가 확인할 수 있는 일제하 방송소설 자료로는 단행본으로 묶여 나온 『방송소설명작선(放送小說名作選)』과 1943년에 창간되어 1945년 초까지 발간된 잡지 『방송지우(放送之友)』가 있다. 서재길, 「『방송지우』와 일제 말기 방송소설」, 『민족문학사연구』 22호, 2003; 송민경, 「일제하 방송소설 연구」, 연세대 석사논문, 2003 참조.

데 두 사람의 연설⁵⁾은 여성 작가들이 친일을 수용하는 상반된 논리를 보여주고 있어 흥미롭다.⁶⁾

모윤숙은 「여성도 전사다」에서 "얌전하고 사양심많고 수집어서 아름다웠든 우리의 전통이 깨어지게 되었"는데 그 때문에 "반도부인은 산 가치를 발휘"할 수 있게 되었다고 주장한다. '새 세기'를 창조할 임무가 반도부인에게 있기 때문이다. 이어서 그는 "전쟁은 새로운 생명의 계단에 오르랴는 한 국민들은 껍질을 버서던지고 새 세계를 창조하려는 과정에 있어서 피치못할 진통"이라며 전쟁의 당위성을 주장한다. 전통의 파괴와 새 세기, 새 세계의 창조라는 논리는 언뜻 진보적이고 혁신적인 세계관에 기초해 있는 듯 보이지만 결과적으로는 일본 중심의 대동아 공영권과 파시즘의 시대를 옹호하는 것으로 귀결되고 만다. 특징적인 것은 이런 새 세기, 새 세계의 주체로 '반도부인'을 위치지음으로써 여성들을 공적 영역으로 소환한다는 점인데, 이 역시 평등을 가장한 동원 논리에 불과하다. 아래 예문을 보자.

> 지금은 여자나 아씨나 마님이나 양반이나 상인이나 가문문벌 가릴 것 없이 모두가 대일본제국의 평등한 국민이면 그만입니다. 가문에서 쫓겨나드라도 나라에서 쫓겨나지 않는 안해, 며느리가 됩시다. 전쟁에 나간 남자들을 대신하여 공장이 비었으면 공장으로 회사가 비었으면 회사로 드러가서 일합시다. (…중략…) 오늘 우리의 전쟁에는 한 사람의 잔따크, 한사람의 나이징겔만 가지고는 너머 부족합니다. 여기안진 여러분이 아니 반도 일천이백만이 모두가 오루레안 소녀의 뜨거운 조국애에 울어야겠고, 나이징겔의 뜨거운 여성혼을 담아가지고 전쟁마당에 나가야겠읍니다.

---

5) 두 사람의 연설은 『대동아』, 1942년 5월호에 실려 있다.
6) 김재용 역시 이 같은 측면에 주목하고 있다. 필자의 견해 역시 김재용의 견해와 크게 다르지 않다. 다만 이와 같은 두 가지 방향이 실은 여성 문제를 바라보는 두 시각과 관련이 있을 뿐만 아니라 오랜 세월 동안 남성 중심의 이데올로기, 체제가 여성에게 이중적으로 부과했던 자질들과도 관련이 있다는 점을 강조하고 싶다. 김재용, 「여성성과 국가주의의 결합으로서의 친일문학」, 『실천문학』 73호, 2004년 봄, 229~230면 참조.

모윤숙은 남성과 동등하게 혹은 남성의 자리를 대신해 여성이 전쟁 수행의 주체가 되어야 함을 역설하고 있다. 성차뿐만 아니라 가문문벌로 지칭되는 전근대적인 가부장적 질서도 부정의 대상이 되는데, 그 이유는 여성이 '대일본 제국의 평등한 국민'의 일원이 되면 그만이기 때문이다. 이때의 평등은 모두가 균질적으로 국민의 일원으로 봉사해야 한다는 원리를 내포한 것으로서 표면적으로는 평등을 내세우지만 이면적으로는 식민지인됨에 자발적으로 복속하라는 전언을 담고 있다. 한 명의 애국자가 아니라 반도인 전부가 여성혼을 지녀야 한다는 것 역시 총동원 체제의 논리와 동일하다.

반면 최정희는 여성이 남성의 자리를 대신하는 것이 아니라 여성 고유의 영역 ─ 아내이자 어머니 ─ 을 지킴으로써 전쟁에 기여할 수 있다고 주장한다. 그녀가 생각하는 고유의 영역이란 모성성의 자질로 압축되며, 이것이 일본이 여성에게 부과했던 식민통치 이데올로기인 '군국의 어머니'와 합치하게 되는 것이다.

최정희가 친일의 논리를 풀어나가는 글쓰기 방식 역시 모윤숙과 다른 지점에서 출발한다. 그녀는 글의 앞에 개인적 체험을 서술하고, 본인이 강해지려는 이유가 '제 아이'에게 있다고 고백함으로써 청자의 공감을 끌어내려 한다. 모윤숙이 여성은 공적 영역에서 남성과 동등하게 헌신해야 함을 강한 어조로 말하고 있는 데 반해 최정희는 자신의 개인적 체험을 먼저 드러내고 이를 일반화하는 방식을 택한다.

> 우리는 모든 것을 다 잊어버리고 귀하고도 높은 오직 우리의 아들들의 뜻을 받드는 어머니가 되십시다. 그래야만 우리도 남과 같은 여자 구실을 할 것이요, 그래야만 우리도 남과 같은 어머니의 구실을 할 것입니다. (…중략…) 여성은 약하다지만 어머니는 강하다 하지 않습니까.

위 인용문에서 알 수 있듯 최정희는 모성성·여성성의 원리에 기대 친일논리를 전개한다. 이미 여러 연구자들에 의해 지적된 바처럼 최정희는 기존에 자신의 글쓰기를 통해 줄곧 견지했던 여성성의 심화라는 맥락에서 여성이 '군국의 어머니'로 다시 태어나야 함을 역설하고 있는 것이다.

최정희는 위의 글뿐만 아니라 「군국(軍國)의 어머님들」, 「군국모성찬(軍國母性讚)」 등의 산문에서 '군국의 어머니'를 실천하는 일본 내지(內地)의 여성들을 차례로 소개하고 있다. 일종의 인물 열전(列傳)의 형식을 취하고 있는 이 글들에서 일본 내지의 여성은 '군국의 어머니'로 동질화된다. 그런데 작가는 일단 이들의 인생 역정을 전기적, 극적으로 풀어쓰는 일종의 '서사적(敍事的)' 양식을 취하고 있다. 열전의 인물들은 일본에서도 주변부에 살고 있는 하층민이며, 어려운 환경에서 자식들을 잘 키워서 근대적 교육까지 받게 하지만 종국에는 전장에 보내는 강인한 어머니들이다. 우리는 여기서 일본의 전시정책이 여성을 동원하는 과정에서 계층별 · 지역별 위계질서를 승인하고, 오히려 이를 공고히 하는 전략을 구사했음을 알 수 있다. 즉 전장에 나간 자식을 잃고도 꿋꿋하게 일상사를 수행하는 이 여성들은 일본 내지에서도 주변인, 하층민으로서 국가의 동원 논리에 아무런 비판 없이 흡수되고 만다. 그런데 식민지 여성 지식인인 최정희는 이 인물들을 전시에 필요한 여성상으로 또 한번 비판적 거리 없이 전유한다. 스피박식으로 말하면 하위 주체는 침묵하고, 자기 식의 언어를 가지지 못했다. 그런데 지식인 여성인 최정희는 하위 주체의 말을 대신하기는커녕 국가주의에 포섭된 이 하위 주체들을 식민지 여성들이 따라야 할 전범으로 제시함으로써 겹으로 식민지 여성들을 타자화한다.

모윤숙과 최정희의 글들은 당시 여성들이 택했던 친일의 내적 논리를 단적으로 보여준다. 모윤숙은 여성이 전근대적이고 낡은 가치관을 버리고 근대국가—일본의 국민이 되어야 하며, 공적 영역에서 남성과 동등한 역할을 수행해야 한다고 보았다. 반면에 최정희는 아들의 뜻을 받드는 어머니라는 전통적인 어머니 노릇을 총동원 체제에 맞게 전유하는 차이의 전략을 구사한다. 이들의 논리는 언뜻 보기에는 상반된 것처럼 보이지만 여성(성)을 국가 혹은 공공의 이념에 귀속시킨다는 점에서는 동일하다. 하지만 여성성이란 하나로 정의될 수 없고, 여성의 정체성 역시 다양한 경로를 거쳐 구성된다. 그런 만큼 신여성 / 구여성, 아내 / 미혼 여성, 욕망하는 여성 등 여성을 구성하는 여러 자질들을 소거한 채 여성성을 모성성으로 단일화하거나 전사형(戰士型) 여성으로 동질화하는 것은 전국민을 총동원 체제에 맞게 소환했던 일본의 통치정책과 상동성을 지니는 것이라 할 수 있다. 그런 점에서 모윤숙과 최정희의 내적 논리는 내밀하게 맞닿아 있다.

4. 최정희와 장덕조의 친일소설

최정희는 「환영(幻影) 속의 병사(兵士)」, 「여명(黎明)」, 「야국초(野菊草)」, 「2월(月) 15일(日)의 밤」(이를 조선어로 다시 쓰고, 내용을 추가한 작품이 「薔薇의 집」이다), 「징용열차(徵用列車)」 등 당시 여성 작가들 중에서는 장덕조와 더불어 친일소설을 가장 많이 발표했다. 작품의 인물이나 주제를 얼핏 보더라도 「징용열차」를 제외하고는 젊은 여성이 주인공이며, 이들이 여성 고유의 영역과 자질을 온전히 유지하면서[7] 일본의 지배 논리를 내면화하는 과정을 섬세하게 그리고 있다. 최정희의 친일소설들은 내용이 다소 다르다 하더라도 텍스트간에 연관성과 주제적 일관성이 유지되고 있다.

먼저 조선적인 것, 나아가 동양적인 것에서 미적 자질을 찾고 서구적

---

7) 김재용과 이상경은 이미 최정희가 〈三脈〉(「天脈」, 1939; 「地脈」, 1940; 「人脈」, 1941) 연작을 통해 여성성에 대한 탐색을 지속적으로 해온 것에 주목하면서 모성의 문제를 중심으로 일본의 지배 논리를 내면화시켜 가는 일명 군국모성론이 주어진 여성을 인정하는 한에서 이루어진 소극적 행위였다고 지적한다. 필자 역시 이 같은 의견에 동의한다. 김재용, 위의 글(「여성성과 국가주의의 결합으로서의 친일문학」) 참조; 이상경, 「식민지에서의 여성과 민족의 문제―일제 파시즘하의 최정희와 임순득」, 『실천문학』 69호, 2003년 봄 참조.

인 것에 부정적 의미를 부여하는 동화와 배제의 논리를 들 수 있다. 이와 같은 논리는 「환영 속의 병사」, 「장미의 집」의 이면적 주제라 할 수 있다. 「환영 속의 병사」는 일본인 병사와 조선인 여성 간의 로맨스라는 서사적 구도를 취하면서, 일본인 남성이 조선인 여성과의 관계를 통해 '조선적인 것'에 매혹을 느끼고 동화되어 가는 과정을 그리고 있다. 하지만 심층적인 논리를 따져 보면 그는 조선적인 것에 동화되어 가는 게 아니다. 일본인 남성 야마모토는 조선의 가옥 구조와 조선의 언문이 닮았다고 생각하며, 그 유사성 속에서 조선인 전체를 느낀다. 그는 여기에서 한 걸음 더 나아가 "조선의 가옥 구조와 지나의 가옥 구조가 닮았다는 것을 생각하며 지나와 조선과 일본은 아주 오래 전의 신대(神代)로부터 연결되어 있다"는 신념을 편지를 통해 피력한다. '신대'란 말에서 간파할 수 있듯이 이 일본인 남성은 지나—조선—일본의 역사를 일본 중심으로 다시 쓰는 주체이다. 결국 동양평화—신동아 건설을 목표로 하는 일본정신의 구현이 작품의 숨겨진 주제이며, 이 일본인 남성이 발견한 조선의 언문, 영순이라는 여성의 미 등은 거기에 도달하기 위한 장치인 것이다.

「장미의 집」은 여성의 애국반 활동을 고취시키고, 전 국민, 전 가정을 군사화하려는 목적을 서사화한 작품이다. 이 작품은 이와 같은 목적을 위해 배제되는 것이 무엇인지, 그리고 그 배제의 논리에 젠더 위계질서가 어떻게 개입하는지를 잘 보여준다. 「장미의 집」의 전반부는 가정주부로서의 역할을 열성을 다해 자발적으로 수행하는 성례의 일상과 노동을 상세하게 서술하는 데 할애되어 있다. 이와 같은 서사의 전반부는 집안의 천사 역할을 충실히 수행하는 여성이 어떻게 가정의 확대격인 국가의 지배 논리에도 잘 부응하는지를 보여줌으로써 후반부의 친일과 동화의 논리를 설득력 있게 서술하기 위한 서브플롯으로 기능한다. 성례는 사적 영역에서 행해지는 여성의 일상적 노동을 자신이 받은 근대 교육의 지식을 활용해서 합리적으로 해나가며, 동시에 성실하고 여성적인 순종의 미덕을 갖추고 있다. 이 '현대여성'[8)]의 정반대편에서는 공적인 영역을 떠도는 불성실하고, 체제에 잠재적 위협이 되는 위험한 여성, 신여성에 대한 배제의 논리가 작동한다. 이와 같은 배제의 논리는 소설에서 영세의 친구 남식의 아내와 그 친구들에 대한 남식 자신의 부정적 진술에서 직접적으로 드러난다.

> 아츰느께 이러나선 식모가 해준밥을 먹군 미용원이다, 백화점이다, 영화관이지. 백화점에 다니며 옷감을 어떻게 떴는지 죽을때까지 입어두 반두 못입을거야. 거둘줄두 모르면서 집이 작다니 마당이 좁다니, 트집이지 하인은 두셋씩이라두 모자란다지. 그러구도 신문이나 책을 보람 시간이 없다지. 라디오두 시간없어서 못듣는대. 영화관갈시간은 있어두. 이러니 이거 견대날 수 있어요. (719면)

위의 예문에서 알 수 있듯 신여성, 혹은 중산층 여성의 사치, 퇴폐, 교양 없음, 거리를 떠도는 욕망하는 여성으로서의 자질을 부정적으로 부각시킴으로써 역으로 여성의 역할에 충실할 뿐만 아니라 공적 영역에서 활동한다 하더라도 "무언으로 실행으루 남을 감동시킬" 수 있는 여성적 자질을 지닌 여성을 옹호하는 것이다. 이처럼 군국주의 체제 속에서 여성에게 강조되던 애국부인의 역할은 여성의 공적 영역으로의 진출에 대한 환상을 불러일으키지만 실은 기존의 가부장제하에서 여성에게 강요되던 가정주부의 역할을 확대한 것에 불과하다.[9]

신여성을 배제하고, 교육받은 현대여성이자 양처현모(良妻賢母)로서 아

---

8) 필자는 다른 글에서 일제 말기에 근대적 여성과 여성성이 전면적으로 재수정되는 과정에서 등장한 '현대여성'이라는 용어에 내포된 이데올로기를 검토한 바 있다. 현대여성이라는 개념은 교육받은 여성이면서도 그 지식을 가사를 효율적으로 잘 운용하고 자녀를 양육하는 데 활용하는 근대적 현모양처를 일컫는다. 집 밖으로 나갔던 여성을 다시 가정성(domesticity)의 범주로 소환함으로써 전시동원 체제하에서 국가와 전쟁 수행을 위한 2세의 양육이라는 모성애의 논리를 예비하는 것이다. 그 과정에서 신여성은 자본주의, 그리고 서구 근대의 부정성을 집약한 물신주의의 화신으로 타자화되었다. 김양선, 「식민주의 담론과 여성주체의 구성」, 『여성문학연구』 3호, 태학사, 2000, 268~273면.

9) 심진경, 「여성작가 친일소설 연구」, 『배달말』 32집, 배달말학회, 2003 참조.

이를 낳아 양육하고 국가 시책에 동조하는 여성을 포섭하는 배제와 포섭의 원리는 장덕조의 소설 「행로」에서 좀더 분명히 드러난다. '나'는 여학교를 졸업하자마자 교사인 남편과 결혼하여 7명의 아이 엄마로 살아간다. 반면 여학교 동창생인 애라는 내지의 상급학교, 전문학교를 나와 여류문인으로 이름을 떨치고, 대담한 여권론을 주장하지만 지금은 몰락하여 비구니가 되어 있다. 애라는 한때 "우리 여자들은 자기자신을 우선으로 살아가지 않으면 안돼"라고 부르짖을 만큼 서구의 자유주의 여성해방론이랄지 개인주의에 침윤되었던 인물이다. 타락한 신여성이자 자신이 낳은 아들을 버릴 만큼 모성애가 희박했던 그녀는 그 아들이 '소년항공병'으로 지원하게 된 것을 계기로 회심하게 된다. 여성에게 가장 중요한 일은 '가정을 잘 지키고 아이들을 훌륭하게 키우는 것'이라는 자각이 그것인데, 이는 신여성이 전통적인 전근대적인 여성(성)으로 회귀하게 되는 과정, 모성의 이름으로 호명되는 과정에 다름 아니다. 또한 자신의 '개인주의, 자유주의'가 '서양식 사상'이었다는 그녀의 자각에는 서구를 적으로 규정하고 배척함으로써 동양의 우월성을 내세웠던 일본의 대동아공영 논리가 스며들어 있다.

서구를 배척하고 전통적인 모성의 원리를 수용한 이 신여성이 구원받고 말 그대로 '다시 태어나'는 재생의 의지를 다지는 이유는 "그 아이가 몸바친 나라를 위해서 다시 태어나는 것을 보여줄 생각" 때문이다. 아이가 아니라 '아이가 몸바친 나라'를 위해서 헌신하겠다는 논리적 비약은 모성이 국가주의에 포섭되었음을 반증하는 것이다. 실제로 이 작품은 개심한 애라의 진술을 통해 여성을 전시 체제에 맞게 훈육하는데 동원되는 동일성의 논리를 논리적 비약을 감행하며 제시하고 있다. "인간이란 마음 속 문제만 해결하면 몸은 어떤 경우에도 자신의 신념대로 나아가는 것이 가능하다고 생각해. 요즘 많이들 말하는 銃後奉公도 第一線의 動에 지지 않는다는 말, 이런 의미 아닐까"라는 애라의 진술은 제일선과 총후(銃後), 즉 전방과 후방이 같은 신념을 향해 나아가는 이상 동일하다는 주장을 담고 있다.

최정희의 「장미의 집」, 장덕조의 방송소설 「우후청천(雨後晴天)」, 「연화촌(蓮花村)」은 이른바 '후방소설'[10]의 전형이다. 애국반 활동이라든가 군국의 어머니 역할을 찬양, 강조함으로써 전시에 걸맞은 여성의 역할을 규정하고 있기 때문이다. 장덕조의 소설들은 이와 같은 주제를 미시적인 일상을 재현하는 과정에서 드러낸다. 「우후청천」에서 서사의 주 플롯과는 상관없이 이목을 끄는 것은 한 가족, 부부의 일상에 스며들어 있는 전시적 용어들이다. "세 마리 개와 한 사람의 여인 사이의 전투", "우리 편과 적병을 전혀 구별할 수 없는 격렬한 백병전", "긴급한 후속응원부대", "적군은 퇴산"과 같은 어휘들이 곳곳에서 발견된다. 개 한 마리 기르는 일도 떳떳하지 않은 '비상시국'임을 이와 같은 전시적 용어를 통해 암시적으로 드러내는 것이다.

하지만 서사의 본의는 이 부부가 속해 있는 애국반의 일원인 단 하나 '내지인 세대' '미나미 부인'이 군국의 어머니로서 지닌 위엄을 강조하는 데 있다.

바로 수개월전 히로시 소년의 형 다까시 오장(伍長)의 영령을 이 애국반원일동이 경성역두에서 마지하든 감격을 어찌 잊어버리겠읍니까.

그때 이 몹시 마르고 항상 겸손한 미나미여사의 태연한 자태는 감탄이라보담 오히려 하나의 놀라움이었읍니다.

그의 조그만몸속 어느곳에 그와같은 용기 그와같은 기품이 감추어져있었든지요

그는 물론 울지 않았읍니다.

도모지 자랑스러워보이지도 않았읍니다.

일부러 지어서하는듯한 표정이라곤 조금도 없었읍니다.

10) 후방소설은 첫째 애국반의 활동이나 사람들의 일상 생활 모습에 시국색을 가미한 것, 둘째 지원병을 내게 된 가정을 그리거나 지원병이 되라고 결의를 촉구하는 이른바 '군국의 어머니' 류로 나누어진다. 호테이 토시히로(布袋敏博), 「일제말기 일본어 소설 연구」, 서울대 석사논문, 1996, 98~99면.

당연한 일을 당연하게 당한 듯 그는 엄연하게 서있었읍니다.[11]

첫아들을 나라에 바쳐 잃고도 이를 당연하게 여기는 담대함은 내지 여성들의 군국의 어머니상을 다룬 글들에서 흔히 보인다. 그런데 이 소설은 '놀라운 미담'이 자신의 '애국반'에서 벌어지고 있다는 일상성을 강조한다. 이는 주체의 반성을 유발한다.

> 자식이거나 짐승이거나 사랑하는 것을 내 옆에 두고 돌봐주고 싶은 것은 인정일 것이다. 그러나 세상에는—더군다나 요새같은 소위 결전시에는 이같은 인정을 겪지 않으면 안되는 경우가 얼마든지 있다. 참사랑—참사랑, 가장 경계해야 할 것은 맹목적인 사랑이다. (217면)

당시 일본의 강제 동원령이 본격화되던 시기에 내지부인에 비해 조선부인의 맹목적 모성이 비판의 대상이 되었음은 최정희의 「야국초」에서도 잘 드러난다. 다른 작품들이 이와 같은 조선부인의 잘못된 모성론을 비판적으로 서술하고 있는 데 비해 이 작품은 맹목적 모성에 대해 직접적으로 비판하지는 않는다. 대신 아내의 채소 기르기—남편의 개 기르기—미나미 부인의 아들 키우기를 차례로 서사에 배치하고 '돌봄'이라는 동일한 특성을 부여함으로써 남편과 아내의 행위가 미나미 부인에 비한다면 타기해야 할 '맹목적인 사랑'에 불과하다는 점을 강조한다. 참사랑 / 맹목적인 사랑, 조선인(朝鮮人, 婦人) / 내지부인(內地婦人)이라는 이 이항대립항은 텍스트가 공공연하게 전달하려는 것과는 또 다른 이면의 진실을 전달하기도 한다. 요컨대 일본이 강조했던 군국의 어머니 논리가 조선의 현실에서는 제대로 통용되지 않았다는 사실이다. 그렇기에 지식인 여성작가들은 군국의 어머니 류의 이념을 연설로, 논설이나 소설로 계속해서 형상화함으로써 식민지 여성들을 교화하려 했던 것이다.

---

11) 장덕조, 「우후청천」, 『방송소설명작선』, 조선출판사, 1943, 213~214면. 앞으로 장덕조의 방송소설은 『방송소설명작선』의 면수를 따른다.

장덕조의 「연화촌(蓮花村)」 역시 연화촌을 이루는 두 계급의 사람들이 "한집안식구같이" 구순하게 지내고, "서로 사괴는 태도에 있어서는 조고 마한 차별이나 간격이 없는" 상황임을 강조한다. 이 두 계급의 화합은 식민 본국과 식민지, 내지인과 조선인 간의 갈등과 차별을 무화하는 동화의 논리와 상동성을 지닌다. 그런데 작품은 여성들이 총후부인으로서의 역할에 충실해야만 동화될 수 있다는 논리를 전개한다. 총후부인으로서 귀감이 되는 영희어머니는 행색은 초라하나 "조곰도 제 행색을 부끄러워 하는 빛이 없이 겸손하나 굳세였고 온유하면서도 힘이 있"는 등 고결한 도덕성을 지닌 여성으로 재현된다. 하지만 다른 사람을 위하여 헌신하는 그녀의 자질은 애국반 활동을 효과적으로 선전하기 위해 선택된 것이다. 이 같은 점은 그녀가 국민총력연맹(國民總力聯盟)으로부터 상을 받는 데서도 드러난다.

그런데 그녀 역시 타락과 갱생의 과정을 밟아 온 인물이다. 결혼 후 남편의 구박을 이기지 못해 자살을 결심했으나 나뭇가지에 옷이 걸려 살아났고, 이후에 마음을 고쳐먹고 새 생활을 하게 됐다는 이야기는 수난의 일생을 다룬 이야기에서 자주 볼 수 있는 상투적인 스토리 전개와 흡사하다. 이 상투적인 서사가 국민을 총동원 체제에 적합한 인물로 개조하기 위한 논리로, 비천한 여성이 국가의 영웅으로 재탄생하는 과정을 설득력 있게 보여주기 위한 논리로 전용되고 있다. "그의 입에서 나오는 진실한 말은 듣는 많은 사람의 생활에 영향을 주었으며 그들의 생활을 교정하였고 그가 살고 있는 주위는 하로하로 복되게 되여갔다"와 같은 구절에서 명백히 알 수 있는 바와 같이 평범한 그녀는 영웅으로 재탄생, 다른 사람들의 생활까지 '교정(敎正)'한다. 이 '교정'은 일상적 규율들을 성실하게 수행하는 제국주의 신민으로 재탄생하는 과정이기도 하다.

이상에서 살펴본 바와 같이 장덕조의 친일소설들은 공통적으로 애국반 활동, 총후부인으로서의 역할, 군국의 어머니 역할 등 일제 말기 여성에게 부과된 역할을 개인의 일상사에 밀착해 노골적으로 설파하였다. 이상경에 따르면 여성들은 경제전의 전사로 호명되어 노동과 내핍을 통해 전쟁을 후방에서 지원하고, 생활을 개선하고 가사노동을 합리화하는 여러 방안들을 모색하는 역할을 부여받는다. 그런데 이 역할들은 이전부터 근대 여성의 교육에서 중요하게 다루어졌기 때문에 당시 여성 지식인들이나 작가들에게 별 무리 없이 수용되었을 수도 있다.[12]

하지만 최정희의 「장미의 집」과 장덕조의 「연화촌」을 보면 이 역시 작가에 따라 다른 맥락에서 수용되었음을 알 수 있다. 「장미의 집」에서 애국반 활동에 열성적인 아내는 가사노동의 합리화를 실천하는 이른바 근대적인 교육의 수혜자이다. 반면에 「연화촌」의 영희 어머니는 구여성에 가깝다. 다시 말해 신여성과 구여성 모두 부지런하고 순종적이라는, 일본의 지배 이념이 요구하는 여성성의 자질을 수행한다는 공통점이 있지만 계층적 기반과 삶의 경로는 각각 다르다. 근대 교육을 받은 지식인 여성이 자발적으로 일본의 논리에 동화되어 가는 것도 문제이겠지만, 하층계급이자 구여성이 일본의 정책에 동조함으로써 중상층 여성들의 귀감이 되는 위치에 오른다는 것도 문제이다. 자칫하면 실제 현실에서 다수를 차지했던 하층계급 구여성(舊女性)들에게 국책에 동조함으로써 우월한 사회적 지위를 획득할 수 있다는 식의 환상을 불러일으킬 수 있기 때문이다.

5. 맺음말

지금까지 여성 작가들의 친일소설들을 살펴본 결과 몇 가지 특징을 추출할 수 있다.

---

12) 이상경, 앞의 논문, 221~222면.

첫째, 이들의 친일소설은 식민 본국에서 여성에게 강제했던 역할과 비슷하게, 기존의 여성(성)의 규정을 벗어나지 않으면서 이를 총동원 체제 국가의 동원 논리에 맞게 재규정한 '여성성'을 소설의 핵심주제로 삼고 있다. 여성 작가들의 후방소설들은 애국반 활동, 생활 개선과 합리화, 아들을 기꺼이 전장에 바치는 군국의 어머니 등을 주로 서사화한다. 기존에 여성의 역할이 전시 체제에 맞게 재규정된 것이다. 남성 작가들의 친일소설이 비록 계몽적 언술이긴 하지만 다양한 스펙트럼을 통해 친일의 내적 논리를 공고히 했던 것에 비교한다면 소재나 주제의 폭이 넓지 않다. 이처럼 대조적인 면모를 통해 우리는 일제 말기 여성 작가들의 친일소설이 민족이나 국가의 지배 논리에 의해 전유되는 여성성을 재생산함으로써 여성의 위치를 한층 고착시켰음을 확인할 수 있다.

둘째, 여성 작가들의 친일소설 및 논설에 작동하는 논리에서 주목할 만한 것은 신여성의 배제, 서구적 가치나 제도의 배제이다. 이 작가들은 이전에 새롭게 여겨졌던 신여성, 서구적인 것 등을 축출한 뒤에 또 다른 새 시대, 새로운 가치를 내세운다. 여기서 '새로움'은 대동아공영권으로 새롭게 재편된 신질서이다. 하지만 대동아공영론과 같은 거대 담론은 이 여성 작가들의 소설에서 직접적으로 드러나지 않는다. 대신 서사의 전면에 배치되는 것은 미시적인 일상이며, 일상을 살아가는 여성들이다. 소설은 이 여성들 중 일부는 이전의 삶을 반성 내지 개심하고, 또 일부는 신질서를 아무런 갈등 없이 수용한다는 이야기를 통해 대동아공영 논리를 내적으로 추인한다.

셋째, 당시 여성 작가들은 일본의 동원 논리에 자발적으로 협력했으며, 이는 중심을 향한 이들의 동경이랄지 욕망과 내밀하게 연관이 되어 있다. 서론에서 잠시 밝힌 바와 같이 모윤숙·노천명·최정희의 행적을 보면 이들이 글쓰기 행위뿐만 아니라 조직 가입, 연설회나 강연 참여 등을 통해 적극적인 친일 행위를 했음을 알 수 있다. 이들은 제1기 여성 작가들과는 차별화된 제2기 여성 작가들로 자신을 정의한 바 있다. 글을 쓰는 여성 엘리트집단으로서의 자부심은 당대 남성 지배집단에게 느끼는 상대적 열패감을 상쇄하기 위해서는 어찌됐건 공적인 담론의 장에서 그들과 똑같이 발언할 필요가 있고, 자신들은 그럴 수 있다고 여기면서 비롯된 것이기도 하다. 요컨대 이들은 당시 지배적인 남성-문인집단과 동일성을 확보해야 했고, 그런 방편의 일환으로 남성 작가들과 똑같이 조직에 가입했고 전쟁을 옹호하는 각종 집회에 참여하고 글을 썼다. 한 편 이들은 전 세대 여성 작가들 및 같은 세대 여성 작가들과 자신을 구별짓고, 대다수 여성 민중들을 타자화함으로써 자기 입지를 구축해 갔다. 이른바 동일성과 배제라는 양면적인 전략을 구사한 것이다.

이들이 여성문학사에서 처한 위치는 해방 이후의 행적에서도 드러난다. 이들 중 최정희와 장덕조는 한국전쟁 시기에 종군 작가로 활동했으며, 모윤숙과 노천명 역시 공보부 등의 국책 기관에 근무한 경력이 있다. 좀더 세심한 고증과 분석이 선행되어야겠지만 이들의 문학사적 위상은 작품뿐만 아니라 공적 영역에서의 활동에 의해 좀더 공고해진 면이 있고, 그것이 우리 문학사에서 여성 작가들간의 위계화, 서열화, 정전에의 수록 여부를 결정짓는데 영향을 미쳤다는 것은 분명하다.

지금까지 일제 말기는 여성문학사를 논의할 때에도 공백으로 남아 있던 시기였다. 일제 말기 친일 여성 작가들의 작품 내적·외적 활동이 제대로 밝혀진다면 왜 1930년대에 활동했던 여성 작가들의 다양한 목소리가 문학사에서 사라졌는지를 해명하는 데에도 도움이 된다. 요컨대 해방 이후 치열한 각축 끝에 새롭게 재편되었던 문단 질서 속에서 살아남은 부류가 이 여성 작가들이었고, 이들을 제외한 다른 여성 작가들의 활동은 아직도 문학사의 오지로 남겨져 있는 것이다.

식민/탈식민의 상상력과 연애소설의 성정치

내선결혼의 문제를 중심으로

심진경

1. 내선결혼이라는 형식

일선통혼(日鮮通婚) 혹은 내선결혼(內鮮結婚) 문제는 일제 말기 총동원체제하에서 내선일체를 정당화하려는 목적으로 적극적으로 권장되었다. 내선일체는 '전시동원체제'하에서 일본의 전쟁을 정당화하고 서구와의 전면전에서 일본을 도와 함께 전쟁을 수행할 연합 세력을 확보하기 위해 동원된 식민지배 이데올로기였다.1) 이를 위해 일차적으로 요구된 것은 '식민지 조선인'을 '황국신민', 즉 새로운 일본인으로 만드는 것이었다. 이러한 조선의 일본화 전략은 다양한 동화정책들을 동원했는데, 내선결혼 또한 이러한 동화정책의 일환으로 적극 권장되었다. "동화정책의 제1

---

1) 홍일표, 「일본의 식민지 '동화정책'에 관한 연구―'창씨개명' 정책을 중심으로」, 서울대 석사논문, 1999, 16~17면 참조.

방책으로서 가장 효과 있는 것은 바로 내선인의 결혼"[2])이었던 것이다. 그리고 1939년 11월 10일자의 제령 19호 「조선민사령 중 개정의 건」 11조의 2[3])에 의해 내선결혼을 가로막던 종래의 법적 제약이 폐지됨으로써 내선결혼은 법적 · 제도적 지원까지 받게 된다.

이렇듯 내선결혼이 창씨개명이나 징병제 등과 함께 중요한 동화정책의 하나로 부각될 수 있었던 것은, 그것이 서로 다른 두 민족의 "이해관계를 떠난 개인과 개인, 가정과 가정의 친밀한 접촉"을 가능하게 해주기 때문이다. 연애에서 결혼으로 이어지는 남녀 관계의 문제는 심층적인 인간 관계를 표현하기에 적합할 뿐만 아니라, 공적이고 제도적인 관계를 떠받치는 궁극적인 인간 관계라는 의미를 갖는다. 그런 점에서 내선결혼은 언어와 풍속, 습관 혹은 더 나아가 종교와 신앙 체계와 의례, 정의로움과 공정함의 기준, 인간다움의 평가기제, 현실과 미래에 대한 세계관, 미적 생활의 기준 등이 다른 두 민족을 동화시킬 수 있는 가장 일차적이고도 중요한 방법이 될 수 있다. 사랑이 이러한 일차적 인간 관계를 성립시키는 결정적인 매개가 되는 것은, 그러므로 당연하다.

1930년대 후반부터 내선결혼을 다루는 소설이 등장한 것은 이런 맥락에서다. 그 당시 조선인과 일본인 사이의 연애와 결혼의 문제를 주제화한 소설로는 이광수의 『진정 마음이 만나서야말로』, 『그들의 사랑』, 「소녀의 고백」, 한설야의 「피」, 「그림자」, 채만식의 「냉동어」, 이효석의 「아자미의 장」, 정인택의 「껍질」, 최재서의 「민족의 결혼」, 최정희의 「환영의 병사」 등이 있다. 이 중에서 이광수 · 정인택 · 최재서의 소설에서 내선결혼은 내선일체의 이데올로기를 적극적으로 선전, 선동하기 위한 소재 정도로만 다루어지는 반면, 한설야 · 채만식 · 이효석의 소설에서 내선결혼의 문제는 그보다는 지극히 심리적이고 내면적인 연애소설의 형식

---

2) 「일선인 결혼법」, 『동아일보』, 1920.4.29; 이경훈, 『이광수의 친일문학 연구』, 태학사, 1998, 291면에서 재인용.
3) 이 법조문에 대해서는 이경훈, 위의 책, 292면 참조.

속에서 남녀간의 미묘한 신경전과 애정의 갈등이 부각된다.

그러나 흔히 그러하듯 이들 소설을 구분할 수 있는 기준이 내선결혼이 전경화되느냐 그렇지 않느냐에만 있는 것은 아니다. 가령 이광수 소설에서는 내선결혼과 연애의 문제가 친일의 논리를 일상생활의 차원에서 다양한 삶의 내용들을 담아내며 전개된다고 할 수 있다면, 반대로 최재서의 「민족의 결혼」의 경우에는 내선결합의 의미를 역사를 통해 알레고리적으로 전달하고 있다고도 볼 수 있다. 그렇지 않으면 식민지 남성과 제국 여성, 식민지 여성과 제국 남성의 결합 관계로 이들 소설을 구분할 수도 있을 것이다. 이러한 다양한 분류가 가능한 것은 일제 말기 소설에서 내선결혼의 문제가 다양한 계기들과 절합하면서 다양한 층위들을 형성하고 있기 때문이다. 따라서 소설에서 내선결혼은 국책 선전을 위한 도구적 소재에서부터 식민지인의 모순적이고 균열된 자의식을 표출하는 방법적 소재에 이르기까지 다양한 스펙트럼을 연출하며 나타난다. 나아가 이러한 스펙트럼은 식민 / 탈식민, 근대 / 전근대, 남성 / 여성, 주체 / 타자, 집단 / 개인 등의 대립항들의 충돌과 결합에 의해 더욱 복잡한 의미망을 형성한다. 내선결혼의 문제가 단순히 소설의 소재로만 한정될 수 없는 것은 이 때문이다. 오히려 내선결혼은 식민 주체의 식민 / 탈식민의 상상력이 남녀의 애정 문제를 둘러싼 인종·민족·문화·관습·성과 같은 다양한 계기들과 결합되어 나타나기 때문에, 식민지적 모순을 중층적으로 보여주는 중요한 허구적 형식의 하나라고 할 수 있다.

이 글에서는 1930년대 후반부터 발표된 위 소설들을 대상으로 이러한 중층적이고 복합적인 내선결혼의 층위들을 살펴보고자 한다. 그런 점에서 내선결혼 소설을 본격적으로 다룬 이상경의 논의[4]는 이 글의 중요한 출발점이 된다. 이상경의 연구는 내선결혼을 다룬 거의 모든 소설을 망라하면서 내선결혼을 둘러싸고 서 있는 작가들의 서로 다른 정치적 입

---

4) 이상경, 「일제 말기 소설에 나타난 '내선결혼'의 층위」, 『친일문학의 내적 논리』, 역락, 2003.

장과 식민지적 상황에 대한 대응 방식을 밝히고 있다. 그에 따르면 그것은 이광수와 한설야로 대변되는 '협력'과 '저항'의 길이다. 그러나 이 논의의 문제점은 단순히 '피'의 다름에 대한 자각의 유무 여부에 따라 내선결혼의 소설을 내선일체 긍정론과 부정론으로 나누고 각각을 식민주의에 대한 협력과 저항의 입장을 대변하는 것으로 보는 단순한 이분법적 논리를 따르고 있다는 점이다. 뿐만 아니라 이 논의는 내선결혼이라는 소설적 형식을 현실적인 친일 담론과 직접적으로 연결시킴으로써 단선적이고 제한적인 한계를 안고 있다. 문학이 아무리 친일 이데올로기의 선전 도구라고 하더라도, 그러한 선전 내용을 담아내는 방식과 그 속에 작동하는 작가의 무의식에 따라 소설의 결과 질은 사뭇 달라질 수 있다. 내선일체의 이데올로기를 담아내기 위해 내선결혼과 같은 멜로드라마의 구조를 선택한 작가의 의식 / 무의식은 친일 담론의 직접적 발화 여부와는 상관없이 해석될 여지가 있는 것이다. 아울러 그것은 식민 / 탈식민의 계기만으로는 포착되는 어려운 젠더 · 문화 · 개인 등의 계기들이 뒤얽혀서 구조화되는 훨씬 더 중층적이고 복합적인 문제인 것이다.

이광수 · 채만식 · 이효석의 친일소설에서 여성성이 활용되는 방식을 살피고 있는 김양선의 연구5)는 민족과 젠더의 역학 관계 속에서 식민지 남성의 제국에 대한 열망과 그 좌절의 심리를 드러낸다는 점에서, 또한 제국 / 식민의 위계질서가 어떻게 성별 위계질서와 맞물리면서 복잡한 지형도를 그리고 있는가를 살펴본다는 점에서, 젠더정치적 관점에서 친일문학에 접근하는 본고의 방향에 시사하는 바가 크다. 그러나 자기 동일성 상실의 위기에 처한 식민지 남성 주체가 자신의 주체성 확립을 위해 여성성을 전유한다는 이 논의의 주장은 모든 친일소설에 적용하기 어렵다. 그리고 이런 논리로는 이효석이나 채만식, 한설야 소설에서 징후적으로 발견되는 여성화된 남성의 포즈가 갖는 의미의 다층성을 포착할

---

5) 김양선, 「친일문학의 내적 논리와 여성 / 성의 전유양상」, 『실천문학』, 2003년 여름.

수 없다. 이러한 한계는 한편으로는 일부 텍스트만을 분석하는 데서 오는 것이기도 하지만, 다른 한편으로는 젠더 논의의 경직성에서 비롯되는 것이기도 하다. 젠더를 최종심급으로 놓는 방식은 다른 서사적 계기들의 의미를 축소하거나 무시할 수 있다는 점에서 신중하게 선택되어야 한다. 젠더가 다른 심급들 중에서 더 심층적이고 근본적인 것이라고 하기는 어렵다. 예컨대 제국 여성과의 관계 속에서 왜소화와 내면화의 길을 걷게 되는 식민지 남성의 운명은 한편으로는 위계적인 젠더 구조의 배치 / 재배치의 문제와 관련되지만, 식민지적 현실에 대응하는 그 나름의 주관적 방식과도 관련될 수 있다. 어쩌면 그것은 고질적인 젠더의 위계질서 조차도 동요하게 만드는, 나아가 여성조차 전유할 수 없게 하는 압도적인 현실이라는 문제와 관련된 것일지도 모른다.

이 글에서는 기존 논의의 이러한 성과와 한계를 딛고, 식민지시대 내선결혼을 다룬 소설 중에서 식민지 남성과 제국 여성의 사랑을 다룬 몇몇 소설을 중심으로 식민 / 탈식민의 역학과 그것이 연애소설의 성정치와 관계를 맺으면서 형성하는 복합적인 의미를 면밀한 텍스트 분석을 통해 살펴보도록 하겠다. 이들 소설에서 식민지 남성과 제국 여성의 관계는 민족과 젠더의 질서가 복잡하게 뒤얽히는 다양한 방식을 보여줌으로써, 민족과 젠더의 위계 구조가 그렇게 단순하고 도식적으로 결정되지 않는다는 사실을 확인할 수 있게 해준다. 중요한 것은 '식민=여성=성애화된 대상', '제국=남성=비성애적 대상' 등과 같이 식민 / 제국을 가르는 기존의 기준들을 반복하는 것이 아니라, 그러한 기준들이 어떤 맥락에서 의미화되고 작동되는지를 텍스트의 결을 따라서 살펴보는 것이 필요하다. 어떤 기준도 그 자체로 고정적이거나 절대적이지 않다. 오히려 그것들은 다른 여러 식민 / 탈식민의 계기들과 접합함으로써 유동적인 의미망을 구축하게 된다. 그런 점에서 소설은 정치나 논설과는 다르다. 내선일체의 이데올로기를 선전하는 문학이라고 하더라도, 그 소설에는 정치적 논리나 환상을 배반하는 텍스트의 무의식이 있게 마련이다. 따라서 본고는 이런 맥락을 고려하여 일제 말기 남성 작가의 소설에 나타난 내선결혼의 문제를 단순히 친일 담론과의 연관성 여부를 확인하는 차원에서 더 나아가, 그런 복합적인 층위와 양상을 고려하는 방식으로 논의를 진행하고자 한다.

2. 사랑과 우정, 성별화된 '마음'의 위계 구조

이광수는 『진정 마음이 만나서야말로』[6]를 연재하면서 덧붙인 「작가의 말」에서 "야마또와 고구려", 즉 일본과 조선이 하나가 되기 위해서는 "마음과 마음이 서로 만나 서로 사랑"[7]해야만 한다고 주장한다. 이때 마음과 사랑은 내선 양 민족이 서로의 차이를 구분할 수 없을 정도로 진정 하나 됨을 위한 절대적인 조건으로 간주된다. 이광수의 소설에서 그러한 마음과 사랑은 친절·우애·자매애·인정·성(誠) 등의 개념과 친족 체계를 이루면서 일종의 감정의 네트워크를 구성한다. 그의 친일소설에서 감정 과잉의 인물들이 자주 등장하는 것 또한 이와 무관하지 않다. 특히 『진정』의 주인공 영준—석란 남매와 타케오—후미에 남매는 정신적 교감을 나눌 때마다 자주 "눈시울이 뜨거워지는 것을 느"(19면)끼는데, 이렇게 그들은 "눈물을 흘리지 않고는 배겨낼 수 없"(73면)는 것이다. 이처럼 마음과 사랑을 내선일체의 실현을 위한 궁극적 지향점으로 설정하는 것은 비단 이광수의 논리만은 아니었다.

---

6) 이광수, 『진정 마음이 만나서야말로』(이경훈 편역), 평민사, 1995. 이후 줄여서 『진정』으로 표기하고 인용문에도 면수만 밝힐 것이다. 『그들의 사랑』 또한 이 책에 실린 텍스트를 대상으로 하였으므로, 인용시 면수만 밝히겠다.
7) 이광수, 위의 책, 9면.

오인은 내선결혼을 주장하는 것이니 이는 인간적으로 서로 친해지고 가족적으로 한덩이가 된다면 여기 내선일체의 실현은 극히 용이하게 될 것이다. 그러나 결혼이란 보통 다른 것과 달리 정책적으로 되는 것이 안이오 애정이라는 것이 절대 필요한 것이니 그럴랴면 이런 애정의 정을 북도들 여기 내선남녀의 회합할 기관을 구성할 필요가 있다. 그런데 지금까지 내선인의 결혼한 예로 보아 불행한 것도 없는 것은 안이나 대체로 행복된 것을 보면 애정이란 국경이나 민족이나 계급을 초월하는만치 여기 내선결혼의 조고마한 괘념(掛念)이 필요치 안는 것이다. 결혼은 두 사람의 생활을 단일화하고 두 사람의 생활의 세계를 잘 융화시키는이만치 여기 감정적으로 융화되는 부부가 나아가서는 혈족적으로 완전히 융화가 될 것이므로해서 이 내선일체 운동의 적극적인 호결과(好結果)를 내일 것이라 믿어진다.[8]

이 글의 논리를 따라가 보면, 내선일체의 실현은 서로 다른 두 민족을 "인간적으로 친해지고 가족적으로 한덩이가" 되게 하는 내선결혼에 의해 가능한데, 이때 애정은 이러한 결혼 관계를 이루는 결정적인 요소다. 그런데 "애정이란 국경이나 민족이나 계급을 초월하는" 것이므로, 이러한 애정을 바탕으로 한 내선결혼에 의해서만 두 민족은 "혈족적으로 완전히 융화가 될" 수 있다. 그 결과 이제 내선일체의 이데올로기는 사적이고 친밀한 애정 관계를 통해서 가장 효과적으로 전달될 수 있게 된다. 인종적·문화적으로 다른 두 민족을 결합시키는 것을 제도나 정책이 아니라 애정에서 발견할 수 있다는 이러한 논리는, 이광수의 소설에서 자주 발견되는 계몽적 서사 구조와 결합함으로써 좀더 복잡한 양상으로 전개된다.

『진정』에서 충식-석란 남매는 위기에 처한 타케오-후미에 남매를 구해주고 또 정성으로 간호해주면서, 그들은 서로 조선인 / 일본인 사이의 벽을 허물고 "친 오빠나 무슨 친척과 같은" 사랑과 정을 느끼게 된다. 그런데 이 두 남매 사이의 관계는 점차 우애(형제애, 자매애)와 애정에 따

---

8) 「내선일체와 신동아건설」, 『조광』, 1940.1, 119면.

라 각각 '충식-타케오 / 석란-후미에', '충식-후미에 / 석란-타케오'의 관계군을 형성하게 된다. 이 네 가지 관계는 기본적으로 감정에 기반한 다는 점에서는 공통적이지만, 전자가 동성간의 관계라면 후자는 이성간 의 관계라는 점에서 나뉜다. 그런데 이 중에서 충식-타케오와 석란-타 케오는 계몽 대상-계몽 주체라는 관계의 성격을 강하게 드러내는 반면 에, 석란-후미에와 충식-후미에의 관계에서 이러한 계몽적 성격은 많 이 탈색된다. 특히 충식-후미에의 관계는 후미에와 석란의 대화를 통해 암시적으로만 언급될 뿐 소설의 전개 과정에서 아무런 영향력을 끼치지 못한다.

이러한 관계 구조에서 일차적으로 확인할 수 있는 것은 타케오가 절 대적인 계몽 주체라면 충식과 석란은 그러한 계몽의 대상이라는 점이다. 이때 작동하는 것은 일본 / 조선과 제국 / 식민이라는 인종적 · 민족적 경 계다. 그리고 그러한 작동의 논리는 계몽 대상의 성에 따라 우애와 사랑 으로 나뉘어져서 구성된다. 일본인 타케오의 입장에서, 충식에 대한 우 애와 석란에 대한 사랑은 조선을 동화하고 계몽하기 위한 도구화된 감 정이라는 점에서는 질적으로 차별되지 않는다. 그리하여 소설의 전반부 에서 타케시는 충식과의 우정을 통해 충식을 군의관으로 출병하도록 하 고, 후반부에서는 석란과의 사랑을 빙자하여 그녀를 시력을 상실한 자신 의 '지팡이' 노릇을 하게 한다. 타케오에게 충식과 석란은 가르치고 인도 해야 할 교화의 대상이라는 점에서 구별되지 않을 뿐만 아니라, 그런 점 에서 그들과의 우애와 사랑 또한 구별될 필요도 없는 것이다. 소설에서 타케오의 친일적 계몽의 논리는 이렇듯 감정의 질적인 차이를 초월한다.

소설에서 계몽 주체로서 타케오의 역할은 거의 모든 인물에게 영향력 을 미친다는 점에서 절대적이다. 충식은 출정하는 그에게 편지를 받고 일본을 자신의 조국으로 받아들이게 되며, 석란과 후미에 또한 타케오의 조국애와 용기에 감화되어 '특별 지원 간호부'로 지원한다. 심지어 불령 조선인(不逞朝鮮人)인 충식의 아버지 김영준 또한 "조선인도 일본인도 결국 다를 바 없다는"(35면) 타케오의 설득에 어느 정도 공감하게 되어 충식의 출정을 암묵적으로 승인하게 된다. 반면에 조선 남성인 충식은 친구인 타케오뿐만 아니라, 심지어 잠정적 연인인 후미에에게조차 아무런 영향력도 미치지 못한다. 특히 서로 은근한 감정을 갖는 것으로 설정된 충식—후미에는 실제적 관계를 맺지 못한다는 점에서 내선일체에 대한 관념이 만들어낸 상징적 허구에 불과하다고 볼 수 있다. 따라서『진정』에서 교차되면서 전개되는 네 사람의 관계를 구성하는 최종심급은 위계화된 민족적 차이다. 여기서 확인할 수 있는 것은 식민지 조선과 제국 일본의 관계가 결코 대등할 수 없다는 점과 그러한 민족적 위계질서는 적어도 이 소설에서는 젠더적 위계 관계에 의해 대체되거나 전도될 수 없을 정도로 견고한 것으로 자리잡고 있다는 점이다.

그럼에도 불구하고 젠더적 질서가 완전히 배제된 것은 아니다. 이는 석란—후미에의 자매애적 관계를 통해 확인할 수 있다. 소설에서 식민지 여성인 석란과 제국 여성인 후미에는 그나마 어떠한 계몽적 이해 관계가 없으면서도 나름대로 대등한 자매애적 관계를 맺고 있다. 즉 이들의 민족적 정체성은 이들의 자매애적 관계를 불균등한 것으로 굴절시키지 않는다. 이러한 관계가 가능한 것은 이 둘이 여성이기 때문이다. 그것은 이들의 여성성이 현실적으로 아무런 가치도 없는 부차적이고 주변적인 것에 불과하다는 것을 의미한다. 일본이 조선과의 융화에 아무런 거부감이 없다는 사실을 알리기 위해서 작가는 일본 남성이 아니라 일본 여성에게 '조선옷'을 입혀야만 했던 것이다. 후미에의 '조선옷'은 석란이 타케오를 전송할 때 입고 나온 '조선옷'과 그렇게 변별되지 않는다. 소설에서 석란과 후미에는 그렇게 '조선옷'이라는 열등한 기표를 공유함으로써 '순수한' 사적 관계를 맺을 수 있게 된다.

『진정』에서 젠더적 위계질서는 작가의 주제의식이 닿지 않는 곳에서 융화의 상태로 은밀하게 작동하면서 이렇게 서사화된다. 이러한 젠더적 위계질서는 다소 왜곡된 방식으로 충식의 사랑과 우정을 구성한다. 충식에게 타케오과의 우정은 가능한 데 반해 후미에와의 사랑은 불가능한 것으로 받아들여지는데, 이는 충식−타케오의 관계에서 성적 위계질서와 민족적 위계질서는 함께 가지만 충식−후미에의 관계에서 이 두 질서 간의 균형은 깨지기 때문이다. 즉 충식은 타케오에게는 기꺼이 계몽 대상이 되어줄 수 있지만 후미에에게는 계몽 대상이 될 수 없었던 것이다. 그런 점에서 타케오와는 달리 충식의 입장에서 일본인과의 우정과 사랑은 현저히 다른 의미와 질을 구성하게 된다.

민족적·젠더적 역학 관계 속에서 복합적으로 이루어지는 이러한 네 가지 관계 구조는 이광수의 『그들의 사랑』에서도 비슷하게 발견된다. 이 소설의 주인공 이원구는 아버지가 죽은 뒤 학비 부족으로 곤경에 처하게 되지만, 동급생인 다다시의 도움으로 그의 동생들(미찌꼬와 다까시)을 가르치는 가정교사 자리를 얻게 된다. 소설은 이렇게 맺어진 이원구와 다다시의 관계를 중심으로 전개되는데, 여기에 이원구−미찌꼬의 애정 관계가 결합된다. 다다시는 단순히 이원구에게 물질적 원조를 해주는 조력자에만 머무르지 않고, 원구가 "그릇된 민족주의 감정"(144면)을 청산하고 "천황의 적자요 일본 나라의 신민이라는 자각"(145면)을 얻게 하는 교화자 역할을 한다. 그러한 자각은 우정으로 구체화되는 "진정(眞情)"에 의해 가능해진다. 따라서 다다시−이원구는 표면적으로는 대등한 친구인 것처럼 보이지만, 실제로는 제국/식민의 위계질서에 따라 계몽 주체−계몽 대상의 관계로 규정된다.

그런데 특기할 만한 것은 다다시와의 관계에서 계몽의 대상에 불과했던 이원구는 조선 농민을 바라볼 때는 계몽 주체의 자리에 서게 된다는 점이다. 이는 조선 농촌을 바라보는 원구의 시선에서 확인할 수 있다. 원구는 방학을 맞이하여 고향에 내려가는데, 이때 그의 눈에 비친 조선은 가난하고 더러울 뿐만 성적으로 문란하기까지 하다. 소설에서 조선에 대한 그러한 부정적 가치평가는 원구가 일본정신과 예의범절을 일상적인 청결의 습관을 통해 실천한 뒤에야 가능해진다. 유사 계몽 주체의 지위를 획득한 원구의 시선 속에서 일본과 조선의 문화적 차이는 인종적·민족적으로 위계화된 차별로 확대되는 것이다. 이러한 인종적 차이의 확인은 거꾸로 생활습관과 문화적 차이를 극복하기만 한다면 인종적·민족적 차이를 극복할 수 있다는 착각을 불러일으킨다. 그것이 착각인 이유는, 그렇게 해서 획득된 유사 일본적 정체성에도 불구하고 원구—미찌꼬의 사랑은 이루어지지 않기 때문이다. 소설에서 그 이유는 "미찌꼬는 내지인 중에도 상류계급 사람"이고 원구는 "조선인 중에도 빈한 조선인"(131면)이기 때문으로 나타난다. '일본=부유한 상류계급 / 조선=가난한 하층계급'이라는 인종적·계급적 위계 관계로 인해 이들의 관계는 불가능한 것으로 규정된다. 반면에 소설에서 같은 '상류계급 내지인'인 다다시와 조선인 원구는 '진정'으로 맺어지는 것으로 그려진다. 왜 조선과 일본의 관계에서 우정은 허락되고 사랑은 허락되지 않는가?

『진정』의 충식—타케오 / 충식—후미에 관계에 비춰 생각해보면, 그 이유는 다다시—원구의 관계가 계몽 주체—계몽 대상의 관계로 환원될 수 있지만 미찌꼬—원구는 이러한 관계 구조로 환원될 수 없기 때문이다. 즉 원구에게 미찌꼬는 여성이기 전에 일본인인 것이다. 아무리 다다시를 통해 계몽 주체의 시선을 획득했다고 하더라도, 원구는 미찌꼬를 계몽할 수 없는 것이다. 그녀는 계몽이 필요 없는 일본인이기 때문이다. 소설의 결말 부분에서 원구가 조선학생들에게 '반역자, 스파이'라는 비난을 받으면서도 "자신의 조국이 일본이며 조선청년들은 순순히 일본국민의 길을 걸어나가야 한다"(152면)는 주장을 할 수 있었던 이유는 적어도 그 순간에 그가 계몽 주체의 지위에 있었기 때문이다. 이광수 소설의 주조를 이루었던 '사랑'은 이렇게 압도적인 계몽의 요구에 의해 텅 빈 기표로 전락하게 된다.

이광수 소설을 비롯해서 여러 친일소설에서 발견되는 내선간의 사랑과 결혼의 문제는 모든 차이를 뛰어넘는 낭만적 사랑을 통해 대중의 탈현실적 욕망을 충족시켜 주면서도 내선일체라는 친일 이데올로기를 정서적인 차원에서 거부감 없이 받아들일 수 있게 하는 것으로 간주되었다.9) 그것은 일종의 "감정훈련을 통한 내선일체"10)였다. 인종적으로 서로 다른 남녀의 애정서사를 통해 이루어지는 이러한 '감정훈련'은 민족 감정의 훈련으로까지 확대되어 식민 조선과 제국 일본의 결합을 용이하게 해주는 토대가 된다. "감정이 일시동인의 국가적 관념과 적나라한 인간적인 기분 속에서 완전히 아름답게 용해"11)되어야만, 즉 민족 감정조차 훈련시켜야만 진정한 내선일체의 문학이 될 수 있는 것이다. 친일 담론을 전면에 내세운 많은 소설들이 멜로드라마의 구도를 채택할 수밖에 없었던 것은 이처럼 감정 교육의 차원에서 친일의 논리를 구축하는 것이 훨씬 더 대중들에게 친숙한 방법일 뿐만 아니라 "민족심리의 가장 깊은 곳과 접촉하"고 서로 다른 "인간과 인간을 결부하는 특별한 성능이 있"12)었기 때문이다.

그러나 이광수의 소설에서 역설적으로 드러나듯이, 제국 주체인 일본과 식민 대상인 조선 사이의 위계화된 차이가 남녀 사이의 순수한 애정을 통해 극복할 수 있다는 환상은 애초부터 실현 불가능한 것이다. 왜냐하면 앞에서 보았던 것처럼 이광수의 소설은 내선결혼을 주장하면서도 그것이 실현 불가능한 환상에 불과하다는 것을 스스로 폭로하고 있기 때문이다. 우리가 여기서 확인할 수 있는 것은 정치적 논리를 배반하는 소설 자체의 논리다. 그것은 앞에서 살펴본 것처럼 사랑과 우정이라는 젠더화된 '마음'의 위계 구조를 통해 확인할 수 있다. 이들 소설에서 동성간의 우정은 초반의 오해를 극복한 뒤에는 대개 아무런 문제없이 지속되지만, 식민지 남성과 제국 여성 간의 사랑은 좌절되거나, 결합 가능

---

9) 한민주, 「일제 말기 소설 연구—파시즘의 소설적 형상화를 중심으로」, 서강대 박사 논문, 83~107면 참조.
10) 인정식, 「내선일체의 문화적 이념」, 『인문평론』, 1940.1, 4면.
11) 김용제, 「민족적 감정의 내적 청산으로—내선일체의 인간적 결합을 위하여」, 『친일 문학작품선집』 2(이경훈 편역), 실천문학사, 1986, 161면.
12) 유진오, 「신질서와 문학」, 『인문평론』, 1940.6, 3면.

성을 암시하더라도 성적 지표가 거세된, 관념에 가까운 것으로 그려진다. 『진정』에서 충식—후미에가 서로에 대한 호감을 남매애에 가까운 것으로 느끼는 한편, 『그들의 사랑』에서 원구—미쯔꼬와의 사랑은 사랑이라는 이름에 값할 만한 어떠한 시도도 없이 소설 중단과 함께 종결된다. 여기서 주목할 점은 이광수 소설에서 우정은 적극적으로 친일 이데올로기를 실어나르는 보조 관념이 될 수 있지만, 사랑은 그렇게 되지 못한다는 것이다. 왜 그런가? 이에 대해서 자세히 살펴보기 위해서는 한설야·이효석·채만식의 소설을 경유할 필요가 있다.

3. 유예된 현재, (탈)성화된 일본

한설야의 「피」, 「그림자」, 채만식의 「냉동어」, 이효석의 「아자미의 장」은 앞 장에서 다룬 이광수의 친일소설처럼 내선일체의 논리를 노골적으로 선전하는 소설은 아니다. 오히려 이들 소설은 식민지 남성과 제국 여성 간의 사랑과 이별의 문제를 개인의 심리 차원에서 주관적으로 다루고 있는 "단순한 연애의 추억"[13]에 관한 소설이다. 그래서 이들 소설에서 사랑은 민족협화를 가능하게 하는 공적 감정이 아니라 열망과 좌절, 안타까움과 비애를 동반한 사적 감정으로 다루어진다. 유진오와 최재서의 다음과 같은 불평은 이러한 사정에서 비롯된 것이다.

「아자미의 장」의 경우에도 「혈」의 경우에도, 이 '내선'이라는 것이 별로 이렇다 할 의미를 얻지 못한 것은 무슨 까닭일까? 모처럼 이런 제재를 취급할 바에

---

13) 최재서, 「국민문학의 작가들—국민문학은 어떻게 생각되었는가」, 『轉換期の朝鮮文學』, 인문사, 1943(이상경, 앞의 글, 144면에서 재인용).

는 더욱 깊숙이 풍속, 습관, 풍토와 정치적, 사회적 지위 등의 차이에서 오는 여러 가지 마찰이나 갈등, 그리고 그것을 극복해 나가는 과정도 취급했어야 좋았을 텐데 어찌된 영문인가?[14]

유진오는 「아자미의 장」과 「혈(피)」에 드러난 '내선'의 문제가 뚜렷한 의미를 얻지 못하는 이유를 두 남녀의 연애가 "여러 가지 마찰이나 갈등"에도 불구하고 극복될 수 있는 방식으로 그려져야 하는데 그렇지 못했기 때문이라고 지적하고 있다. 이러한 유진오의 지적은, 한설야의 「피」를 "현재 당연히 기대될 듯한 원만한 내선결혼에까지는"[15] 이르지 못했다고 평가하는 최재서의 주장과도 맞닿아 있다. 아울러 이들은 공통적으로 그 이유를 비극적 결말 구조에서 찾고 있다. 그러나 우리는 여기서 앞서 살펴본 이광수의 소설에조차도 식민지 남성과 제국 여성 사이의 결혼은 어려운 것으로 그려지거나, 설령 이루어진다고 하더라도 『진정』에서처럼 '가(假)'의 형태로만 가능한 것으로 제시된다는 점을 다시 상기할 필요가 있다. 사실 내선결혼을 다룬 소설에서 식민지 남성과 제국 여성 사이의 결합이 해피엔딩으로 끝나는 경우는 거의 없다. 그럼에도 불구하고 유독 한설야와 이효석의 소설만이 문제가 되는 이유는 유진오와 최재서의 지적처럼 둘 간의 사랑을 불가능한 것으로 바라보는 비극적 결말 때문이라기보다는 이들 소설이 민족 간의 결합을 상징하는 것으로 그려야 할 내선결혼의 문제를 지극히 사적인 연애담 정도로만 축소시켰기 때문이다.

그렇다면 정말 이들의 소설은 사소한 연애담에 불과한 것일까? 물론 표면적으로 이들 소설은 단순히 실패한 연애에 관한 이야기처럼 보인다. 그러나 실패한 과거의 연애를 현재로 소환해서 재구성하는 식민지 남성

---

14) 유진오, 「국민문학이라는 것은」, 『국민문학』, 1942.11(『친일문학작품선집』 2, 실천문학사, 1986, 55면).
15) 최재서, 앞의 글, 143면.

주체의 태도는 그렇게 간단하지 않다. 더욱이 이들 소설에서 재현되는 남녀 관계는 그들의 의식과 신체에 각인된 인종적·민족적 비대칭성의 흔적에서 자유로울 수 없을 뿐만 아니라 단순히 과거에만 머무르지 않고 끊임없이 현재로 소환되어 '실제생활'에 영향을 미친다는 점에서 단순히 주관적인 감정 차원의 문제로만 축소될 수는 없다. 그렇긴 하지만, 그들의 식민적 현실에 대한 태도를 "식민주의에 협력을 거부한"[16] 저항적인 것이라고 단정하는 것도 텍스트에 산포된 다양한 의미의 결들을 형해화하는 단순한 이해다. 특히 이들 소설에서 제국 여성을 바라보는 식민지 남성의 복잡한 내면의 드라마는 사랑이라는 구체적이고 사적인 문제를 통해 다각적으로 드러날 뿐만 아니라 식민/탈식민의 내적 계기들과 복잡하게 뒤얽히면서 현실적 지점들과 만나고 있기 때문에, 좀더 다층적인 접근 방법이 필요하다. 한설야의 「피」와 「그림자」[17]는 이처럼 제국 여성과의 사랑으로 인해 내적·외적 곤경에 빠진 식민지 남성의 복잡한 심리를 잘 보여주는 소설이다.

「피」와 「그림자」는 모두 과거의 연애를 현재의 관점에서 회고하는 형식으로 짜여져 있다. 「피」에서 '나'는 "십수년 전" 동경의 스이후 선생의 문하생으로 그림공부를 할 때 만난 친절하고 아름다운 마사코와 미묘한 애정의 기류를 형성하지만, '나'가 유부남이라는 사실을 고백한 후 헤어진다. 「그림자」 또한 '나'가 B읍의 사립학교 교원으로 있을 때 근처에 살던 치에코라는 여성과 "심리적으로 정신적으로 교감을"(188면) 느끼는 관계를 이루지만 그녀가 어머니의 병 때문에 동경으로 돌아간 뒤 소식이 끊긴 일을 "십년 가까운 세월이" 흐른 뒤에 회상하는 이야기다. 이들 소설에서 과거, 특히 과거의 연애는 대개 '추억'이라는 이름으로 아름답게

---

16) 이상경, 앞의 글, 152면.
17) 한설야, 「피」, 「그림자」, 『식민주의와 비협력의 저항—일제말 전시기 일본어 소설선』 2(김재용·김미란·노혜경 편역), 역락, 2003. 이후 작품 인용시에는 면수만 표기한다.

기억된다. 「피」에서 '나'가 '쇼토쿠태자전 입선'에서 당선한 그림의 제목이 '추억'이라는 사실은, 그런 점에서 의미심장하다. 소설에서 '나'가 과거에 사랑했던 여성이 모두 완벽한 이상적 여성상에 가까운 존재로 그려지는 것도, 그들이 현재가 아닌 과거의 존재들이기 때문이다. 그래서 그녀들은 실체가 아닌, "아련한 애수의 감미로움"(「피」, 172면)의 세계로 빠져들게 하는 '그림자'로만 존재한다. 물론 실패한 사랑은 "힘든 추억"이자 "서글픈 기억"이기도 하지만, 그럼에도 불구하고 '나'는 그러한 과거의 세계를 "동화처럼 아름답게 느"(「그림자」, 187면)낀다. 그리하여 「그림자」의 '나'는 다음과 같은 고백을 하기에 이른다.

> 손가락을 꼽아 확실한 햇수를 셀 것까지는 없겠지만 저는 현재에 가까울수록 저 자신의 생활세계가 괴로운 기억으로 남고 현재와 멀어질수록 아름다운 꿈 속의 세계처럼 그립게 기억이 됩니다. 나이 탓인지 아니면 회고 취미인지…… 그건 그렇고, 생각해보면 당신이라는 존재가 그 시절의 제 생활세계의 마음자리에도 표현에도 뿌리를 깊이 내리고 꽃을 피웠으니 그렇게 생각되는 것도 사실일 겁니다. 그러니 설사 그것이 지금부터 1년 전의 일이었다고 해도 일단 당신을 생각하게 되면 꿈의 비단을 걸치지 않고는 그때가 떠오르지 않는 것입니다. 이미 제게는 하나의 꿈이니까요. 그래서 같이 있을 수 없게 된 건지도 모르지요. (「그림자」, 187면)

돌아오지 않는 치에꼬에게 쓰는 편지의 형식을 취하고 있는 소설 「그림자」에서, 삶은 '현재'를 기준으로 해서 현재에 가까운 생활세계와 현재와 먼 아름다운 꿈속의 세계로 양분되어, 현재는 '괴로운 기억'으로 과거는 '아름다운 기억'으로 가치화된다. 그리하여 '나'에게 과거는 현재보다 더 의미 있는 시간이 된다. '나'의 현재가 과거라는 시간의 그림자에 계속 사로잡혀 있을 수밖에 없는 것은 이 때문이다. 이때 현재와 과거는 단순히 선조적인 시간성의 문제만은 아니다. 그것은 10년 전에 이미 "당신이라는 존재가 그 시절의 제 생활세계의 마음자리에도 표현에도 뿌리를 깊이 내리고 꽃을 피웠"(187면)다는 '나'의 진술에 의해 분명해진다. 즉 '당신'은 10년 전 현재에도 '나'에게는 현재가 아닌 과거였다는 것이다. 이제 과거는 단순히 10년 전만을 의미하지 않는다. '나'에게 과거는 '당신'과 동일시되면서 절대적인 가치와 의미를 갖게 되는 것이다. 이렇듯 한설야 소설에서 과거의 사랑은 자신에게 "허용된 일생 일대 단 한 번의 신에 가까운 모습"(206면)이 되어 현재를 압도한다. 즉 과거의 사랑(여성)은 현재의 '나'에게 '그림자'를 드리움으로써 지금 여기의 삶을 지배하게 된다.

이 소설에서 현재가 부재하는 것은 그 때문이다. 그러니 현재 생활의 갈등이나 문제 또한 부재할 수밖에 없다. 「피」의 '나'는 마사코와 헤어진 뒤 아내와 헤어지고 "새로운 곳을 순례하는"(182면) 방랑생활을 하면서 세상을 등지고 살며, 「그림자」의 '나 또한 비록 결혼해서 세 아이의 아버지가 되지만, "더 이상의 (현실적) 행복은 원하지 않"(207면)는다. 나아가 '나'는 지금 현재 "지상에서 꿈틀거리는 사람들의 형상"을 "거칠고 공허"한 것으로 보고, 그러한 삶에서 "영혼의 빈곤함"(208면)을 느낀다. 이렇게 한설야의 소설에서 현실은 압도적인 과거로 인해 사라지거나 거부된다. 이런 맥락에서 한설야 소설의 회고적 형식은 현재를 은폐하거나 현재로부터 도피하기 위한 일종의 완충장치로 해석할 수도 있다. 현재는 부재함으로써 '부정적으로' 존재하게 되는 것이다. 한설야 소설에서 이렇게 '현재 / '나' / 생활'은 '과거 / 여성 / 사랑'에 압도된다.

그렇게 현재의 '나'에게 절대적인 영향력을 행사하는 과거의 한가운데에는 바로 불가능한 사랑의 대상인 '여성'이 존재한다. 한설야 소설에서 여성이 불가능한 사랑의 대상이 되는 것은 실패한 사랑의 효과 때문이다. 즉 여성이 원래부터 불가능한 사랑의 대상('일본' 여성)이었기 때문에 사랑이 실패하는 것이 아니라, 사랑이 실패했기 때문에 여성은 불가능한 대상이 되는 것이다. 적어도 표층적으로는 그렇다. 소설은 실패의 원인을 식민 / 제국의 비대칭적 민족적 위계 관계에서 찾지 않고, 다른 장애물 ― 예컨대 '나'가 유부남이라거나, 연락이 끊겼다거나 하는 ― 로 돌림으로써 다소 모호하게 처리한다. 그렇다고 소설에서 식민지 조선과 제국 일본 사이의 민족적·인종적 차이가 완전히 지워져 있는 것은 아니다. 소설에서 그러한 차이는 일본 남자들과의 관계를 통해서 드러난다. 그것은 예컨대 「피」에서 일본인 문하생들이 '나'를 "조선 촌구석"에서 온 "원주민"(175면)으로 비하하거나, 「그림자」에서 군의관 출신인 치에코 아버지가 "험상궂고 무서운 분"(191면), "무서운 당신의 아버님"(195면)처럼 두려움의 대상으로 그려지는 식으로 간접적인 방식으로만 나타난다. 이처럼 한설야 소설에서 '식민지 조선─제국 일본'이라는 현실정치적 관계는 일본 남성과의 관계를 통해서만 우회적으로 의미화되고 있다. 그러나 소설에서 '나'가 처한 이러한 현실적 조건은 일본 여성과의 사랑을 불가능하게 하는 직접적인 원인으로 제시되지는 않는다. 오히려 소설에서 '나'는 실패한 사랑을 통해 '과거 / 일본 여성'을 이상화함으로써 이러한 '현재 / 일본 남성'으로부터 비껴간다. 그래서 한설야 소설은 사랑의 실패의 (진정한) 원인을 추적하는 대신, 다만 그 실패의 사후적 효과가 현재의 '나'의 생활과 의식을 어떻게 지배하는가에 관해서만 이야기한다.18)

---

18) 이런 맥락에서, 「피」의 다음 구절에서 '피'를 인종적, 민족적 차이의 지표로만 보는 것은 일면적인 해석이다. 「피」에서 '나'는 마사코와 헤어지고 십수년이 지난 뒤 우연히 온천에서 마사코 부부를 만나는데, 그림값으로 마사코가 돈을 남기고 떠난 뒤에, 내면독백의 형식으로 그에 대한 자신의 생각을 다음과 같이 드러낸다. "그녀는 결국 내게 걷어낼 수 없는 무거운 마음의 부담을 지우고 자신은 가벼운 마음으로 떠났을 터이다. 내 마음은 언제까지나 납처럼 무겁게 가라앉고 있었다. 마사코는 자신의 이러한 호의가 내게는 고통이라는 것을 몰랐겠지만 결국 이번에도 그녀는 내게 고통 이외에는 아무것도 남기지 않았다. 괜찮다. 평생 고통과 싸우지 않으면 안 될 운명을 타고 났으니 어쩔 수 없겠지. 그러나 나의 고통이라는 것은 외부에서 오는 것이 아니라 내 피 속에 있는 것이 아닐까? 나는 파란 하늘을 떠가는 하얀 구름을 한없이 바라보고 있었다."(186면) 이 부분에 대해 이상경은 마사코와 '나'의 "관계의 결렬을 '피'의 문제로 설명"함으로써 이 소설이 "일본의 식민지 정책에 대한 저항을 담고 있"(이상경, 앞의 글, 142~143면)다고 해석한다. 그러나 여기서 '피'의 문제는 소설 초반부에 어머니에 관한 에피소드와 관련해서 본다면 그렇게 "뜬금없어 보이는" 것은 아니다. 그것은 어머니와 마찬가지로 자신 또한 "평생 고통과 싸우지 않으면 안 될 운명을 타고났"다는 일종의 체념으로, 어머니와 같은 운명, 즉 고통과 싸워야 할 운명임을 수긍하는 것으로 해석할 수 있다. 물론 작가가 '고통'을 주관적인 개인의 문제가 아니라 유전적이고

그리고 이렇게 일본 여성은 불가능한 사랑의 대상이 됨으로써 이상화·숭고화된다. 한설야의 「피」와 「그림자」에서 여성과의 사랑과 이별이 남성에게 육체가 아닌 영혼의 문제를 제기하는 것은, 그런 점에서 당연하다. 한설야 소설에서 남녀 사이의 성적·육체적 관계는 부재하는 것도 이 때문이다. 「피」의 '나'는 '쇼토쿠태자전 입선' 후에 마사코를 문하생으로 받아 몇 달 동안 자신의 하숙집에서 함께 그림을 그리지만, "그림에 대한 수도자와 같은 경건한 마음"(「피」, 180면) 때문에 그녀와 성적인 관계에까지 이르지는 못한다. 심지어 「그림자」의 치에코는 "향기를 느끼면서도 (당신의) 체취를 맡을 수"(「그림자」, 205면) 없는, 탈육체적 존재로 그려진다. 그녀는 냄새조차 사라진 '투명한 존재'일 뿐이다. 그러한 육체의 소거는 일종의 상징적 죽음을 동반한다. 그래서 치에코는 "신에 가까운 모습"(206면)이나 "실물이 아닌 물에 비친 그림자"(204면)로만 존재한다. 「피」에서 이러한 죽음은 모든 여성에게로 확대된다. 어머니는 죽고, 아내는 도망갔으며, 사랑했던 마사꼬와는 헤어진다. 나아가 '나'는 자신을 둘러쌌던 여성들의 소멸과 동시에 일상적 삶을 포기하게 된다. 그러나 생활의 포기는 역설적으로 그녀들을 영원히 소유할 수 있는 '영혼'을 보장해준다. 「피」에서 '나'는 어머니의 죽음 이후에 고향을 "육체의 고향이 아니라 영혼으로 얻을 수 있는 몽환경"(171면)으로 받아들인다. "아마도 영원히 그녀를 잊을 수는 없을 것이다. 결혼해서 그녀를 잃는 것보다는 삼계까지 그녀를 좇아갈 수 있는 영혼을 가지고 싶었다"(185면)와 같은 진술에서 확인할 수 있는 '영혼'의 문제 또한 이와 무관하지 않다. 식민지 남성 주체에게 일본 여성은 육체가 없는 영혼만의 존재이기 때문에 '성 관계가 불가능한' 대상이 되는 것이다.

선천적인 것으로 규정하는 방식을 통해 식민지적 상황에서 지식인이 느끼는 심리적 갈등과 저항을 우회적으로 표현한 것이라고 볼 수도 있다. 그러나 「피」의 문제를 단순히 마사코와 '나'의 민족적 차이에서 비롯된 것으로만 해석하는 것은 소설 전체의 내용과도 잘 부합하지 않는다.

채만식의 「냉동어」 또한 일본 여성과의 육체적·성적 관계를 불가능한 것으로 그린다. 한때 사회주의라는 '아편'에 중독되어 생활감각을 잃은 채 열정 없는 나날을 보내던 대영은 비슷한 중독 경험으로 생활의 안정을 찾지 못하는 스미꼬를 만나 "보통 이상의 강한 친화력"[19]을 느끼면서 강렬한 사랑에 빠진다. 그러나 대영은 이미 "마음에 안긴 여자"(449면) 스미꼬의 아파트에서 여러 밤을 함께 보내면서도 그녀와 육체 관계를 맺지 못한다. 대영은 다만 아편에 지친 스미꼬상을 위로해주는 '선량한' 보호자일 뿐이다. 이때 선량함은 자신의 동물적 욕구를 억누를 수 있는 절제의 미덕이지만 다른 한편으로는 탈성화된 욕망의 다른 이름에 불과하다. 그래서 대영은 스미꼬에 대한 자신의 선량한 태도를 "선량이 아니라 소심이요 비겁이요 그리고 허영"(454~456면)이라고 부르는 것이다. 이것은 그대로 스미꼬에 대한 대영 자신의 복잡하고 모순적인 심리를 드러내는 말이기도 하다. 즉 선량함은 사랑하는 여성에 대한 욕망의 억압된 표현(소심, 비겁)인 동시에, 상대적으로 열등한 자신의 민족적·계급적 지위를 '신사다움'으로 만회해보려는 제스처(허영)에 불과한 것이다. 이때 스미꼬는 '선량한' 대영과는 대조적인 '나쁜' 스미꼬가 된다. 그리하여 '선량한―나쁜'이라는 이항대립에서, 대영으로 상징되는 '선량함'은 열등 / 소극 / 열정 없음으로, 스미꼬로 상징되는 '나쁨'은 우월 / 적극 / 열정 있음으로 의미화된다. 그러나 대영의 '선량'은 스미꼬의 '나쁨'과 비교해서 상대적으로 규정된 것이어서 절대적이기보다는 상대적인 의미를 갖는다. 이는 '나쁜 스미꼬'―'착한 대영'의 관계가 '나쁜 대영'―'착한 아내'의 관계로 전도되어 반복되는 것에서도 알 수 있다. 식민지 남성은 성관계가 가능한 식민지 여성에게는 '나쁜' 남자가 될 수 있지만, 성관계가 불가능한 제국 여성에게는 '착한' 남자가 될 수밖에 없는 것이다.

식민지 남성 주체는 이처럼 비대칭적인 성관계를 통해 일본―조선과

---

19) 채만식, 「냉동어」, 『채만식전집』 5, 창작사, 1987, 383면. 이후 인용문은 면수만 표기한다.

의 관계를 비유적으로 정립한다. 이러한 성적 태도는 이효석의 「아자미의 장」에서도 발견된다. 소설의 주인공 현은 카페 여급 아자미와 충동적으로 동거를 하지만 아자미의 자기 중심적인 강한 성격과 "피가 현격하게 다른 혼인"20)에 대한 부모의 반대로 헤어진다. 이 소설에서 일본 여성 아자미는 앞에서 다룬 한설야와 채만식 소설의 여성들과는 달리 강한 성적 매력의 소유자로 그려지고 있다. '아자미'(엉경퀴)는 그 이름에서 연상되는 "빨간 서양 엉경퀴의 그 노여움을 품은 듯한 강렬한 생김새"(216면) 때문에 저돌적이고 광적인 열정과 "요기(妖氣)어린"(217면) 매력을 지닌 팜므 파탈의 이미지로 그려진다. 카페여급이라는 그녀의 직업은 이러한 성적 유혹자의 이미지를 극대화한다. 이러한 과잉된 성적 이미지 때문에 아자미는 언뜻 한설야나 채만식 소설에 등장하는 일본 여성의 탈육체적·비성애적인 모습과 상반된 것처럼 보인다. 왜냐하면 일반적으로 대부분의 식민 담론들에서 식민제국의 여성은 성적 위협으로부터 보호받아야 하는 '비성애적인' 존재로, 식민화된 여성은 성적인 접근이 언제라도 가능한 과잉된 성적 존재로 그려지기 때문이다.21) 그러나 김양선의 지적처럼, 그럼에도 불구하고 아자미는 현과의 관계를 "지속시키고 종결하는 주도적 역할을"22) 할 뿐만 아니라 성적 위협을 받지도 않는다.

소설에서 그녀가 유일하게 성적인 희롱의 대상이 된 경우는 '한복'을 입었을 때다. 아자미는 현과 외출할 때면 한복을 즐겨 입는데, 그럴 때 "현은 문든 묘한 착각이 일어나고, 아자미도 아자미대로 '기모노'를 입었을 때와는 전혀 다르게 옆으로 지나치는 같은 차림의 여자들과 같은 핏줄의 한 사람임을 절감"(224면)한다. 그럴 때 현은 평소의 "기가 죽는 기분"(217면)에서 벗어나 "내심 자랑스러움을 새삼 맛보며 한 점 얼룩조차

---

20) 이효석, 「아자미의 장」, 『친일문학선집』(김병걸·김규동 편), 실천문학사, 1986, 221면. 이후 인용문은 면수만 표기한다.
21) 김현미, 「식민권력과 섹슈얼리티－19세기 서구여성의 여행기에 나타난 담론들을 중심으로」, 『비교문화연구』 9집, 서울대 비교문화연구소, 2003, 176면 참조.
22) 김양선, 앞의 글, 281면.

없는 사랑의 만족감에 흠뻑 젖"(225면)는다. 즉 현은 일본 여성 아자미에게 '한복'을 입히고 나서야 완벽한 사랑을 느낄 수 있는 것이다. 그러나 바로 그 순간, 아자미는 성희롱의 대상으로 전락한다. 아자미는 한복 입은 그녀의 모습을 본 카페 손님에게 희롱을 당하다가 급기야 "온몸을 부르르 떨면서 금방 울음이라도 터뜨릴 듯이 당황"(227면)한다. 이것을 거꾸로 뒤집어 보면, 그곳에서 드러나는 것은 현의 무의식 속에서 '한복' 입은 아자미와는 달리 '기모노' 입은 아자미는 성적으로 접근 불가능한 대상으로 받아들여지고 있다는 사실이다. '기모노' 입은 일본 여성으로서 아자미의 성은 언제든지 희롱의 대상으로 전락할 수 있는 식민 여성의 섹슈얼리티와는 다른 것이다.

이렇게 볼 때, 한설야와 채만식 소설의 일본 여성들이 비록 비성애화된 존재들이기는 해도 식민지 남성 주체를 주눅 들게 하고 현실로부터 (스스로) 소외시킨다는 점에서 그 본질상 아자미의 섹슈얼리티와 그리 먼 것이 아니다. 즉 일본 여성의 섹슈얼리티는 그것이 탈성화되었건 성적으로 과잉되었건 간에, 식민지 남성 주체의 욕망을 불가능한 대상에 대한 욕망으로 만든다는 점에서는 마찬가지다. 이들의 소설에서, 식민지 남성들에게 제국 여성과의 사랑과 결혼의 문제가 언제나 현재가 아닌 과거 혹은 미래의 문제가 될 수밖에 없는 것은 이 때문이다.

4. 식민적 현실, 탈식민적 상상

식민지시대에 제국와 식민의 경계 지우기를 주장했던 내선일체의 논리는 기본적으로 일본과 조선이라는 두 민족의 비대칭적 결합을 암묵적으로 전제하는 것이다. 이러한 논리가 일본이 중심이 되어 조선을 흡수,

통합하는 방식으로 진행되는 것은 당연하다. 그런데 이러한 동화의 논리가 내선결혼 문제에 적용될 경우 젠더와 민족을 둘러싼 일종의 역학적 위계 관계가 형성되는데, '사랑'은 그러한 관계를 살펴볼 수 있는 중요한 메커니즘으로 부각된다. 특히 식민지 남성과 제국 여성의 관계 속에서 이러한 두 개의 질서는 훨씬 더 복잡한 양상으로 뒤얽히면서 성·사랑·여성·계급·민족 등의 계기들과 중층적으로 결합한다. 그리고 이 속에서 '남성=제국=계몽 주체, 여성=식민지=계몽 대상'이라는 이분화된 식민주의적 표상 체계들은 인종적·민족적 위계와 성적 위계가 때로는 전도되기도 하는 등 다소 복잡한 방식으로 교차하면서 전개되는 과정에서 굴절을 겪을 수밖에 없다.

이광수의 친일소설에서 일본과 조선이 진정 하나가 되기 위한 절대적 조건으로서 '마음'이 우정과 사랑으로 양분될 수밖에 없는 것도 이와 무관하지 않다. 『진정』과 『그들의 사랑』에서 성적 위계질서가 작동하지 않는 우정은 손쉽게 친일의 이데올로기를 전달하는 매개가 되지만, 식민 남성과 제국 여성 사이의 사랑은 이광수가 주장했던 '마음'의 역할을 충실히 수행하지 못한다. 그리하여 이전부터 이광수 소설의 중심 주제를 이루었던 사랑은 그의 친일소설에서는 오히려 우정과 같은 탈성화된 감정으로 대체되거나 혹은 불가능한 것이 된다. 왜냐하면 그의 소설에서 사랑은 더 이상 남성을 계몽 주체로 만들어주지 못하기 때문이다. 그의 소설에서 인종적·민족적으로 서로 다른 두 남녀를 매개해주는 것은 사랑이지만, 앞서 이미 보았듯이 사랑은 사실상 불가능한 것으로 나타난다. 사랑을 통한 내선일체의 동화를 주장하는 이광수의 소설은 바로 그것을 통해 역설적이게도 자기 자신의 주장을 은연중 배반하고 있는 셈이다. 이것은 물론 의식적인 차원이라기보다는 차라리 무의식의 차원이라고 할 수 있을 층위에서 진행되는 사건이다. 다시 말해 사랑을 통한 동화(同化)라는 환상은 바로 그곳에 은폐되어 있는 식민지 남성 주체의 남성성 상실에 대한 무의식적 두려움(계몽 대상으로 전락하는 것에 대한 두려움)에 의해 훼손되어버리는 것이다. 그런 점에서, 『진정』과 『그들의 사랑』이 완결되지 못한 것은 어쩌면 이광수 소설의 기본적인 작동 원리였던 '계몽 주체=남성, 계몽 대상=여성'이라는 논리가 더 이상 식민지 남성과 제국 여성의 관계에 적용될 수 없는 식민적 현실 때문일지도 모른다.

이광수가 많은 논설과 소설에서 펼치는 친일의 논리는 일상생활의 차원에서, 그리고 지극히 사적인 남녀 관계의 차원에서 이루어지는 다양한 삶의 내용들을 통해 전달된다. 이광수는 특히 사랑이 양 민족간의 공적·거시적·역사적 차이를, 탈역사적·미시적·사적인 남녀 관계로 전환하여 전자의 차이를 무화할 수 있다고 보았다. 이광수 소설에서 내선결혼이 친일의 논리를 더 강화할 수 있는 모티프가 될 수 있다는 추측이 가능한 것은 그 때문이다. 그러나 이광수의 소설에서 작가의 의도와는 달리 사랑은 역설적이게도 민족적 '차이'를 드러내주는 유일한 계기로 나타난다. 그것은 그의 소설의 주인공인 식민지 남성에게 제국 여성은 자신의 열등한 민족적 표지를 유표화하는 예외적 존재가 되고 있다는 데서 결정적으로 확인된다. 소설의 논리로 보면 사랑은 모든 것을 초월한다는 환상은 적어도 식민지 남성—제국 여성의 관계에서는 적용될 수 없었던 것이다. 그리하여 모든 것을 초월하는 사랑을 통해 내선일체라는 보편을 완성하고자 했던 이광수에게, 사랑은 아이러니하게도 내선일체의 불가능성을 확인시켜 주는 유일한 '예외'가 되고 만다.

한설야·채만식·이효석의 소설에서도 식민지 남성과 내지 여성과의 사랑은 불가능한 것으로 그려진다. 그러나 이광수 소설에서 사랑은 의도와는 다르게 지극히 부차적이고 사소한 것으로 축소되는 반면, 이 소설들에서 사랑은 전경화됨으로써 그 자체로 핵심적인 소설적 테마를 이룬다. 분명 두 남녀 사이에는 민족적 차이의 문제가 개입되어 있겠지만, 그러한 문제는 소설의 표면 위로 잘 떠오르지 않는다. 「아자미의 장」에서 전면에 부각된 문제는 서로 다른 민족 간의 사랑이기보다는 오히려 지식인 남성과 카페 여성 사이의 사랑과 결혼이며, 「냉동어」 또한 패배의

식에 젖은 사회주의자들의 후일담에 가까운 연애 이야기를 서사의 전면에 배치하고 있다. 한설야 소설 또한 마찬가지다. 그런데 특히 그의 소설에서 일본 여성에 대한 욕망은 탈성화·탈육체화되어 예술적으로 승화되는 양상을 보인다. 「피」의 '나'는 마사코에 대한 욕망을 "예술에 대한 정열"로 승화시켜 그림대회에서 입선하게 되며, 「그림자」의 '나' 또한 치에코와 만나면서 바이런·하이네·괴테와 같은 낭만주의시대 문학에 심취하게 된다. 이러한 예술적 열정은 일본 여성과 만나면서 더욱 촉발되다가 그들과 헤어진 이후에는 현저하게 약화되거나 사라지는 경향이 있다. 이때 예술적 열정은 자신의 비루한 현실을 초월하게 하면서도 불가능한 사랑의 욕망을 승화하는 일종의 낭만적 파토스라고 할 수 있는 것은 그 때문이다.

여기에서 확인할 수 있는 것은 물론 일본 여성과의 사랑이 애초 불가능한 것으로 가정된다는 사실이며, 여기에서 작동하는 것은 라캉적 의미에서 '욕망'의 논리다. 욕망이란 그 본질상 충족되지 않는 욕망(여자에 대한 사랑)에 대한 욕망이다. 기본적으로 이러한 욕망의 메커니즘은 한설야 소설을 구조화하는 핵심으로, 그곳에서 일본 여성에 대한 욕망은 그 욕망 실현의 불가능성 때문에 유지된다. 그것은 일종의 노스텔지어를 불러일으키는데, 한설야 소설에서 여성이 과거·정신·신과 동일시되는 것은 이 때문이다. 채만식의 「냉동어」에서 대영이 스미꼬에 대한 성적 욕망을 포기하는 순간 '착한' 존재로 승화되는 논리 또한 이에서 그리 멀지 않다. 그리하여 평범한 일본 여성은 이러한 욕망의 메커니즘 속에서 숭고한 존재로 고양된다. 즉 이때 일본 여성이 숭고한 대상이 되는 것은, 그들이 불가능한 사랑의 대상이기 때문이 아니라 그들을 불가능한 사랑의 대상으로 욕망하는 주체의 욕망의 논리 때문인 것이다. 이때 중요한 것은 '나'의 욕망이다. 따라서 한설야 소설에서 주목해야 할 것은 식민지 남성이 일본 여성을 불가능한 사랑의 대상으로 만듦으로써 유지하고자 하는 자신의 욕망의 내용이 무엇인가 하는 것이다. 앞에서 살펴본 것처럼, 그것은 바로 현재로부터의 도피 욕구다. 끊임없이 과거 / 여성 / 사랑을 소환함으로써 현재 / 남성 / 생활은 유예된다. 따라서 한설야 소설에서 식민지 주체가 '진정으로' 욕망하는 것은 계속 유예시킬 수밖에 없는 '현재 / 남성 / 생활'이다. 다만 그 욕망은 충족될 수 없기 때문에, 그것은 '과거 / 여성 / 사랑'을 욕망하는 것으로 대체될 수밖에 없다. 문제는 그러한 대체 욕망의 대상을 일본 여성으로 설정한 작가의 무의식(혹은 의식)이다. 한설야 소설의 탈식민적 상상력은 바로 이 지점에서 작동한다.

기존의 견고한 성별위계질서조차 무화시키는 식민지적 현실은 분명 식민지 남성성의 위기를 초래했을 것이다. 특히 이광수와 한설야 소설에서 공통적으로 등장하는바, 성적 지표가 거세된 남녀 관계는 성적 환상이 개입될 여지가 없을 정도로 위축된 식민지 남성 주체의 심리적 정황을 우회적으로 드러낸다. 그러나 그러한 식민적 현실에 이광수는 사랑을 포기함으로써, 한설야는 사랑을 욕망함으로써 대응한다. 이광수는 사랑을 포기한 바로 그곳에서 제국 남성과 우정어린 관계를 맺고, 자발적으로 스스로를 계몽 대상으로 전락시킨다. 반면에 한설야는 과거로 표상되는 제국 여성을 욕망함으로써 제국 남성이라는 현실과 거리를 둘 수 있게 된다. 즉 한설야는 이광수가 유사 일본 남성의 가면을 쓰더라도 현실의 남성의 자리를 끝까지 포기하지 않은 것과는 대조적으로, 스스로 왜소화, 내면화의 길을 선택함으로서 상상적인 방식으로나마 탈현실의 계기를 마련한다. 그러나 한설야에게 그러한 방식은 결국 현실을 괄호 안에 묶어둠으로써만 가능한 것이었다. 이렇게 한설야처럼 식민지적 구조에서 비롯된 문제를 개인의 차원으로 돌리는 방식은 한편으로는 더 이상의 탈식민의 계기들을 가져올 수 없게 하는 원인이 되기도 하지만, 다른 한편으로는 적극적인 친일의 논리로 가지 않을 수 있게 하는 일종의 방어기제로 기능하기도 한다. 그것은 이광수가 끝까지 공적 · 역사적 남성 주체에 강박되어 결국에는 친일의 길을 걷게 된 것과는 반대의 길이다.

필자 소개

하정일 : 연세대 국어국문학과 및 동 대학원 졸업. 현재 원광대 한국어문학부 교수. 주요
        논문으로 「민족문학론의 역사와 탈식민성, 30년대 후반 문학비평과 '이식' 논
        의」, 「한국 근대문학 연구와 탈식민」 등이 있으며, 저서로는 『민족문학의 이념
        과 방법』, 『20세기 한국문학과 근대성의 변증법』, 『분단 자본주의 시대의 민족
        문학사론』, 『한국근대민족문학사』(공저) 등이 있음.

구자황 : 성균관대 국어국문학과 및 동 대학원 졸업. 현재 서원대 교육대학원 교수. 주요
        논문으로 「이문구 소설 연구」, 「구인회와 주변단체」, 「단층파 문학의 성격과 특
        징」, 「1970년대 연작소설 연구」, 「독본을 통해 본 근대적 텍스트의 형성과 변화」
        등이 있으며, 저서로는 『창조적 사고 개성적 글쓰기』(공저) 등이 있음.

김명인 : 서울대 국어국문학과 및 인하대 대학원 국어국문학과 졸업. 현재 인하대 사범
        대 국어교육과 교수 및 계간 『황해문화』 편집주간. 주요 논문으로 「김수영의
        '현대성' 인식에 관한 연구」, 「조연현 연구」 등이 있으며, 저서로는 『희망의 문
        학』, 『불을 찾아서』, 『자명한 것들과의 결별』, 『김수영, 근대를 향한 모험』, 『조
        연현, 비극적 세계관과 파시즘 사이』, 『살아 있는 김수영』(공편저) 등이 있으며,
        기행문집으로 『잠들지 못하는 희망』이 있음.

金良善 : 서강대 영어영문학과 및 동 대학원 국어국문학과 졸업. 현재 한림대 기초교육
        대학 강의전담 교수. 주요 논문으로 「1930년대 모더니즘 소설의 영화기법 연구」,
        「염상섭의 〈광분〉 자세히 읽기」, 「1930년대 모더니즘 소설과 몸의 서사」, 「탈식
        민의 심상지리와 여성(성)의 발명」, 「민족의 자기구성 방식과 여성」 등이 있으
        며, 저서로는 『허스토리의 문학』, 『1930년대 소설과 근대성의 지형』 등이 있음.

김옥란 : 한양대 국어국문학과 및 동 대학원 졸업. 현재 한양대, 한양여대, 덕성여대 강
        사. 주요 논문으로 「극전통과 판소리의 미학」, 「현대극에서의 서구연극론 수용,
        국가와 여성, 여성 극작가의 선택방식」, 「1970년대 희곡에 나타난 민중담론과
        여성성」 등이 있으며, 저서로는 『한국 현대희곡에 나타난 여성성과 근대성』,
        『한국여성극작가론』 등이 있음.

김연숙 : 경희대 국어국문학과 및 동 대학원 졸업. 현재 경희대, 숭실대 강사. 주요 논문
        으로 「식민지 소설에 나타난 모성담론 연구」, 「1930년대 소설에 나타난 여성
        육체의 재현양상」, 「저널리즘과 여성 작가의 탄생」 등이 있으며, 저서로는 『신
        여성-매체로 본 근대 풍속사』(공저), 『여성의 몸-시각·쟁점·역사』(공저) 등
        이 있음.

서은주 : 연세대 국어국문학과 및 동 대학원 졸업. 현재 연세대, 한국교원대 강사. 주요
        논문으로는 「최인훈 소설 연구」, 「환상, 새로운 질서 세우기의 욕망」, 「독재체

계의 알레고리」, 「경계 밖의 문학인」, 「번역과 문학 장의 내셔널리티」 등이 있으며, 저서로는 『한국 현대 예술사대계 V－1980년대』가 있음.

심진경 : 서강대 국어국문학과 및 동 대학원 졸업. 현재 『파라 21』 편집위원과 서강대, 서울예술대, 성공회대 강사. 주요 논문으로 「채만식 소설과 여성」, 「친일 여성 작가 연구」 등이 있으며, 저서로는 『한국문학과 모성성』, 『한국문학과 환상성』(공저), 『근대성과 페미니즘』(공역) 등이 있음.

이봉범 : 성균관대 국어국문학과 및 대학원 졸업. 현재 성공회대, 세명대 강사. 주요 논문으로 「방영웅 소설 연구」, 「1980년대 분단소설 연구」, 「반공주의와 검열 그리고 문학」 등이 있음.

이승희 : 성균관대 국어국문학과 및 동 대학원 졸업. 현재 동국대, 성공회대, 한국외국어대 강사. 주요 논문으로 「초기 근대희곡의 근대적 주체 구성에 대한 연구」, 「한국 사실주의 희곡에 나타난 성의 정치학 : 1910~1945」, 「멜로드라마의 근대적 상상력」, 「멜로드라마의 이율배반적 운명」 등이 있으며, 저서로는 『한국 사실주의 희곡, 그 욕망의 식민성』 등이 있음.

이혜령 : 성균관대 국어국문학과 및 동 대학원 졸업. 현재 성균관대 강사. 주요 논문으로 「한국 근대소설의 섹슈얼리티 연구」, 「동물원의 미학」, 「인종과 젠더, 그리고 민족 동일성의 역학」, 「1930년대 가족사연대기 소설의 형식과 이데올로기」, 「이태준 『문장강화』의 해방 전 / 후」 등이 있음.

임병권 : 서강대 영어영문학과 및 동 대학원 국어국문학과 졸업. 현재 인하대 강사. 주요 논문으로 「1930년대 모더니즘 소설에 나타난 은유로서의 질병의 근대적 의미」, 「이상 소설에 나타난 근대성과 주체의 문제」, 「서사이론의 쟁점과 그 역사적 전개」, 「탈식민주의와 모더니즘」 등이 있으며, 역서로 『이야기하기의 이론』(공역), 『텍스트의 역학』, 『서사의 본질』, 『문화 / 메타문화』 등이 있음.

정호순 : 단국대 국어국문학과 및 동 대학원 졸업. 현재 명지전문대 겸임교수 및 한신대 강사. 주요 논문으로는 「국민연극에 나타난 모성연구」, 「일제말기 연극경연대회 작품경향연구」 등이 있으며, 주요 저서로는 『한국의 소극장과 연극운동』, 『한국희곡과 연극운동』 등이 있음.

차혜영 : 한양대 국어국문학과 및 동 대학원 졸업. 현재 연세대, 한양대 강사. 주요 논문으로 「1920년대 한국소설의 형성과정 연구」, 「1930년대 한국 소설의 근대성과 모더니즘적 전망」, 「이상소설의 창작원리와 미적 전망」, 「1920년대 동인지 문학운동과 미 이데올로기」, 「성장소설과 발전 이데올로기」, 저서로 『한국현대소설의 주체와 이데올로기』, 『1930년대 한국문학의 모더니즘과 전통연구』, 『한국 근대 문학제도와 소설양식의 형성』 등이 있음.

허윤회 : 성균관대 국어국문학과 및 동 대학원 졸업. 현재 성균관대 강사. 주요 논문으로 「서정주 시 연구」, 「한국 근대시의 양식론적 접근」, 「1960년대 참여문학론의 도정」 등이 있음.